郑洪升 著

聊天

天津出版传媒集团

天津人民出版社

图书在版编目（ＣＩＰ）数据

聊天 / 郑洪升著. -- 天津：天津人民出版社，
2016.6（2016.8重印）
　ISBN 978-7-201-10521-5

　Ⅰ.①聊… Ⅱ.①郑… Ⅲ.①人生哲学—通俗读物
Ⅳ.①B821-49

中国版本图书馆CIP数据核字(2016)第124656号

聊天
LIAOTIAN

出　　版	天津人民出版社
出 版 人	黄　沛
地　　址	天津市和平区西康路35号康岳大厦
邮政编码	300051
邮购电话	（022）23332469
网　　址	http://www.tjrmcbs.com
电子信箱	tjrmcbs@126.com

总 策 划	郑亚旗
监　　制	任　洁　王　慧
策划执行	丁　汀
责任编辑	张　璐
特约编辑	温欣欣
封面设计	孙　洋
设计制作	孙　洋　王胜红
责任印制	郑海鸥

印　　刷	天津市豪迈印务有限公司印刷
经　　销	新华书店
开　　本	787×1092毫米　1/16
印　　张	24
字　　数	300千字
插　　页	3
版次印刷	2016年6月第1版　2016年8月第2次印刷
定　　价	49.80元

人只有一个大脑。但是，通过阅读书籍，我们可以向别人借脑子。经常阅读，我们的大脑就发达了。

——郑洪升

　　我是郑亚旗，郑洪升的孙子。虽然我小学六年级毕业，但我是郑洪升、郑渊洁和郑亚旗三个人里学历最高的。爷爷没去过正规学校，只上过一段时间的私塾。他靠自学成为华北军政大学、石家庄高级步兵学校哲学教员，创造了小学生教大学生的童话。

　　爷爷挺牛，牛在除了把自己的儿子培养得很好之外，在部队时也很喜欢栽培部下。他培养了很多优秀的人才，用郑渊洁的话说，其当年的学生和部下今日遍布全国，有官至将军的军界精英，有转业后服务人民的市委书记，有演艺界炙手可热的大腕，有屡获大奖的电影故事片编剧，可谓桃李满天下。

　　爷爷特别喜欢把自己通过阅读看到的好的人生观点分享给他的部下们、子女们和孙辈。那个时候，爷爷在山西太原，郑渊洁在北京。爷爷每周会把他看过的书中的好的内容通过家信寄给郑渊洁。后来这些家信汇集成《郑渊洁家书》出版。

　　自从开了微博，八十多岁的爷爷，一发而不可收地每天写微博，特别敬业。爷爷有一个本，会列出每天更新的内容。每天早晨4点多起床就开始写。因为爷爷只会用手写板，不会拼音，为了创作，手写板写坏了一个又一个，手写笔的头也被磨平了好几支。以前他的人生观点只能影响郑渊洁、亲戚、部下、学生，现在能给遍布世界各地的网友看。他的微博花了一年的时间写出三十多万粉丝，几乎没有"僵粉"，我身边越来越多的人，跟我说的不是看郑渊洁的微博，而是我爷爷的微博。有了互联网，他能把感悟、励志的好内容传递给所有人。这是他现在最开心最快乐的事。

郑渊洁和我爷爷聊养生，爷爷开玩笑说："没到八十岁的人，没资格谈养生。"

我们家的幽默感，一半来源于爷爷，另一半来自奶奶。

爷爷作为"30后"写微博和年轻人分享阅读的感受，并把最好的内容集结成本书。

爷爷家最多的家具是书柜。书柜里只有两样东西：图书和美酒。爷爷通过阅读书柜里的书，和古今中外的著名人物聊天，然后将内容记录下来，于是有了这本《聊天》。相信读者能从中受益。

我很开心能为爷爷在八十五岁时写的这本书作序。

郑亚旗

郑洪升的读书五步法

现在都特别强调全民阅读，这点令我非常高兴。据说以色列人在全世界的阅读量排名靠前，而我们这样一个堂堂文化古国，全民的阅读量，还不及人家的十分之一。这种状况若不开始转变，不在全民掀起一个读书的热潮，恐怕在全世界的民族之林中，我们这棵树很难茁壮成长。

大家知道，由于历史的原因，我是一个没一张文凭的"白板"。之所以还能出版三本书，还能给别人讲课，八旬之后还能写几百万字的微博，拥有几十万可爱的粉丝，说到底全靠自学和阅读。有人说上大学可以改变人生，这只看到了表面现象，实际上是阅读改变了人的一生。试想不阅读的人能考入大学吗？

阅读是为了求学问。然而，阅读本身也有学问，我称之为学问的学问。阅读方法恰当，事半功倍。阅读方法不恰当，事倍功半。读书方法不对，花了不少时间，费了九牛二虎之力，不仅没有得到多少好处，反而越读越呆，要不，怎么会有"书呆子"这个词呢？诚然，读书方法不会千篇一律，各有各的路数。现在，我愿意将自己的"读书五步法"奉献出来，供大家参考。同时，我也想听听你们在阅读实践中，摸索出的好方法。咱们就来个八仙过海，各显神通吧！

第一步：请。请谁？请有智慧的人。我在中央电视台《开门大吉》节目中说了一句话：不管多么聪明的人，都要向全世界古今中外的名人借脑子。古代有智慧的人已去世几百年甚至上千年了，中外现在活着的名人，咱又不认识人家，怎么请？其本人是无法请了，然而他们的智慧都留在了其著作之中。只要我们花钱，把他们的书买来，就如同把有智慧的古今中外的名人用八抬大轿请到咱们家。如果是让孩子看，我请儿童文学；如果成人看，我请孔子、老子、庄子、荀子、孟子等；如果喜欢军事，我请孙子；如果喜欢诗词，我请李白、杜甫、苏东坡；如果喜欢小说，我把施耐庵、罗贯中、吴承恩、曹雪芹等人请来。外国的托尔斯泰、果戈理、巴尔扎克、雨果、大仲马等，也在被请之列。这样，我整天和这些名人的著作打交道，就如同与他们交朋友，拜他们为师，与其交流。当然请的时候，也有选择，千万不要把有些不健康、甚至低级下流的东西也请进来。我们可以想象到，只要把这些好书请到家里来，咱就是住在斗屋陋室，也能和刘禹锡一样"谈笑有鸿儒，往来无白丁"了。

第二步：翻。翻什么？翻书。咱把这么多了不起的、不朽的、有大学问人的书，请到家里来，千万不能让人家坐冷板凳，一年到头也不理睬人家，把人家放进书柜里关了禁闭。要多看多翻。首先看这本书的作者情况，出版社对该书的介绍；再看这本书的目录，从目录初步了解书的大概内容和结构。为了进行火力侦察，不管从哪一页开始，试读上几页，看看这本书的内容与文笔能否引起自己的浓厚兴趣，是否像磁铁一样，一下子把自己吸进去，有一种欲罢不能之感。我每次不管买多少本书，回到家里每本都要翻几遍，决不让一本书受到冷遇。如果翻的过程中，引不起自己的兴趣，它坐冷板凳就别怨我了。

第三步：钻。如果说翻一翻是火力侦察是打游击的话，钻就是瞄准目标后，打阵地仗，攻坚，用最大的精力把这本书拿下，亦叫精读。例如当我知道恩格斯和马克思商量，他们的理论必须有大部头的作品支撑，马克思集中精力从事《资本论》的创作，恩格斯办工厂赚钱，负责一切吃穿住用。马克思前后用了几十年写成《资本论》这部代表作品。在我二十岁刚出头的时候，我就下决心必须把这部巨著啃下来。在一两年的时间内，别的书都靠边站，我挤出一切时间看《资本论》。当时我手里拿一把削好的红、蓝铅笔，还有钢笔，精彩之处画红道，不懂的地方画蓝道，特别好的句子旁我写眉批。就这样，我总算把《资本论》通读了一遍，重点之处反复读了许多遍。记得著名作家李敖说，一位大文学家如果没有一部或几部长篇小说，很难在文坛上长期站住脚。你看曹雪芹就那么大半部还没写完的《红楼梦》，引得无数人一辈子靠他吃饭。对于一些经典著作，特别是对自己工作有指导意义的著作，就是要下气力深钻。只有钻进去，吃透它的精神实质，进而掌握它的方法。七摸八摸你才能摸出它的味道来。

第四步：冒。读书钻进去是本事，钻进去后能再冒出来更是本事。有的人钻不进去，而有的人钻进去后却冒不出来。最近，我看一位我很尊敬的先生写的一本书，发现他的特点是采用逆向思维的方法，善于从传统观念中冒出来，把老故事和耳熟能详的老人物，赋予新的内容，从而杀出自己的一条血路来。例如大家都认为武松是英雄，而他认为不是；都认为诸葛亮很神，而他认为借东风、草船借箭根本不是诸葛亮所为；都认为吴用无用，而他认为吴用智谋过人；都认为李逵杀官员，而他认为李逵杀的都是无辜百姓；都认为唐僧太软弱，而他却认为唐僧是真正的领导核心。如果这位先生看书老不冒出来，他再讲别人的老观点，谁还听？在冒出来这个阶段，要善于充分发挥想象力，要敢于标新立异，要举一反三，要触类旁通，要力争与别人不一样。否则就难以冒得出来。因此，冒出来的过程就是解放思想的过程，是由必然王国向自由王国的一次极其重要的飞跃。

第五步：用。就是在实际工作和生活中灵活运用。咱们把这么多名人大腕请回家来，目的不是添摆设、装文明，而是要用他们。特别是要善于和他们交流，比如我跟孔子说："为了广泛传播中华文化，中国国家对外汉语教学领导小组办公室在全世界范围内建立了不少孔子学院，为了保证教学质量，聘请您老人家当教授，年薪百万美金，您意下如何？"孔子曰："有书教不亦乐乎，我是食不厌精，工资越高越好。我只有一个要求，我讲课时能否让颜回给我写板书，让子路站在教室门口维持秩序？"我说："先生，这个条件完全可以满足。"我跟老子说："现在我们已进入老龄社会，这些老人很不好管理，拟请您出任中国老龄化协会主席，级别定为副国级，您就发挥您无为而治的主张，把这个虽弱势但难管理的群体治理好。"老子曰："小菜一碟，一物降一物，我是老子，对治理这些'老子'有特殊的办法，只是定为副国级有点高，正部级就可以了。"我对孟子说："您老人家似乎说过'劳心者治人，劳力者治于人'，是否有点轻视体力劳动？我想请您亲自带环卫工人打扫卫生。"孟子是个痛快人，连说："没意见，我需要补上体力劳动这一课。"我对孙子说："现在恐怖分子活动频繁，我想请您带上张飞、鲁智深、武松、李逵成立一支特殊部队，由您老亲自挂帅，按照《孙子兵法》知己知彼，百战不殆的精神，把全国安全工作搞好。"孙子曰："没问题，我只提一个要求，可否把孙大圣也给我拨过来？他一个筋斗十万八千里，这样就加强了空中打击力量。"我对司马迁说："现在不少人热衷于写传记，您老在这方面是行家里手，是否可以帮助主笔？"司马迁曰："我现在闲得没事干，正想重振旧业，我只提一个要求，必须实事求是，不许涂脂抹粉。"我跟诸葛亮说："美国派了个商业代表团，其中全是哈佛大学毕业的博士生，还有智库的成员，这次谈判责任重大，拟请先生亲自出马。"诸葛先生说："我再上演一场国际上的舌战群儒，保证旗开得胜，马到成功。"我对林黛玉说："你肺部有病，经常咳嗽，有时还吐血，现在雾霾如此厉害，对你的身体是雪上加霜，我送你去马尔代夫生活一段，你和宝玉哥哥暂时分开一下，也有好处，你俩在一起整天吵吵闹闹，不利健康。"林妹妹掉了几滴眼泪，拿手帕擦了擦后说："郑爷爷，事到如今也只好如此了。"以上虽是戏言，但我想通过这种形象的方式告诉大家，咱把书买来，把名人请到家里，是让他们为咱服务的。咱是书的主人，而不是书的奴隶。书得听我使唤，花钱把它们买回来，是要用它们的。所以，用是关键。有人很善于通过读书成才，再把才变成财。这是一本万利的买卖，何乐而不为？

以上就是我的读书五步法：请、翻、钻、冒、用。在请的环节，不要舍不得花钱；在翻的环节，不要嫌麻烦；在钻的环节，不可惜力；在冒的环节，胆子不可太小；在用的环节，要灵活自如，不可死板。八十四岁的我，一口气写了这么多，不知对大家是否有帮助？我只是想为全民阅读高潮的到来，作点小小的贡献。

在我的书房里，四壁全是书。这些书的主角可不是等闲之辈，他们的名字如雷贯耳。我平时爱和这些书中的人物聊天。时间一长，他们都认为我这个人很厚道，也有共同语言，而且互相欣赏，久而久之建立起互相信任的关系，几乎无话不谈。不知你们对我们的交谈有兴趣吗？我可以向大家透露一二，使你们也能了解点名人的内心世界，也是我向全世界名人借脑子的一个示范。

向全世界名人借脑子

聊天

郑洪升和华盛顿、林肯、罗斯福聊天

写文章和存钱一样，上瘾。存了 100 元，还想存 1000 元，存够 1000 元，又想存上万元。今年我突发奇想，我家里书架子上名人这么多，他们和我生活在一起，已几十年了，有些我几乎天天月月年年读他们，为什么不把他们请出来，我和他们海阔天空地随便聊聊。在参加《开门大吉》节目时，我对着镜头，郑重宣布了多年来自己的一条体会，就是：要向全世界的名人借脑子！通过阅读，与名人聊天，取其所长（不涉及对其整个历史地位的全面评价），便是向名人借脑子的一个有效途径。何乐而不为？

有一天我和华盛顿聊天。我说，华先生你真了不起，你不仅在美国家喻户晓，首都以你的姓氏命名，而且在我们中国也是大名鼎鼎，连孙中山、青年时代的毛泽东都是你的粉丝。我更是你的"钢粉"。

华总统说，其实骂我的人也不少，在美国就有人骂我是"卑鄙无耻的小人"。

世界上再好的人也不会没人骂，只要绝大多数人说你好就行了，你老人家不必耿耿于怀。

我要是肚子里不能撑船，早气死几百遍了，华盛顿说。

我问华总统，你当年是总司令，经过南征北战，把英国殖民军赶走了，你的功劳大大的，无人可替。然而你应该牢牢掌握权力，可你却交出总司令的大权，解甲归田了。后来美利坚合众国建立，首任总统非你莫属，可是如同三请诸葛亮一样，你就是不出山。出山后，你的条件是只干一届四年，后来大家又让你继续当总统，而你又说最多再干四年，你干了八年后，还年纪轻轻的，就回家种地，直到去世。这是为什么？我真有点不理解。

华总统语重心长地对我说，老郑呀，当时我们那些老一辈的资产阶级革命家，悟出了一个道理，这就是人的本性是有弱点的，而且这个弱点是从娘胎里带来的，是很难克服的，这就是太贪婪、太自私、太恋权。如果对掌权的人不严格限制，他们会给整个社会带来无穷无尽的祸害。正是基于这一点认识，所以我们在制定宪法时，对总统及各级官员的权力，做了非常苛刻的限制；而且我们老一辈的几个人带头执行，谁也不敢越雷池一步。我们开国元勋都做到了，后边跟上来的人谁还敢破坏规矩？郑老先生，我能告诉你的就是这些，不知你满意否？

听了华总统的一席话，我终于解开了心底的一个谜团，非常满意。只是您不要称我为郑老先生，您比我大二三百岁呢！

同华总统聊得很好，一天我又与林肯总统闲聊。你们别看美国已有五十多个人当过总统，但能称上"伟大总统"的人，只有三位，除了华盛顿，排亚军的就是林肯，排季军的是罗斯福。我要聊天，就只找带"伟大"头衔者聊。

我说，林总统你亲自领导了美国南北战争，为美国的统一立下汗马功劳；你解放黑奴，为尊重人权作出不朽贡献，如果当年你不解放黑奴，奥巴马能当美国总统吗？能涌现出像乔丹、科比等如此出色的篮球明星吗？你虽然长相差点，但你的演讲既简洁、深刻，还十分幽默，你是公认的能把全国人民逗笑的人。你还说过一句名言，"你可以一时欺骗所有的人，也可以永远欺骗某些人，但不可能永远欺骗所有的人"。像你这么伟大的总统，却怕老婆，要不是你老婆那天非让你去剧院看你已经看过的那个戏，你也不至于被枪杀呀！

老郑呀，你不能哪壶不开提哪壶，世界上不少能统率千军万马的人，就是统率不了自己的老婆。你不要老以我为靶子说事，难道你们中国或别的国家就没有对自己老婆没办法的人？

林总统不愧是著名演说家，他寥寥数语，堵得我哑口无言。

　　前面我跟美国两位伟大总统聊了天，我不能落下另一位伟大总统罗斯福吧。我说，罗总统你上任时正好遇上美国发生严重经济危机，工厂大量倒闭，工人失业，你接的可是个烂摊子，但是你很快扭转了被动局面，您采取了哪些绝招？

　　罗总统是个极为痛快并善交际的人，他说这也不是什么国家机密，我就竹筒倒豆子都给你说了吧。

　　第一，提高全国人民克服困难的信心。那时还没有电视，我就利用无线电广播，定期与人民进行"炉边谈话"，把与人民切身利益有关的基本政策、重大事件及时告诉大家。除此之外我还向所有的公务员下达了一道死命令：若有人遇到麻烦，打电话或找到白宫寻求帮助，办公人员必须与他们交谈，并且帮助解决他们的实际困难，对来访群众置之不理者，就要受到惩罚。

　　第二，我采取了新政。向失业者提供各种就业机会，提供失业保险和养老金，建设低工资住宅，你们中国叫经济适用房，这样使工农业重新运转起来。我采取的这一系列措施得到立竿见影的效果。

　　第三，解放思想打破旧观念的束缚。我知道你是中共党员，但我们是不赞成共产主义的。当时有人批判我的新政中掺进了社会主义、共产主义的因素，这顶帽子够大的，够我喝一壶。但是我理直气壮地说："美国是个大国，完全可以容纳好几种同时并存的制度，我们有足够的智慧和耐性使各种体制为我们所用。我们不必用教条主义的框框来衡量每一件事情。"我的这些论点渐渐被全国人民所接受。

　　罗总统我对你佩服得五体投地，您真不愧是位伟大的总统。

　　罗总统则说少吹捧，多批评。你们中国不是有句名言，虚心使人进步，骄傲使人落后嘛。

　　谈到这里我看罗总统谈兴正浓，我又问他，二战快结束时，你建议中、美、英、苏、法五个国家，担负起世界警察的任务，对此你老人家当时是怎么想的?

德、意、日三国发动的第二次世界大战，对人类社会的破坏太大了。为了不使第三次世界大战爆发，我想由这五个同盟国当战后世界警察，维持世界和平与秩序。后来联合国成立，由这五大国任常任理事国，就是这个道理。

你大概没想到，在你去世后，这五个警察首先闹不团结，热战虽没打起来，冷战却不断。

我在世时已把原子弹研制出来了，我的继任者杜鲁门总统下令向日本投了两颗名叫"小男孩"和"胖子"的原子弹，使全世界认识到毁灭性武器的可怕。现在五个大国都有了核武器，估计没人敢发动新的世界大战了。

原来核武器还有这种作用，罗总统你身体不好，坐在轮椅上跟我谈了这么多心里话，我想请你喝杯中国名酒。

大夫不让我喝酒，我喝杯咖啡就可以了。

在我们的谈话结束前我不由自主地冒出一句话：与君一席话，胜读十年书啊！

郑洪升和马克·吐温、海明威聊天

在我的书房里，美国籍的名人不少。不过，我这个人有点势利眼，光想攀高枝，喜欢找名人中的名人聊天。同三位伟大总统聊过之后，我想不能总和政治家聊，为何不找几位文学家聊聊？

我首先请出马克·吐温。我说老马呀，你的著作我都爱看，因为它的最大特点是通吃，吃大人的钱，还吃孩子的钱，就是老少咸宜那种，特别是看你写的书时能把我逗得笑出声来，当然有的地方也让我掉泪，我对你的演讲更加佩服，不管多么严肃的大问题，你灵机一动的一个幽默，一切难题似乎就烟消云散。你对老鼠的偏爱，与我情投意合，在这点上我真的有点偏爱你，因为我儿子郑渊洁作品中的那两只名叫舒克和贝塔的小老鼠，已经家喻户晓，成了几亿人的偶像。但是，你说"人类低于鼠类"的论断，我真不敢苟同。你们美国有个篮球运动员叫马布里，目前在我们首钢俱乐部打球，由于表现出色，获得中国绿卡。人们都叫他马政委，你名字里有"马"，我叫你马司令吧。

老马说，叫司令更来劲，随便，我不太在乎称谓，我只关心我作品的销售量和纳税数额。

我以怀疑的口气问马司令，难道你认为"人类不如鼠类"吗？

老马说，其实你们中国人自己就做过比较，从历史来看，老鼠的历史比人长得多，人类只有两三百万年历史，而老鼠至少有千万年历史了；从个头儿来看，125000只老鼠的身体体积才相当于1只大象，这样它可以无孔不入，到处安家；从食性来看，老鼠食性广，人能吃的它能吃，人不能吃的它也能吃；从繁殖力来看，老鼠一年生七八窝，一窝产七八只，最高纪录达到 32 只；从灵活性来看，它能够飞快地穿过一个五分硬币大小的洞眼，能爬上笔直的砖墙，能连着踩水三天，甚至能在原子弹爆炸过的岛屿上残存下来。在这些方面，人类都不如鼠类。

我再次问马克·吐温先生，难道你真的认为人类不如鼠类吗？

老马笑着说，锣鼓听声，听话听音，你老郑看似聪明，怎么连我的话外之音都听不出来？我是故意要杀杀人类的傲气。随着社会的发展，人类中的一些成员，太骄横、太自私、太霸道、太无耻、太猖狂、太残忍、太阴险、太虚伪、太不择手段、太机关算尽、太反复无常、太爱折腾、太不要脸了，因此人在许多方面已经不配高级动物这个光荣的称号。所以，我在作品里挖苦人类不如老鼠，从而使人类头脑清醒、行动谨慎，不要忘乎所以，否则将自取灭亡，这就是我的真实用意。

哎呀，老马你真是高明，人类是需要敲打敲打了，否则人类都忘记自己姓什么了，在地球上还不知会惹出什么大乱子来。

老马则说，老郑，过奖过奖，像我们这些舞文弄墨的人，不干点儿正事，光看别人的脸色行事，只知道拍马屁、歌功颂德，还不如罢笔。

我与老马分手时，已经从心眼里敬佩美国这位既给儿童又给成人写书并且受到人民喜爱和尊敬的大作家。

同马克·吐温分手后，我又去找美国另一位得过诺贝尔文学奖的大作家海明威聊天。老海能喝酒，爱打猎，性格豪放，我也爱喝。我们在古巴庄园里的一棵大树下，边吃肉，边喝酒，边聊天。酒后吐真言，别提聊得那个爽了。

首先我问了老海一个私生活方面的事情，听说你结婚离婚有好几次，你的爱情究竟出了什么事？

老海说，我 22 岁就结了婚，在你们中国属于早婚，次年我就为人父了。

在别的方面我与你无法相比，然而在结婚和生孩子的年岁上，咱俩一模一样。

老海说，在这方面咱俩都不善，是那种迫不及待的人。

我说，和你不同的是，我是从一而终。我们老两口已经八十多岁了，虽经常吵吵闹闹，但仍相依为命，去年已过了钻石婚。而你的婚姻多次发生变故，这是为什么？

　　老海说，我是个自由自在的人，最厌恶老婆监视我管我。你看最后同我生活在一起的玛丽把我管住了，而她管住我的最重要的办法之一，就是根本不来管我。

　　咱俩再干一杯，因为你这句话太辩证了，想管你的人倒管不住，根本不管你的人反而把你管住了。为这句话，我们连碰了三杯。痛快！

　　在喝酒的过程中，我发现海明威饭量绝对是梁山好汉级别的，他大口吃肉，大杯喝酒。吃相虽然差点，但看着真的是享受，我想趁机在他面前露一手。我说，老海啊，我这个人形象思维能力极低，若让我写篇一千字的小说，那如同要我的老命，但是我的逻辑思维不是吹，肯定在及格以上，我读了你的几本代表作后，我总结出你作品的三大特点：一是，你是一位全面行动的巨人。你的口号是行动，行动，行动。因此你不停地在全世界奔波，不仅去过欧洲、非洲，而且还来过我们中国。你的小说主要是写你的经历，写你见过的人和事，因此给人的感觉亲切实际，而不是无病呻吟。二是，你独创了一种电报式的文体，善用短句，能用一个字表明的绝不用两个字，很少大段大段地描写。例如你不写"黑色的乌鸦"，因为乌鸦都是黑的，你不用"大的悲剧"，因为悲剧都是大的。三是，在你的著作中总是有不少警句出现，令人回味无穷，久久难忘，如你在《老人与海》中说的那句"一个人可能被消灭，但是绝不会被打败"，这句话不知鼓舞了多少顽强奋争的勇士。我记得有人说过，"海明威那家伙写的东西总是话里有话，他的作品字里行间都有含义"。

　　海明威听了我说的这三条，眼睛睁得很大，直问我过去是干什么的，他大概惊讶，一个中国籍的老头儿，怎么能说到他心坎儿里去。

　　人逢知己千杯少，话不投机半句多。郑老先生，举起杯来，咱俩再痛饮十杯，祝中美两国人民的友谊万古长青，希望像朝鲜战争那种根本不值得打的、双方死伤那么多的战争，再也不要发生！

　　和海明威话别后，我准备飞英国，在机场巧遇美国前国务卿韦伯斯特先生。他问我来美国干什么？我说找华盛顿、林肯、罗斯福、马克·吐温、海明威聊天。他说，你找的这五位都是了不起的人物，但是在我看来，美国让世界上有了华盛顿这样一个具有高尚品德的人物，因此，即使我们美国人别的方面一无是处，仅凭此，我们就有资格得到全人类的尊重。

　　我说，看来你对华盛顿不仅偏爱，而且爱之极深。

郑洪升和丘吉尔、萧伯纳聊天

　　我同美国五位了不起的人物聊过后，不能不与英国人聊。因为在资本主义国家中，美国的历史与英国简直无法相提并论。谁都知道英国是"日不落帝国"，它的触角曾遍及全世界，不仅美国是它的殖民地，而且我们中国的大门也是它一手拿鸦片，一手开炮舰敲开的。

　　马克思的《资本论》也是在英国首都伦敦写出的。找英国哪位聊呢？我首先选定丘吉尔。此人太不一般了，他的头衔很多：铁血首相，反希特勒法西斯的领袖和斗士，著名演说家，诺贝尔文学奖获得者。据说政府首脑荣获诺贝尔和平奖者有，而获诺贝尔文学奖者，在全世界仅丘吉尔一人，真是前无古人，后无来者。加上丘吉尔长相丑陋，有人戏言"嘴歪眼斜的相貌帮助他战胜了希特勒"。为了给老丘的长相开脱，英国有些学者经过研究后得出如下结论：长相丑陋的人更容易成功。因为丑陋的相貌使一个人需要更大的努力才能说服他人，久而久之，这种人的各方面能力会更加突出。丘吉尔就是一个绝佳的例子。

　　我早就听说丘吉尔不好对付，他在国际首脑会谈中，有时把斯大林都弄得下不了台，每次发生僵局，罗斯福赶快出来和稀泥，从而使三国首脑谈判得以顺利进行。说真的，我在和丘吉尔聊天前，心里有点打鼓。我得用点小手段。

　　我在一本书上看到，有人在采访我国著名词作家乔羽时，想办法把乔老爷子拉到一个小酒馆，弄上小瓶装的二锅头，再弄上一盘花生豆，一盘拍黄瓜，只要半瓶酒下肚，乔老爷子话匣子准打开，吐出的全是真言，既形象生动，又前所未闻。我想不管是中国人还是外国人，大概都一样，因此在和丘吉尔聊之前，我用我大儿子郑渊洁访问美国时，从西点军校买回来的小酒壶和我的二儿子郑毅洁从俄罗斯买回来的有苏联十六个加盟共和国旗帜的小酒壶，灌上中国上等好酒，请丘老先生喝用有西点军校标志的酒瓶装的中国酒，这可是他的好朋友艾森豪威尔母校的标志啊。我喝有苏联十六个加盟共和国旗帜标志酒瓶装的酒，我怕他见瓶思人，想起他的老对手斯大林不高兴。

然而，我的小算盘没有得逞。丘吉尔与海明威根本不是一类人，海明威见酒就喜上眉梢，而丘吉尔只对烟斗感兴趣。只见他一锅又一锅地抽旱烟，酒壶放在他面前，他连瞧都不瞧一眼。一计不成，我又生一计，向丘首相提出抗议："我是不抽烟的，你在我这里总是这么拼命抽烟，我吸的二手烟比你吸的一手烟危害还大。"

我的这个激将法起了作用，丘首相开口了，难道烟草对人体一丁点好处都没有？现在找不到患癌真正的原因，就往吸烟上泼污水，我抽了一辈子烟斗，怎么我还活了九十多岁？你们中国周恩来先生不吸烟，才活了七十多岁，毛泽东先生吸烟却活了八十多岁，邓小平活得更长，活了九十多岁。听说你们中国有些百岁老人又吸烟又喝酒又吃肥肉，这怎么解释？当然你花钱把我请到你们家来，我在异国他乡，应该遵守你们家的规矩。从今以后，我尽量不抽或少抽。可是不抽我的思路打不开，咱俩怎么聊天？

我赶快说，随便抽，只是有个条件，你必须回答我的问题。

丘首相脸上露出了一丝笑容。我趁热打铁向他提了三个问题。

我提的第一个问题是：丘先生你是出了名的反共斗士，你曾说过要把苏维埃政权扼杀在摇篮之中，然而当希特勒向苏联发起进攻时，你却与苏联站在了一起，并伸出援助之手，这是为什么？

丘首相说，老郑呀，听说你是讲哲学的，你怎么忘了当与希特勒的矛盾超过与共产主义的矛盾时，与共产主义的矛盾、与斯大林的矛盾就退居到第二位的道理？当我得知希特勒发动了进攻苏联的确切消息后，我立即在电台发表了如下演讲："在过去的二十五年中没有一个人像我这样始终一贯地反对共产主义。我并不想收回我说过的话。但是这一切，与正在我们眼前展现的情景的对照之下，都已黯然失色了。""苏联的危险就是我国的危险，就是美国的危险；苏联人民为保卫家园而战的事业就是世界各地自由人民和自由民族的事业。""我们将尽力给苏联和苏联人民提供一切援助。"

丘吉尔说，我说到做到，接着我们的空军对德军进行了密集轰炸，并不断给斯大林提供了我们英国破译的德军重要情报。

丘吉尔的这段话，听得我很感动，他猛抽了几口烟，我猛喝了几口酒。我心想这就是政治家"不念旧恶"的胸怀。佩服，佩服。

我提的第二个问题是：你下台前主持的最后一次内阁会议上，给你的继任者留下这样一句话：任何时候都不要和美国人分开。这有点一边倒的意思呀？

老丘说，虽然我们原来是世界老大，美国还是我们统治的地盘，但不能没有自知之明，我们已经从高峰上向下滑，走下坡路了，而美国后来居上，无论在实力上和信念上，我们都甘拜下风，因此我们和美国站在一起，没错。

听了老丘的这段话，我理解了为什么小布什总统抛开联合国，发动对伊拉克的进攻时，英国首相布莱尔紧跟其后了。

我提的第三个问题是：你的演讲为什么那样出色？你获诺贝尔文学奖时有这样的评语：描写历史传记时的造诣精湛，传承人类最高贵价值时口才非凡。你非凡的口才是天生的吗？

老郑啊，哪里会有从天上掉下来的非凡口才，同你在《开门大吉》中说的一样，都是在高粱地里苦练出来的。不过，我没去高粱地，我是对着大镜子练演讲的。当然，讲稿的准备最重要，越短越不好讲。若让我讲五分钟，我要准备两个星期，让我讲十分钟，我要准备两天，让我讲一个小时，那随时都可以开始。讲稿、讲稿，要讲，千万不能念，照本宣科，没人爱听。正如有人说的："未经准备而对人演说，无异于以裸体示众。"

我说，丘先生你讲得太深刻太有用了。今天咱们就聊到这里，暂时打住，以后我们再聊。老丘说，条件是你必须允许我抽烟。我说没问题，对你使用特权，网开一面。

同铁血首相丘吉尔聊过之后，我想同另一位带"铁"字的首相聊。我猜你们准会说是有"铁娘子"之称的撒切尔夫人吧？是的。

出乎我意料的是老太太已经与她亲如兄妹的美国前总统里根一样，痴呆了，看见我，她要不一句话不说，要不颠三倒四地唠叨，最可怕的是她看着我傻笑。看样子和她直接聊不成了。她的秘书对我说，老太太在两件事上不痛快，一件是在香港回归中国的谈判时，她碰上的对手是邓小平。铁娘子虽然很强硬，但她再"铁"也不过是个"娘子"，而邓小平别看个头小，那可是名副其实的"钢铁公司"。娘子再铁，碰上钢铁公司，也是稀里哗啦。撒切尔夫人在北京人民大会堂，想跟邓小平谈能否让香港推迟回归中国。邓小平只说了一句：主权不容谈判。这时的铁娘子，就剩下娘子了，在邓小平这个"钢铁公司"面前像面条一样，再也铁不起来。

第二件事令老太太更加伤心，而且是内伤。这就是在她执政的最后时刻，她的亲信背叛了她，有人在背后捅了她一刀。从此她一蹶不振，伤了元气。她下台后，身体每况愈下，去市场买菜，回来常找不到家门；坐在椅子上晒太阳，晒着晒着就睡着了。

听她的秘书这么一说，我不由得想起一句话：难道拔毛的凤凰真的不如鸡？

同撒切尔夫人没聊成，我不想再找英国政治家聊了，我决定找大文豪萧伯纳聊。萧氏个头很高，留着胡须，以前我见过他访问上海时与宋庆龄、鲁迅、蔡元培等名家的合影，他如同鹤立鸡群，类似姚明与别人合影一般。萧伯纳一上来就问我，你与我聊是不是因为想写传记一类的东西？我说不是，我不具备给名人写传记的本事。老萧说，在我看来"一切传记都是谎言，不但是谎言，而且是深思熟虑的谎言"。我说，这么说是否有点太绝对了？他说一点也不。在这个问题上，我不想与其纠缠，我只想从他嘴里掏些写作与做人的经验。

老萧告诉我，一个作家必须具备两股气：一是才气，二是骨气。缺乏前者，不能成为作家；缺乏后者，不能成为不朽的作家。

萧伯纳嘴里说出来的似乎都是金玉良言，句句精彩，如春风细雨，如夏日雷鸣。他告诉我说，我会识人，我观察你这个人不错，今天我把我的一些绝招都告诉你。我赶紧说，我有几十万粉丝，可否外传？他说，你这个人有点怪，总惦记你的粉丝，这些人靠不住，要是你倒了霉，他们准拿砖拍你。我说，这种人肯定有，但我相信他们中绝大多数与我这个老人已建立起感情，他们不会落井下石。

老萧说，那我就毫无保留地告诉你几点：1. 智慧是勇敢的最大要素。2. 要把自己的灵魂写到作品里去。没有灵魂的作品不能称之为作品。3. 空话到哪里也不值钱，把空话写进作品，更是误人子弟。4. 写作必须有超乎寻常的自控能力，不能把不该写的东西，一股脑地写到作品中去。5. 到生活中去学习，我主张取消"我们现在所设立的学校"。6. "真正的教育是自我教育，只有受教育者受到尊重并尊重自己，才能有自我教育。"7. 我主张儿童应该用大部分时间去游玩，成人应用大部分时间去工作。8. 我主张应首先学好母语。"我花了许多时间学会了德语，又花了一倍的时间，把我大脑里的德语洗掉。"9. 文学上的一切伟大事业都是以笑话为起点，"幽默是一种具有神圣气质的武器。没有或缺乏幽默感的人，不可能成为伟大的作家。"10. 不要怕失败，每次失败都使我的名气大增。

我听了萧伯纳告诉我的这十条肺腑之言，迫不及待地把它们写出来，供我的读者们参考。今天我与英国几位杰出人物的聊天就到这里。

郑洪升和拿破仑聊天

在我和丘吉尔他们聊天时，我听到有人喊我："老郑，你不先跟我聊，和这些人瞎聊什么？"我听此人口气如此之大，态度如此之傲慢，心想这是何许人也？一看是法兰西皇帝拿破仑。

我说，丘吉尔也是世界级的人物呀！

拿破仑说，你根本就不知道小丘对我的历史地位的评价。

我说请快快相告。

拿破仑说，"这世界上没有比他更伟大的人"，丘吉尔说的这个"他"指的就是我。

我说，小丘还说过这样的话？恕我有眼不识泰山。不过，谈到你，我就想到我国三国时期的关羽，老关有个"走麦城"，你有个"滑铁卢"。

你老郑的毛病总是哪壶不开提哪壶。你怎么不提关公"过五关斩六将"，怎么不提我亲自指挥过六十多次大的战役，大胜了四十多次，你怎么不提我在埃及金字塔大捷，怎么不提著名的《拿破仑法典》？

听了他这一通反问，我想此人果真不凡。我赶快说，你与关羽确实不同，关公被人砍掉脑袋，你却死于圣赫勒拿岛，被关在孤岛上，虽很郁闷，但保了个全身，没有脑袋搬家。

这还差不多，你们的关羽怎能与我相提并论。

趁拿破仑高兴，我问，"中国是一只沉睡的雄狮，一旦醒来，整个世界都会为之颤抖"，这句话是阁下说的吗？

我一生说的话太多了，不可能记住自己说过的每一句话，但这句话好像是我说的，因为我把中国比作雄狮，与我的名字有缘，你知道吧，拿破仑的含义就是"林中之狮"。狮和虎都是林中之王。在全世界能称为狮与虎的国家不多，它必须具备这样几个条件：一是国土面积大，二是人口众多，三是文明时间长。这些条件你们中国都具备。你们的邻国日本也是个很强大的国家，但它充其量只能是只狐狸，或者最多是只狼，它绝对成不了雄狮，不是它不想成为雄狮，它做梦都在想，但它的主客观条件摆在那里，它就是个当狐狸或狼的料。所以，我说中国是雄狮，没说日本是雄狮，我是经过深思熟虑的，不是把这句话作为廉价商品打九折随便赠送的。

拿破仑接着说，只是你们中国这只雄狮沉睡的时间太长了。

我问拿破仑，你认为我们醒来了没有？

拿破仑毫不犹豫地说，已经醒了几十年了，不过由于沉睡的时间太长了，醒来后，难免饥不择食；难免想尽快发展，夺回沉睡耽误的时间，结果急躁冒进，胡乱折腾，走了不少弯路，也伤了一些元气；难免违背自然与社会发展规律，受到客观规律的惩罚。但是，只要总结经验教训，改人治为法治，把理想变成人人和各个政党必须遵守的制度，加强对各级掌权人的严格监督，一旦走上轨道，整个国家必为之一振。我对这只雄狮仍充满信心，我仍然看好它，我决不收回我说过的话。

老郑呀，听说你研究过哲学。哲学告诉我们，世界上没有一成不变的东西，一切都在变化。自从有人类社会以来，世界老大的位置也在不断转移。有些国家曾经当过老大，我统治法国时期，我们法国也是老大。后来，英国当了相当长时间的世界老大。现在，原来英国的殖民地美国是世界老大。美国人也应该想开点，谁也不会永远当老大。你们中国不是有句"皇帝轮流做，今天到我家"嘛，至于能否到你家，那还要看你们自己的努力了。因为睡醒的雄狮也有打盹儿甚至再沉睡的时候。就是永远醒着，也有被别人打伤或自相残杀、自己否定自己的时候。总而言之，言而总之，我拿破仑的预言能否实现，主动权掌握在你们中国人，掌握在中国这只睡醒的雄狮手中。

拿破仑不愧是"历史上最惊人的奇才"，不愧是杰出的军事家、政治家，不愧是创造了法兰西和欧洲历史的人。他对我们中国这只雄狮的分析，令我佩服得五体投地。

我接着问拿破仑，你说的那句传遍全世界的名言，"不想当将军的士兵不是好士兵"，其真正含义是什么？这不是鼓励士兵升官发财，甚至鼓励有些人不择手段，从事卖官买官的非法勾当吗？

老郑，你的理解差矣！我的本意是：人的本性中有积极向上的一面，有争取荣誉的一面，水向低处流，人往高处走，作为一名士兵，他必须具备这种进取心，必须具备自强不息的精神。我就是从炮兵干起的，由于我干得出色，我24岁时就被授予炮兵准将。你们中国曾授予十位军人元帅军衔，这十人哪个不是从基层干起，经过浴血奋战而成为元帅的？你们现在如果有些所谓将军是靠花钱买来的，这是中国军人的耻辱，也是世界军人的耻辱。它与我说的不想当将军的士兵不是好士兵，绝不是一码事。

我与拿破仑已经谈了很长时间，不能再没完没了了，否则要误了我喝酒。最后，我又问了他一个问题：你一生当中最讨厌哪几个字？拿破仑爽快地回答，我最讨厌说"不可能"这三个字。我说，你为什么最讨厌这三个字？拿破仑说，因为这三个字是懦弱者的幻影，是胆怯者的隐身符，如果拥有权力的人经常说这三个字，等于承认自己的无能。在我拿破仑的字典里，我废除了这三个字，在我看来一切皆有可能。我在位时，经常每天工作二十个小时，我就是要把不可能变为可能，即使在我身后什么也没留下，即使我所有的业绩全部毁灭，我的勤奋与荣誉，在我死后仍将鼓舞千秋万代的青年。

在我与你谈话结束之前，我祝中国青年勤奋阅读，勤奋工作，勤奋持家；祝已经睡醒的这只中国雄狮，任性地担负起历史赋予你的伟大而光荣的使命。机不可失，时不再来，千万珍惜！

与拿破仑的交谈真过瘾，真痛快。

郑洪升和戴高乐聊天

我同拿破仑皇帝聊过之后，另一位法国总统戴高乐在一旁等候。他们这些早已下台的人，不像在位时有那么多人成群结队地紧跟其后，基本上与阿庆嫂说得差不多，人一走茶就凉，没人理了。好不容易碰上一个中国老头想跟他们聊天，那是求之不得的事。于是别看他们过去地位高不可攀，现在架子早已放下。这不，想聊天的名人都排上队了。

我说，戴高乐将军，你在位时与离任后，在全世界范围内，对你老人家的评价相当高。但是，我必须告诉你，有些评价是恰如其分的，你是当之无愧的；然而有些是拍马屁戴高帽灌迷汤的，在世界上各国都有一批抬轿子吹喇叭的人，他们专门琢磨领导人的心理活动，你哪里痒痒往哪里挠，哪里疼他们赶快闪开，弄得领导人整天晕晕乎乎。一旦你倒霉了，骂你最凶的往往还是这帮人。特别是你的名字叫戴高乐，戴高乐，戴高乐，戴上高帽子就乐，那些吹鼓手就专找你这样的人。戴将军越听越感兴趣，心想：在中国老头儿中怎么还有这样不留情面、直来直去之人？

我看戴高乐听得入了迷，我进一步说，我看你与我们的领袖毛泽东有些相似，都是高个儿，都是带兵打仗的，虽然他没有将军元帅的头衔，但他比将军还将军，比元帅还元帅，他是指挥将军元帅的。你们俩还有一个共同特点，对强者敢反抗，敢说不。你敢抗美，大喊"欧洲是欧洲人的欧洲"，你这一嗓子，使整个欧洲摆脱了成为美国"小伙伴"的下场，从而奠定了与美国抗衡的精神基础。而毛泽东也不信邪，敢跟另一个超级大国苏联抗衡。你说，你们两个伟人是否有那么一点点像。戴高乐听得有点洋洋得意，直点头。

我说，戴将军，不管别人给你戴过多少高帽子，在我看来，你就是个顶天立地的男子汉，就是在千钧一发之际敢于担当敢于振臂一呼的将军。

你说得真好，说到我心坎儿里了。其实，我就是这么一个人。1940年6月法国贝当政府向希特勒法西斯缴械投降，成立了卖国政权，这是法兰西共和国的最大耻辱，我们是个不会轻易打白旗举手投降的国家，在法兰西民族处于最危险的时候，我于贝当政府投降的第二天，在英国发表了如下演说："我是戴高乐将军，我现在在伦敦，我向目前在英国土地上和将来可能来到英国土地上的军火工厂的一切工程技术工人发出号召，请你们和我取得联系，无论发生什么事情，法国抵抗的烈火不能熄灭，也绝不会熄灭！"我的声音立即传遍英国，传遍支离破碎几近绝望的法兰西上空。这下激怒了卖国贼贝当，他气急败坏地判我死刑。历史证明，有些历史人物虽然被判了死刑，却获得永生，而有些人虽然花天酒地活着，却早已成为行尸走肉。

戴将军你说得真棒，要不丘吉尔说你是位"应运而生的人"。

戴高乐将军高兴地说，后来我集聚的力量越来越强大，"六一八"那场反法西斯著名战役的大胜，才使法国挣脱战败国的耻辱，跻身战胜国的行列。要不战后我们在联合国是没资格成为常委的。我看戴将军以非常自豪的姿态在向我叙述这一切。他现在急需倾诉，因为已经很长时间没人找他聊了。

我主动问戴高乐将军，在西方国家与美国站在一起不承认中华人民共和国的时候，你为什么敢于站出来并首先与我国建立了正式外交关系？

戴将军说，要不这样做，我戴高乐就不是我戴高乐了。我欣赏中国，我欣赏毛泽东和周恩来，我欣赏中国的古老文化，而且在新中国的领导成员中，比如周恩来、邓小平、李富春、聂荣臻等等，都是从我们法国取经回去的。在日内瓦谈判中，我十分赞赏周恩来的外交风度和人格魅力，不与这个政权建立外交关系是毫无道理的。我们与中国建交后，紧跟着也有一些欧洲国家在中国设立了大使馆或办事处，后来的后来，美国不是也与贵国正式建交了吗？

我说，不过阁下是先行者。戴将军说，那是，万事开头难嘛。

最后，我问戴将军，听说你有三个儿女，最小的女儿名叫安娜，这个女儿身体不太好，是吧？戴高乐马上皱起了眉头，他说，不是一般的身体不好，而是患有先天性染色体破坏症，智力发育极不健全，这是我们家的悲剧。但是我要把悲剧变喜剧，我作为带她来这个世界的父亲，我没有嫌弃她，没有疏远她，我要给她加倍的爱。

我说，听说阁下的个性很强，在指挥战争中、在工作中如猛虎；而回到家中，特别是在女儿安娜跟前温柔得像只绵羊。你为了让安娜高兴，居然穿着整齐的军装跪在地上，让安娜当马骑。有这事吗？

戴高乐笑了，他说确实是这样，一点不是童话。我常常想，对儿女如果不施爱，特别是对身体有缺陷的子女不加倍施爱，还是人吗？还有资格为人父吗！1948年安娜死了，我不管多么爱她，也没有留住她。那些日子我伤心透了，我都有以我的老命换她命的心思，但这是不可能的，有天大本事的人也做不到。在我冷静下来后，我马上写了如下遗嘱：我的墓地就是安葬我女儿安娜的地方，日后，我夫人也要安葬在那里。我女儿安娜的墓地，就成了我们最后的归宿。我们永远躺在一起，我无官一身轻，可以天天让我的女儿安娜当马骑。

戴高乐将军的一席话，说得我热泪盈眶。他真不愧是顶天立地的男子汉，是千钧一发之际敢于振臂一呼的将军，是一位非常慈祥的父亲。在他回到我的书架前说了一句话：我与你这位中国八十多岁的老人聊得非常愉快，后会有期。

我还没来得及向他话别，戴将军魁梧的身影已不见了！

郑洪升和雨果聊天

我与戴高乐将军刚刚聊完，准备吃吾儿渊洁做的"郑氏蔬菜饭"、喝两杯革命小酒，抬头一看一位白胡子外国老头站在我旁边，这位老者好面熟，我只想了片刻，就脱口而出："这不是法国的雨果老先生吗？"

雨果说，正是鄙人。

我说，你的大作《巴黎圣母院》《悲惨世界》《九三年》《海上劳工》《笑面人》等长篇小说我都看过，尤其喜欢你浪漫主义的描写手法，读你的小说如同读童话，非常享受。

世界和平理事会曾给我的定位是"法国的莎士比亚"，郑先生你把我比作你们中国的哪位作家？

我说，比作吴承恩怎么样？

雨果说，把我比作老吴我有点不过瘾呀。

那就比作罗贯中？

雨果说，比作老罗还是不过瘾呀！

我说，我猜到了，你是想被比作曹雪芹！

雨果说，是的！

我说，那你真有点比不过呀！

雨果说，老郑，你不要与我来湖南花鼓戏《刘海砍樵》了，我就是法国的曹雪芹。

我说，雨果先生你这有点不谦虚了吧？把你比作法国的莎士比亚，你还要将自己比作法国的曹雪芹，如此狮子大开口，你是不是还要将自己比作法国的托尔斯泰呢？一个人是承担不起这么多荣誉的。

而雨果则说，在荣誉面前，我是韩信用兵，多多益善。

哎呀，连汉朝的名将韩信他也知道。

我看这老头胃口太大，争论下去也没啥意思，就说，你想比作谁就比作谁吧。

雨果笑着说，我是跟你开个玩笑，我已死了这么多年，早就盖棺论定了。

真不愧是位大作家，原来是个玩笑。既然他爱开玩笑，我也跟他开个玩笑。我说，雨果先生你爸爸是拿破仑手下一位能打仗、很被拿破仑器重的将军，你1802年出生后，就是随军家属，在部队大院长大，而且跟着你爸爸去过意大利、西班牙等国，你这是货真价实的官二代呀！

一听"官二代"这个词，雨果的胡子都气得翘起来了，他说，我发现你们中国人有两个大毛病最令人瞧不起。一是以偏概全，就因为出了个"我爸是李刚"，一下子把干部子弟都贬为官二代，好像干部子弟都没好东西；二是跟风，只要一阵风来了，大家都跟着这股风跑，煽风的人站在山顶上，手里拿个大旗，一会儿往左摇，大家跟着向左，一会儿他又向右摇，大伙又跟着向右。风向变来变去，弄得全国人晕头转向，好像都得了精神病。我是法国人，我以我是军官的儿子为荣，当官的孩子确实出过坏东西，但那是极少数。这两个问题，以偏概全和乱刮风的毛病不解决，你们国家是无法健康向前发展的。

大作家毕竟是大作家，说出来的话，水平就是高，而且一针见血。我接着问，在法国难道没人怀疑过你的作品是你爸代笔？

雨果说，我爸是握枪杆子的，我是握笔杆子的，你们的林彪不是说过，枪杆子笔杆子，夺取政权靠这两杆子，巩固政权也靠这两杆子嘛！我与我爸的杆子，是井水不犯河水，他拿他的枪杆子，我拿我的笔杆子。但是，我的写作也不能说与我爸一点关系都没有。我爸身上有一种"发狂的想象力"，他这种发狂的想象力遗传给了我，而且一辈子没有离开过我。假如我身上没有这种发狂的想象力，肯定不会有后来搞文学创作的我。

听了雨果这番话，我明白了，所有大作家都有发狂的想象力，而且他们总是一而再，再而三，不厌其烦地强调想象力的极端重要性。因而可以说，作品是作家想象力的大成，或者也可以说，作品是作家想象力的展览馆。

雨果看我思想很开明，不僵化，他告诉了我一些写作的秘密。他说，我从小好胜心就强，无论干什么，我总想出人头地，建立赫赫功名。一个人如果毫无雄心壮志，不想成为大人物，是成不了大气候的。

我说，你这思想很危险，要在我们中国非挨批不可。

雨果说，在我们法国有这种思想的人很可贵，如果没有这种成名成家的思想，反而被人看不起。我妈妈就教导我，要当就当大作家，当一流作家，当二三流作家，没劲儿。我从小受的就是这种教育。如果在青少年时就批判成名成家思想，无异于向幼小的树苗上泼开水，多少罗贯中、曹雪芹与爱因斯坦式的人物，都被扼杀了。连我雨果也成不了雨果了。一个强大的国家，不怕成名成家的人多，就怕没一个成名成家的人。

我说，雨果先生你的创作灵感得益于你发狂的想象力，那么你的创作素材主要来自哪里？

雨果毫不犹豫地回答，主要来自我的经历，我还有很强的记忆力，小时候的事情，过了几十年以后，我还能清清楚楚地把它描绘出来。当然别人的经历，社会发生的形形色色的事件，也会融入我的作品中去。可以这么说吧，我的才华最杰出的部分是由对自己经历过的事情的回忆组成。

我想，雨果讲得很有道理，作家最好的作品几乎都有自己经历的影子，包括曹雪芹的《红楼梦》。

我又问，听说当时法国文坛嫉妒你的人相当多，你怎么对待来自方方面面的嫉妒？

雨果说，文人相轻是世界性的流行病，哪个国家都一样，有人嫉妒你，证明你已超过别人，对他人构成了威胁，没有人嫉妒并不是好现象。

我对"嫉妒"从来不埋怨。因为我弄清了一个道理：埋怨不如创作，越是遭受嫉妒，越是要拿出高质量的作品来回敬，用作品来显示自己的实力。而同自己阵营中的任何人争吵，都是无为之举，那会削弱自己的力量。我为了集中精力写出上等作品，从而堵住嫉妒者的嘴，我经常把自己关在屋子里，把外衣全部锁起来，从而打消出门的任何念头，像走进监狱一样，开始写我的长篇小说。老郑，你大概知道在我 29 岁的时候，我把自己关在屋子里用六个月的时间写出了《巴黎圣母院》。成就越大嫉妒越甚，在我 30 岁时受到来自四面八方的攻击，我忠实的朋友们纷纷从我身边离去，嫉妒、诽谤、挑剔、责难、冷淡、疏远、中伤，全向我扑来。我心里清楚，这种情况的出现，不是由于我的过错造成的，而是我的成就带来的副产品。当时，也有人看不下去了，他们站出来说，我无可争议地居于文坛第一把交椅的位置，使有些人的作品黯然失色，当然会引起他们的围攻。再到后来，在我 39 岁的时候，我干脆气气那些家伙，我说，在这个世纪，只有一个经典作家，你们竖起耳朵好好听着，那就是我雨果。有人指责我自高自大，是的，我的骄傲就是我的力量。

雨果老先生越说越激动，我听得也很着迷。我说：你后来被法国当局流放了 20 年，你在你的那张写作小桌上，不断地写出伟大的作品，这些非凡的事迹，咱今天不能展开说了。我要说的是，你从流放地返回巴黎时，去车站迎接你的读者人山人海，人们自发地高呼"雨果万岁""雨果万万岁"！你看到这个场面激动地说："我 20 年的流亡生活，你们用一个小时就补偿了。"特别是当你 80 岁大寿时，你的读者为你举行了国庆般的庆祝活动，1881 年 2 月 26 日那一天，巴黎 60 万市民从你的窗户下走过，你坐在凉台上接受自己粉丝的朝拜。当时，法国所有学校在这一天，还取消了对所有学生的处分。最后我对雨果先生说，你真牛，比你爸爸牛，比你爸爸的上司拿破仑牛。你的晚年有这么多读者大军，浩浩荡荡从你窗前走过，而不可一世的拿破仑，却在一个孤岛上风烛残年，最后骨瘦如柴，死在那里。

雨果对一个中国老头儿对他实事求是的赞扬，听得十分陶醉，胡子都乐得翩翩起舞。

我说，咱们聊了这么多，都误了用餐，你与我喝杯中国茅台吧。

雨果说，我只喝法国葡萄酒。

我赶快说，咱俩都闭嘴，否则，有人会批咱俩拿厂家的钱搞植入广告。

我同法国大文豪雨果的聊天，就这样在十分愉快的气氛中结束了。

郑洪升和大仲马聊天

我与雨果老先生聊完后，吃了"郑氏蔬菜饭"，喝了两杯革命小酒，正准备上床眯瞪一会儿，突然一个人站在我面前说，你在我与雨果之间得一碗水端平，咱们先聊后睡行不行？

我抬头一看是法国另一位赫赫有名的大作家大仲马，我连说了好几个行，哪敢说不行。

我想，雨果他爸是拿破仑手下的将军，大仲马他爸也是拿破仑手下的将军，都是"官二代"，但"官二代"这词，我敢说雨果，却不敢说大仲马。这个大仲马的脾气像他爸，非常暴烈。

据说，大仲马小时候他爸病亡，他问妈妈，我爸爸为什么不回家了？妈妈说回不来了，他死了，被上帝叫走。大仲马又问上帝住在哪里？妈妈说住在天上。只见大仲马从墙上摘下爸爸的枪，冲出门去。妈妈忙问，孩子你要去干什么？大仲马说我要去天上打死那个上帝，因为他叫走了我爸爸。

这个连上帝都敢打的人，如果我说他是官二代，他怒发冲冠，朝我来一枪，都还不够我这八十多岁的人喝一壶的。我只好把此话咽回肚里。但是我寻思，法国的两位军人，怎么生了两位大作家？是巧合，还是有一定的必然性？

在法国，仲马家族很有名，大仲马的父亲人称老仲马，大仲马的儿子人称小仲马。三个仲马一武二文，都在自己的事业上做出惊人的不朽业绩。

老仲马在拿破仑时代是一位将军，打仗勇敢，为人正直，急流勇退，与世无争。在那个升官比女人生孩子、鸡下蛋还快的年代，他秉承拿破仑"不想当将军的士兵不是好士兵"的理念，在几年之内，就由士兵晋升为将军。拿破仑进攻埃及时，老仲马就担任骑兵司令官。

我问大仲马，你爸刚 36 岁，正在青云直上的时候，怎么就主动辞职不干了呢？

大仲马说，我爸看透了一个问题，拿破仑发动的这场战争，大家跟着他南征北战流血牺牲，只是为了满足他的荣誉，提高他个人威信的需要。同时，作为一个襟怀坦白的人，我爸也厌恶权术和官场上的钩心斗角。

我说，你爸退伍后就回家了，没有再干点别的什么？

大仲马说，我爸是个拿得起放得下的人，一退到底，不到 40 岁就回到老家，生儿育女，过上了"三十亩地一头牛，老婆孩子热炕头"的小日子。1802 年 7 月 24 日，我妈妈生下了我。我的出生使我爸变了个人似的。他在给朋友的信中说，昨天早晨我的妻子给我生了个大胖小子，他要是出娘胎后也像在娘肚子里长得那么快，大概屋子里就装不下他了。后来他经常让我骑在他的脖子上，每当我在他脖子上撒了尿，他都高兴得不得了，认为是个好兆头。由于战争生活损害了我爸的身体健康，当我 5 岁的时候他就病倒了，只听我爸躺在床上喊："难道一位将军，一位 35 岁就统帅三军的将军，40 岁时却像一个胆小鬼一样死在病床上？啊，上帝呀，上帝，我怎么得罪了你，你这样惩罚我，让我年轻轻地就撇下妻子和孩子。"不多日我爸就这么走了，我当时只有 5 岁，成了没爹的孩子。所以，我恨死把我爸叫走的上帝了，我要上天打死这个上帝。

大仲马向我说这一些话时，是带着泪说的，我是带着泪听的。我赶快递给他几张手巾纸，安慰他说，不必伤感了，都过去几百年的事了。

他说，都怪你老郑旧事重提。

我道歉，对不起，请原谅，我再也不提这一段。我问大仲马，在你身上，你认为父母遗传给了你什么？

大仲马毫不犹豫地说，贵族气质来自父亲，平民气质来自母亲。

看来，每个孩子，都是父母的共同体。

我说，大仲马先生，听说你20岁时去首都巴黎发展，是通过走后门去的？

大仲马说，前面与你聊天的人大都有一个共同的感觉，你老郑总爱哪壶不开提哪壶，这次你故技重演，又来我这里提不开的壶了。我理直气壮地告诉你吧，我爸临死前，给他在巴黎的好友写了一封信，交给我妈说，孩子大了如果想去巴黎谋事，可拿上这封信当敲门砖。我的老朋友看到拿信的是我的亲骨肉，肯定会伸出援助之手。我长大后，真的拿上这封信去巴黎找一位叫福阿的将军。我爸的老朋友见到我后虽然很亲切，但问我代数、几何、物理、法律方面的知识，我一问三不知，对这些一窍不通。福阿将军表示失望，最后说，你把在巴黎的住址留下，我再帮你想想别的办法。他给了我一张纸一支笔让我留地址。我一面写，将军站在一边看，他忽然高兴地拍了我一巴掌说："我们有救了，你的字写得很漂亮，我有位公爵朋友，他那里正需要一名抄写员，我介绍你去他那里当抄写员吧。"就这样，我在巴黎找到一份工作，总算有了吃饭和睡觉的地方。这怎么叫走后门呢？老郑，我告诉你，人际关系也是一笔宝贵的财富，如果没有人际之间你帮我、我帮你的关系，这个社会是很难维系的。这不叫走后门，懂吗？不要硬把好事情往坏的方面想。

我赶快说，我从你的话中受到启发，但你也不要得理不饶人，上纲上线。

大仲马笑了。

我穷追不舍地问大仲马，你只是个抄写员，是怎么成为作家的？

大仲马说，我在这位公爵家当抄写员的时候，他家里来的人真是往来无白丁，全是有学问的人。我与他们套近乎，他们也喜欢我这个文学小青年，一来二去，我终于认识了写小说又写童话的著名作家诺谛埃。这位大作家看出我是个写作的料，一天他告诉我："法国将要出现一批勇于创新的作家，希望你努力成为其中的一员。"我没辜负他的期望，写出《克里斯蒂娜》的剧本。

我问大仲马，你的剧本有人接受吗？

他兴奋地说，我这个人运气真好，大概我要枪毙上帝，从此上帝怕了我，上帝总是在暗中给我保驾护航。我又通过一位名人，把我的剧本推荐给杰伊佛尔男爵。我把我的剧本念给他听后，他高兴地从床上一跃而起，大喊一声，咱们一道去法兰西剧院。之后，我又把我的剧本念给剧院的权威们听，他们一致认可了我的剧本，当时我只有26岁。我回到家里，见到妈妈后手舞足蹈地说："好妈妈，我写的剧本通过了，通过了，通过了，可以上演了！"

我说，大仲马先生，你当时的心情我完全能够理解，因为我儿子郑渊洁出版第一本书时，我走到哪里就把那本书带到哪里，好长时间晚上睡觉时放在枕头底下，醒来后，就拿出来亲两下。

大仲马说，我妈也这样。看来，全世界的父母都一样。

我说，大仲马先生，后来你又写出《亨利三世及其宫廷》，该剧上演的那一天，高朋满座，连雨果都去看了，幕间休息时你跑回家亲吻了自己的母亲，你返回来时，剧院观众的情绪已达到狂热的程度，当宣布剧作者大仲马的名字时，全场观众起立长时间地欢呼鼓掌。像你这个没上过什么学的人，仅27岁，就一夜成为大名鼎鼎的人了。我也为你高兴。

而大仲马却说，我的机遇好，暗中有上帝保佑。

我接着说，从此以后，你的稿费大笔大笔地到来，你的衣食住行完全改变，这时你又交了许多朋友，是吧？

大仲马说，那时我的创作欲望极盛，构思不断，我在桌子上放着几种颜色不同的稿纸，蓝色的用来写小说，粉红色的用来写论文，黄色的用来写情书，我这双手二十年来写出了四百部小说，三十五个剧本，其中包括你看过的《基督山伯爵》《三个火枪手》。在你们中国不是很重视劳动英雄嘛，在作家中我就是劳动英雄，我这双手就是劳动者的手。

我说，听说你用稿费盖了一座华丽的"基督山城堡"？

大仲马兴奋地说，真盖了，这个城堡中房子很多，大部分是让来看我的朋友住的，我只留了一间很小的房子当我的创作室，里边只放一张铁床，一张粗木做的小桌子，两把椅子，我在这间小屋子里，从早写到晚，写得兴奋了，常常彻夜不眠。在吃的方面，我不太讲究，吃的是最普通的食物，好吃的都是为来的客人准备的。我基督山城堡的大门是敞开的，欢迎来自五湖四海的朋友。

　　我说，这些朋友后来对你怎么样？

　　大仲马说，别提了，人心隔肚皮，探不到底呀，有的真铁，多数都是过路客，有些成了我的反对派，幸亏那时没有手机和录像录音设备，要不，弄一段我的不雅视频放到互联网上，我大仲马还不身败名裂。这些不愉快的事情，我真不想再提起了，若提起来，我跳楼自杀的心都有。听说你儿子郑渊洁说过，害你的往往是你的朋友，对朋友要进行年检。我那时在这方面太麻痹大意了呀！

　　对于这一段经历，大仲马有些伤感，我赶快转话题。

　　我说，你的儿子很像你，人称小仲马，是你最大的骄傲。

　　一说儿子他来劲了。他说，那才是我最好的作品。后来我把我全部的爱都给了我的儿子。当他把《茶花女》剧本写成，念给我听时，第一幕刚念完，我马上说"非常好"，当儿子念完整个剧本后，我激动得热泪盈眶，紧紧把我的儿子搂在怀里。后来《茶花女》的演出获得巨大成功，儿子成了我生活希望的全部。我家里的三仲马：老仲马，大仲马，小仲马，终于成龙配套。

　　我说，你不是与儿子之间还有些矛盾吗？

　　大仲马说，老郑，你哪壶不开提哪壶的老毛病又犯了。谁家没本难念的经。但血浓于水。当那些不可靠、常到我城堡蹭饭的人纷纷离开我的时候，我中风瘫痪后，一天我叫开我儿子家的门说："我想死在你这里。"儿子深情地接待了我，把我安置在他家最好的房间里，天天给我做最好的饭菜。1870年12月5日，我就死在我儿子的身边。因为我死时毫无痛苦，所以我儿子小仲马对亲朋好友说，我爸爸像活着一样死去了。当时新闻中说："一切时代和一切民族中最伟大的讲故事的人大仲马走完了自己的光辉一生。"

我最后说，在你去世后，雨果把你和你儿子做了个比较，他是怎么说的呢？

大仲马说，老郑这个你问老雨吧。

雨果从书架里走出来说，我认为，大仲马是位天才，在他身上天赋多于才能，许多事情是通过他的想象力产生与完成的；而小仲马完全是另一种人，他们父子处于不同的两极，小仲马代表着一种才能，在他身上有着一个人所可能有的一切才能，除了才能以外，他再没有别的了。

我说，雨果先生你不仅是伟大的作家，而且是伟大的评论家。

雨果说，我和大仲马都是，一被戴高帽就乐。

因为这次聊天非常愉快，雨果又下来了，我想趁此难得的机会，请两位老外大文豪喝杯酒吧，而他们说酒后说话容易妄言，最好慎言。我说，我兜里没装录音机，更没有摄像机，别怕……我的话还没说完，只见二位又回到书架子上休息去了。

郑洪升和巴尔扎克聊天

　　我目送大仲马回到书架里后，忽然看到法国另一位大名鼎鼎的文豪作家巴尔扎克脸上有怒气，难道我怠慢了他老人家？我叫了声他的名字，他不理我。我说，有意见摆到桌面上呀，别不理人，你要还摆大文豪的架子，我把你当破烂儿卖了，现在物价虽一个劲儿往上涨，但破烂儿的价钱却一个劲儿地往下跌，旧书报只几毛钱一公斤。

　　巴尔扎克一听我要卖他，开口了。我这些年寂寞得很呀，你和雨果聊完后，我心想该轮着我了，结果你与大仲马又聊个没完没了。

　　我说，总有个先来后到吧，人家大仲马动作快，谁让你排队排在最后呢！

　　我看到巴尔扎克脸上有了笑容。我问，你在中国有熟人吗？

　　巴尔扎克说，只知道一个人，他的名字叫傅子。

　　我惊讶，我国没有傅子呀？

　　巴尔扎克说，你们国家不是有老子、孔子、荀子、庄子、孟子、孙子嘛。我认识的这个人为什么不能叫傅子？

　　我恍然大悟，他说的是把他的许多著作翻译为中文的傅雷先生呀，在"文革"中傅雷夫妇都被迫害致死了，他的儿子是移居国外的著名钢琴家傅聪先生。

　　我说，在我们中国，"子"字虽然是对男人的尊称，但能称为子的男人寥寥无几。后来的人不管多么有学问，也称不上子。例如鲁迅，没人称鲁子；胡适，没人称胡子；茅盾，没人称茅子；郭沫若，没人称郭子。所以傅雷也不能称傅子。

巴尔扎克说，原来如此。他接着跟我开玩笑说，我看在你们中国这些能称为"子"的人中，只有老子最占便宜，最吃亏的是孙子，不管怎么叫，他都是老子，《孙子兵法》再有名，他也是孙子。

我说，要这么说，如果把雨果叫雨子，大仲马叫大子，把你叫巴子，你也占不了多少便宜。但是可以叫老雨，老大，不能叫你老巴（爸），谁叫谁吃亏。说得我俩都哈哈大笑起来。

闲言少叙，言归正题。我说，听说你小时候像疯了一样地读书，后来又像疯了一样地写作，是这么回事呢？

巴尔扎克说一点不假。我与雨果、大仲马不同，他俩都出生在军人家庭，而我出生在一个资产阶级家庭。我们家藏书较多，我对书有一种天生的兴趣。在我十二岁的时候，我就把书当作自己的另一个归宿。书成了我的朋友，成了我的救星，只有读书才能使我的脑子还活着，若不读书我就有脑子死了的感觉。我吞食了每一本当时我能得到的书，不管是历史、神学、童话、哲学、科学，我都如饥似渴地拿来果腹，就像你在《开门大吉》中说的那句话：向全世界的名人借脑子。结果，读着读着自己的手也痒痒了，我就向父母提出我要写作的请求。我父母说，可以在巴黎给我租一间屋子，去首都写东西，但是只试两年，两年后如果写不出来，就另谋别的差事。

我赶快问，你写出来没有？

巴尔扎克说，我在巴黎租的那间小屋子里住下来，几乎过着隐居的生活，好多天都不出屋子。经过掌灯熬夜，用几个月的时间，我写出了一个剧本。我回到家里拿出一大堆稿纸给爸爸妈妈看，二老高兴得不得了，平时我妈对我十分严厉，见到我写的剧本，态度完全变了，又是给我做好吃的，又要给我抄手稿。别提她有多高兴了。

我说，你初战告捷，旗开得胜了？

巴尔扎克说，别提了，写砸了。我爸我妈把家里打扫得干干净净，准备了招待的食品，请来一些好友，听我朗诵剧本。我的剧本不仅没打动人、抓住人，反而把人念瞌睡了，念到后来有些人溜了。其中有位懂行的人说，我写作的才能有，但写剧本不行，改写小说可能是块料。

我说，那你就改写小说了？

巴尔扎克说，我真的改写小说了。由于路子对了，我写出不少小说。在巴黎我认识了一个人，我们俩达成一个协议，我写，写成后由他拿上我写的稿子去找出版商出版，稿费二一添作五，对半分。这时，我为了挣钱，把我的艺术，把我的创作野心，甚至把我的署名权都出卖了。当时，我的写作精力极其旺盛，我由一天写二十页，增加到写四十页，每三天就要用一瓶墨水，用坏十个笔头。我一年能写出五本小说。作品的质量是很差的，许多章节都是东拼西凑的。因此，它们出版时，我连自己的真名都不敢用。当我挣了一笔钱之后，练手练得也差不多了我就与那个人分手了，我开始用巴尔扎克的名字写作并出版小说。

我说，当时你只有二十几岁，怎么能写出这么多小说？

他毫不含糊地说，来自勇气。在我一生之中的每个阶段里，我的勇气帮我克服了许许多多不幸。我把笔作为自己唯一的武器，把稿纸当成我唯一的弹药，我就是要以这样的武器去征服世界。在法国高手如林的文坛，我要杀出自己的一条血路来。我要与许多最著名的作家较量一下，我不仅要战胜他们，而且要超过他们，一定要把他们甩在后边。老郑呀，不挑战是不行的，不挑战哪里有自己立足之地。

我听着都着迷了，难道这就是雄心壮志？这就是胆量？没这种精神，干什么都搞不出名堂，何况写作。

巴尔扎克说，光有勇气是远远不够的，还要有实际行动。当我的大目标定下来后，我把我身上的所有细胞都集中到创作上，我专心致志地写作，写作之外的一切事情我一概不管，我与许多朋友的来往都断绝了，基本上过着一种隐居的生活。我的定律是：一个人不可能在两个领域内都是通才，一定要用自己的笔，用高度和深度，创作出好作品来，从而使这个世界不朽。

听到这里我大喊一声："巴尔扎克呀，巴尔扎克，我今天才知道，你为什么成为巴尔扎克了！"

巴尔扎克的话匣子打开了，他悄悄告诉我，一个人有所为必须有所不为。在我的一生中，在我写作期间，我原来的朋友圈子事实上已经不存在。30岁前是我大量阅读，向内吸收的时期，像一棵树一样把周围的水分都吸干了；30岁后，是我出成果的时期，是奋力创作的时期，是让他人认识我实力的时期。我抓紧一切时间写作，别人正在做梦，我却醒了；别人夜晚睡觉，而我晚上通宵达旦地写作。

我问巴尔扎克，听说你有一张小桌子，你的七十四部小说都是在这张小桌子上写出来的，是这样吗？

巴尔扎克惊讶，老郑，你连我的这个秘密也知道？

我说，你在我家住了这么长时间，你的什么我都知道，连你的隐私也逃不过我的眼睛。

巴尔扎克说，我的写作习惯是这样的：写前拉上窗帘，点燃蜡烛，穿件僧侣式的袍子，然后坐在我那张小桌子旁。我爱这张小桌子，胜过爱我所有的财产，它是我极爱和唯一的知己，是我真实生命的唯一见证人，这张小桌子，它看见过我的创作计划，见过我的困境，它甚至偷听了我的思想。它陪伴我一直到死。

我说，你和雨果都有这么一张写作的小桌子。这有点奇怪，难道这两张小桌子有点神？

聊到这里，我说，巴尔扎克先生你大概说累了，我想把我看你的小说后概括的你写作的三大特点也向你汇报一下，好吗？

他说，我很乐意听一个中国老头儿的感想。

我说，鄙人认为你虽然写了近百部长篇小说，但是基本上有这么三大特点：一是你把现实世界作为你创作的原料，你始终面对现实、描写现实、揭露现实、批判现实，这是你作品突出的属性；二是在描写现实世界中的各色人物时，你是善于抓典型人物与典型事件的超级高手，就是善于解剖麻雀，描写了一个医生就等于描写了无数个医生，描写了一个高老头就如同描写了许多高老头；三是你的又一高明之处，在于你不把典型人物与典型事件看成是孤立的，而是善于寻找各种典型之间的联系，从偶然之中看出必然，从孤立的典型之中看出其内在联系的本质。一句话就是，面向现实，面向典型，面向规律。以上三点，不知妥否？

巴尔扎克一边听一边直点头，听完后，他说，你不愧是有古老文明的中国公民，不愧是研究过哲学的人，不愧是郑渊洁他爹。我在中国能有这样的知音，我太满足了。

我赶快说，我是班门弄斧，班门弄斧。

而他说，谦虚过分就变为虚伪。

我只好沉默不语了。

巴尔扎克这架制造小说的"机器"，终因长期不停地运转，又缺乏定期保养，遭到严重磨损，在他五十岁的时候双目失明，且伴有严重的心脏病，1850 年 8 月 18 日夜里 11 点 30 分，巴尔扎克停止了呼吸，当时守候在他身边唯一的亲人，就是他年迈的母亲。

在安葬巴尔扎克的时候，雨果发表如下悼词："我们刚下葬在墓里的这个人是举国哀悼的伟人中的一个。从此以后，人们的眼睛不会朝着统治者的脸孔瞧去，而要朝着思想家的脸孔看去，而整个国家也要因为这些人之中的一个的死亡而战栗。今天，民众哀悼一个才子的死，国家悲痛一个天才的损失。巴尔扎克已经安静地休息了，现在他已经远离冲突和仇恨。他进入坟墓的日子，他同时也进入了名声的宫殿。这不是黑夜，乃是光明；这不是终局，乃是开端；这不是虚无，而是永生。你们听我说话的一切人都记着：像这样的坟墓，才是不朽的证明。"雨果先生沾了长寿的光，他亲自送走了大仲马和巴尔扎克。

我问巴尔扎克，雨果的讲话你听到没有？而我转眼一看，巴尔扎克已回到书架子里去了。看来他对死后人家怎么评价他，不太感兴趣。

郑洪升和希特勒聊天

我同巴尔扎克聊得十分开心。巴尔扎克刚走，就有一个上嘴唇留一小撮胡子、梳着偏分头的家伙喊我。我家里有一套《第三帝国的兴亡》，原来是希特勒从这本书里蹿出来想与我聊天。我说去、去、去，你是什么东西，和我聊天的人中有你这号人吗？希特勒说，郑先生，可怜可怜我吧，今年（2015）是我自杀70周年，你们叫反法西斯战争胜利70周年，许多国家又是庆祝，又是阅兵，我的日子比我的难兄难弟东条英机、墨索里尼的日子，更不好过呀！我说，你不要装出一副可怜相，你的名声太臭，我不会同你这种头号战犯聊。

希特勒说，当年我们德国的盟国日本领导人至今不是还没向你们中国人正儿八经地道歉嘛，他们不是一口否认南京大屠杀和在慰安妇上的罪行吗？我为了取得你的信任，或者说换取与你聊天的资格，我向你提供一个铁的证据。这个证据就是我1938年的新年演讲稿，我知道你不会外语，我请人翻译成中文，现在我交给你，作为求你跟我聊天的敲门砖或者见面礼，行不行？

出于好奇我接过翻译稿，不错，稿子上注明确实是1938年希特勒的元旦演讲，看得我毛骨悚然，现将有关日本的内容摘要如下：

"先生们，令我们兴奋的是，在东方，在亚洲，我们的盟友日本已经出击了！在1937年，日本已向中国发起了有力的攻击！就在不久前，日本已经占领了中国的首都南京！这是我们轴心阵营的一个伟大胜利，让我们庆祝这个伟大胜利吧！！

"但是，最近几天，我陆续接到德国驻中国大使馆和一些在中国的国家社会党员的报告，对日本军队的一些行为我们必须反思，有些地方不是我们优秀的日耳曼人可以做的。在这里我必须提醒所有的先生们，在即将到来的战斗中应该注意什么：

"（一）大规模的屠杀是必要的。但日本人的方式过于简单野蛮，文明的德意志不要这么做！据报告，最近几个星期来，日本在南京展开了十分残酷的屠杀，目标基本上是放下武器的中国士兵和平民。是的，从肉体上大规模消灭劣等民族是必要的。但日本军队用刀砍、油烧、活埋、剥皮等方法太血淋淋了，上帝看见会不高兴！这不是优秀人种应该做的事！我们今后要注意！从今以后党卫军在消灭犹太人的工作中，帝国军队在消灭劣等民族的过程中，要注意多用不流血的方式，例如，可以用绞刑，可以用毒气，这样杀人更文明一些，因为我们德意志人是文明的民族！

"（二）不要随便破坏以前的古迹。据报告，日本人在中国随意破坏古迹，从不保护以前的文化遗址，已经毁坏了中国这个有四千年文化的古老国家的许多古迹，这是不应该的。德意志人爱文明，爱文化，是个有修养的民族，即便是战争年代，也不要随便破坏古代文明，我已经下令空军，在制定巴黎的轰炸计划中，明确标出埃菲尔铁塔、圣母院、凯旋门等文化古迹，尽量不要破坏它，因为它最终会变成德意志的财产！

"（三）我对日本人强奸中国妇女十分惊讶！据报告，日本人把南京变成了一座兽城。他们在大白天、在大街上随便强奸中国妇女！这种行为真令人羞耻！我定一条纪律，我们不能像畜生一样到处强奸被占领地区的妇女。

以上三点是我们从日本人那里得来的经验，望全体德意志士兵都要牢记！！！"

看了希特勒交给我的演讲稿，我怀疑他用伪劣产品忽悠我，骗取我与其聊天。而希特勒则说，郑先生，你若不信可以去德意志档案馆考证。我哪有这个时间。记得有一位伟人说过，学习不光是从正面人物身上学，反面人物也是很好的教员。要不，在反法西斯战争胜利 70 周年之际，我与希特勒也少侃几句。

我问希特勒，你 1889 年 4 月 20 日出生于德国巴伐利亚与奥地利边界一个叫布劳瑙的小镇上，只不过是个小混混而已，你怎么就混成了德国的元首？

希特勒说，郑先生对我不敬呀，我怎么是小混混呢！在第一次世界大战期间我当过兵，负过伤，获得两枚奖章。这在当时是很罕见的。我说，这恰好说明在一战期间你就有罪。希特勒接着说，战后，我接触了法西斯主义并极力传播，我于 1923 年 11 月 8 日发动了"啤酒馆暴动"，失败后入狱。我在监狱里写出我的纲领性著作《我的奋斗》，在书中我非常明确地提出要兼并奥地利和灭绝犹太人的决心。我成立了德国国家社会主义工人党，即纳粹党，并成为这个党的主席。1933 年 1 月 30 日，我正式出任德国总理，接着又取代总统，成为德国元首。这不能说我是小混混吧，反正我的名声也不好，说混混也成，但怎么也是个大混混吧，混到这一步也真不容易。

我说，你不仅用枪杆子杀人，而且还用笔杆子杀人。就拿你写的《我的奋斗》来说吧，历史学家卡曾斯指出，书里的每一个字使 125 人丧失了生命；每一页使 4700 人丧失了生命；每一章使 120 万人丧失了生命。你发动第二次世界大战，杀害犹太人，给全世界带来的巨大灾难，成千上万本书，几十部电影都演过了，可以说家喻户晓，人人皆知，臭名远扬了。我今天只想问你，你是靠什么实现你的野心的？

希特勒说，我的招数很多，但最重要的招数是宣传，是忽悠。我重用了一个叫戈培尔的人当我的宣传部长。老戈这个人非常能干，他的名言是"谎言重复千遍就是真理""谎言要一再传播并装扮得令人相信"。我们就是靠制造和宣传谎言过日子的。通过一串一串的谎言，麻痹民众，调动民众，把民众的情绪忽悠到狂热的程度，让他们去死，他们都心甘情愿，毫不畏惧。当然，戈培尔只能算个二忽悠，大忽悠是我。

我问希特勒，你忽悠人有什么绝招？他毫不含糊地告诉我：说谎面不改色心不跳，讲起来要振振有词，要有煽动性；要简明扼要，少讲长篇大论的话，最好几分钟之内就把听众煽呼得晕头转向，高呼万岁；文字嘛，也就是一条微博140字左右。与其讲一万句，而人家一句也记不住，不如讲一句顶一万句。我说我国有个叫林彪的人也说过类似的话。希特勒得意地说，可见英雄所见略同。他看我使劲瞪了他一眼，赶快改口说：我发晕了，是枭雄所见略同，枭雄所见略同。

　　我说老希，空口无凭，拿出例子来为证。希特勒说，好，我就拿出我在不同场合讲话的内容，作为例子，我每次就讲这么长，多一句也不讲：

　　例一："该死的《凡尔赛条约》见鬼去吧！我们强大的德国军队总兵力已经超过80万，我们的武器现在世界一流！这是欧洲和世界第一流的军队，德意志已经真正复兴了，万岁！从耻辱的第一次世界大战到现在，仅仅20年，德意志重新站起来了，让世界看看吧，德意志是永远打不败的汉子！！！"

　　例二："在1937年的辉煌岁月里，我们伟大的德意志帝国取得了非凡的成就。现在我们的国民总收入已超过了大不列颠，除了那个杂种的美利坚和天天谎报数字的苏联外，没有一个国家的经济能超过我们了！我们成了真正的经济强国。"

　　例三："新的1938年将是划时代的一年，德意志雄狮终于要出击了！我们的目标是捷克！我们的目标是巴尔干！我们的目标是波兰！我们的目标是巴黎！我们的目标是西伯利亚！！！"

　　例四："我们向全世界宣告：德意志是真正的优秀民族！我们日耳曼人是最优秀的人种！只有我们日耳曼人才能做到这一点！那些劣等种族像蚂蚁的繁衍，占据并浪费着地球上最宝贵的资源！这是世界秩序的不公！伟大的德意志有义务改变这一切！德意志要战斗！德意志要复仇！！！"

　　希特勒老毛病又犯了，说着说着有点得意忘形，夸自己如何善讲，如何骗人。我说，你就凭这个把德国人忽悠起来，发动了第二次世界大战的？希特勒说，现在看来，老百姓其实很可怜，我只要慷慨激昂、手舞足蹈地讲百十个字，他们就死心塌地的在我的指挥棒下，去杀人、去送死、去毁灭一切。

希特勒看我脸色不对，要狠批他，一转眼，他比兔子还快，蹿回书架子上去了。

我说躲到哪里也不成，今年你和你的难兄难弟墨索里尼、东条英机，以及你们那些死不认罪的后辈们，绝不会感到舒服，绝不会有好果子吃。

只听见康德和黑格尔说，老郑，别理我们德国的这个败类、这个疯子、这个战争贩子了。他可把我们德国人和全世界人害苦了，弄得我国的总统和总理，没少给受害国受害民族，磕头作揖，赔礼道歉，还战争赔款，已经七十年了才有点儿缓过劲来。咱们还是谈哲学吧。我说，好，我吃点儿东西，喝两杯酒，然后主动请你们两位大哲学家聊天，从你们那里获取学问。

郑洪升和康德聊天

　　我请德国大哲学家康德老先生下来，特意准备了几盘小菜，几瓶德国啤酒，请他坐下。为了尊重他老人家，我称呼他为康老。而康德马上说，别，别，别，郑先生你就直呼我姓名吧，千万不要叫我康老！我纳闷，他为什么不情愿我叫他康老呢？康德说，我在你家里住了这么多年，对贵国贵党的事情知道了不少，你们党内曾有位连你们伟大领袖毛泽东都称他为康老的人吧，此人名康生，陷害了不少好人，出过不少坏主意，死后还被贵党开除了党籍，因此，你叫我康老，我就想到他，心里不舒服。

　　我恍然大悟，康德不愧为大哲学家，留心周围的各种事情，连这个他都知道？我说，尊重你的意见，我就按你们外国的习惯直呼阁下姓名吧！

　　我说康德先生，你的哲学观点，书上已写了不少，你著的那本《纯粹理性批判》，我年轻的时候就看过。今天咱们聊点你生活中的问题好不好？康德说既然聊天，那就是天上地下，海阔天空，自由自在，想聊什么聊什么，不必限范围，也不必设主题，天马行空地聊就是了。我说，痛快！

　　我问康德，1784 年你在哥德斯堡小镇买了一套私人住宅，这套房子你是怎么布置怎么使用的？

　　康德说，这套住宅两层，共有八间房子。当时，我虽不是什么博士生导师，但带着一些学生，他们几乎天天来我家听我讲课。我楼下布置成教室，另有一间，由我的女厨师住。二楼是餐厅、卧室、书房，还住着一名退伍军人，也就是男仆人，负责安全工作。

我说，我对书房感兴趣，你的书房是怎样布置的？

　　他说，我的藏书不算多，只有五百本左右，我把这些书和稿纸都放在两张长桌子上，在墙上只挂卢梭的画像，就是这么简单。书房如同自己的工作间，用着怎样方便就怎么安排。但是，我在这个简单的书房里却写出了不少东西。

　　听许多人说，你的生活很规律，你的作息时间是非常严格的？

　　康德说，我的工作日从早晨5点开始。起床后，我穿上睡衣来到书房，先喝两杯淡茶，吸一斗烟，接着工作一小时。这一小时能出许多好思想，最富有成果，我的心情也最愉快。7点开始，我给学生讲课。课后，我又穿上睡衣坐在书房里读书或写作。工作到下午1点，我开始吃午饭。饭后，我从来不午睡，立即出去散步。由于天天是这个点出来，镇上的人一看到我就知道现在是几点钟了。我总结了一句话："你一定要支配自己的身体，要不然它就会支配你。"

　　我赶快说，停，停，停，让我好好琢磨下这句话。太有哲学味了。是呀，等身体支配自己的时候，那就太惨了：眼睛要求戴近视或老花镜；心脏要求安支架；腿不能说走咱就走，要求坐轮椅；糖尿病要求打胰岛素；前列腺要求开刀……一个人如果把支配身体权，让位于身体，让身体支配自己，他的生存将进入困难的境地。

　　康德说，你的理解力真强，完全正确。

　　康德接着告诉我，我的卫生习惯并不复杂，一是要使头、胸、脚都保持冰凉状态；二是少睡觉，床铺是病窝，睡眠时间要短而甜；三是要多活动，不论天气好坏都坚持散步。

　　我说，对你的第一点，我不敢完全苟同，在我们中国，人们主张头要冷，脚要热，胸脯不能露。只是改革开放后，有些明星用两只眼看世界不够了，除原来的两只眼外，把肚脐眼儿也暴露在光天化日之下，人们说这叫用三只眼看世界。再后来越穿越少，能露的地方差不多都露出来了，不该露的也尽最大可能地露。因为我们俩今天谈的没有深奥的学术问题，很轻松，为了助兴，我给你这位老外，念个顺口溜吧：穷吃肉，富吃虾，有权有势吃王八；闷上网，冤上访，情场官场如战场；男盼高，女盼瘦，狗穿衣服人露肉；爱怕丢，情怕偷，领导干部怕退休。老康听得哈哈大笑，连夸真好，生动，真实，有寓意！

我对吃饭很感兴趣，我问康德，听说每天你几乎都邀请一些朋友来你家与你共进午餐，书上描写你吃起饭来，总是津津有味，吃得特别香，吃饭时你面部的表情十分丰富，总是急不可待，你的目光忽而落在这盘菜上，忽而又落在另盘菜上，也不大注意吃相，你简直是位地地道道的美食家。是这样吗？

康德说这个描写基本属实。我认为与朋友在一起吃饭，边吃边聊可以启发思想，我善于驾驭饭局，我总是谈话的中心。我对餐桌上的每个人都不冷淡，都调动他投入到吃与聊中来。有时聊着吃着就争论起来，为了不使这种争论影响情绪，我就开个玩笑加以化解。我认为"任何辩论最好以开玩笑的话来结束，因为开玩笑不仅可以调和对立的意见，而且它在引人发笑的同时，还可帮助消化"。

我说，高，实在是高！要不怎么会有人断言："仅仅根据著作来认识康德，只认识了一半，只有在交谈中，才能完全认识康德。"

我接着问，书上讲你散步总是独自进行，这是为什么？康德说，你在《开门大吉》中说的"买书不买盗版的，吃饭不吃饭馆的，走路要走平坦的，散步要找能侃的"，前三句我基本上赞同，后一句，我与你相反。我认为散步时，正是我独立思考的良机，我身上装着笔和纸，好思想、好句子、好构思，往往在散步时突然冒出来，每当这时我赶快写到纸上，不然过后忘了，很难再回忆起来。独自散步是我多年养成的习惯。我说，咱们求同存异吧！

我咳嗽了一声，壮了壮胆子说，康老，我问你个私生活方面的问题，行吗？

康德马上说，你怎么又叫我康老了。我赶快说对不起，叫走了嘴。不过，你也别太在意，此康老非彼康老也。他笑了，说，私生活在我这里无禁区，随便问。

我说，你为什么一辈子没结婚，是独身主义者吗？康德说，那倒不是，这么说吧，"当我需要女人的时候，我却无力供养她；而当我能够供养她的时候，她已经不能使我感到对她的需要了。"这个回答太简洁扼要，太经典了，不愧为大哲学家。

我说，你虽然一生独身，没有孩子，可是你对如何照顾孩子却提出许多的好意见，你主张：1. 母亲要亲自给新生儿哺乳而不要雇奶妈或喝奶粉；2. 不要把孩子裹在襁褓里，这样会使孩子感到失望和害怕；3. 不要用摇篮使孩子入睡，这样会使孩子头晕；4. 不要怕孩子哭，因为哭几声可以使其发育更快；5. 孩子学走路时，不要用吊带，这样会影响他们胸脯的发育；6. 要让孩子从小养成爱劳动的习惯，不要什么都代替他们做；7. 不要使孩子偏食，应什么都吃；8. 不能因孩子发赖就满足其所有要求，不然从小就养成要耍赖的不好习惯；9. 要让孩子玩儿，"只有当人成为人这个词全部意义上的人的时候，人才是在游戏；也只有当人在游戏的时候，人才完全是人"；10. 要爱护孩子的热情和想象力，没有它，将来任何伟大的事业他们都难以承担与完成。

你这十条太棒了，你为什么没有孩子，反而能概括出照料孩子的科学方法？康德只用一句话答复了我：没吃过猪肉，还没见过猪跑？许多妇产科专家是男性，他们没生过孩子，并没影响他们在妇产科方面是专家。我又感叹：高，高，实在是高！只有你康德这样的大哲学家能说出这样的名言，"生气是拿别人的错误惩罚自己"。

我请求与康老一起去散步，接着边走边侃。他怕我影响他独立思考，转身自己去散步了。

郑洪升和黑格尔聊天

　　我同康德聊完之后，德国另一位大哲学家黑格尔已经悄无声息地走到我面前。哎呀，黑格尔气度真的不凡，一看就是满肚子装着学问之人。原来我以为他有大腕架子，非也，黑格尔极为平易近人，爱鼓励表扬人，说出话来，让人听着浑身上下、甚至每个毛孔都舒服。他说，郑先生，我在你家住了几十年，其间你多次搬家，多次从书架上去伪存真，去粗取精，许多书你都当破烂儿卖了，它们早已化为灰，而我的书，你却走到哪里带到哪里，还经常拿出来翻看，在我的身上又是画红道又是画蓝道，过一段你还亲自扫去我身上的灰尘。对此，我看在眼里记在心头，感激不尽。他说得我心里热乎乎的。似乎真正有学问有本领的人都不装，他们很朴素，爱自嘲，尊重人，说话平和，决不盛气凌人，不把能听懂的话往听不懂里说。

　　我说，在对待书上我是势利眼，我把书分为几个等级：超级，一级，二级，三级。你的书，我列入超级范围，是重点保护对象，我丝毫不敢怠慢。你知道吧，你们德国的马克思有位好朋友，就是大诗人海涅。马克思散步时，常背诵海涅的诗。这位海涅对你黑格尔先生的评价那是相当高呀，他说："就其破坏能力和严峻后果而言，罗伯斯庇尔可以和康德相匹敌；说到意志的狂放和抱负的远大，拿破仑则可和费希特并肩。但是，找不到一个可以和黑格尔同日而语的人。"你看，海涅对你的评价有多高。黑格尔惊讶地说，小海还说过这话？其实，对我们这些已过世的人来说，说好说坏，我们都不知道了，好坏任人评说。

　　我说，我与康德先生聊天时，他十分忌讳我称呼他为康老，我怎么称呼你？他爽快地说，叫我黑格尔也行，叫我黑老也成，叫我老黑也可以。

我说，我国山西山药蛋派的著名作家赵树理有本小说叫《小二黑结婚》，男一号名叫小二黑，在我国家喻户晓，我就叫你老黑吧。黑格尔说，名字就是人的一个符号，叫老黑就老黑吧，男人黑点比小白脸儿更有男子汉气概。

　　我问老黑，听说你从小就爱读书？他说，这一点儿也不夸张，小时候我把父母亲给我的零花钱都买了书，而且我从小养成认真读书的习惯，凡是我读过的书，都把其精华摘录在一张活页纸上，然后同类项合并，分类整理，放进贴有标签的夹子里。这些资料夹，伴随了我一生。成了我写讲课提纲和著书立说的聚宝盆。

　　我说，你后来考进神学院，在毕业文凭上还有一段有意思的评语？

　　黑格尔说，院方对我的评语是这么写的：健康状况不佳，中等身材，不善辞令，沉默寡言，天赋高，判断力健全，记忆力强，文字通顺，作风正派，有时不大用功，体质一般，神学有成绩，虽然尝试讲道不无热情，但看来不是一名优秀的传教士。语言知识丰富，哲学上十分努力。

　　后来从你的发展看，院方对你的这个评价准确吗？黑先生说，相当准确。我这一辈子大概就沾了"天赋高，判断力健全，记忆力强，文字通顺，作风正派，语言知识丰富，特别是在哲学上十分努力"的光了。我想，当时德国神学院看学生的一生，怎么这样神？不知我的大学毕业生，学校对每个人有评价否？可评得这样准确？

　　我问黑格尔先生，你从神学院毕业后从事什么工作？他说，我先在一个幽静的小地方待下来，埋头读书与写作，集中精力思考：直观是如何变成自觉行动的？神经是怎样起到感觉器官作用的？灵魂在哪儿？在我看来真和善只有在美的中间才能水乳交融，一个人如果没有美感，做什么都会无精打采，甚至谈论历史问题，也不会谈得有声有色。

　　我说，我想补充一点：善与美只有在真的基础上才能牢固地建立起来。失去了真，靠骗人过日子，就谈不上善，也谈不上美。假善与假美，一旦被戳穿，比什么都丑。黑先生说，老郑，我猜你准研究过哲学？我赶快说，年轻时看过一些，也给学员讲过一点，连哲学这个殿堂的大门都没进去过，更别说上楼梯，只是在哲学门口转悠过几年而已。

后来黑格尔通过关系，在一所大学里谋到一个编外教师的职位。在这里，我要说的是，有人反对利用关系，主张一切都应公事公办。这个认识和主张貌似正确，实际上是做不到的。因为人就是生产关系的总和。一切都离不开关系，例如政治关系、军事关系、外交关系、父子关系、夫妻关系、师生关系、上下级关系，老乡关系等等，谁也无法在关系之外存在和生活。问题是要正确地利用与处理这些关系。因此，可以说，关系，乃人类社会存在与发展的纽带，离开它，人类社会就难以维系。我们要通过努力，使一切关系，更加融洽，更加亲密，而不是更加疏远，更加对立。

我问黑先生，你开始讲课时叫座吗？他说，很惨，开始来听我课的人很少。但是，不管有几个学生，我都认真备课，认真讲课，皇天不负有心人，由于我说话和气，为人友善，见解独到，允许学生和我平等地讨论问题，我的影响在不断扩大，一传十，十传百，听我课的人越来越多。特别是我主张做一个正直有志气的教师，厌恶奴颜婢膝，我公开声言，"奴才的最高真理恰在于他只有一个主人"，"没有勇气为自由而献身的人，就活该当奴隶""仆从眼中无英雄，倒不是因为英雄不是英雄，而是因为仆从他不过就是个仆从"。我说，你的这些思想了不起，听说你还有八个字的座右铭？黑格尔先生说，我的座右铭十分简单：食饱衣暖，天国乃见。

我问他当时有对立面吗？他说，人活到世上哪能没对立面。有一个人向校长提出：在同一时间，在我讲课附近的另一个教室，同我唱对台戏。校长答应了他的要求，这个人和我对抗了24个学期，最后，听他课的人几乎没有了，不得不以宣告失败而结束。

我认为，黑格尔的胜利不仅是讲课艺术的胜利，也是他思考问题入木三分的胜利，他总能拿出独到的见解，使学生豁然开朗。有本书上描写，黑格尔用起脑子来，简直可怕，有一次为思考一个问题，他在同一个地方站了一天一夜。在他散步时为了思考一个问题，天下雨了他还继续向前走，走到泥坑里，把一只脚都陷进了烂泥，回来时光着一只脚。

最后，我对黑格尔先生说，你一生写了那么多书，被公认为是辩证法大师，你能否用最简明扼要通俗易懂的语言，告诉我你的主张是什么？

他说，在我看来：

1. 对立统一规律是辩证法的核心。凡是真的东西，其规律都是有矛盾的。发现矛盾就等于找到了发展的动力。辩证法的实质，从根本上说，不外乎是人人身上都有的那种经过整理、有条不紊形成的矛盾精神，这种才能在辨别真伪时，才能显得伟大。

2. 世界是一个过程，真理也同样是一个过程。辩证法认为，无论在现实中还是对现实的认识中，不可能有永恒不变的现象。一切皆变，一切都在发展运动。运动意味着，既在这个地方，同时又不在这个地方。

3. 事物的发展运动，采取否定之否定的方式。花朵一开放，蓓蕾便消逝了，可以说蓓蕾因此而被否定；花朵接着又凋谢，出现了果实，于是果实又否定了花朵。因此真理既是已达到的结果，也是通向这个结果的道路。

4. 哲学经历了它的童年、青年、成年和老年。古老的东方是它的童年，希腊是它的青年，罗马是它的成年，日耳曼可谓它的老年了，不过不是衰颓的老年，而是一个充满活力和理性的老年。哲学的历史，就是通向真理的道路。

5. 在这个发展过程中，历史所记载的事件和行动，在内容上并没有打上个别人物的品格印记，特殊个人越少参与其间，无特性可言的思维本身才是这部哲学史的创造性主体。哲学的任务，在于使个别上升到一般。

6. 凡是合理的都是现实的；凡是现实的都是合理的。现实性在其发展过程中表现为必然性。凡是现存的，都是应当灭亡的。

黑格尔先生讲的，把我都听迷了，太经典、太精华了。但是，我说，黑老，你需要赶快打住，不然，我有一些年轻读者会感到难懂而被吓跑了。

而黑格尔说，告诉年轻朋友，不管学习什么、干什么工作都要有热情，要是没有热情，世界上任何伟大的事业都干不成。

我说，像你这样的大哲学家讲课，现在一学时还不得五万元，今天你免费与我聊天，读者几百万人，我真有点过意不去。在改革开放后，我们这里不少人，喜欢老年再婚，你已经寡居多年，我给你介绍个老伴儿吧？黑格尔先生引用康德的话回敬了我："当我需要女人时我无力养活她；当我有能力养活她时，我已经不需要女人了。"我保持晚节，不给孩子找后妈了。说完，他连跟我握手的动作都没有，规规矩矩回到书架子上他的老位置静坐养神。看来，他是位既有大学问，又不风流的老人。

郑洪升和歌德聊天

我送走黑格尔后，黑格尔的好朋友、德国大诗人歌德立即出现在我的面前。此人与身体瘦小的黑格尔截然不同。他身材魁梧，五官端正，红光满面，彬彬有礼，言语文明，气宇轩昂，从里到外都透着一股仙气。谁说文学家都是歪瓜裂枣，只能读其文、不能见其人？歌德就不同，他不仅诗写得好，而且一表人才，真是人中俊杰。

我说，歌德先生，在我们中国，有些人不太喜欢你，倒不是不喜欢你的作品，而是不喜欢你这个名字。因为你名字的含义是歌功颂德。歌德先生说，原来如此，那我改个字，把"歌"字改为"割"，见功就割，这样他们就同我站到一个战壕里了吧？我说，你不愧为举世闻名的大诗人，真幽默。

我说，歌德先生，关于你的家庭背景、婚姻关系、生活作风、作品质量争议很多，你已经去世多年，前几年还有人说你是同性恋者。歌德先生说，既然当了名人，成为公众人物，就要有充分的精神承受能力。无中生有，捕风捉影，小事说大，大事说小，张冠李戴，移花接木，添油加醋的伎俩，多了去了。就像在拳击场，你要是没有反复被重拳击打而不倒或倒下又爬起来继续战斗的能力，那你就活该出局。从某种意义上说，名人并不怕炒作，不怕绯闻，不怕批判，不怕议论，就怕无人理睬。比如书吧，不批判时卖得很少，一受批判，销量直线上升。

我都听入迷了。我说，歌德先生，这使我想起你们德国的马克思的巨著《资本论》刚出版时，为了迅速扩大这部著作的影响，恩格斯先用化名带头批判，然后，他又用真名进行批判的批判，在报刊上首先挑起争论，从而立刻引起人们对《资本论》的极大兴趣。

歌德先生从容不迫地说，遇到问题都要冷静分析，分析大有益处。当年反对我的人，说我坏话的人真不少，人言可畏，唾沫星子能淹死人呀！开始我也生气，气得不行时，与其决斗的心都有。但是，当我进行了客观分析后，我就不发怒了，反而由怒变喜，由急躁变得从容沉着了。

我赶快问，你是怎么分析的？他说我从主观与客观两方面进行分析。反对我的人数虽然众多，然而他们无非是这样几种类型：第一种类型，是由于他们愚昧而反对我。这些人根本不看我的作品，或者只是潦草地看一下，还没弄明白我作品的寓意，就盲目地对我进行无端的指责；第二种类型，是出于对我的嫉妒。他们对我通过自己的劳动与才能获得的幸运、尊荣、收入、地位感到不满，引起他们醋意和红眼病大发，因此，他们千方百计不择手段地毁坏我的声誉，恨不得一口把我吞掉，把我搞臭搞垮；第三种类型，是由于自己的失败而憎恨成功的人。有许多人自己写不出东西，或者写不出叫好的头等质量的作品，他们出版的书，读者不买账、卖不出去，本来与我毫无关系，而他们却把气往我身上撒，无缘无故地变成了我的对头；第四种类型，是由于我本身有错误有弱点，遭到人家合理的反对。我也是人，既然是人，就也有毛病和缺点，我作为人的毛病和缺点，在我的作品中肯定会自然而然地流露出来。正是由于我作品中存在的这些不足，引起别人的不满，这是合理的因果关系，理应受到他人的批评，我要举双手欢迎这种善意的批评甚至指责，从而提高自己；第五种类型，是由于别人的思想方式和观点与我不同而引起的。这是难免的，人所处的角度总是各种各样的，因此观察问题和处理问题的方式方法，绝不可能一模一样，一棵树上很难找到两片形状相同的叶子，一千个人中也难找到两个思想情调上完全相同的人。于是有些人就用自己的标准苛求别人，似乎真理都在自己手里，顺我者褒，逆我者贬。

我说，难怪你是辩证法大师黑格尔的好朋友，分析起问题来头头是道。他说，学会分析问题很重要。特别是遇到突发性事件时，不要急，脑子不要热，不要心血来潮，不要人云亦云，不要跟着起哄，一定要有自己独立的分析与独立见解。这是衡量一个人水平高低，成熟不成熟的尺度。

我说，歌德先生，在我们国家有相当多的年轻人想用写文学作品的方式改变自己的生活，你认为初写作时，要注意什么？他说，人与人不同，不必强求一律。按照我的体会，最好从写短篇开始，不要一开始就写大部头的东西。这是因为青年时期对事物的认识难免片面，而大部头的东西却要有多方面的广博知识，人们在这点上往往会跌跤。你如果把那些个别部分，分开来写，反而容易写出一些好作品来。每个想写作的年轻人，要善于抓住日常生活提供给自己的材料，趁热打铁，先写些短篇，然后写中篇与长篇。当然，我也不排除某些青年人，一开始就出手不凡，拿出一部长篇佳作来。

我请教歌德先生，写作最大的窍门是什么？他肯定地说是面向现实生活。我的全部诗作都是从现实生活之中获取现实的素材，我一向瞧不起那些无病呻吟空中楼阁的诗作。我说，常常看到有些青年作家，写了一两篇好东西后，再也写不出好作品来了，往往开花便是结果，始点便是终点，究其原因，就是由于生活底子不厚，脱离现实生活的结果。歌德惊讶地说，郑先生你与我的认识不谋而合。

歌德向我亮底牌了。他说，大家都称我是大诗人，我身上有什么真正的好东西呢？我只不过有一种能力和志气，对周围的事物去看去听，去区别去选择，用自己的智慧灌注生命的所见所闻，以适当的方式写成文章，如此而已，岂有它哉！因此，我从不把作品完全归功于自己的智慧，而归功于向我提供创作素材的人。向我提供素材的人中，有聪明人，也有蠢人；有胸怀开朗的人，也有心地狭隘的人；有儿童，也有成年和老年人；这样各色人等，都把他们的思想、情感、生活方式，以及所积累的经验告诉了我。我要做的事，不过是伸手去收割旁人替我播种下的庄稼而已！

听着歌德讲的这段话，我知道他为什么成为大文豪了，他不断地向群众学习，向生活学习，向创作技巧学习。而且把自己放在一个恰当的位置上。

歌德还告诉我，一个人要想搞出名堂，必须把精力集中到一点上。如同一个人不能同时骑两匹马，骑上这匹，就要丢掉那匹。聪明人会把凡是要求分散精力的要求置之度外，专心致志地去学一门，干一样。把这样干好了，再干另一样。所以，最大的艺术本领，是懂得限制自己的范围，决不旁驰博骛，分散自己的精力。

聊到最后，我问歌德，你对我国年轻朋友有何希望？他说，天才多半表现在青年时期，一个人一定要珍惜自己的青年时代，抓住这个黄金时期，下决心搞出一番事业来。有些好作品，在青年时代能写出来，而到了中年和老年，表面上看似乎成熟多了，反而前怕狼后怕虎，写不出在青年时期那种气势磅礴的作品来了。年轻人一定不要错过自己的大好时光。

歌德先生一口气和我聊了这么多，我请他一定喝几杯中国上等美酒。他问，违反你们的八项规定否？我说，我给你喝的是自己花钱买的放心酒。而歌德先生说，光酒放心还不够，还不要录像录音。我满足了他的一切要求后，我俩痛痛快快无忧无虑地喝了数杯。我寻思：他能否斗酒诗百篇？不过德国的歌德，毕竟不是中国的李白。

郑洪升和爱因斯坦聊天（上）

我和大诗人歌德聊完之后，我想找一位科学家聊。要找就找大腕儿，而且不找一般的大腕儿，必须是全世界公认的大腕儿中的大腕儿。一般的大腕儿，聊起来不过瘾。我还想这个人不管他后来加入了什么国籍，必须是在德国出生的人，而且是犹太人，因为今年（2015 年）是反法西斯战争胜利 70 周年，也是犹太人从纳粹铁蹄下解放 70 周年。

经过反复筛选，我瞄准了爱因斯坦。因为他不仅出生于德国，是犹太人，而且在千年全世界名人排座次时，不论上排下排、左排右排、横排竖排、昔排今排，他都毫无争议地坐上了头把交椅。美国《时代周刊》对数百位 20 世纪名人进行遴选，选的结果也是爱因斯坦排名第一，罗斯福与甘地分别排亚军和季军。因此，爱因斯坦就成为 20 世纪无可争议的伟大人物中的第一人。

爱因斯坦虽在我家住了几十年，但他并不着急，他那炯炯有神的眼睛，配上那头出了名的散乱长发和花白的小胡子，真是令人无限敬佩。我说，爱因斯坦先生，我同歌德先生刚聊过天，我记得歌德曾经给你写过如下诗句：

"我们全都因他受益，

他的教诲惠及全球，

那本属于私有之物，

早已传遍人间，

他正如天际的明星，

无尽的光芒与他永伴。"

爱因斯坦说，全世界赞颂我的诗歌和文章相当多，批判我的相对论的也不少，你们中国在"文革"中，不是也有人猛批我嘛！像处于我这种地位的人，必须做到宠辱不惊，不然没法活。

　　我说，爱因斯坦先生咱俩能否聊聊？他笑容可掬地说，你与其他一些名人的聊天我都听过了，这些人的许多情况我都没听说过，非常有意思，连我都听得有些陶醉。我很乐意跟你这位中国朋友海阔天空地神聊。我感到这种无拘无束的聊天是一种享受。

　　我说，表述你的相对论的文字很简单，也就和一条微博的字数差不多，然而，其意义是那么深远，它几乎改变了世界。我只有小学文化程度，是个地地道道的科盲。前年，我阅读了霍金先生写的一篇文章。在这篇文章中，霍金先生对你的相对论，有如下描述：

　　"1905年，爱因斯坦的论文指出，由于人们无法探测出自己是否相对于'以太'运动，因此，关于'以太'的整个概念纯属多余。爱因斯坦认为，科学定律应该赋予所有自由运动的观察者相同的形式，无论观察者如何运动，他们都应该测量到同样的光速。如果两个人是相对静止的，他们的时间就是一致的；如果他们之间存在相互运动，他们观察到的时间就会不同。爱因斯坦认为，对所有自由运动的观察者而言，自然定律都是相同的，这个前提是相对论的基础。因为，这个前提隐含了只有相对运动是重要的"。

　　我问爱因斯坦，你对霍金的这个表述是否认可？他说，霍金是位奇才，他身体那样不好，还进行着卓有成效的研究，著书立说，在对相对论的所有表述中，霍金的话还是比较通俗准确的。但是，我的相对论提出后由于争议很大，1921年我获诺贝尔物理学奖时，颁奖辞中竟只字未提我的相对论。我说，现在不同了，许许多多科学实验证明，你的相对论是放之四海而皆准的。爱因斯坦则说，我的相对论本身也是相对的。世界上压根儿就没有也不可能有放之四海而皆准的东西，放之一海还差不多。

　　我问爱因斯坦，在你67岁的时候，你作过一次演讲，而你在演讲的开头却说，这次演讲的性质类似"自己的讣告那样的东西"，这是为什么？他说，我说是自己的"讣告"是有道理的，因为像我这种类型的人，一生的精华，正是在于他所想的东西和他是怎么想的，而不在于他所做的或者所承受的。所以，这种讣告可以传达一些在我的努力中起重要作用的想法；那时我已经67岁了，一个67岁的人已经完全不同于50岁、30岁或者20岁的时候了。我认为，67岁后说的任何话，都可能是自己的讣告。

我说，现在许多人都喜欢谈人生的意义，你对人生的意义怎么看？他说，在我看来，凡是认为他自己的生命和人类的生命都是无意义的人，他不仅是不幸得很，而且也难以适应生活。至于人生的真正价值，首先决定于他在什么程度上和在什么意义上从自我中解放出来。

我说，说得真好，经典！爱因斯坦先生，你可否再引申一下。他说，不必深思，你只要想想日常生活就可以明白：人是为别人而生存的，首先为你的家人，他们的喜悦和健康关系着自己的全部幸福；然后是为你根本没见过面的人，如你每天清晨起床后，为许多还在甜睡的几十万粉丝写微博，他们的命运通过感情的纽带，同你密切联系在一起；我每天上百次地提醒我自己，我的精神生活与物质生活都离不开别人，都依靠着别人，包括生者与死者的劳动，因而，我必须以同样的分量来报答我所领受的东西。

人虽然能够做他所想做的，但不能要他所想要的。要了自己不该要的东西，你迟早要倒大霉。你们民间不是有句流传很广的话嘛：不怕你今天贪得欢，就怕有一天拉清单！

爱因斯坦真不愧是20世纪坐头把交椅的伟人，他说出来的话如雷鸣，如闪电，绕梁三日，不绝于耳！

我问爱因斯坦，你在儿童时代爱干什么？他说，我爱胡思乱想。当我还是一个少年时，我就深切地体会到，那些驱使大部分人一辈子为之奋斗的东西是毫无价值的。在我12岁时，我经过一场近乎疯狂的独立思考之后，发现了一个重大问题：国家总是故意用一系列谎言来欺骗我们年轻人，这种印象令我目瞪口呆。这次独立思考之后，我对所有权威产生了怀疑。我始终坚持这种态度，否则不会有相对论。

我们的聊天越来越深入，我问爱因斯坦你的思维特点是什么？他很痛快地告诉我，如果一个人喜欢有条理的思想，那么，他的天性就要牺牲一些事情，而在一个事情上把它突出来。像我这类的人，其特长的转折点在于，我的主要兴趣逐渐从转瞬即逝、纯粹个人的层面上解放出来，而转变为努力从本质上去思维，去把握事物。这是我思考方式上一次意义极为深远的重大转折。我们的一切思维，在本质上都是概念的自由游戏。而这种游戏的合理性在于，在它的帮助下，我们能够理解我们感觉到的客观世界。而且这种思维的发展过程中，有不少令人惊奇的东西不断出现，不断使人飞跃。

我说，太好了。没有惊奇，没有思维，没有独立的思维，没有本质的思维，想达到真理的彼岸，是不可能的，简直比上天还难。爱因斯坦先生说，是这样，一点不假。

我问爱因斯坦先生，你对现在的教育怎么看？他说，对学生没完没了的考试真是要命，为了应付考试，人们得把许多废物装进自己脑子里，而不管自己愿意不愿意，需要不需要。学生们不是为自己活着，而是为别人活着。我常常纳闷：现代教育方法，竟然还没有完全扼杀了研究问题必不可少的好奇心，这简直是一个奇迹。因为这棵脆弱的幼苗，除了需要鼓励以外，主要需要自由。如果没有自由，它会不可避免的夭折，那种认为用强制的方式方法，就可以出人才的做法，是一个非常严重的错误。即使是一个健康的猛兽，在它不饿的时候，用鞭子强迫它进食，特别是吃那些经过选择的食物，那么，它也会丧失捕食的习性。孩子也一样，就怕学厌了，学烦了，学腻了，他们一看到作业就头痛，就恶心，就想吐。你的大公子不是也有句话嘛，看教育是否成功，就看学生对学习的东西是否越来越感兴趣。

我同爱因斯坦聊得很投机，共同语言很多。最后，我想跟他开个玩笑，唤他准总统阁下！他很敏感，马上问，郑先生你叫我什么？我说准总统呀。总统前面怎么还加了"准"字？我说，1952年以色列国拟用八抬大轿请你去以色列竞选总统，说是竞选，谁能竞争过你，你要真的当了一国总统，那多威风。你是全世界公认的顶尖大科学家，又是诺贝尔物理奖获得者，以色列国的人口虽然少点，但无论大国小国，是否有实权，总统都是元首，出国访问不管你去哪个国家，都是警车开道，座驾上插国旗，礼炮21响，当总理只能鸣19响。特别是你这样级别的大科学家，若当上总统，那不又创造一项世界纪录，前无古人，后无来者，永垂史册。

爱因斯坦先生说，当年以色列驻美国大使确实找过我，向我正式转达了以色列总理的盛情。我当即郑重地说："大使先生，关于自然，我了解一点点，关于人，我一点点也不了解，像我这样的人，怎么能当总统呢？"大使却说："当总统没多少公务，爱因斯坦教授你是最伟大的犹太人，不，不，你是全世界最伟大的人，由你当以色列总统可以象征犹太民族的伟大，再好不过了。"我毫无商量余地地告诉大使先生："我干不了，方程对我更重要些，因为政治只为当前，而方程却是一种永恒的东西。"

我听着非常感动，这就是伟大的人所具有的最伟大的品格。临别时，爱因斯坦说，咱们俩聊起来我感到舒服，希望后会有期。我说，不会后会无期，你闷得慌时，就下来，我随叫随到，咱们接着聊，你说的每句话都需要我反复琢磨。

郑洪升和爱因斯坦聊天（下）

送走了爱因斯坦以后，我正准备吃点东西，并喝两杯革命小酒，忽然听到有人叫我的名字，我立马往书柜那望去，原来是爱因斯坦先生。我说，咱们不是刚聊过吗，怎么又叫我？他翘着小胡子说，没聊够，还想马拉松式的接着跟你聊。我说，同我聊过的有华盛顿、林肯、罗斯福、马克·吐温、海明威、丘吉尔、萧伯纳、拿破仑、戴高乐、雨果、大仲马、巴尔扎克、康德、黑格尔、歌德等人，他们聊过之后，没人要求再聊，你可是我的第一位回头客。我非常看重回头客，视为这是对我的极大信任。好，我不吃不喝了，咱们先聊。但是，我有个要求，我必须拥有提问权，我发问，请先生回答。他笑着说，完全满足你的要求，只是不要问太刁钻的问题，更不能哪壶不开提哪壶。

我问，爱因斯坦先生你来过我们中国吗？他说，当然来过，不仅来过，而且来过两次。1922年底，我应日本人的邀请，乘"北野丸"号轮船，于11月13日途经上海，在上海停留了一天，我逛了外滩和其他几个地方。在日本讲完学后，我乘"榛名丸"号轮船，于12月31日又到达上海，这次在你们上海，停留两天，1923年元旦我就是在上海过的，当时我44岁。这次，看了上海更多的地方。

我说，你对我们中国印象怎么样？他说，我的印象可以用六个字来概括：中国人很可怜。当时的上海，欧洲人已经形成一个统治阶级，而中国人则成了他们的奴仆。给人的印象是中国已经变成一个受折磨的、鲁钝的、不开化的民族，似乎不像是有五千年伟大文明的民族。欧洲人在这里发现了勤劳的最廉价的劳动力，上海的男男女女都为每天五分钱的工资而汗流浃背地敲碎石头。在有些花园门口还挂着华人与狗不准进入的污辱性标志。我深切地感到，这是地球上最贫穷的民族，你们被残酷地虐待着，过着牛马不如的生活。

爱因斯坦先生谈当年上海的悲惨状况，听着心中非常沉重。我赶快换了个轻松的话题。我说，我读过马克思写的《自白》，后来，又看到你老先生写的《自白》，是不是你们犹太人爱写《自白》这种类型的文章？爱因斯坦说，那倒不是，写《自白》的人很多，不光犹太人，主要是因为这种文体比较自由，能够很好地反映作者的内心世界。比如，我在《自白》中，寥寥百十来字，就把我的心声告诉大家："一个人很难知道他自己的生活中什么是有意义的，当然也不应当以此去打扰别人。鱼对于它终生都在其中游泳的水又知道些什么呢？苦和甜来自外界，坚强则来自内心，来自一个人的自我努力。我所做的绝大部分事情都是我自己的本性驱使我去做的。它居然会得到那么多的尊重和喜爱，那是我深为不安的。仇恨之箭也曾向我射来，但它们永未射中我，因为，不知何故它们总属于另一个世界，而我同那个世界一点关系也没有。我总是生活在寂寞之中，这种寂寞在年轻时使我感到痛苦，但在成年时却觉得回味无穷。"

我说，你的自白真棒。苦和甜来自外界，坚强则来自内心；仇恨之箭向我射来，但永远未射中我，因为我总是属于另一个世界。

我问爱因斯坦，人是否应该有理想？他说，是否有理想是区别人与其他动物的重要标志之一。人如果没有理想，那同猪有何区别？

我问爱因斯坦，你的理想是什么？爱因斯坦说，我的政治理想是民主主义。具体来说，让每一个人都作为个人而受到尊重，而不让任何人成为崇拜的偶像。我自己受到了人们过分的赞扬，这不是由于我的过错，也不是由于我的功劳，而实在是一种命运的嘲弄。在我看来，专制制度很快就会腐化堕落。因为暴力所引来的总是一些品德低劣的人，而且我相信，天才的暴君总是由无赖来继承，这是一条千古不易的规律。

我听着都痴迷了,他字字掷地有声。这些话只能出自你爱因斯坦之口。

我说,爱因斯坦先生,你一生中在多种场合都强调言论自由,这是为什么?他说,人是会思想的,思想是要用语言来表达的。没有言论自由,一切好的思想都会烂在肚子里。假如没有言论自由,人类社会就会萎缩,一切发明创造就会成为不可能,一切聪明才智也不可能集中,我的相对论更不会出炉。当然,言论自由也是相对的。即使在最民主的国家,也不允许无中生有的造谣,更不允许进行人身攻击。

关于教育,我们上次聊天时已经有所涉及,我知道你一生的大部分时间都担任教授职务,从事教学活动,我想听听你对教育的看法。爱因斯坦说,我可以比较集中地亮明我对教育的观点:

第一,人类社会的延续和健康发展,在更高程度上要依靠学校。学校向来是把传统的财富从一代传到下一代的重要手段。由于经济的现代化,作为传统和教育的传递者的家庭作用在不断削弱,学校的作用在不断加强,废除学校的舆论,是不正确的。

第二,学校的目标应当是培养有独立思想并能独立行动的人。不能把学校看成是一种简单的传授知识的工具。须知,知识是死的,而学校却要为活人服务。一个没有个人独创性的社会,将是一个没有发展可能的不幸的社会。

第三,授课切忌空洞说教。经验证明通向地狱的道路总是伴随着理想的空谈。但是人格的形成,绝不是靠所听到的和所说出的言辞,而是靠自己的行动来形成的。

第四,要保护儿童以及成人的好奇心。在学校教育过程中,这种好奇心应该发扬,而不应被削弱。有个才子给教育下了个不错的定义:如果一个人忘掉了他在学校里所学到的每一样东西,那么留下来的就是教育。

第五,对于学校来说,最坏的是通过恐吓、暴力和人为的权威来对学生进行控制。教师能否受到学生尊敬,主要靠自己的言行,而不是使用一切强制手段。在学校施行强制手段，是用错了地方。

第六，期望得到赞许和尊重，存在于人的本性之中，因此，鼓励应该贯穿教学的全过程。要是没有这种刺激，人类合作和个人进步，完全不可能。

第七，在选择教材和教学方法上，应该给教师广泛的自由。强迫他必须讲什么，不可以教什么，无疑也会扼杀教师教学的创造性和工作的乐趣。

爱因斯坦一口气讲的这七条，我听着十分顺耳，也很赞同，有些内容，还需要好好消化。我不得不发自内心地说一声，爱因斯坦不愧是世纪第一人。

爱因斯坦说，郑先生我一直遵守诺言，你提问，我回答。现在，我想对教育问题补充一点看法，可以吗？当然可以。爱先生说，通过教育使青年人发展批判的独立思考，这是有价值的教育的生命线。现在的教育门类太多，负担太重，而负担过多必然导致肤浅。最好的教育是所教的东西，让学生作为一种宝贵的礼物来领受，而不是作为一种艰苦的任务去负担。

我说，你的这点补充十分重要。

爱因斯坦说，1938 年 10 月在纽约一工地上，我将一个密封很严的金属盒子埋在地下，其中装了一封我写给五千年以后的子孙的信，我想到公元 6939 年，谁知世界是个什么样子，我想把这封信的内容透露给你，你愿意提前五千年知道吗？我赶快说，当然想知道。爱因斯坦先生将他这封信的底稿交给我，现抄录如下："我们这个时代产生了许多天才人物，他们的发明可以使我们舒服得多。我们早已利用机器的力量横渡海洋，并且利用机械力量可以使人类从各种辛苦繁重的体力劳动中最终解放出来。我们学会了飞行，我们用电磁波从地球的一个角落方便地同另一个角落互通讯息。但是，商品生产和分配却完全是无组织的。人人都生活在恐惧的阴影里，生怕失业，遭受悲惨的贫困。而且生活在不同国家的人民还不时互相残杀。由于这些原因，所有的人一想到将来，都不得不提心吊胆和极端痛苦。所有这一切，都是由于群众的才智和品格，较之那些对社会产生真正价值的少数人的才智和品格来，是无比低下的。我相信后代会以一种自豪的心情和正当的优越感来读这封信。"

我说，谢谢爱因斯坦先生的厚爱，让我和我的几十万粉丝，有幸提前五千年读到这封信。

在这次聊天快要结束之际，我说欢迎爱因斯坦先生再来当回头客！他说，回头见！

郑洪升和斯大林聊天

我同爱因斯坦先生聊了两次。谁让人家是千年第一人呢！都说人人平等，能平等得了吗？咱在千年排名中被排在十万八千里之外，连个影儿也没有，你能与爱因斯坦计较平等不平等嘛，咱只有甘拜下风的命。爱因斯坦说，他处于哪种位置是命运的嘲弄。算了吧，真正被命运嘲弄的是我们这些靠边站的人。谁不会得了便宜卖乖！不过，真得服气，咱卖乖的份儿都没有呢！

前边，我已经与那么多名人聊过了，也该调整一下，稍事休息。然而，既然开了这么个杂货铺，就不能拒八方客。书柜里又有人在喊我，从语气上可以觉出和上面聊天的人完全不一样，这一位亲切地叫我郑洪升同志。这是谁呀？我一看，是斯大林。

斯大林说，你与我的好朋友罗斯福，老对手丘吉尔，手下败将希特勒都聊过了，为什么把我放在一边，连理都不理我？我说，斯大林同志，我从记事儿起，就知道你的大名，你是"马、恩、列、斯四位伟人"之一，连我们毛泽东主席都说过，他的肖像不能和"马恩列斯"并列。过去，我们哪个办公室里不挂你们四位的肖像，重大节日，天安门广场都立着你们四位。在相当长的时间内，在我的心目中你们都是神。你在中国出版的15卷精装本《斯大林全集》，我都通读了一遍，你写的《列宁主义问题》和《苏联社会主义经济问题》，我看了不下百遍，你说的"列宁的作风是由俄国人的胆略与美国人的求实精神组成的"，你说的"任何时候都不要忽视小事情，因为大事情都是由小事情组成的"，等等格言，至今我记忆犹新。你指挥苏联红军一直打到柏林，你穿着那身大元帅服，嘴里叼着烟斗的形象，仍历历在目。我怎么会不同你聊天呢？只是我也上了岁数，我今年84周岁了，你73岁去世的吧？我现在已比你多活了十多年，精力已大不如以前。请允许我现在美美地睡一大觉，醒来后准找你聊。

斯大林笑着说，那你就睡吧，我另找与你聊天的渠道。

我由于这些天疲劳过度，睡得贼香。在梦中只见斯大林缓步走到我的面前。在梦中我们开始了梦聊。至于聊得对不对，深刻不深刻，大家都不必在意，大家只当作是一个梦而已。

我说，斯大林同志你去世已经六十多年了，你参加指挥的反法西斯战争胜利也70周年了，这些年你的情况还好吧？斯大林说，活着时公务繁忙，死了后静下心来，倒是思考了不少问题。我马上说，太好了斯大林同志，我真想听听你对一些重大问题的思考，但是，在没谈这个问题之前，我想向你提两个问题，可以吗？斯大林说当然可以。

我提的第一个问题是，在反法西斯同盟国的领袖中，你最钦佩谁，与哪位的关系最铁？

斯大林说，美国总统罗斯福。我们俩之间虽有矛盾，但相处比较融洽，经常通过信件交换对重大问题的看法。罗斯福曾跟丘吉尔说过："比起你，斯大林对我更好。"

我问斯大林，你与罗斯福通过多少封信？

他说，你猜猜。

20封？

不对。

200封？

不对。

2000封？

差不多。

这么多？恐怕你与罗斯福创下了世界最高领导人之间通信最多的世

界纪录。

斯大林说，所以当罗斯福总统63岁突然去世时，我心中十分悲痛。我在一封讣电中说："从罗斯福总统身上，苏联人民看到一个卓越的政治家和一个促进三国密切合作的不屈不挠的战士。罗斯福总统对苏联的友好态度将永远受到苏联人民最高的评价和怀念，我们格外深刻地感觉到丧失这个伟大人物的沉重心情，他是我们共同的朋友。"

我问的第二个问题是，在你们国内你最憎恨最瞧不起哪个人？

斯大林说，这个问题你也可以猜猜。

是托洛茨基？

不是。

是布哈林？

不是。

是季诺维也夫？

也不是。

那是谁？

斯大林说，是赫鲁晓夫。此人，在我活着时极尽吹捧之能事，而我去世不久，他就露出叛徒的嘴脸，做秘密报告，骂我是暴君。

斯大林同志，我就提这两个问题。你既然来梦中找我聊天，请痛痛快快地讲。

斯大林说，这些年我思考了许许多多问题，特别是苏联这个世界上第一个社会主义国家，以及东欧各国的社会主义相继解体后，我用实践是检验真理的唯一标准这个马克思主义的原理，重新思考了许多重大问题，我愿意简明扼要把我思考的成果向你透露如下：

第一，社会主义并不是马克思提出的。1516年英国人莫尔写的《乌托邦》这本书的问世，标志着空想社会主义的开端。这种空想社会主义在欧洲经过了三百多年的发展，直到19世纪初出现了圣西门、傅立叶、欧文的社会主义，使空想社会主义达到一个新阶段。马克思和恩格斯的功劳，在于从经济学和社会学的角度，从生产力与生产关系、经济基础与上层建筑的关系的角度，论证了社会主义是人类社会发展的必然阶段。从而，使社会主义由空想变成科学。

第二，马克思认为，社会主义革命首先在几个发达的资本主义国家同时进行。它应该建立在高度发达的资本主义之上。后来，列宁认为资本主义已发展到帝国主义阶段，出现了发展不平衡规律，因此，社会主义可以在帝国主义统治的薄弱环节，在资本主义不发达的国家首先取得胜利。现在看来，还是马克思的主张是正确的。

第三，马克思和恩格斯为了防止假社会主义的出现，在《共产党宣言》第三章中，把社会主义分为：封建的社会主义、小资产阶级的社会主义、德国的或真正的社会主义、保守的或资产阶级的社会主义，等等。例如马克思和恩格斯在封建的社会主义一节中说："封建社会主义，为了拉拢人民，贵族们把无产阶级的乞食袋当作旗帜来挥舞，但是，每当人民跟着他们走的时候，都发现他们的臀部带有旧的封建纹章，于是就哈哈大笑，一哄而散。"严格说来，当年我们苏联的社会主义也带有不少封建色彩。

第四，夺取政权不容易，巩固政权更加不易。无产阶级及其政党由被统治被压迫者，转变为统治者后，随着地位的变化，它自己也开始犯它推翻的那个阶级的毛病，甚至有过之而无不及，变本加厉地掠夺，因为它好不容易熬到这一步，腐化行为渐渐在侵蚀着自己的肌体。这时它由人民群众的代言人和利益的代表者，转化成对立面。因此，夺取政权后，如何发扬民主，采用强有力的监督机制和监督手段，严格约束掌权者保持廉洁就成为头等重要的任务。

第五，根据巴黎公社的经验，马克思认为，公社的领导人要由真正的选举产生，其工资不能超过熟练工人。苏联建立后，选举逐渐流为形式，出现了一个既得利益集团，两极分化严重，那些当年出生入死的革命者和他们的部分子女，贪得无厌地享受，甚至大量侵吞国家财产。由于内部烂掉了，有个风吹草动，自己必然垮掉。所以说，堡垒最容易从内部攻破。苏联的垮台，不怨天不怨地，全怨我们自己。

斯大林最后告诉我，人类社会的发展有其规律，有其阶段，超越规律，超越发展阶段的事，干不得。不过，在整个发展长河中，允许挫折，允许失败。空想社会主义在欧洲有三百多年的历史，社会主义由空想变为科学后，巴黎公社存在了七十多天，苏联社会主义存在了七十多年。三百多年也好，七十多天也好，七十多年也罢，在人类历史发展的长河中只不过是一瞬间。从有人类社会以来，经历了原始社会、奴隶社会、封建社会、资本主义社会。社会主义社会有些虽然垮台了，有些在发展中遇到不少困难和压力，但资本主义绝不会是人类社会发展的终点。值得注意的是许多资本主义国家已经具有社会主义因素，工人生活在不断提高和改善。我的好朋友罗斯福就告诉过我，在他任总统后，采取了不少共产主义的措施，收到奇迹般的效果。咱们现在很难区分像瑞典、瑞士等欧洲国家，它们实行的政策是资本主义还是社会主义？有许多政策比社会主义还社会主义。我对马克思所揭示的社会主义前途，充满信心。

斯大林是过来人，他的话很深，需要我认真思考。当我正要向他祝贺他亲自参加指挥的反法西斯战争胜利 70 周年时，我睡醒了，他的身影也消逝了。

郑洪升和托尔斯泰聊天

刚把斯大林送走，有位同马克思差不多留着长胡子的老人又在呼唤我，他对这种聊天也感兴趣，想加入我的聊天俱乐部。我定睛一看，不得了呀，这不是大文豪托尔斯泰嘛，是他，的确是他，果然是他。

我说，托尔斯泰先生，你是盖棺定论的俄国大作家、思想家，19世纪末20世纪初最伟大的文学家，最清醒的现实主义天才艺术家。你不仅写出《战争与和平》《安娜·卡列妮娜》《复活》等巨著，而且写了大量的童话，我能与你交谈，真是三生有幸，天上掉馅饼，求之不得。但是，我这个人有个毛病，就是爱哪壶不开提哪壶，能先向你老人家提几个刁钻的问题吗？托翁说，既然都说我是清醒的现实主义者，我岂能不清醒地面对你的提问，请放开提，大胆问，我有问必答。我说，真大气，真痛快，你的气场真足，罕见。

我说，你的成分够高的，家庭动产与不动产真不少，光你那座庄园的地就达380公顷，有森林，有河流，有湖泊，仅苹果园就有30多公顷。托翁说当然，我家的财产是不少，在我中年以后，我憎恨私有财产，同情受苦受难的农民，我想把我的庄园和版税都捐献出去。但是，我的老婆索菲亚不仅坚决反对，还讽刺说我是作秀。成分高，命注定，我有什么办法。你们中国曹雪芹的成分恐怕也低不了。

我又问，在你的文学作品里，对夫妻关系的描写非常生动，对二者关系处理得也十分恰当，你说出了"幸福的家庭都一样，不幸的家庭各有各的不幸"那样家喻户晓的名言。可是，你的家庭生活却非常不幸，你与妻子索菲亚的关系是那么紧张。索菲亚的父亲是御医，她从小就生活在克里姆林宫内，年仅17岁的小姑娘与你结婚。婚后，接连给你生了13个孩子，加上数次流产，直到43岁，你还让人家怀孕，她受到过失去5个孩子的痛苦，给你养活了8个儿女；她还帮你誊抄稿子，并带佣人经营管理这么大的庄园，真是里里外外一把手。你生病后，索菲亚一直守在你身边伺候，直到恢复健康，而她动手术，你不仅不关心，反而痛骂外科大夫。特别是，当你82岁时，也就是1910年10月17日，你只给妻子留下一封信，在冰天雪地之夜，悄悄地乘坐一辆马车，在医生和女儿陪同下，神鬼不知地离家出走了。途中你患了肺炎，病倒在阿斯塔波沃火车站，一病不起。当索菲亚赶到火车站看你时，却被你拒之门外，不准进来相见，让索菲亚颜面尽失。直到你1月7日去世前，妻子都没见上你一面。你说"索菲亚成了我痛苦的根源"。你还说"我们像两个囚徒，被锁在一起彼此憎恨，破坏对方的生活却视而不见。我当时并不知道99%的夫妻都生活在和我一样的地狱里"。你去世后，你的妻子说，"我同托尔斯泰共同生活了48年，但我不知道他是个什么样的人"。索菲亚又说，"托尔斯泰是那种以自己的创造力作为中心的天才之一，他周围世界不过是附属品，我的整个精神生活他毫无兴趣"。她还说，"托尔斯泰只有写作时伟大，写出来的作品伟人，在生活中一点也看不出伟大"。你俩真是公说公有理，婆说婆有理。究竟是怎么回事？

托尔斯泰说，你这个中国人对我的家庭状况还挺了解。我只能用三句话来回答：第一句，家家都有本难念的经；第二句话，清官难断家务事；第三句话，情人眼里无伟人。你在外边是个伟人，在你父母面前，在你兄弟姐妹面前，在你儿女面前，尤其是与你睡在一张床上的妻子面前，还装伟大，算了吧！他们太了解你的底细了。郑先生，所以你大公子不是说过一句话嘛，"没有距离就没有崇拜"，你整天与伟人生活在一起，他们还会拿上小本或书请你签名留念吗？说真的，我最爱我的妻子索菲亚，她给我生了养了那么多孩子，给我管理庞大的庄园，给我誊抄手稿，我能不爱吗？我就是嫌她总爱唠叨和吃醋，她老怀疑我与别的女人有染，别的没什么。正因为我对她爱得太深，所以，我预见到自己快不行时，我悄悄离开了她，在那个小火车站我不让她见我，是我不想让她看到我最后的痛苦景象。其实，这正是对她的大爱。我主张人死前，亲人之间要说的话都说完，临死时，亲人都不要在场，只有大夫和护士在场就够了。等穿好寿衣，化好妆后，亲人们再最后见上一面，这就算永别了，我的亲人！我的好友高尔基在我死后还写文章说，我一谈起女人就说粗话，在我与索菲亚的关系上，主要责任在我。高尔基这个人在这个问题上尽耍两面派，我活着时他在我面前总向着我说。其实，涉及人家夫妻发生矛盾时，最高明的办法就是耍两面派，双方讨好，只有傻瓜才一边倒，要不然，人家两口子一好，弄得你里外不是人。

我说，托尔斯泰先生，看了《复活》和《安娜·卡列尼娜》后，我的收获都不如和你这一段对话大。他说，这就是聊天的好处。

我想转话题，聊些写作方面的问题。托翁说，请随意。

我说，听说你反对编辑部的人修改你写的书稿，为什么？托翁说，当我读着自己已发表的作品时，我常常体验到这样一种不愉快的心情，那就是当一个父亲看见自己心爱的儿子被一个二把刀理发匠把头剪得凸一块凹一块的不成样子时，我心里是多么的难过。所以，我寄给编辑部的稿子上都注明：请你们答应不要作任何改动。这还是我名气不大时，后来名气大了，他们都知道我的脾气，再无人敢改我的稿子。

托尔斯泰先生，你爱读童话，也写了不少童话，这是为什么？托翁说，我每天晚上都读童话，临睡前一个愉快的童话故事就使人感到快慰、平静、和谐。童话是一种十分高尚、寓意深刻的文学体裁，大人和孩子都不可缺少。每当我写童话时，我的心情就特别愉快。

我问托尔斯泰先生，你认为写作时什么最重要？托翁毫不犹豫地说情绪最重要。当我写作的时候，需要有个和我情投意合的人，能够喜我之所喜，恨我之所恨，悲我之所悲。在写作时如果有人把我的情绪弄糟，比谋财害命还可耻千倍。

我问托尔斯泰先生，你前面说了不准出版社编辑们修改你的稿件，但是作品发表后，你是否爱听取别人的意见？他说，非常爱听，尤其是在我是个大人物的时候，我更要虚心地广泛听取各种意见。在这些意见中，屠格涅夫的意见更加宝贵，因为他眼光很尖锐，一下子就能抓住问题的实质。同时，我每天都在想，艺术是永恒的、短促的，如果来得及把理解了的东西完成百分之一就好了，但结果往往是万分之一。因此，什么时候也不能把文学创作当儿戏，必须献出一生。

　　我说，托翁你是否有写不出来的时候？他说怎么没有，有时思路开阔，下笔很快，有时死气沉沉，脑子一片空白，不想写东西，也写不出东西，感到自己像个大傻瓜一样。我非常赞成屠格涅夫的那个命题，"所有健康的人都是傻瓜，而好人又都是不健康的"。

　　听说你说过一个构成文学的三要素，能否跟我说说？托尔斯泰说，在长期的文学创作中，我体会最深的三个要素是：1. 是谁和什么样的人在讲话；2. 他讲得怎样，是好还是坏；3. 他讲的是不是他想的，而且完全是他想的和感觉到的。这三个要素的不同结合，能鉴别人类思想的一切作品。我说，我理解你的这三个要素，第一要素是指对象；第二要素是指水平；第三要素是指真诚。托翁说，老郑，我活了82岁，你现在比我还大一岁，理解真棒！我赶快说，我是班门弄斧而已。

　　在我们的聊天即将告一段落之际，我想从他那里再掏点真东西，想请他集中地给我们年轻人谈谈对写作的一般看法。他说，我经过长期观察，感觉你这个人值得信任，好，我就谈以下几点吧：

　　第一，只有当一个思想需要表达，如果不表达出来就憋得慌，它总是纠缠不休、叫你实在厌烦的时候，才应当写作。任何其他的写作动机，都徒有虚名，或者是为了追求那万恶的金钱，抑或是与此有关的发表欲，都会损害你写作的真诚和尊严。这点很需要防范。

　　第二，朴实是美的必要条件。朴实和不加修饰可能不太好，但不朴实和矫揉造作就不可能好。

第三，不要仓促地写作，不要草率从事。为了把自己的思想表达得明确而清晰，你就不要吝惜任何劳动和时间。

第四，不要为迎合当前大多数人的口味和要求而写作。因为任何文学作品都不应该说教，它是通过作品的形象化，向人们揭示一种更高的、甚至完全相反的东西。

我说，托翁你这四条，可否这么说：不单纯地为名利而写；不矫揉造作地去写；不急急忙忙地去写；不为迎合某些人的口味而写。托翁看了我一眼，惊讶地说，中国还有这么大岁数脑子一点儿不糊涂的人？

受到全世界公认的大文豪托尔斯泰夸奖，我的脑子还真有点晕乎。

一转身，托尔斯泰不见了。

郑洪升和屠格涅夫聊天

送走了托尔斯泰老先生后，在聊天中托翁提到的屠格涅夫又来了。真是说曹操，曹操到。世界上的事儿，就这么巧。

在没有与屠格涅夫聊天之前，我想换个写法，先向我的年轻朋友推荐我国宋朝吕蒙正老先生写的《寒窑赋》，此文很短，但句句值千金，段段含哲理，大家读了这篇文章，对我与名人的聊天，如同手里有了一把钥匙，名人之所以成为名人，一切都是时也、运也、命也。好在此文不长，我虽年迈，但不惜力，愿给朋友们抄录如下：

天有不测风云，人有旦夕祸福。蜈蚣百足，行不及蛇；雄鸡双翼，飞不过鸦。马有千里之程，无骑不能自往；人有冲天之志，非运不能自通。盖闻：人生在世，富贵不能淫，贫贱不能移。文章盖世，孔子厄于陈邦；武略超群，太公钓于渭水。颜渊命短，殊非凶恶之徒；盗跖年长，岂是善良之辈。尧帝明圣，却生不肖之儿；瞽叟愚顽，反生大孝之子。张良原是布衣，萧何称谓县吏。晏子身无五尺，封作齐国宰相；孔明卧居草庐，能作蜀汉军师。楚霸虽雄，败于乌江自刎；汉王虽弱，竟有万里江山。李广有射虎之威，到老无封；冯唐有乘龙之才，一生不遇。韩信未遇之时，无一日三餐，及至遇行，腰悬三尺王印，一旦时衰，死于阴人之手。

有先贫而后富，有老壮而少衰。满腹文章，白发竟然不中；才疏学浅，少年及弟登科。深院宫娥，运退反作妓妾；风流妓女，时来配作夫人。青春美女，却招愚蠢之夫；俊秀郎君，反配粗丑之妇。蛟龙未遇，潜水于鱼鳖之间；君子失时，拱手于小人之下。衣服虽破，常存礼仪之容；面带忧愁，每抱怀安之量。时遭不遇，只宜安贫守分；心若不欺，必然扬眉吐气。初贫君子，天然骨骼生成；乍富小人，不脱贫寒肌体。

天不得时，日月无光；地不得时，草木不生；水不得时，风浪不平；人不得时，利运不通。注福注禄，命运已安排定，富贵谁不欲？人若不依根基八字，岂能为卿为相？

吾昔寓居洛阳，朝水僧餐，暮宿破窑，思衣不可遮其体，思食不可济其饥，上人憎，下人厌，人道我贱，非我不弃也。今居朝堂，官至极品，位置三公，身虽鞠躬于一人之下，而列职于千万人之上，有挞百僚之杖，有斩鄙吝之剑，思衣而有罗锦千箱，思食而有珍馐百味，出则壮士执鞭，入则佳人捧觞，上人宠，下人拥。人道我贵，非我之能也，此乃时也、运也、命也。

嗟呼！人生在世，富贵不可尽用，贫贱不可自欺，听由天地循环，周而复始焉。

在此，老夫劝年轻朋友趁脑子好使，最好背会此文，再看我聊天的文章，不管我与谁聊，似乎都难离开此文揭示的命运。

我对屠格涅夫说，你和陀思妥耶夫斯基、托尔斯泰三人被公认为"俄罗斯三大小说家"。并且你是公认的19世纪俄国享有世界声誉的现实主义大师，有"俄罗斯之心"之称。前面我对托尔斯泰说了，他的成分甚高，没想到你的成分比他还高，据说，你家庄园的农奴，多达5000人。在我们中国，如果家里有十几亩地，雇一个人种地，就划为富农；若有几十亩地，雇两三个长工，准划为地主，若是开个小买卖或小工厂，雇三五个人打工，就得划为资本家。而你屠格涅夫家，仅农奴就有5000人，那是多高的成分啊？听说，你爸是沙皇军队里的军官，虽比不上雨果和大仲马他爸的官儿大，但大小也是个军官。你妈对农奴非常凶残，她常对农奴说："我让你活你才能活，我让你死，你就得死。"她可比我国的黄世仁他妈厉害百倍，纯粹是个恶霸地主婆。你怎么出生在这么一个家庭？

屠格涅夫说，郑先生，你怎么忘了理论联系实际了，你刚才在《寒窑赋》中不是说"人道我贵，非我之能也，此乃时也、运也、命也"嘛。难道是我愿意生在这种家庭吗？我无权选择。况且，我母亲去世后，我将我家的庄园分给农奴；特别是我将我老娘残酷剥削压迫农奴的行为写进我的小说《猎人日记》，呼吁解放农奴。郑先生，从你与托尔斯泰和我的谈话中，我感觉到你有唯成分论，思想中毒太深。我问你，你们中国共产党的创始人，以及后来的主要领导人，家庭成分高的有少？我就听到过一个传说，我国的赫鲁晓夫曾在莫斯科十分得意地向来访的贵国总理周恩来说，咱俩人有一个一样，有一个不一样：我是部长会议主席你是总理，这点都一样；但我是矿工家庭出身，你是官僚地主出身，这点不一样。周恩来十分机智地回答赫鲁晓夫，咱俩还有一个一样。赫鲁晓夫问，什么一样？周恩来说，一样背叛了各自的阶级。说得赫鲁晓夫哑口无言，差点又脱下皮鞋敲桌子。屠格涅夫说，我家虽是大农奴主，但我主动把家产分给农奴，让他们获得自由，我与周恩来一样，都背叛了自己原来的阶级。

我说，屠格涅夫先生，你对这个问题的回答，真巧妙。

我问屠格涅夫，你与托尔斯泰关系本来很好，为什么后来你们闹僵了，一度甚至要进行决斗？屠格涅夫说，说来话长。托尔斯泰比我小十岁，我先认识了他妹妹和他的妹夫，他妹妹告诉我，她的哥哥托尔斯泰正在服兵役，也喜欢文学创作。我当即给正在当兵的托尔斯泰写了一封信。在信中我告诉他："我早就有意和你相识，既然目前没有见面的可能，那么咱们先建立通信联系。军界终究不是你久留之地，你的天职是当一个文学家，一个思想和语言的艺术家，你的武器是笔，绝不是马刀。"过了一段时间，托尔斯泰突然来到我家同我见面了，我很喜欢这个比我小10岁的青年人，我们紧紧地拥抱在一起。经过我的介绍，托尔斯泰认识了许多著名作家，这些人也很喜欢托尔斯泰，于是作为平等的一员大家接纳了他。经过一段接触，大家认为托尔斯泰是位根基雄厚、才能独特的人。例如涅克拉索夫就希望他"不要扼杀你的毅力，而没有毅力就没有作家，起码没有俄国所需要的那种作家"。我也看出来，不久的将来，托尔斯泰将在俄国文坛占据第一把交椅。至于后来我们之间的关系恶化了，一言难尽。说真的，这在文学家之间很正常。你们中国有位政要不是说过，你们中国的文学家之间，从19世纪30年代斗到40年代，从40年代斗到50年代，从50年代斗到60年代，到了"文化大革命"期间都被打倒了，四人帮被粉碎后，又接着斗，而死了后，大家的悼词几乎都一样。

我说，有意思，古今中外几乎都是如此。

我问屠格涅夫，听说你开始是写诗的，怎么后来改写小说了？

他说，开始我是写诗的，但我不想当诗人，想当小说家。我只是把写诗当成写小说前的一种练笔。写诗可以掌握语言的音乐感、形象化、辞藻美、表现力的简洁性。而当我的创作进入成熟期后，我越来越感到我写的诗平淡无奇，我对自己的诗作近乎反感，我写的长诗，我手头一本也不保留，甚至愿出高价使其灭绝于世。于是，后来我将全部精力投入小说创作。

我看过的一本书上说，你接触和认识的俄国文学家最多，你先后见过茹可夫斯基、普希金、果戈理、莱蒙托夫、柯尔卓夫、别林斯基等等，不下数百位。我问屠格涅夫，在这些人中，哪位对你影响最大？

他说，首推著名评论家别林斯基。此人是文学判官。大家都很尊重他的评论。我刚刚见到别林斯基时，经过交谈，他对我就产生了好感。他对别人说，屠格涅夫是一位绝顶聪明的人，一般来说，是个好人，跟他聊天，甚至跟他争论，都使我心旷神怡。当他那独特的见解，与我的见解交锋时，便能擦出火花来。和屠格涅夫这样的人相处令人高兴。别林斯基还跟别人说，屠格涅夫不在时，他感到十分孤单。在别林斯基的帮助下，我结识了许多文学家，我的著作不断问世，也使我跨入到俄国最大的作家群体之中。除了别林斯基外，陀思妥耶夫斯基与我的关系也相当铁。他对别人说，我首次与屠格涅夫见面，两人就难舍难分，我几乎爱上了他。

他是诗人、天才、贵族、美男子，他有钱，有教养，受过良好教育，性格非常直爽，聪明，25岁，我真不晓得老天爷还有什么东西没有赐给他。郑先生，你看这两位重量级的人物，对我的评价与印象是多么好。

我说，他俩这么说，肯定你是真好。

最后，我问屠格涅夫，你认为在写作时，最应注意的是什么？

他说，我历来认为，要把小说，尤其是长篇小说写成生活的艺术，这种艺术应该是生活的历史。我从来不凭脑子去杜撰小说，每当我要描写一个想象的人物时，我必须先找一个活人，以这个人的行为作为我描写的线索。但我也不以具体人为限，要经过自己的艺术加工，弃其废，留其需，从不盲目地追随原型人物，而是运用其合理因素，自由地、大胆地创作出崭新的艺术形象。我经常公开告诉别人，我是个现实主义者，我是这个时代的儿子。我的主要缺点是接触现实太少，也就是接触活人太少。艺术家不应先定主题，再去生活中寻找形象，而应该从形象从活人走向思想，形成主题。作家应当进行描写，而不应该说教。切记：诗化真实的胜利在于典型化。

我说，屠格涅夫先生，按照你的主张，是否可以列这么个创作公式：活人＝形象＝思想＝主题。这符合从感觉到物到思想的认识路线。那种为了一定目的，先定主题，然后到生活中去找例子，为自己主题服务的做法，是完全颠倒了关系。

屠格涅夫说，老郑，你的这个理解很准确。

屠格涅夫这位大师级的人物确实很有魅力，同他在一起，有说不完的话。但世界上哪有不散的筵席。我们只好后会有期了。

郑洪升和克雷洛夫聊天

我的聊天俱乐部开张以来，活动频繁，生意火爆，要求同我聊的人特别多。别看这些人想当年都是头号人物，但他们都是失势的人了，正像《寒窑赋》中所说，"天不得时，日月无光，地不得时，草木不生，水不得时，风浪不平，人不得时，利运不通"。阿庆嫂不是有句名言嘛，人一走茶就凉。我说，人一死茶就冰。搭理他们的人已经不多了。好不容易碰上我这么个爱聊天的人，还不逮住猛聊。但是，我找谁聊，不找谁聊，那是有选择的，不仅在国度上有选择，而且经历一样者，我只找其中的一位。我要让我聊天的内容多样化，不能雷同。就拿俄罗斯作家来说，海了去了。我同托尔斯泰和屠格涅夫聊过后，就想找一位与他们二位完全不同的作家，这不，我请出写寓言的克雷洛夫。

我说，克雷洛夫先生，法国大作家雨果和大仲马的父亲都是当兵的出身，你们俄国大作家屠格涅夫的父亲也是行伍出身，托尔斯泰本人就当过兵，怎么你的老爸也是沙俄时期的军官？

克雷洛夫说，法国的拿破仑与俄国的沙皇都爱用武力扩大地盘。你看我们俄罗斯疆土够辽阔了吧，但沙皇的胃口很大，他认为领土越多越好，我们还占了你们中国很大的一块地方。在这方面，美国人很聪明，他们先后只花了5000多万美元，就从法国、墨西哥、西班牙和我们俄国手里买了相当于它独立初期三倍多的领土。我们的阿拉斯加有一百五十多万平方公里，美国仅以720万美元就买走了，现在20000亿美元也买不回来。可见，在这点上美国人比我们俄罗斯人高明得多。占领别国的领土，迟早得还的；而廉价买的，就如同周瑜打黄盖，一个愿打，一个愿挨，买时再便宜，也不能反悔。而强占别国的领土，怎么吞下去，最后还得怎么吐出来。

我问克雷洛夫，在你的人生道路上，谁对你的影响最大？

他说，首推我的父亲。我爸爸在军界混了多年，也就混了个上尉军衔。你看人家雨果和大仲马的老爹，都是拿破仑很器重的将军。然而，别看我爸军衔低，但他的人格相当高。他老人家为人厚道，安分守己，既不酗酒，也不打牌，唯一的嗜好就是读书。书籍是他的第二生命，书籍代替了他与一切朋友的交往。他不仅作战勇敢，而且是一位有才智的军人。但是像他这样的人，在军界吃不开。因为当局对有才智的人很害怕，宁肯花钱去收罗一帮傻瓜。战争结束后，那些有后台，会舔屁股溜沟子的人都上去了，受了奖，当了大官，而我父亲这样有本事的人却受到冷落。他一气之下，提出辞职，转到地方工作。不是自夸，我从小脑子就聪明，我看见我爸经常看书，我也跟着看。看着看着我手也开始痒痒了，好像不动笔写点什么，就感到憋得慌。于是，我十几岁的时候就立志当作家。

我说克雷洛夫先生，你认为当作家什么最重要？

他说，当作家需要许多因素，如思想，语言，生活经验，观察判断能力，都需要。但是，起步阶段选准目标最重要。我说的这个目标是，你写的东西是不是你自身的强项。比如我开始写诗，但写出来的诗，自己看着都不顺眼，简直是臭诗（屎）。过了一段，我又写剧本。真的，在我14岁时，我就写出一个剧本。当时住在圣彼得堡的一个德国老外懂剧本，我请他看看，不知出于什么原因，大概与我父亲认识，为了鼓励我，收下我的剧本并付给我60卢布的稿酬。我高兴得心花怒放。我来劲了，趁热打铁，展开想象的翅膀，写了一个题为《克列奥巴特拉》的悲剧。当我念给行家听时，把人家念睡着了。我想，我写悲剧不行，我就改写喜剧《疯狂的家庭》。结果这个喜剧也被冷落了。鼻子碰了几次灰后，我渐渐意识到，写诗、写剧本都不是我的强项，我在苦苦寻找适合我写的体裁，最后，我发现写寓言是我的拿手好戏。因为寓言可以通过童话般描绘动物的性格，来极其明确地说明人类，用这种寓言的方式嘲笑那些令人讨厌的傲慢者、狂妄的愚蠢的家伙和贪得无厌的财迷。直到找到寓言这种适合我写的体裁，我才找到了自己的最佳才能区，找到了自己的事业，找到了自己在文坛的位置。有一次，当我把自己写的寓言念给我的好朋友时，他们都听得入了迷，高兴地对我说："这才是你的体裁，你终于找到了它。"从而使我了解了自我，了解了自我的价值所在。

克雷洛夫先生的这段话，使我都听入迷了。每个人都有价值，问题是没有找到自己的价值。一旦找到自己的价值所在，就如虎添翼，直上云霄。

克氏说，当我意识到写寓言是我的强项后，我一发而不可收，我一生写了 206 篇寓言。正是因为写寓言才使我成为世界公认的一流作家。如果我一直写剧本，充其量也就是个三四流剧作家。1809 年我的第一本寓言集出版了，共收入 32 篇寓言，篇幅虽然不长，但分量很重。其中收进了《乌鸦和狐狸》《音乐家》《小箱子》《狼和羊》等最受欢迎的几篇。评论家一致认为，这些寓言向世人展现了我的天才，证明了我的成熟程度，以及我与众不同的独特风格。寓言这种文学形式，短小精悍，通俗易懂，指桑骂槐，讽刺挖苦，藏而不露，儿童爱看，成年人也喜欢，高贵的人爱看，奴仆下人也挺喜欢。我的寓言在民间被广泛传抄和背诵。这点我真没有料到。过了两年，我的第二本寓言集又正式出版了，从此进一步确立了我在文坛的地位，连一直瞧不起我的俄国科学院，也对我刮目相看，选举我为科学院院士。寓言成了我手中的秘密武器，在沙皇专制制度下，我采用寓言这种文学体裁拐弯抹角地说真话，讲了人们想讲而不敢讲的话。郑先生，你不知道，我当时所处的俄国反动统治，对人民极其残酷，有思想的人不能说话，一说话就难免被认为是抨击当局。在那种无望的时代，大家就只好沉默了，青年人沉默到老，老年人沉默到死。而我不甘于沉默，因此，我巧妙地、也可以说是狡猾地采用寓言这种形式，说出人们想说而不敢说的话，从而打破了这种沉默。

我说，我曾看过著名评论家别林斯基在一篇文章中说："寓言之所以在神圣的俄罗斯取得真正的胜利，应该归功于克雷洛夫。他在我们这里是唯一的一位真正的、伟大的寓言作家。如果没有克雷洛夫，连普希金都将是不完备的。某些作家身未死，而名已亡，而克雷洛夫的声誉将与日俱增，日益发扬光大。"果戈理也说："克雷洛夫的寓言是人民的财富，是一部记录人民智慧的书。"

克雷洛夫说，我也没有料到这两位大师级的人物，对我的寓言有如此高的评价。

不幸的是1823年克雷洛夫突发脑溢血，几乎全身瘫痪。这时，喜欢读他寓言的皇太后得知这一消息后，立即请他到巴甫洛夫斯克来疗养治病。于是当时社会上流传着一首讽刺诗：

"对天才没有任何赞许，

俄国既荒凉又偏僻。

关于克雷洛夫的天才，

只因瘫痪才引起注意。

聊到这里，克雷洛夫伤心地走了。"

为书籍的一生

郑洪升和绥青聊天

　　大家可能注意到了，前面和我聊过天的名人中，有政治家、军事家、哲学家和作家。我今天要请出一位出版家聊一聊。因为不管谁写的书，如果没有出版家给你运作正式出版，你写的东西只能是一堆手稿，它进入不了图书市场。当然，出版商要剥一层皮，书店要剥第二层皮，到了读者手里，已经剥过好几层皮了。不过，话又说回来了，该剥还得剥，不剥还真不成。关键是手下留情，别剥得太狠了，太苦了。

　　今天我要与俄国著名出版家绥青先生聊聊，通过我们的聊天，大家可以了解你并不熟悉的出版界的情况，你将来如果想出书，也知道怎样运作。虽然过去与现在出版界的情况已大不相同，但八九不离十，大同小异而已。

　　我说，绥青老先生，我国读者对你不熟悉，请作一下自我介绍好吗？他痛快地说，当然我上来得先亮个相，我虽然出版了一辈子书，卖了一辈子书，但我只读过三年书，大字不识一斗，基本上是个文盲。我 12 岁时，因我的父亲体弱多病，又无收入，他不得不送我去当童工。开始在一个皮革厂打工。因为没有干好，老板不想要我了，但他又看在我是个小孩儿的份上，大概可怜我，把我介绍到莫斯科一位名叫沙拉波夫开的印刷厂当学徒。我的运气来了，我在这个印刷厂干活很卖力气，早起点，晚睡点，工作既利索又细致，干了一年就取得老板和老板娘的绝对信任，老板决定让我当他的亲随，我整天不离老板前后，学了不少东西。由于我干得好，人品也好，他曾经对我说："你好好干多多辛苦吧，将来这个厂子就是你的了，让我立个遗嘱，把这个印刷厂传给你吧。"实际上他是把我当儿子养，将来继承他的家业，因为他无儿无女。于是，在我

15 岁时老板就给我娶了媳妇。我的媳妇不会潜伏，不会运用多年的媳妇熬成婆的策略，她过门不久，就想当婆婆。于是老板娘容不下这个媳妇。是呀，一个家中有了两个主妇，如同一个袋子里装了两只雌猫一样，要她们和睦相处比登天还难，何况新来的是个年轻的寄人篱下的小媳妇，另一位是年老的习惯了在家里指使一切的独揽大权的老板娘。这个日子无法过下去，我只好向老板提出离开的请求。我的老板真不错，他允许我另开一个石印厂，从法国进口一台印刷机，我雇了两个印刷工，几个画工，五个普通工人，加上我这个经理，共 10 人，一个小印刷厂就这样诞生了。我另立炉灶成功。

我说，看来你的老板真好，老板娘虽厉害点，容不下你媳妇，但坏事变成好事，逼得你与老板分开，反而自己成了老板。绥青先生说，确实是这么回事。正所谓山重水复疑无路，柳暗花明又一村呀！

我问绥青，当了老板后发展顺利吗？他说，比较顺利。过去是听人家的，总看老板的眼色行事，虽可以出主意，而决定权在人家手里。我当了老板后，我拥有了参与权、财务权、决定权，我成了老大，印刷厂的人，都得听我的，我可以无障碍地施展自己的一切才智。这时，只有这时，我真正感到我是在为自己干活，我是为自己活着，我就是这个厂子的皇上。

绥青先生，你认为办好印刷厂最为关键的是什么？他说，首先要弄清楚，印刷厂是干什么吃的。

请告诉我，你认为印刷厂是干什么吃的？

绥青先生说，根据我多年的体会，我认为作家是出卖自己思想的；印刷厂就是榨取和出售别人的脑汁；书店是靠买卖作家的思想过日子的；图书馆不过是埋葬作家思想的坟墓。

我听此言，赶紧说，停、停、停，让我好好琢磨琢磨。太深刻了，简直是深入骨髓。作家确实是出卖自己思想的。印刷厂确实是通过把作家的脑汁绞榨而形成书出售的。书店确实靠买卖作家的思想过日子的。图书馆确实是埋葬作家思想的墓地。这么深的道理，打死我，我也想不出来。

绥青听我吹捧他，露出十分得意的表情，卖关子地说，不入虎穴焉得虎子，要想知道梨子的滋味，必须亲口尝尝。这是干了一辈子才悟出来的。郑先生，你连印刷厂的门都没进去过，怎能会有这体会。我说，绥青老先生，说你脚小，你倒扭起来了！我们俩都哈哈大笑。

绥青的话匣子打开了。他说，印刷厂印制的是思想商品，这种商品必须进入市场，有人买，你的产品才能变成财富，如果人家不买你的账，印得再好也枉然。我一贯认为做生意要讲诚信，要讲商德，没诚信的人，谁也不愿与你长期相交。但是，做生意不能老实巴交，木头脑袋一个，决策时，要鬼，要精，要高人一筹，要看到别人看不到的东西，如果像个二百五一样蛮干，什么事也干不成。基于这种认识，不管印什么书之前，我都把分析市场需求量放在突出位置。我所处的俄国的公民，大多是文盲，文化程度极低，在这种情况下，不了解一般人的兴趣、爱好，不了解读者的心理，是不会搞好出版工作的。面对当时的情况，我的印刷厂是先从出版图画书（你们叫连环画或者小人书）开始的。前后印制了几万幅、也可能是几十万幅图画的书，简直达到天文数字。这使我赚了很多很多钱。过了一段时间，我又跳了一级，开始印通俗读物，这些书往往是那些被人瞧不起的作家写的。此类书虽文学价值不高，但在识字不多的农民这个群体中，很有市场，他们喜欢这种体裁。这样，连环画在加速书籍的流通，书籍又在推广连环画的销路。我说，让我插一句，这就是事物发展交互作用的辩证法则。绥青说，你不愧是讲过哲学，又把我的工作上升到哲学高度。我说，只是想在你面前露一手而已。

绥青先生对我说，我赚到钱后，就扩大先进设备和高级技术人员。我对有真本事的雇员，从来不跟他讲什么价钱，只向他们要求最高的质量。结果，我的印刷厂一直在进行良性循环。找我订货的人越来越多，我出的书销量直线上升。但是，我心里十分清楚通俗文学的寿命往往不长，它可以轰动一时，然而很难流芳百世。我认识到，书的寿命，几乎与人的寿命一样短促：五十年，七十年，极少有活到一百年的，此后会慢慢被人忘记，最终死亡。那些经历了许多世代的图书馆，已经由收藏书籍的建筑物，变为埋葬人类思想的墓地。书躺在书架上，犹如死在棺材里，往往过了几十年，才有某位学者来掸掉这一卷或另一卷上的灰尘，向书的某一页略微看那么一眼，去找一些资料。哪里会碰上你老郑这样的人，请他们复活，和他们聊天。

我已经察觉，绥青这些话，是在铺垫，他要说出更重要的思想。果然被我猜中了。

绥青先生说，我因连环画和通俗文学赚了钱，但我不能到此为止，我向更高级阶段发展，印制高品位的、不朽的文学作品。在有了雄厚的经济实力后，我进而出版普希金、果戈理、托尔斯泰、高尔基等大作家的著作。我的印刷厂出版了10万册普希金著作，出版了10万册果戈理的作品，这些高档图书，印制与装帧都十分漂亮、大气，以惊人的速度很快销售一空。自从我的印刷厂出版了一流作家的著作后，我的档次也芝麻开花节节高，马上令世人刮目相看。须知，作家是分等级的。笼统地讲都是作家，但一般的作家，能与普希金、托尔斯泰和高尔基这样的作家等量齐观吗？一流作家的作品，其含金量就是高，它的成色就是不一样。我先出连环画，再出通俗读物，最后的目的就是要出一流作家的不朽之作。他们的不朽，也会使我的印刷厂不朽。

我说，绥青先生呀，你真不简单，你一个老粗出身的人，怎么会有如此远见。我对你佩服得五体投地。我问他当时在俄国印出来的书，是通过什么渠道推销呢？他说，我有遍布全国的小书贩子，他们直接从我这里订货、进货。这些书贩子是我印刷厂的常客。他们来了后，我用好肉好酒招待他们，管他们吃住，还管他们洗热水澡。由这些人把我印出来的书带到全国去卖。卖完后结账，再买下一批货。他们从中赚了钱，我这里更是财源滚滚，似乎我印的不是书，而是钞票。

我问绥青先生，你谈了这么多，好像没谈到出版童话书的事，你难道不知道吾儿是写童话的？他说，我在你家住了这么多年，当然知道。

你千万不要误会，我的出版社总把出版儿童读物，特别是童话放在突出的位置。无论是俄国的童话，还是外国的童话，只要是有价值的，我连一篇也没漏过，统统出版发行，占领了儿童阅读如同占领了未来。况且，几乎所有的大人在孩子的阅读上，是舍得花血本的。一本好的儿童读物，往往能影响孩子一生。据我的观察，人们对儿童读物的需求是永远也不会枯竭的，这是一个永远无法猜透的谜。

绥青先生越聊越兴奋，最后他说，我看你老郑这个人挺厚道，干脆我把我一生从事出版工作的秘诀告诉你吧。我的经验其实就三条：一是出版的书必须是非常有趣的；二是出的书必须是非常便宜的；三是书的名字必须是非常吸引人的。当然，一流作家的书例外，因为他们本人的名字，就是吸引人的巨大招牌，如普希金与托尔斯泰，等等。

俄国十月革命后，绥青的印刷厂也归公了。1934年绥青去世前，他深情地拉着友人的手说，我来到莫斯科的时候，是一身精光的，现在我精光光地走了。我什么也不需要了。这对我已经够了。一身精光来，也一身精光走。人生应该是这样的。真是质本洁来还洁去呀！

绥青去世后，人们普遍赞誉他是自学成名的人，他出身于普通平民没有受过系统教育，完全靠自己豁达的性格、卓越的智能、过人的才干和精力，为自己建立了一座纪念碑。在绥青还健在时，人们为他举行的一次庆祝会上，有人说了这样的话：印刷机是一种巨大的力量，它可以把好的种子，也可以把坏的种子撒播到人们心里。机器的力量越大，它带来邪恶或者善良的影响也越深，这都取决于掌握这一机器的精灵，要看是天堂里的天神，还是地狱里的魔鬼。绥青先生无疑属于天神之列。我们祝愿一切出版界的朋友们，都成为像绥青一样的天神！

郑洪升和秦始皇聊天

　　细心的朋友大概注意到了，我和名人的聊天，首先聊的是美国人。有人可能问，这是为什么？这还用说，谁让人家是当今的唯一超级大国，在全世界它是老大，谁也惹不起。谁惹它，它的航空母舰载着威力无比、不用瞄准、说打哪就打哪的巡航导弹，就对不顺眼的目标狂轰滥炸，接着坦克、装甲车、运兵车，载着头戴钢盔、身穿迷彩服的步兵开进你的国土。它说话气很粗，不管哪个国家，它都敢指责，把外交当内政办，弄不好还修理你。在此情况下，一些聪明国家采取惹不起躲着走的办法；也有的国家盲目抱大腿，不管你对不对，我都一步不离地紧跟其后；当然也有个别国家采取死抗的态度，一抗几十年，它也没辙，这就叫软的怕硬的，硬的怕横的，横的怕不要命的。因此，我与名人聊天先选择了美国这个超级大国的人。

　　我与几位美国名人聊完后，选择了英国。这个国家在资本主义国家中资格老，名人也相当多，虽在全世界的排名上，已跌落了下来，但也是联合国五大常任理事国之一。

　　法国人也不可忽视，在历史上尤其是拿破仑时期辉煌过，也是联合国常任理事国之一，手里有一票否决权。

　　至于我与德国名人聊，虽然它不是联合国常任理事，但它是两次世界大战的挑起者，战败后，认罪态度较好，国家实力在那儿摆着，不可小瞧。

　　接着我与俄国的名人聊。人家原来也是超级大国，敢同美国平起平坐，分庭抗礼。后来虽然苏联分崩离析了，但瘦死的骆驼比马大，一大堆核武器还在库里存着，崭新的武器又不断研发出来。这个国家也不好惹，连美国也怕它三分。

在前面，联合国安理会的五大常任理事国的名人，我已聊了四个，再往下聊，说什么也该同我们中国的名人聊了。那么，找谁聊呢？我想要聊就和最厉害的聊，在中国的政治家中，谁也大不过秦始皇吧？李贽先生不是说过，秦始皇乃"千古一帝"嘛，我就准备把中国第一位皇帝秦始皇请下来。开始，秦始皇还耍大牌，摆出不想聊的样子，他的架子放不下呀，谁敢跟他聊天！但是，我老郑研究过心理学，我摸准了秦始皇一生最痴迷什么？

是美女吗？

不是，这个他左拥右抱，根本不缺。

是金钱吗？

更不是，这个他海了去。

是权力吗？

才不是呢，他权大无边。

郑老，急死人了，秦始皇究竟最痴迷什么？

我小声说，始皇帝陛下，我这里有长生不老仙丹。秦始皇一听，立马就走下来同我聊起来了。你们看，我的办法有多高明！高，高，实在是高！因为秦始皇最怕死，他一生连做梦都想获得长生不老药。连这点都不知道，还有资格与秦始皇聊天？

我问秦始皇，有人跟你聊过天吗？秦始皇说，我是世界上第一个皇帝，谁敢跟我聊天。你胆子真不小，你是敢与第一个皇帝聊天的第一人。

既然这样，咱们先把起码的规矩定好，咱俩互相怎么称呼？秦始皇说，你就叫我的名字嬴政吧。我说绝对不妥。但在聊天的过程中，我叫你皇帝，也太别扭，我干脆叫你陛下吧。秦始皇说，就叫陛下吧，我叫你小郑可以吧？我说，看怎么说，若论活的岁数，你只活了49岁，而我现在已经84岁了，比你大35岁；然而，你若活着，现在已有几千岁了，叫我小郑，甚至小小小郑都没问题。一言为定，我就叫你陛下，你就叫我小郑吧。

我们互相的称谓，就这么定了。

我说，陛下，你的出身众说纷纭，能否给个正确答案？他说，由于我得罪了知识分子，本来并不复杂的问题，让他们弄得云山雾罩，还给我脸上抹了不少黑，一言难尽。其实，我的老家在甘肃，我的爷爷生活在陕西咸阳。我出生在河北邯郸。我父亲是秦庄襄王，我母亲是赵姬。由于我的一个过失（下面详细说），与文人结下世仇，所以那些舞文弄墨的人，硬说我是吕不韦的私生子，意思是说，我是个来路不明的人。那时又不会做亲子鉴定，恨我的人又多，只能以讹传讹，人云亦云了，我一点给自己澄清的办法也没有呀。

陛下，在你之前，没有皇帝这个称谓，你22岁执政秦国，39岁完成统一中国大业后，为什么要称自己为皇帝？小郑，你大概知道，在我之前华夏民族有三皇五帝。三皇是燧人、伏羲、神农，五帝是黄帝、颛顼、帝喾、帝尧、帝舜。我灭六国，完成华夏的统一后，我认为我的功劳比三皇五帝的功劳加起来还要大，所以，我就取三皇的"皇"，取五帝的"帝"，组成"皇帝"这个最高职位的名称，称自己为皇帝。在此之前，没人敢、也没人有此资格为自己这样定位。所以，我就成为第一个称皇帝的人，即"千古一帝"。

我说，陛下，你是否有点太狂了？秦始皇面带得意之色说，狂、狂、狂，我承认狂，但我有资本狂，那时不狂，何时狂？！人该狂时，就得狂，不狂的人，能干出大事吗？当然，也不能瞎狂，我的实力与历史功绩摆在那里。我不狂，谁狂？

我说，陛下，当时华夏有七国：齐、楚、燕、韩、赵、魏、秦。你秦国用什么办法就把人家其他六国灭了呢？秦始皇告诉我，长话短说，咱复杂的事情往简单里说。我秦国之所以能灭六国，就是两条。对内我扩大实力，使人民安居乐业，兵强马壮，将士成群；对外我远交近攻，分化离间，利用矛盾，各个击破。在一个阶段，决不能搞全面出击，决不能树敌太多，要善于又打又拉。我采用这样的办法，公元前230年灭韩，公元前228年灭赵，公元前225年灭魏，公元前223年灭楚，公元前222年灭燕，公元前221年灭齐，最后像秋风扫落叶似的，横扫一切，势如破竹，终于建立了第一个统一的国家。

秦始皇看见我听得十分认真，还不时地点头、竖大拇指，越说越来劲。他说，有人在历史书上把我描绘成暴君。我是暴君，但当时国家刚刚统一，百废待兴，我不做暴君行吗？有几个开国皇帝不暴虐的，窝囊废能当"始皇帝"嘛！

在一次朝会上，我说，对于一个国家来讲，最重要的是建立什么样的政治体制，希望诸位各抒己解。我的话音刚落，不少人主张，现在六国刚刚消灭，特别是燕、楚、齐三国离首都咸阳太远，不在那里封王不成，请皇帝把自己的几个王子封到那里去，以巩固政权。在众人都赞成这个主张的情况下，李斯站了出来，他认为封王不是良策，周武王建立周朝的时期，就封了不少诸侯，到后来情况非常糟，他们之间像冤家一样，互相残杀起来，打得不亦乐乎，连周天子都对此毫无办法。因此，为了巩固中央集权，应在全国设立郡县，实行郡县制。我肯定了个别人的主张，否定了多数人的意见。最后决定，把统一后的国家，设立36个郡，郡下面设若干县，郡的长官都由朝廷直接任命，国家大事，由皇帝我最后拍板。直到我死后几千年，中国基本上都实行着郡县制。有人硬说我是暴君，该暴的时候，我不暴行吗？

秦始皇对我说，小郑呀，万事开头难。大家都认为我这个始皇帝当得多么风光，但是，为什么就不设身处地地想想，我这个皇帝也有很大的难处。六国灭后，原来七国的车辆大小都不一样，车道宽窄不一。给交通带来很大不便。经过调查研究，我决定将车的轨道规定相同，使原来七国的车轮在统一后可以顺利相通。这个专利也是我的，其名称叫"车同轨"。你看，那时，比你的家乡阎老西还进步。听说阎锡山统治山西时期，使用小火车，车轨也窄。这就是车不同轨，是一种历史的倒退。

我真没想到，秦始皇对阎锡山提出严厉批评。他接着说，光车同轨还不够，当时七国的文字也不一样，甚至同一个字，有好多种写法。我下令全国一律使用相同的文字，并规定了比较方便的书写方法。这也是我的一项专利，名字叫"书同文"。

秦始皇又跟我说，全国交通便利了，生产力发展了，物质财富逐渐丰富了，带来了商品交换的兴盛。但原来七国的尺寸、升斗、斤两的标准都不一样，这大大阻碍了商业活动。我下令全国实行统一的度量衡，从而大大方便了商品交换。

秦始皇越聊越兴奋，对他建立的业绩如数家珍。而且他说，他从首都咸阳发出的圣旨，在统一后的全国人口中畅通无阻，没人敢不执行。

我说，陛下，难道你就一贯正确，就没有过决策错误？秦始皇说，事后来看，有一件事，就是"焚书坑儒"之事，我完全错了，我有罪，这件事，使我臭名远扬。人家是一俊遮百丑，我出了这件事后，是一丑遮百俊。我要是听我长子扶苏的意见就好了。当时，李斯告状说，现在天下安定，法令统一，形势一片大好。然而，有一批知识分子，不学现在，却去学古代，厚古薄今，对国家大事乱发议论，横挑鼻子竖挑眼，从鸡蛋里挑骨头，在百姓中制造思想混乱，如不加以制止，势必影响朝廷的威信。我听后火冒三丈，立即下令：除医药、种植等书籍外，凡是有《诗》《书》、百家言论之书，统统交出来焚烧，谁若私藏这类书籍，判死刑，谁若以古代的制度批现今，满门抄斩。后来，发现有些儒生仍发表不满言论，我下令把四百六十多个儒生活埋了。这是我一生干的最蠢的一件事。焚书坑儒后，知识分子恨死我了，他们变着法儿骂我。我这个暴君的帽子，在很大程度上，是这件事引发的。我深深体会到：知识分子惹不起。不识字的老百姓骂你八辈祖宗，也留不下来，其骂声随着空气就蒸发了。而知识分子会用文字把你干的坏事记载下来，从而祖祖辈辈添油加醋地流传下去。小郑，千万牢记对知识分子要慎重，不可禁书呀，迫害呀，一定要执行"言者无罪，闻者足戒"的方针。

我说，陛下，真没想到你会有这样的认识。看来，人都在变化。当初，你一心想延续你的大业，想把你秦朝的统治一代代延续下去。当你听到那些书生"不师今而学古""道古以害今"时，不管三七二十一，就做出了焚书坑儒的决定。然而，结果恰恰适得其反。唐朝有位叫章碣的人，写了首《焚书坑》，诗中写道：

"竹帛烟销帝业虚，

关河空锁祖龙居。

坑灰未冷山东乱，

刘项原来不读书。"

这首诗对陛下是多么大的讽刺呀，你焚书坑儒是为了巩固江山，结果推翻你江山的恰恰是刘邦和项羽这两个不读书的人。后来，人们渐渐认识到，防民之口胜于防川。要搞言论自由，舆论只能引导，不可堵塞，否则，要坏大事。你焚的那些书，后来都一版再版了；你活埋了四百多名知识分子，现在的知识分子不是少了，而是更多了。

秦始皇说，当初我怎么那样蠢呢，水平太凹了，我哪像个"千古一帝"呢？这是我一生中的最大败笔。除焚书坑儒外，还有三件事，也很有争议。

一是修筑万里长城。当时匈奴活动十分猖獗，我派大将蒙恬率领30万大军去抵抗，并征用大批青壮劳力，把原来燕国、赵国和秦国修的北方的城墙连接起来。这样，从西边的临洮到东北的辽东建成了万里长城。当时耗资耗力是大，不少百姓为修长城献出了生命。后来，有孟姜女哭长城的故事。孟姜女哪是哭长城，而是哭诉我嬴政哩。但是，谁也不可否认，万里长城一直成为我中华民族古老悠久文明的象征。为后人增加了多少值得骄傲的风光，增加了多少数也数不清的旅游收入。

二是修建阿房宫。建这个庞大的建筑群，当然是为了我的享受，是我腐败的明证。但是这个建筑集中展示了我国当时的建筑艺术，假如（当然世界上没有假如）不被项羽那小子一把火烧了，留至现在，比北京的故宫还要宏伟百倍。它又给后代增加多少门票收入。听说晚唐时期有个叫杜牧的人，写过一篇《阿房宫赋》，很有名。但他出生后，阿房宫已经烧了上千年了，他在文中描写的：五步一楼，十步一阁。廊腰缦回，檐牙高啄。各抱地势，钩心斗角……这些词是怎么来的？全凭他的想象，并不真实。真的阿房宫比这好得多。烧了，真可惜了！

三是在陕西骊山修秦陵。我活着时想长生不老，我死了后还想住我活着住的宫殿。前些年你们已挖掘出兵马俑，为你们增加了相当可观的旅游收入。随着考古工作的进一步深入，劳动人民的智慧和力量，将会更加明显地展示在世人面前。不过，我劝你们最好不要挖开秦陵，别破了咱的风水。

聊到这里，秦始皇长出了一口气说，小郑，你研究过哲学和历史，你说句公道话，作为历史人物，你对我怎么评价，功大于过呢，还是过大于功？是对半开呢，还是三七开？

我说，评价历史人物很难，这要经过长时间的考验。在当时看可能很不好，过若干年后看，反而是件好事。这就是当代人无法准确评价当代人的原因。至于对陛下，你统一了六国，建立了一套有利于社会发展的体制或措施，全面衡量，二八开还是可以的。不过我说了不算，历史学家说了也不算，最后让人民、让历史去评说。

我和秦始皇聊得时间不短了，我请他吃羊肉泡馍和臊子面，他说吃饭就不必了，我不吃不喝有几千年了，早就习惯了。我说，你是中国的首位皇帝，在当过皇帝的几百个人中，你资格最老，说话最有分量，能否把你体会最深的话给我们留下，以告诫后人？他说可以。第一句，祸起萧墙。我所以能灭六国，是因为六国烂透了，秦所以垮台，也是由于秦国内部的原因。第二句，得人心者得天下，失人心者失天下，水能载舟，亦能覆舟。第三句，防民之口胜于防川。一定要善待百姓、善待知识分子，焚书坑儒的悲剧在中国大地再也不要重演。第四句，作为一个国家，最重要的是人心不能散。人心一散，心中的万里长城自然坍塌，要把人心重新收拾起来，比登天还难。第五句，中华民族有悠久的历史，文明底子深厚，这样的民族不可战胜，大有希望。

　　我正在琢磨他的金玉良言，秦始皇面带笑容地返回他原来的位置。我与千古一帝的聊天，就这么愉快地结束了。你感觉我俩聊得还可以吧！

我是永远打不倒的大个子

郑洪升和孔子聊天

我同“千古一帝”秦始皇聊过天之后，我在寻找下一个聊天的目标，前提要是大哥大。要聊，咱就聊大的。在前面聊过的人物中，华盛顿、林肯、罗斯福、丘吉尔、拿破仑、戴高乐、斯大林、秦始皇，不管在历史上是正面人物，还是反面人物，抑或正中有反，反中有正，都是货真价实的大哥大。

往下聊，我瞄中了我国名字后边带“子”字的人。他们是：荀子、墨子、老子、庄子、孔子、颜子、孟子、列子、韩非子、尸子、管子、孙子、鬼谷子、惠子、晏子、杨子、朱子等。这些人，虽各有千秋，但我比来比去，论影响力，还是孔子最大。于是，这次聊天，我瞄准了孔子。

孔子身高一米八三，标准的山东大汉。魁梧的身材加上长长的胡子，大大的脑门，炯炯发光的眼神，身仙气，令人无限敬仰。特别是他老人家和颜悦色，与人为善，诲人不倦的态度，更使人佩服得五体投地。因此，我们的聊天，在极其轻松的气氛中进行，谈得十分坦诚与愉快。

还没等我发问，孔子就先开口了。他说，郑先生，在你们党内有位叫邓小平的人吧？我说，有呀，他是我们改革开放的总设计师。孔子说，在他的一生中是否三上三下？我说，对呀，连外国政要都感到他的经历十分传奇，被誉为永远打不倒的小个子。

孔子得意地说，我是永远打不倒的大个子。

我说，此话怎讲？

孔子说，你们的邓小平是三上三下，我一生中连我也记不清是几上几下了，往少里说，也是十五只桶吊水，七上八下。邓小平说过，他不怕天塌下来，天塌了，有大个子顶着。我爹妈生了我这么个一米八三的大个子，天若塌了，我必须顶，想躲都躲不开呀！

孔子说，我的代表作《论语》，实际上是我与我的弟子们聊天或给他们上课时讲的，讲者无心，听者有意，他们把我平时讲的这东一句西一句的话，记录下来，经过取舍加工，形成这本只有一万多字的《论语》。我连做梦也没料到，这本万把字的小书一出来，给我带来极大荣誉的同时，也给我带来极大的麻烦。当人们把我当成圣人时，我想还是有三千弟子好，特别是在三千弟子中，出了七十二贤人。他们把我平常说的一些话，整理出版，使我受到人们如此高的尊敬。然而，当我受到批判，遭遇奇耻大辱时，我真的埋怨我的这些弟子，你们吃饱了饭撑的，如果你们不记录整理我说的这些话，这万把字，随风飘走多好，我还会受到如此激烈的批判吗？每当此时此刻，我越想越埋怨我的弟子，你们可把你们的老师害苦了，几千年来我都没安生过，总是处于时而上天，时而入地之中，从来没睡过一个安稳觉。

我说，孔夫子大人，你时而上天，时而入地，这中间有规律吗？

孔子想了想说，当然有。每当有人想夺权时，就把我的学说，猛批一通，掷到垃圾桶里去；要巩固政权了，又把我从垃圾桶里捡回来，掸掉身上的灰尘，奉为圣明。动乱时期批我，和平时期又赞扬我。当权者拥护我，想造反的人们反对我。所以，我在历史上从来都是像打摆子一样，热一阵，冷一阵。热的时候，把我视为至高无上的圣人，烧香磕头，顶礼膜拜；冷的时候，又直呼我孔丘，甚至叫我孔老二，谁不知道在我们山东"老二"是骂人的。"五四时期"，有人高喊要打倒"孔家店"。我什么时候开过店呀？

我说，汉武帝时期董仲舒主张"废黜百家，独尊儒术"，你的学说占了统治地位，你不是神气了相当长的时期吗？

孔子说，我的学说产生于春秋战国百家争鸣时期。我并不主张采用强制的高压手段，让人们拥护什么思想，反对什么思想。把其他学说废黜了，只允许我的学说存在，并成为统治思想，表面上看是抬高了我，实际上是孤立了我。因为在庄子、老子、荀子、墨子等学说中，也有许多合理的内核，而我的学说中，也有许多不足之处，在如此复杂的思想领域，怎么能只要一家，而把别家统统废黜呢？这是一种学派，它代表着一种思潮，能废黜得了吗？谁有这么大的本事呢？

孔夫子有点神秘地告诉我，郑先生，有件事直到现在我都感到十分纳闷，我每挨一次批，知名度与威望反而往上升一大截。我的孔家店，已经变成孔子学院了。再批一次，恐怕就要上升为孔子宫殿了。我的影响力，原来主要在国内，现在已遍布全世界了。原来主要在教育界，现在已经发展到外交场合。和平共处五项原则，实际上是我的"和为贵"思想的扩展。总之，我每被批一次，不臭反香。我是真正的不倒翁。有时我还真的盼望挨批，因为我已经尝到挨批的甜头了。

我都听傻了，难道这就是物极必反，祸兮福之所倚，福兮祸之所伏的哲理。

我问孔子，你的学说是怎样形成的？

孔子说，郑先生，我的学说的形成与我的经历息息相关。我的家庭富过，也穷过。我爷爷辈日子过得相当不错。到了我爸爸这一辈，家庭逐渐败落。我3岁时就失去父亲，成了一个没爹的穷孩子、苦孩子。我当过办丧事的吹鼓手，当过放羊娃，还当过仓库保管员。我虽然穷，但人穷志不穷。我抓紧一切时间读书，到了废寝忘食的程度。通过自学，我终于成了一个知识丰富的人。到了我30岁而立之年，我真的立起来了，我办了一所私塾，广招弟子，把我学到的知识传播给社会各个阶层的人。所以，我孔子是办教育起家的。我一边讲学，一边整理古籍。我也想当官。到我47岁时，我当上鲁国都城曲阜的行政长官，接着升任主管建筑的司空，就是你们现在的城市建设。由于我干得好，还升任主管司法的大司寇。到我54岁时，还当了几个月的代理宰相。我因为对鲁国君主不满，带着我的一批得意弟子周游列国去了。先后到过卫、曹、宋、郑、陈、蔡、楚等国，历时 14 年，到处游说，想谋求一个施展自己才华的平台，得到重用。然而，没一个国家任用我，我因为怀才不遇，伤透了心。到 68 岁时，我也老了，只好回到鲁国。当官的雄心壮志灭了，我便利用自己的余生，专心致志地整理《诗》《书》《礼》《易》，并主编了《春秋》。我 72 岁编完《春秋》后，觉着我的历史使命已经完成，健康状况越来越差，于次年 73 岁时与世长辞。因为我活了 73 岁，孟子活了 84 岁，所以咱们国家民间有七十三、八十四阎王爷不找自己去，这么一说。

我问，孔夫子，你告诉我这些个人经历的用意是什么？

孔子说，主要想说明三点：1. 任何人的个人经历都是自己的一笔十分宝贵的财富。2. 贫穷并不可怕，最可怕的是丧失发奋图强的自学精神。3. 当官，更确切地说官迷心窍的人，不会成大事，当多么大的官都是短暂的，只有学术成就是永恒的。

我说，孔夫子老先生，你的代表作《论语》虽然只有一万多字，但被公认是你关于哲学、政治、教育、伦理、文学、艺术、道德修养等方方面面的言论和主张的大成。由于你的语言表述简洁，寓意深刻，通俗流畅，警句不断，易读易记，至今无人超越，所以虽一再受到批判，但仍保持着强大的生命力。请孔老先生讲讲，你的《论语》的主要精神是什么？

孔子说，我的《论语》并不是一部系统的著作，它有点类似现在的微博，学生问我什么，或者我看到什么，就讲几句我的看法，句子都不长，互相之间常常是孤立的，也不一定有什么一环扣一环的内在逻辑。后来，我的弟子们，在我死后，把我说的这些话整理出书，并没有经过我认真审阅和校对，就形成这本《论语》。不同时代，不同的人有不同的理解，有的也会各取所需，进行歪曲。要以我说，我不过是传播如下思想：

第一，我主张实行"仁政"。什么是仁，就是人也，就是爱人。也就是你们现代人主张的人权，就是以人为本，就是全心全意为人民服务。要做到仁政，就要己欲立而立人，己欲达而达人，就要"己所不欲，勿施于人"。自己不愿做的事，为什么非要别人做呢？自己不愿受的罪，为什么非要他人受呢？

第二，我主张"为政以德"。要实行德政。先有司，赦小过，举贤才，从而出现一个君君、臣臣、父父、子子的有序社会，使老者安之，朋友信之，少者怀之的理想社会。过去有人狠批我的君君、臣臣、父父、子子的主张，认为我是在维护统治阶级的统治。其实，细想一下，我的这个主张是有道理的。梁山泊的造反派还排座次哩，坐头把交椅的宋江与李逵能一样吗？李逵别看他杀人那么凶，但他还得孝敬他的老娘，尽当儿子的责任。即使美国这样的所谓民主社会，总统（君）就是总统，国务卿和其他部长（臣）的职权与总统是大不一样的，君就是君，臣就是臣。这种秩序一打乱，就要出大问题。

第三，由于那时所处时代和科学发展的局限性，我宣传"天命论"，认为获罪于天，无所祷也。我承认天才论，认为有生而知之的天才。我对有否鬼神，抱怀疑态度，尽量避而不谈，主张敬鬼神而远之。现在看来，我的哲学思想，特别是认识论，唯心成分不少，有很大的局限性。

第四，我的教育思想是"有教无类"。就是搞全民教育，不能限制教育对象，要打破那种"学在官府"的局面。还要实行因材施教，循循善诱，不耻下问，身体力行，学思结合，温故知新的方法。我反对主观主义的教学，主张"毋意、毋必、毋固、毋我"。我认为"三人行，必有我师"。我倡导"学而不厌，诲人不倦"。

第五，我主张一个人的道德修养十分重要。三军可以夺帅，匹夫不可夺志。志气是衡量一个人是否有灵魂的标志之一。志气的形成，要在实践中培养锻炼，岁寒，然后知松柏之后凋也。不患人之不知我，而患我不知人也。人要讲信用，不能骗人，人善而无信，不知其可。发财可以，但必须来得正当，不义而富且贵，对于我来说如浮云。说话也好，演讲也罢，要朴实无华，不可花言巧语，巧言令色，鲜矣仁。

郑先生，别看我的《论语》只万把字，现在来看，内容还是满多的。

我只能随便向你说这么几点。聊天嘛，不可能全面。

我说，很好，很好，受教，受教。与君一席话，胜读十年书啊。你真不愧为大教育家。

聊天接近尾声时，我说，孔夫子老先生，我能否向你老人家提个属于隐私方面的问题？他说，没关系，随便提，我都乐于回答。

我鼓了鼓勇气说，请谈谈你和南子的关系，你们俩干过那种出格的风流事吗？

孔子说完全可以，我也想利用你微博的影响力澄清一下事实真相。对这件事，历史上有不少人做了许多文章，给人的印象是，我孔丘这个人言行不一，说一套，做一套，乱搞男女关系。你们现在反腐败，不是有一项反对通奸嘛，好像我与南子通奸，甚至她是我包的二奶。我今天必须把这件事告白天下。

孔子说，我和南子的事情，真实情况是这样的：我带着弟子周游列国时，走到卫国，卫灵公的夫人南子，长得不仅十分美貌，而且好学。我孔子是有学问的人，名扬天下，南子是我的粉丝，她听说她的偶像到了卫国，就想见见我，并托人给我捎话，表达她想见我的意思。因为南子是美人，而且传说她淫乱，作风不好，形象不佳，于是我的弟子中有人坚决反对我去会见这种下流的女人。比如子路就旗帜鲜明地坚决反对。我当时想，人家卫国的第一夫人崇拜我，她主动提出想见我，我不能因为她名声不好，就拒绝人家吧，这样做也失礼貌。况且她是卫国君主的夫人，如果她在君王面前美言几句，对我们在卫国的游说也有好处。出于这些考虑，我决定与其见面。见面是在她的宫里进行的，是隔着帘子说话。她长得有多美，我都没看清楚。哪像你们现在的男男女女穿得那么露，该露的都露了，不该露的也露了，有些男女小青年，无论在公园，在大街上，在公共汽车里，甚至在庄严的天安门广场，在光天化日之下，都明目张胆地当着众人的面亲。我们那时候，有此贼心，也没此贼胆呀。

刚才说了，在我的弟子中，有个叫子路的人，这个人性格刚强，为人直爽，和张飞、李逵是类似的人物。他对我见南子十分不快。我对子路说，你不要为这件事对我不满了，我要是和南子有不正当的男女关系，我愿意让老天爷厌弃我，甚至我愿遭天打五雷轰！

孔子说，郑先生，这就是我要告诉你的第一手情况，信不信由你。

我说，我信。因为我相信你老人家的人格。通过这次与孔子聊天，我更加体会到孔子是一位思想深沉，知识丰富，举止大方，与人和善，循循善诱的特级大师。

我一转身，孔夫子已不见了。

郑洪升和孟子聊天

同孔子聊完后，我想起世人都称孔子为"圣人"，称孟子为"亚圣"。这就是说，孔子是文人中的冠军，而孟子是亚军。既然我和冠军聊了，不妨也和亚军聊聊。亚军可是一人之下，万人之上呀！

孟子说，郑先生，我的处境不好受呀，每次孔子挨批，都把我连上，一批就批孔孟之道。然而，人们缓过劲来后，要在全世界建孔子学院了，谁能想起我孟子，哪怕建个孔孟学说也好。我孟子与孔子连在一起，没沾什么光，尽遇倒霉之事。吃不上羊肉，反惹了一身臊。我冤呀，实在是冤呀！

我安慰说，孟夫子，宠辱不惊，乃人生之一大修养，像你这样有大学问的人，应懂得有时经受一下考验，不见得就是坏事。你与孔子的命运连在一起，有时吃点亏也无所谓，吃亏是福的道理，我想你比我懂。

孟子说，郑先生，你真会做思想工作。我与孔子同为山东人。他是我的长辈，我是他的学生的学生，我心甘情愿与他老人家一荣俱荣，一损俱损，虽肝脑涂地，但决不反悔。我赶快说，亚圣的觉悟就是高，值得我们后人好好学习。你虽没有当上一把手，当二把手也相当风光，我要是能排在前一千名，也相当满足了。

我问孟子，在你的一生中，对你影响最大的是谁？

孟子说，对我影响大的人不少，但要说最大的，那只有两个人，一男一女。男的是孔子；女的是我的母亲。孔子比我大166岁，他对我的影响是间接的，我不可能见过他，聆听他的直接教诲。他对我的影响是通过他的文章。而我的母亲对我的爱，对我的教育，对我的影响，那是最直接的，是深入骨髓的，是无可代替的。我认为她是世界上最伟大的母亲。她对我恩重如山，爱深似海。

孟子几乎是含着眼泪说，母亲生下我不久，我的父亲就去世了，我妈妈年轻轻的就守了寡。她决不改嫁，把一切希望都寄托在我身上，希望我长大有出息，为孟家光宗耀祖。我母亲可不是那种只在衣食住行上对孩子施爱的人，她很有思想，她知道什么爱才是真爱，什么爱是假爱，更确切点说是溺爱，这种溺爱对孩子不仅一点好处都没有，甚至贻害无穷。

常言道，远亲不如近邻，近邻不如对门。你的邻居是什么样的人，你邻居的孩子怎么样，对你和对你的孩子太重要了。别看我妈文化不高，但她知道孩子刚来到这个世界上，对什么都感到新鲜，他们的模仿能力极强。你在关心孩子吃穿的同时，要特别关注他整天接触的是些什么人，特别是他和什么样的孩子在一起。

起先我们家住在一个离一块坟地不远的地方。我们这群孩子中，有领袖级的人物，我们都听他的指挥，他让我们趴下，我们不敢站起来。这个孩子王，经常领着我们一帮孩子到坟地上玩。玩什么？玩挖坑埋死人，玩披麻戴孝，趴到地上哭号，玩当吹鼓手。这事让我妈妈发现了，我妈想，人家的孩子咱管不了，我的孩子若与这帮孩子在一起长大，肯定好不了。三十六计，走为上。我妈搬家了，搬到一个集市上去。

搬到这里后虽然摆脱了那帮孩子，但是在我家旁边就是个杀猪的，而且集市上做买卖讨价还价的很多。我对杀猪和做买卖很感兴趣，只要一听到猪的尖叫声，我就跑过去看，从捅刀子、流血、褪毛、开膛，到肠子肚子心肝肺都流出来，我感到十分有趣，还爱吹猪的尿泡玩。我妈妈发现后，马上意识到，在这种环境下，对我的成长绝对不利。她又搬家了。

孟子说，这次她把家搬到一所学堂旁边。这里和坟地、杀猪的是两个世界。在这里，风声、雨声、读书声，声声入耳；家事、国事、天下事，事事关心。我从此对读书着了迷，我后来所以能成为孟子，与这次搬家有相当大的关系。

我说，哎呀，孟老先生说的，不就是著名的《孟母三迁》嘛！

孟夫子说，正是。

我说，确实是存在决定意识。不能不承认客观环境对人主观上的影响。虽然主观能动性很重要，人也能改变环境。但归根结底还是环境影响人。《孟母三迁》有力地说明了这个问题。现在许多少年犯罪，你去深入了解一下，大多和他接触的人不好有关。狐朋狗友鬼混在一起，他们能干好事吗？不进局子，才怪呢。所以，当家长的，一定要注意细心观察你的孩子和什么人交朋友，他们与谁在一起。这比给他们吃什么，给他们多少钱都重要千万倍。

孟夫子说，郑先生，你这一排子话说到点子上了，同我妈妈的看法不谋而合。我说，谢孟老夫子夸奖。

孟子说，我妈不仅有主见，而且通情达理，在关键问题上说公道话。例如，有一次我看到我妻子大张着双腿，蹲在地上，很不雅观，我想休了她。我妈问明情况后，不仅不批评我妻子，反而说这是我的不对。因为《礼经》上有规定，进门必须打招呼，你不打招呼就进去，使人家难堪。我觉着母亲讲得很有道理，此后，我再也不敢提休妻之事了。

我说，你妻子有这样通情达理的婆婆真是福气！

聊着聊着我们改变了话题，谈到《孟子》一书上面。我说，《论语》成书时，孔子已去世了，而且这万把字，是他的弟子整理的，而《孟子》一书却是你亲自撰写的，前后呼应，结构连贯，逻辑严谨，文字通顺，闪光的语言成堆。有人说，读《论语》如沐春风，读《孟子》如闻战鼓。我这个人别的本事没有，但读过一些书，我对书也偏心眼儿，比如马克思的书与恩格斯的书相比较，我更喜欢恩格斯的，《论语》与《孟子》比较，我更喜欢《孟子》。我可不是当面吹捧你，是真的。

孟子说，孔子他老人家是儒家学说的鼻祖，我不敢与他相提并论，我是他的学生。遗憾的是，他去世太早了，如果他也能活到84岁，把《春秋》整理完，再好好修订下《论语》，此书的质量肯定比现在还高数倍。

我说，孟夫子，你的胆子不小，敢与梁惠王等君王针锋相对地辩论？

孟子说，真理在我手里，我怕什么？我又不是要推翻他们，是为他们好，为平民百姓好。你们不是有句话嘛：当官不为民做主，不如回家卖红薯。我说，文人不敢与王者辩，不如一堆臭狗屎。

说得好，有气派，有骨气！

我告诉孟子，我生在兵荒马乱的年代，没上过什么正规学校，只上过几年私塾。当时，我的老师就让我们背孔孟之书，背不会就朝手心里打板子。至今，我还会背若干条《孟子》上的话。趁此机会，请你这位原创者证实一下，我背得对不对？

孟子高兴地说，太令我高兴了，你慢点背，我闭上眼睛听。

我开始背了：

1. 富贵不能淫，贫贱不能移，威武不能屈。

2. 不以规矩，不能成方圆。

3. 贤者在位，能者在职。

4. 老吾老，以及人之老；幼吾幼，以及人之幼。

5. 权，然后知轻重；度，然后知长短。

6. 人有不为也，而后可以有为。

7. 国君好仁，天下无敌焉。

8. 民为贵，社稷次之，君为轻。

9. 心之官则思，思则得之，不思则不得也。

10. 天时不如地利，地利不如人和。

11. 鱼，我所欲也；熊掌，亦我所欲也。二者不可得兼，舍鱼而取熊掌者也。生，亦我所欲也；义，亦我所欲也。二者不可得兼，舍生而取义者也。

12. 争地以战，杀人盈野；争城以战，杀人盈城，此所谓率土地而食人肉，罪不容于死。

13. 仁则荣，不仁则辱。

14. 易其田畴，薄其税敛，民可使富也。

15. 君仁，莫不仁；君义，莫不义；君正，莫不正。

16. 乐民之乐者，民亦乐其乐；忧民之忧者，民亦忧其忧。

17. 天子不仁，不保四海；诸侯不仁，不保社稷；卿大夫不仁，不保宗庙；庶人不仁，不保四体。

18. 养心莫善于寡欲。

19. 故天将降大任于斯人也，必先苦其心志，劳其筋骨，饿其体肤，空乏其身，行拂乱其所为，所以动心忍性，曾益其所不能。

20. 爱人者，人恒爱之；敬人者，人恒敬之。

21. 贤者以其昭昭使人昭昭；今以其昏昏使人昭昭。

22. 尽信《书》，则不如无《书》。

23. 君之视臣如手足，则臣视君如腹心；君之视臣如犬马，则臣视君如国人；君之视臣如土芥，则臣视君如寇仇。

我还能背一些，今儿就背这些吧。

孟子面带笑容地说，郑先生，如科举制度没废除，你考个状元郎没问题。

我也笑着说，孟夫子，别忘了咱俩虽相隔几千年，但都是 84 岁。

最后，我问孟夫子，你对你的读者们有什么忠告吗？

孟夫子理了下胡子，语重心长地说，请告诉天下的家长们，一定注意你的孩子生活在什么环境，他们接触的是些什么人，牢记：近朱者赤，近墨者黑。

郑洪升和司马迁聊天

前面，我同孔子与孟子两位老人家聊了天。接下来，我想和带"仙"字的名人聊。就我所知，在带"仙"字的人中，有医仙华佗，辞仙屈原，文仙司马迁，诗仙李白，兵仙韩信、酒仙刘伶等。在这些"仙"中，我请下来司马迁。我认为，他的贡献极大，而遭遇也最惨。不同他聊，良心上说不过去。

我说，太史公，你以"究天人之际，通古今之变，成一家之言"的高尚精神，写成《史记》，成为中国历史上第一部纪传体通史，全书130篇，长达526500余字。鲁迅誉你的这部巨著为"史家之绝唱，无韵之《离骚》"。我要问太史公，你的籍贯究竟在哪里？

司马迁说，多数人说我是陕西韩城人，也有人说，我是你们山西河津人。如果真是河津，同属晋南，离你们浮山很近，咱们还是老乡。其实，是哪里人无关紧要。如果在汉武帝时期，我犯了死罪，当时敢认我这个老乡的人准不多。后来，因我写《史记》出了名，所以，大家都抢我，就像曾有人抢诸葛亮而不要曹操。后来替白脸曹操翻案了，连曹操的墓，都争着要。这世道，许多事没法说。如果在我倒霉时，认我这个老乡，还敢站出来给我说公道话，甚至保护我，这才是真老乡。我说，太史公不愧是太史公，看问题总是入木三分，一针见血。无论过去与现在，人们的势利眼这个老毛病都很厉害。"文革"时期，谁敢说自己家里在过去有人当过官，谁敢说有海外关系，而现在这些统统成了炫耀的资本。

太史公，真不好意思，我想先问一个对你可能有点难堪的问题，因为这个问题，大家很想了解，所以我先提出来。

太史公毫不含糊地说，我是写历史的，不管什么问题，我都会实事求是地回答。

我说，是什么原因使你受了宫刑，对一个男人来说，去势，这是奇耻大辱啊！

太史公说，我受这么大的刑，不是因为我贪污，也不是因为我行贿，更不是因为我犯了其他王法。咱们中国不是有句话嘛"病从口入，祸从口出"，我的杀身之祸，全是从口中惹来的。事情的经过是这样的：汉武帝派李陵将军带五千人马作为一路去战匈奴，被敌人包围，在弹尽粮绝的情况下，李陵当了俘虏。汉武帝希望他战死，对其被俘大为恼怒。一天，升朝时，汉武帝问满朝文武官员，对李陵被俘怎么看？绝大多数大臣都是察言观色之徒，两只眼瞪得贼大，看皇帝的表情，以便拣皇帝爱听的说。他们看见汉武帝对李陵被俘十分不满，就采取落井下石的手段，有的说李陵这个人压根儿不是个好人，对朋友不讲信义，对父母不孝敬，平时就贪图享乐，贪生怕死，是个腐败分子。说这些话的人中，有的还是李陵的好友，态度来了个180°的转变，翻脸不认人。我从心眼里鄙视他们。汉武帝见我一句话不说，就说，司马迁你为什么闭口不言，谈谈你的看法。

我就说，李陵这个人平时孝敬父母，对朋友很讲信义，对他人谦逊礼让，从不盛气凌人，对士兵爱护，常常奋不顾身，急国家之所急，有国士风范。这次李陵只带了五千步兵，长驱直入，深入匈奴，孤军奋战，杀伤了一万余敌人，立下赫赫战功，在救兵不到、弹尽粮绝、走投无路的情况下，仍然奋勇杀敌，就是古代名将，也不过如此吧。李陵自己虽陷于失败之中，而他杀伤匈奴人之多，也足以显赫天下了。他之所以没自杀，而投降了匈奴，一定是想寻找适当的时机报答汉室。

我说这一排子话时，我看到汉武帝脸上一阵儿红，一阵儿白，遂大怒，认为我不分是非，立场有大问题，竟敢当着满朝文武官员，公开地为被俘败将李陵辩护，是可忍，孰不可忍！当即下令：把司马迁给我拿下，打入死牢。

我被打入死牢后，被严刑拷打，他们让我交代与李陵的关系。因为我与李陵毫无不正当的勾结，虽严刑拷打，我也不能胡招。后误传李陵带着匈奴打进来了。汉武帝下令杀了其母其妻其子，判我死刑。判死刑后，如果想活下来，有两条路可走，一是交一笔巨款赎罪，二是若没钱交，就实行宫刑。我是个清官，哪有钱拿出来赎罪，只有接受宫刑，这对我这个男子汉是多么大的摧残和打击。当时我想，人固有一死，或重于泰山，或轻于鸿毛，与其宫刑，还不如一死。但是，为了完成我父亲临终前交给我一定要写出《史记》的重任，我在万般无奈之下，选择了忍辱接受宫刑，从而活了下来。

太史公讲这段经历时，他是含泪说的，我是含着泪听的。我对他因为别人辩护，就受到如此重的刑罚而感到无限悲痛和惋惜。我问，后来的情况怎样？

太史公说，汉武帝这个人有很伟大的一面，不久我被赦出狱。奇怪的是汉武帝让我做了中书令，就是掌管皇帝的机要文书。没想到他对我仍如此信任。

我说，对孟夫子影响最大的是他的母亲，对你影响最大的是谁？太史公说，是我的父亲司马谈。在汉武帝时期，他的职务相当于现在国家图书馆馆长。为汉武帝当了三十余年的史官。我父亲不仅对我要求严格，而且教育方法对头。在我 20 岁之前他让我苦苦阅读，向董仲舒学习，打下扎实的文学基础。20 岁后，他要我去周游大江南北。我从长安出发，漫游江淮，到过会稽，渡沅江，渡湘江，向北过汶水、泗水，向南到山东，寻访楚汉相争的传闻，经过大梁，而后回到长安，历时数年。要知道，那时候既无飞机，又无汽车，连摩托车、自行车都没有，全靠两条腿，跋山涉水，十分艰难。我爸对我这个只有 20 岁出头的孩子走这么远的路，数年才归，也真放心。

我说，太史公，你爸的教育方法就是：读万卷书，行万里路。读万卷书还好做到，行万里路，确实不易。别说几千年前，就是现在交通如此发达，你当年去过的地方，许多现代人、包括我至今没到过。佩服，佩服。我有个切身体会，一个地方你没有去过，人家怎么说，你也没有亲切感，一旦去过，再说起这个地方，如临其境。例如，我没去过井冈山前，对《红色政权为什么能够存在？》《星星之火，可以燎原》理解不深，当我27岁去过之后，黄洋界呀！八角楼呀！大小五井呀！三湾改编呀！都历历在目。回过头来，再理解那些理论文章，就亲切深刻多了，这就叫百闻不如一见。太史公，你的这些阅历对你后来写《史记》，肯定大有好处。

司马迁说，以前我任过郎中，也就是汉武帝的侍卫。随皇帝去贵州、四川、云南等边远少数民族居住的地区进行过考察。对这些地区我也有亲身感受。

我爸司马谈最大的抱负是要写一部《史记》，他生前进行了大量的资料准备工作。遗憾的是他未能完成就与世长辞。他临死前紧紧抓着我的手说，儿子，你一定要继承我的遗志，想一切办法完成此重任。我说，请父亲放心，儿上刀山下火海，也要把这部《史记》写出来。当我写到第六个年头时，就发生了我因给李陵辩护而被判死刑的不幸事件。要不是决心完成父亲的重托，完成撰写《史记》的大任，我当时就选择死了，何必受宫刑之辱。

我说，难道这正是"盖文王拘而演《周易》；仲尼厄而作《春秋》；屈原放逐，乃赋《离骚》；左丘失明，厥有《国语》；孙子膑脚，《兵法》修列；不韦迁蜀，世传《吕览》；韩非囚秦，《说难》《孤愤》；《诗》三百篇，大抵圣贤发愤之所为作也"。司马迁遭宫刑，而完成不朽的《史记》。这些，将永垂史册。

我说，太史公，由于你的身体在狱中受到极大摧残，加上夜以继日写《史记》的劳累，你只活了57岁就离开人间。你的大作在那里摆着，千百年来世代相传。现在，你老人家，对我们这些后人有什么话要吩咐吗？

太史公说，我的观点，我的希望都包含在《史记》里，要说的话似

112

乎不多了。在这里我只说两点：

第一点是技术问题。《史记》写了两千多年的历史，跨度这么长，历史事件那么繁杂，人物那么多，而且史无先例，没人写过，怎么下笔，这就有个结构问题，用你们现在的话，就要先解决框架问题。否则不好下笔，不好驾驭。我绞尽脑汁，把《史记》全书分了五大部分，一是本纪，也就是以皇帝为主线写全国的大事；二是表，就是把复杂的历史人物和历史事件用表格的形式罗列出来；三是书，这是国家的各种典章制度的专门史；四是世家，是有权有势影响深远的家族历史；五是列传，是按照我的标准，专门写对国家、为社会干过轰轰烈烈事业的人物，其中也有些可歌可泣的小人物。这样五大部分构成我《史记》的框架，有横有竖，有经有纬，在《史记》这张大网之下，全部一网打尽。

第二点是态度问题。写史一定要铁面无私，还历史本来的面貌，千万不能势利眼。历史上的人物，功是功，过是过，既不可扩大，也不可缩小。我处在汉朝，特别是又处于刘邦的曾孙汉武帝的辉煌时代。我一个受过宫刑之人，歌颂了刘邦和汉武帝的功劳，但也对项羽寄予极大的同情。我对当朝皇帝汉武帝进行歌颂的同时，也进行了批评。当然，写历史，因为时间久远，资料短缺，有时靠想象。所谓真实，都是相对的。谁也不敢吹他绝对能还原真实。听说，现代人都爱在晚年，为自己写传记或回忆录之类的书。希望大家严格遵守真实的原则。不要随便胡编乱造，美化自己，为自己整容。这种不真实的东西，往往是废品车上的烂货，毫无生命价值。

聊到这里，我望着太史公离去的背影，感慨万千，夜不能寐！

郑洪升和韩信聊天

在前边，我和孔子和孟子聊过后，又与带"仙"字的文仙司马迁聊了天。今天，我想和另一位带"仙"字的兵仙韩信聊。这样，文武就双全了。

我把大将韩信请下来，一看到他，我倒吸了一口凉气。他给我印象是：豪迈，从容，气派，威武，勇猛，智慧，对人十分坦诚，毫不设防。他与我初次交谈，与我并无深交，但对我却十分信任，说的全是掏心窝子的话，根本不考虑我兜里是否装有录音录像设备。他竹筒倒豆子，有问必答，使我感到十分痛快。他是位敢做、敢说、敢当之人。

双方落座后，我说，韩大将军，你的大名彪炳千秋，时光虽然过了几千年，但人们只要一提起"韩信"的名字，贬者也有，但褒者与同情者居多。对此，大将军你自己怎么看？

韩信说，对于我这个人，历史学家和文学家，还有许多政治家，都写了相当多的评论。但是，他们都是根据资料和社会上的传言而撰写的，有的说得对，有些说得不对，甚至根本不沾边。

我十分感动，忙说，谢谢大将军对我如此信任。韩信说，咱们客套话少说，你想问什么，就直说。

我说，既然大将军把话说到这个份上，我就问遭受胯下之辱时，你当时的内心活动？

韩信说，老郑呀，我小时家里穷得叮当响，经常揭不开锅，我饿得肚皮贴肚皮，眼发黑，心发慌，没办法，经常蹭饭吃。说是蹭，实际上是讨饭，被人瞧不起。去十家也不一定能有一家给我个窝头。只有一位大婶，看到我饿得可怜，经常给我点吃的。我当时就暗下决心，假如我韩信有出头露脸的一天,我一定回来好好报答她老人家。说我家穷吧,可是我家的墙上从我记事起,就挂着一把宝剑。我对这把剑有天生的感情,我经常把它佩戴在身上,连要饭时也挎着此剑。而且,我经常有一种莫名的感觉,我将来不仅要佩剑,还要亮剑。上苍派我韩信来到这个世界上,就是让我带兵打仗的。我母亲去世后,我给她老人家选了一块大坟地,这个坟地周围能放一万人,我就想将来我的战士若阵亡后,和我妈埋在一起,我死后也埋在这里。此事司马迁还专门来江阴考察,他看了我妈的坟地后,也相信此事是真。但是,我们家乡有个杀猪卖肉的小子,他死活瞧不起我。他左看右看,横看竖看,就认为我是一个没出息的软骨头。一天,在集市上,趁人多时,这小子向我挑衅宣战了。他说,韩信你小子若有种,你就用你身上挂的这把剑捅死我;你要是不敢捅死我,你就从我的裤裆底下爬过去。人山人海的人都在看热闹,不少人喊,捅了他;也有不少人喊钻过去。我当时肺都快气炸了,用眼睛死死地盯着这小子,我在想,我要用剑杀死他,杀人偿命,那我就是死罪,上苍交给我带兵打仗的任务岂不泡汤?我若当着这么多人的面从这小子裤裆下爬过去,我落个软骨头,有胯下之辱的恶名,我韩信还怎么有脸见人?正在我挣扎是捅死他或爬过去激烈斗争之时,我突然想到大丈夫要能屈能伸,能上能下的道理,我万万不能为一时的意气坏了我的远大前程,两利相较取其重,两害相较取其轻,想到这里,我眼睛一闭,豁出去了,我就当着众人之面,硬着头皮,从这小子的胯下爬过去了。郑先生,你说,我的这个选择对不对?

我说,在万般无奈的情况下,你的这个选择是很有智慧的。你若捅死他,后来汉朝的历史,就要改写了。谢谢你把这么深的内心活动告诉了我。你挨过饿,挨过骂,从别人的裤裆底下爬过,这使我想起孟子说的,"故天将降大任于斯人也,必先苦其心志,劳其筋骨,饿其体肤,空乏其身,行拂乱其所为,所以动心忍性,曾益其所不能"。韩信毫不虚伪,他直截了当地说,孟夫子说的好像就是我。

我说韩大将军,能否给我详细讲讲你的那个著名的拜将演说?

韩信说，自从受了胯下之辱我就暗下决心，我一定要报复这小子，而报复的最高级办法，就是干出大事业来给他们看看。当时秦朝已经失去民心，陈胜吴广已举起义旗。陈吴兵败后，项梁的兵力在我们淮阴一带继续反秦。我就投奔了项梁。但项梁不重用我，我又投奔了项羽。项羽也不重用我。我就开小差投奔了刘邦。没想到刘邦也不重用我，只让我当了个管粮草的小官，因一次我犯了错，他差点儿杀了我。我真是怀才不遇，英雄无用武之地呀。这时，我就想尽一切办法接触大官，向他们谈我的见解，恰好刘邦手下的一位将军，发现我不是等闲之辈。他和刘邦的智囊萧何关系密切，把我引见给萧何。萧何是识才的高手，他经过与我多次深谈，得出一个结论，刘邦要取天下非韩信莫属。他向刘邦推荐了我，而刘邦听后几乎笑掉大牙，心想萧何呀萧何，你着了什么魔，一个从别人胯下爬过的人，一个从项羽那边开小差过来的人，能有什么大用？我看刘邦仍不重用我，我就假装开小差，使了个小手段，我托人想办法告诉萧何，我韩信不伺候了，老子走了。要知道，我是从项羽那边开小差过来的人，其他势力我根本看不上，我往哪里走？我只是假走，让萧何追我。萧何果然不是凡人，他爱才如命，听说我走了，他连给刘邦打一声招呼都没有，骑上马连夜追我。这时，有人向刘邦报告，萧何开小差了。刘邦急了，他一刻也离不开萧何，急得团团转，嘴里还娘希匹娘希匹的不断暴粗口。正在刘邦急得要发疯时，萧何把我追回来了。刘邦劈头盖脸就骂萧何娘希匹，你为什么开小差？萧何说，不是我开小差，是我追开小差的人去了。刘邦说平时咱们这里开小差的人不少，从来没见你急过，是什么人开小差使你这么着急，连夜去追？萧何说，我追的可不是一般的人，是韩信。刘邦说，韩信就这么重要。萧何凭他三寸不烂之舌，告诉刘邦，大王你要想夺天下，必须重用这个人。

　　我赶快问，刘邦采纳萧何的意见了吗？韩信叹了口气说，刘邦说，看在你萧何的面子上，我任命韩信当个将军。萧何说，若让他当个一般的将军，他还得跑。刘邦说，要按你的意见，让他当什么？萧何说，必须任命他为大将军。

我说，刘邦听了吗？韩信说，刘邦看萧何这么器重我，就随便说了句，就依你，我任命他当大将军。

我说，看来萧何在刘邦面前说话分量不轻，他终于同意了。韩信说，萧何太了解刘邦了，他这个人说话很随意，嘴里粗口不断，今天答应的事，明天也许会变。萧何乘胜追击，说大王，你既然同意任命韩信为大将军，就不能随便一说，你必须搭个拜将台，还要洗澡更衣，召集文武百官到场，举行隆重的拜将仪式。刘邦看萧何这么重视这个问题，就说，好，好，我全听你的，就这么办。萧何把刘邦的决定告诉了我。

我说，你听到这个消息后是怎么想的？韩信说，我首先想到我必须抓住这个难得的施展自己才华的机会，征服刘邦，征服他的部下，特别是征服跟着他南征北战的那些战将。我还想到刘邦通过拜将，一定要对我进行严格的考试，此时此刻，我必须亮出语惊四座的真东西，让在座的人佩服得五体投地。我要让大家看看萧何追回的这个人，究竟是个什么人？

我说，韩大将军，你太厉害了，你太有思想了，你是早有准备啊？韩信说，不出我的所料，拜将仪式刚完，刘邦就让我上座，考试开始了。他说，韩大将军，请你谈谈对当前形势的看法？

此时此刻，我必须拿出真知灼见。让他们茅塞顿开，耳目一新，心服口服。对于刘邦这个人，我通过长期观察，基本上把握了他的长处和短处。他好大喜功，急着想当一国之君；他的心胸还算开阔，还能用人；但他身上有流氓习气，粗口不断；他既盲目骄傲，又很自卑。我必须在演说中使用策略。

我赶快问，韩大将军，你用了哪几手？韩信说，我先采用激将法。我问刘邦，大王你是满足于当汉王呢，还是想夺取天下？刘邦说，我当然要夺取天下。我接着说，既然大王是要夺取天下，那么，阻碍你取天下的主要对手是谁？刘邦说，那还用说，当然是项羽那小子。我又问，大王与项羽相比，你觉着你的威望与实力比项羽大还是小？刘邦犹豫了片刻，只好承认，目前我不如他。

我说，你这一手真是高明。韩信说，刘邦说出此话后，我下面的文章就好做了。我这时通过一层层分析，大谈项羽由于存在着致命的弱点，他绝夺不了天下，夺天下者必然是你刘邦大王。我看着刘邦的情绪马上高起来了，两只耳朵竖起来听。

我问韩大将军你是怎样分析的？韩信说，我分析了项羽的三大致命弱点：一是项羽虽然跺一下脚，大喝一声，可以把成百上千的人吓得瘫倒在地，但他不会用人，所以，项羽之勇，是匹夫之勇；二是项羽这个人有时对他的爱将很仁爱，病了他亲自送饭甚至喂药，但他不肯把权交给别人，所以项羽的仁爱就成为妇人之仁；三是项羽非常残暴，他所到之处总是烧光杀光，他一次就活埋了20万秦国已经放下武器投降的兵将，所以他名义上是霸王，实际上是匹夫。我的这些分析，使刘邦听得心花怒放，眉开眼笑，从头到脚，每个毛孔都感到无限舒服。

我说，韩大将军你真行，佩服，佩服。韩信说，我大贬特贬了项羽之后，我就实事求是地给刘邦戴高帽子，分析他的优势。我说，大王你现在的威望与实力虽还比不上项羽，但项羽的匹夫之勇、妇人之仁、残暴的致命弱点，恰恰是大王你的长处。大王你善于用人，你对部下约法三章，对百姓秋毫无犯。项羽对你的任命不公，人们看在眼里，记在心间，都为你鸣不平，因此你大得人心，得人心者得天下，秦地民众无一不盼望大王你夺取天下。今后的发展趋势，肯定是项羽由优势转化为劣势，直至灭亡。而大王你肯定是由劣势变为优势，直到最后胜利。

我说，韩大将军你的拜将演说太经典了，分析太透彻了，运用的策略太高明了，我都怀疑后来刘备三顾茅庐请诸葛亮出山，诸葛亮对刘备说的那些话有抄袭你之嫌，至少他采用了你分析问题的路数。

韩信说，我是老一辈革命家，诸葛亮这些晚辈也是革命家，借鉴我的东西，理所当然，谈不上抄袭。我说，大将军真是大度。拜将演说后，你取得刘邦对你的信任了吧？韩信说，只能说他已对我刮目相看，认识到萧何对他极力推荐我，所言不虚。至于信任根本谈不到，头儿对他手下的干将，从来只有提防，没有信任。况且，我的演说虽头头是道，刘邦听着也很入耳。但我仍属于纸上谈兵，他任命我当的是带兵打仗的大将，可不是演说家。我历来认为，纸上谈兵，如《孙子兵法》也很不容易，然而，在战场上"谈兵"更难，不是一般的难，而是难上加难。我琢磨，刘邦那时的心情肯定是，别看你小子说得天花乱坠，头头是道，我把几万人马交给你指挥，你消灭了敌人，扩大了我的地盘，我才承认你是一个名副其实的大将。所以你的分析虽然很到位，但是究竟你是骡子是马还得拉出去遛遛。

我赶快问，韩大将军你遛得怎么样，是骡子还是马？

韩信说，刘邦把兵权交给我后，不少人想看我的笑话，他们希望看到我是个天桥把式，只会说不会练。而我当时想，我要用事实说话，初战必胜，做出个样子来，让他们目瞪口呆，佩服得五体投地，其中包括汉王刘邦。

我问，韩大将军你指挥的正儿八经的第一战是在哪里打的？韩信说，说来真巧，郑先生，就是在你的故乡，现在叫临汾、过去叫平阳打的。这一战取胜非同小可，是我大显身手，大显将威，大树威信的一战。我必须大胜，决不能小胜，更别说失败。我一向认为，军事家首先要是思想家。打仗，表面上看是用刀枪，实际上是比智谋。你的招儿必须比对方高，你的招儿对方根本想不到。为此，你必须声东击西，你必须出其不意，你必须不按常理出牌。在这里真的用得着一句名言，不管黑猫白猫，逮住老鼠就是好猫。

既然韩信指挥的第一个大胜战是在我的家乡临汾附近打的，我对他倍感亲切，忙问当时取胜你用了什么法宝。韩信说，刘邦命我率兵从陕西出发，攻打魏国，其国王魏豹的都城在平阳，即后来的临汾市。魏王得知我带兵来了，他分析我必然要从陕西与山西的临晋关之间过黄河渡口。于是他把主要兵力布阵在这里，防我渡过黄河。为了迷惑他，我把一部分兵力摆在这里，摆出从这里渡黄河的架势，同时我悄悄派一部分兵力从另外的地段沿黄河北上，渡过黄河，直插到他的后路，突然攻打魏国的重镇安邑。魏豹得知我韩信的兵已经抄了他的后路，急得如热锅上的蚂蚁，立马引兵回击。这时，他正面已经空虚，我马上率大队人马从临晋关渡过黄河，对魏王形成两面夹击之势，一举占领临汾，活捉了魏王魏豹，从而灭了魏国。

我说，你这一仗打得真棒。迅速、干净、彻底地取得初战的大胜。刘邦和他的部将，不得不服气吧？

韩信说，我揣摩当时刘邦会想，韩信这小子不仅会侃，而且能打。萧何最为得意，心想我连夜把韩信追回来，追得值吧。刘邦手下的众将想，打一次胜仗算个屁，说不定是瞎猫碰上死耗子，有本事连着胜几次让大家瞧瞧！

我说，后来的情况怎么样？韩信说，我一不做二不休，破魏之后，我又在你们山西娘子关附近用出奇兵的办法破赵，随之又破齐，最后在垓下攻破项羽。这一连串的胜仗，司马迁在《史记》里都有记载，郑先生我就不细说了。好像贵党领袖毛泽东曾评价他的两员大将时说，彭德怀打仗狠，林彪打仗巧。我可以毫不夸大地说，我韩信是他们两位特点的综合，既狠又巧。

我听此言，赶快提醒韩大将军，在取得辉煌胜利的情况下，一定要谦虚谨慎，不可太狂。韩信说，谢谢提醒，我有这个老毛病。例如，有一次我派人去请求刘邦任命我为代理齐王。在我看来这是我应得的职务。拿破仑不是说过，不想当将军的士兵不是好士兵。我说，不想当王的将军不是好将军。这时刘邦看出我有野心，从此对我倍加提防。有一次刘邦与我聊天，他问我他能带多少兵？我说最多带十万。而刘邦反问我，你能带多少？我说多多益善。听到我说此话，我看刘邦的脸色都变了，鼻子不是鼻子，眼睛不是眼睛。我赶快改口说，你带的十万是将，我带的都是些小兵疙瘩蛋子。这些都说明，我这个人太不谨慎，太缺乏城府了。

郑先生你的提醒，真是良药苦口利于病，忠言逆耳利于行呀！

最后，我问韩信，你对刘邦究竟是否有二心，你是否想篡位当皇帝？

韩信坦诚地告诉我，说句真心话吧，灭了项羽后，我只想当个王，绝没有篡位的野心。因为刘邦虽开始对我不怎么样，但经过萧何力荐后，他对我有知遇之恩，没有刘邦的重用，就没有我韩信。所以有位叫蒯通的人曾一再劝我，你为汉王刘邦取天下，刘邦未尝一日不想取你韩信，自古勇猛震主者身危，功盖天下者不赏。你要另立炉灶，与刘邦、项羽三分天下，你之所以能活到现在，就因为有项羽存在，如果项羽一亡，刘邦下一个消灭的目标肯定是你韩信。蒯通是位机谋甚高、看事物很透的人。他的话都说得如此明白，我都没听，因为我坚信刘邦不会这么对我无义。事实证明我太幼稚、太天真、太相信主子了。果然，我帮助刘邦把项羽灭了后，一只大黑手就向我抓来。在刘邦的授意之下，吕后与萧何把我杀了，并灭了我三族，实际上是刘邦、吕后、萧何合谋干的。因为刘邦若亲自杀我，太不得人心，刘邦"既要当婊子又要立牌坊"，在他不在的情况下设圈套杀了我。刘邦回来后还假惺惺骂了一通，那都是做给别人看的。后来有人说，成也萧何，败也萧何。其实，我不怪萧何，各为其主，成与败对萧何来说，都是为了他的主子刘邦打天下，坐天下。当我的使用价值没了后，当我功高盖主后，当我的存在对他有了威胁后，那肯定要把我除掉。"狡兔死，走狗烹；飞鸟尽，良弓藏；敌国破，谋臣亡""天下本是将军定，不让将军享太平"这几乎是历朝历代的规律。想到这些，我韩信没枉活一生。拜将演说，我立了言；一连串的胜仗，我立了功；蒯通劝我背叛刘邦我没听，算我立了德。我立言，立功，立德，这崇高的"三立"都做到了。后来我当了大官后，我专门回到江阴找到给我饭吃的老太太，施以重金报答当年救命之恩。我找到那个杀猪的让我受过胯下之辱的小子，我不仅没杀他，还让他到我手下当了个不小的官。这些也是我韩信立德的一部分。况且还有一句话也不可忘记，"一将功成万骨枯"，我的成功，是千千万万尸骨堆起来的。好像你们的领袖毛泽东说过，整人太多必然整到自己头上。我想补充一句：杀人太多必然杀到自己头上。我韩信杀人太多了，最后我被杀，是应有的下场。我死而无憾！

听韩大将军最后说的这段话，不由得使我想起刘禹锡的那首诗：

"将略兵机命世雄，

苍黄钟室叹良弓。

遂令后代登坛者，

每一寻思怕立功。"

聊到此，我望着韩信将军佩戴着那把祖传的宝剑走了。看着大将军的背影，我无限敬佩和感慨。

郑洪升和韩愈聊天

我和名人聊天以来，许多名人因长期没人搭理他们，寂寞时间太久了，都有点急不可待。他们争先恐后地从书柜里走出来与我神聊。只有一个人总往后缩，我请了多少次，他就是不肯下来。

你一定想问，此人是谁？

请允许我先卖个关子，暂不说名，只把他在文章中说过的精辟语言，略举若干，你猜猜他是哪位？

这些话都是在他之前别人没说过的，属于创新，属于独特贡献：

1. 书山有路勤为径，学海无涯苦作舟。

2. 业精于勤，荒于嬉；行成于思，毁于随。

3. 人非生而知之者，孰能无惑？

4. 闻道有先后，术业有专攻。

5. 蚍蜉撼大树，可笑不自量。

6. 世有伯乐，然后有千里马。千里马常有，而伯乐不常有。

7. 大凡物不得其平则鸣。

8. 少年乐新知，衰暮思故友。

9. 事业无穷年。

上述等等，都出自这位大师之手。你猜出他的大名否？

如果没有猜出，我可再提醒一下，此人与我在上篇中聊天的韩信，只差一个字。

有人抢答，是韩愈吧？

真让你猜对了，就是韩愈。他们俩，一汉一唐，一武一文，都是在历史上留下大脚印的大人物。

韩愈来到我跟前，我先规规矩矩恭恭敬敬地给他老人家鞠了一躬，好不容易把他请下来了，我得表现出十分尊崇的样子。

韩愈与韩信做派大不一样，韩信从武，不太注重小节。韩愈从文，一招一式都合乎礼仪。

我说，韩老先生，听说你二十年寒窗苦读，能否简要谈谈你的经历？

韩愈说，我的祖籍是今河南省孟州市。我出生刚两个月母亲就病故了。父亲韩仲卿是个七品芝麻官，在我3岁时又故去。常言道，长兄如父，长嫂如母，我是被哥哥抱回的。不久，我哥哥韩会也去世了。命苦的我，由我的嫂子养大。对了，郑先生，我的嫂子姓郑，大概五百年前与你是一家。不，两千年前也是一家。

一听此言，我喜出望外，赶紧往自己姓氏上贴金，说，我们姓郑的人中出了郑和、郑成功、郑板桥、郑海霞，最近发现，在原浙江金华县有个郑氏大家庭，15代人生活在一起，家教、家规很严，家风远近闻名，先后几百人当过官，无一贪官。连明朝开国皇帝朱元璋都大赞特赞。

韩愈说，我真得感谢我姓郑的嫂子。没有她，就没有我韩愈。我长兄善写文章，我嫂子也知书达理，她对我的学习抓得很紧，要求甚严。在我嫂子的指导之下，我7岁左右就能日记数千言了。年龄稍大一些，我便熟读六经：《诗》《书》《礼》《乐》《春秋》《易》，熟读先秦时期的散文。我最喜欢读司马迁与杨雄等人的文章。我嫂嫂每天给我下达的学习指标，不读完，我就不吃饭，不睡觉。我还养成了一边读书，一边做学习笔记，一边思考的习惯，连走路时我都在想某个问题。我的体会是，在童年和少年时期，就要打好学习根基。如同盖房子一样，只有基础深厚牢固，上面的建筑才会高大。到了十八九岁的时候，不谦地说，我已通贯古今，才华横溢了。此时我离家出走，去京城长安考进士。

我赶快问，你考得怎么样，顺利吗？

韩愈说，别提了，初次就考砸了。第二年再考，进士榜上还是没有题名。但我不松劲儿不悲观，直到25岁时才考上进士。要想当官，还要参加"博学鸿词科"的考试，我在长安连续考了八九年，在缺吃少穿没固定住所的情况下，我简直成了考试专业户。这使我知道了，你学得再好，基础打得再扎实，与考试似乎没直接关系，考试是另一门学问。在考试面前我是个笨人。我作过一首小诗，形容我当时的处境：

"长安百万家，出门无所之。

岂敢尚幽独，与世实参差。

古人虽已死，书上有其辞。

开卷读且想，千载若相期。

出门各有道，我道方未夷。

且于此中息，天命不吾欺。"

我说，历朝历代，实行考试制度，都是在没想出好办法之前，想出的比较好的办法。考试是一种顾多不顾少，顾一般不顾个别的制度。不考，怎么体现站在一个公平的起跑线上；不考，那些无权无势的人，怎么能获得改变自己命运的机会；不考，怎么鼓励青年人发愤图强。但是，考试也确实把一些人的脑子考傻了；把许多人的童年考没了；把有些人的想象力考丢了；把一些人的精神考分裂了；把一些人的身体考垮了；还考出了一些歪门邪道。况且，中状元的人，在历史上留下名的有几多？李白、杜甫、苏东坡、曹雪芹、罗贯中，加上你韩愈先生，恰恰都没中过状元。不过上面说的你的这段经历，正是"宝剑锋从磨砺出，梅花香自苦寒来"的生动写照。

韩愈说，郑先生你这段话，我以为讲得入木三分。在那首诗面前，我感到惭愧呀，惭愧！

我问韩愈先生，你当年为什么下那么大的决心，在文坛大声一呼，提出要"复古"的响亮口号？

韩老先生语重心长地说，早在魏晋时期，文坛领域形式主义的浮夸文风在诗歌与散文中就漫延起来。发展到南北朝时期，这种极为恶劣的文风更加登峰造极。当时在社会上风行一种骈体文，它的显著特点是，不注重文章的思想性，而追求华丽的辞藻，只是在音韵、对仗、运用典故上下功夫，给文学的健康发展，带来严重障碍。这种文体一直延续到我生活其中的唐代。我认识到这种文体如不废除，必然影响文学创作的繁荣和健康发展。针对存在的问题，我率先提出"复古"的口号。所谓"复古"，就是要恢复先秦、两汉时期散文的优良传统，而摒弃矫揉造作形式主义的骈体文。我提出写文章，要体现"道""辞"并重，力争做到内容与形式统一，做到文从字顺，文以明道，言之有物，使作品能充分表达自己的思想。我的这些主张提出后，震撼了整个文坛，鼓舞了作家。而且我率先示范，带头写新式散文。无论是给皇帝的奏折、给亲友的书信，还是政论文、小品文、序言和悼词，我都按照先秦散文的文体来写，立即受到普遍欢迎。郑先生你大概注意到了，收进《古文观止》中的文章共222篇，而我一人的文章就有24篇。我那时大红大紫了起来，在文坛到了一呼百应的地步。我的追随者众多。

我说，韩老先生，这点我真注意到了，就个人来说，你收进《古文观止》的文章最多，苏东坡的文章才收进了17篇。还有许多名人的文章，连边也没沾上。这不能不说明，你在整个文坛的影响力，也证明你"复古"口号的重大实际意义！

我接着问，你在文坛拥有了崇高地位和话语权后，最爱干的是什么事？

韩愈毫不犹豫地回答说，我在坚持自己创作的同时，最爱扶植新人，鼓励先进。例如，我任主考官时，没有因为钟馗长得丑，而忽视了他的奇才，让他得了状元。当德宗皇帝见到状元时说："此人丑恶异常，如何做得了状元？"我赶快奏道："皇上，臣观此人诗赋文章，句句琳琅，篇篇锦绣，实为奇才，陛下且不可因人弃才也！臣以为人之优劣，全不在貌。昔日晏婴虽身高不过三尺，却做了齐国的丞相；周昌说话结巴，却是辅佐汉朝的名臣。"皇上听了我的申述，在奸臣的使坏下，仍不同意钟馗做状元。钟旭当即拔剑自刎。

听得我都入了迷，像听神话故事一样。我说，你还赞扬过两个大腕，后来他俩的名气甚至在你之上，是吧？

韩愈说，郑先生你说的是李白和杜甫吧？我说，正是"诗仙"和"诗圣"也。

韩愈说，称赞李白为"诗仙"，杜甫为"诗圣"，那是后来的事。当时他们俩已创作出许多优秀诗篇后仍默默无闻，当年文坛对李白和杜甫的态度比较冷淡，发行的诗集中，李杜的诗很少入选。在同时代的著名诗人中，竟无人提过他们的名字。杜甫伤心地说，"百年歌自苦，未见有知音"，直到杜甫去世很长时间了，他的诗也未登大雅之堂，只在江汉之地流行。江东人甚至都不知道有个叫杜甫的人。有人竟评论说，李杜的诗还不如王勃、卢照邻、骆宾王、杨炯这初唐四杰。更有甚者，竟说李白不过是喝醉之后，写点风花雪月；杜甫只能与乡村野老相唱和。李白与杜甫的遭遇，引起我韩愈的不满。我要主持公道，为李杜鸣不平。我想人们之所以不尊重李杜，主要是对这两位大师的成就缺乏正面宣传，当然嫉妒者也大有人在。于是我举之起宣传李杜的大旗。我在一首诗中写道：

"李杜文章在，光焰万丈长。

不知群儿愚，那用故谤伤。

蚍蜉撼大树，可笑不自量！

伊我生其后，举颈遥相望。"

由于我当时在文坛的权威已经确立，说话有分量，达到一呼百应之地，立刻产生了重大效果，人们对李白杜甫的偏见逐渐消失，其正面形象树立起来。一些文人学士也开口李白、闭口杜甫了。我觉着，我干了件大好事。我说，这件事你干得太无私、太漂亮、太功德无量了！

我又问韩愈老先生，听说你教了不少学生，你最得意的门生是谁？

韩愈说，孟郊算一个，张籍算一个，贾岛算一个，李贺算一个；另外皇甫湜、李翱、李汉、孙樵等也跟着我学写过散文。他们都是我的骄傲。尤其是李贺，只活了二十几岁，留下的诗，也只有二十几篇，但成就很大，评价甚高。所以，人不在年长，诗不在多少，有质则灵。

聊到最后，我说，我本想问问你被贬官之事，但怕引起你的不愉快回忆，就不问了吧！韩愈说，你的读者那么多，对于历史上的这件冤案，我正想通过你告白天下。他说，那件事的经过，简单说是这样的：唐宪宗元和十四年，京城长安迷信盛行，有些僧人为了赚钱，就说发现了一块释迦牟尼的仙骨，准备举行隆重的仪式，兴师动众迎接佛骨，皇上还要亲自参加。得知此事后，我极力反对，想阻止这个迷信活动，但没有阻止成功。当迎骨大典举行后，我的奏折呈给皇上，我胆大包天地说，要把此腐朽之骨付之水火，永绝后患！皇上看到我的奏折，龙颜大怒：这个韩愈竟敢反对迎佛骨，还咒我短命，真乃可恶！第二天上朝时宪宗皇帝怒气未消，准备杀我。在众臣的一再求情下，贬我去潮州任刺史，并令我立即动身。此时，我女儿重病在身，我只好按照圣旨立即前往潮州赴职，离开妻女独身前往。我的学生张籍备酒在长安城外给我送行。他含泪说，此去行程万里，关山重重，望先生多加保重。我望着张籍，把酒一饮而尽，说，愈虽年过五十，可决不自弃！只要有一息尚存，定要造福于庶民百姓！说罢，我向着潮州的方向而去。司马迁为李陵将军说情，被汉武帝判了宫刑；我为反对迎佛骨，在众臣苦苦哀求之下，才勉强免于死罪，而贬到潮州。在这点上，我比太史公幸运。

听了韩愈的这段泪诉，我心情非常沉重。这是典型的以言治罪。皇帝的嘴就是法律。这个万恶的封建社会，确该寿终正寝。

韩愈老先生似乎有话还想说。我说，韩老，你是有大学问之人，有话尽管留下。韩愈拍了下脑袋说，人类社会经历了原始社会、奴隶社会、封建社会、资本主义社会和社会主义社会几个阶段。但是，这几个阶段难以一刀切，你中有我，我中有你，犬牙交错，剪不断，理还乱。发展到现阶段，我认为不必绝对地争论这个制度好，那个制度坏，依我从旁仔细观察，我认为在资本主义制度中有社会主义因素，而在社会主义制度中有资本主义因素，最为理想。美国发生经济危机时的经验与中国现在的实践，似乎都证明了这一点。中华民族是大有希望的民族，顺应客观发展规律，一步一个脚印地向前走！

韩愈先生虽然与司马迁一样，只活了 57 岁，但他们思考问题的深度非同一般。说完此言，他向我笑了笑，走了。

郑洪升和柳宗元聊天

我和唐代古文运动的主帅韩愈聊过之后，不能不和他的副帅柳宗元相聊了。这是一位在文坛地位仅次于韩愈的大文豪。韩愈的性格比较内向，而柳宗元比较外向，是那种见面就熟的人。

我们坐定之后，还未等我问话，他先开口了。他说，郑先生咱俩都是山西人，而且是晋南人，我祖籍是永济市，你是浮山县，离得不远。民间有句话：老乡见老乡，两眼泪汪汪。咱们是否反其道而行之，老乡见老乡，两眼喜洋洋。我赶快说，好，先生改得好，不能总是泪汪汪。要当乐天派，总是喜洋洋，天塌下来都不愁。

我说，我这个人有个老毛病，爱跟人套近乎，当韩信说他指挥的第一个胜仗是在临汾打的时，我马上感到亲切，套近乎；当韩愈说他是姓郑的嫂子养大的时，我又赶快套近乎；现在柳先生说咱们是晋南老乡时，我不仅感到非常亲切，而且，我还要告诉你，为了弄清你的身世，在20世纪70年代，我还专门去永济市文学村一趟，看了看你家的宅院，门楼上写的"宗元邸"三个大字，仍清晰可见。这些近乎，实际上是八竿子也打不着的关系，但人们就是爱套这个近乎。

说到这里，虽然八竿子也打不着，但我看柳宗元非常喜悦，站起来亲切地握着我的手说，郑先生你去过我的老家永济，在我的记忆中，连我都没有回去过。咱们真是名副其实的老乡啊！

接着我说，从各种书上都能看到你与韩愈的关系很铁，不是都说文人相轻吗？

柳宗元说，几千年来，人们都说文人相轻这句话，但这句话专指文人是不公道的。文人也有相重的典型事例。难道只是文人相轻，武人就不相轻？常听到一些将军互不服气，总以为自己指挥的战斗打得漂亮，人家打的都是臭战、败战。监狱里的犯人都看不起犯人。阿Q看不起王胡。连保姆之间都互相看不起。所以，看自己是一朵花，看别人是豆腐渣，几乎是人类的一种通病。不过，"文人相轻"这顶帽子之所以长期戴在文人头上，是因为别人相轻，只是口头说说而已，过后随空气就散了，而文人都写在纸上，白纸黑字永远擦不掉。因此，"文人相轻"这顶帽子很难摘下来。

我说，柳先生你的这个分析，很客观，很深刻。这点我有切身体会，我家孩子多，他们小时曾雇过两个保姆，她们两个不是团结起来与主人斗，维护自己的权益，而是互相看不起，争相告状，打得一塌糊涂，有时操起菜刀来打骂，真吓人。

柳宗元说，我与韩愈先生就不是文人相轻，而是文人相重，这种志同道合的友谊，一直保持到最后。韩愈先生比我大五岁，比我早一年考上进士。我们俩在京城长安，一见如故，相见恨晚，在一起总有说不完的话。我们海阔天空，无话不谈。虽然有时为某个问题看法不同，而争论得面红耳赤，但从来不伤和气。后来我被贬到外地当官，我与韩先生仍保持着频繁的通信，在信中就某些重大问题，进行商讨。韩愈先生常对别人说："柳先生的文章，议论证据古今，出入经史百家，深博无涯，有自己独特的风格和见地。这些，我都自愧不如也！"而我对韩愈的为人和文章，总是佩服得五体投地。我常对我的弟子说："韩先生的才学高过我许多倍。他的文章雄奇豪壮，流畅通达，只有汉代的司马迁可以相比，连杨雄也远不如他才思敏捷，气势浩荡。"我俩绝不是无边无沿的廉价吹捧，而是发自肺腑的赞扬。在韩愈倡导的"古文运动"中，我柳宗元始终与之站在一条战壕里。大的主张由韩愈提出，我进行补充。尤其在实际行动中，我积极响应韩先生的号召，写出符合"古文运动"精神的文章，用事实和样板与骈体文相对抗，让读者识别哪种文体好。例如，他提出"不平则鸣"

的主张，我就写出大批不平则鸣的作品。就这样，我俩互相支持，紧密配合，为古文运动的兴起，一起大声疾呼，鼓舞士气；同时一起从事创作，实践改革；一起培养青年，壮大队伍，终于使这场古文运动获得了巨大成功。

我问，柳先生，人家都说你是神童，你相信神童吗？

他说，我相信天赋，相信遗传，甚至我同意有天才，但我不同意有神童。韩愈不相信佛骨，我不相信鬼神。既然没有神，何来的神童？不仅没有神童，也没有神老。我的父亲柳镇和母亲卢氏都是知书达礼之人。在我的幼年，他们对我的学习抓得很紧，要求极严。当我父亲离开长安去住在南方的我爷爷家后，基本上是我母亲教我读书识字。母亲常教我背古诗古文，还教我一些写作的技巧。就这样，到我七八岁时已学会写点短文了。后来，我父亲被调到湖北和广东一带做官，我又随父前往。每到一地，我父亲要干的头等大事——先安排自己的书房。我小时候基本上是在父亲的书房里泡大的。我与父亲经常在书房里，一起读书，一起写文章，通宵达旦，常常连饭都忘了吃。我读的书范围很广，哲学、史学、文学、道学、政治、经济等各方面的书，全都涉猎。博览群书，大大开阔了我的视野，丰富了我的思想，人们誉我是"才华出众，精深过人"的饱学之士，已经小有名气。于是在我13岁时，有位姓崔的叔叔，请我代笔给皇帝写个奏折。我很快写出《为崔中丞贺平李怀光表》，没想到这篇文章一下子轰动了京城长安。当时的一些文人学者都夸我这篇文章观点明确，语言流畅，气势不凡，是不可多得的奇文。于是，人们就误认为我是什么神童。哪是什么神童，岂知我为打基础，读了多少书，下了多大功夫？

我说，我最欣赏你那首只有20个字的《江雪》一诗：

"千山鸟飞绝，万径人踪灭。

孤舟蓑笠翁，独钓寒江雪。"

写出这样的诗，得有多大的功底呀！

柳宗元说，读书一方面要下功夫，另一方面还要摸门道。例如，读《诗经》，就要集中体会其思想情操；读《春秋》，就要学习其分析问题的方法；读《易经》，就要充分理解其对客观事物发展规律的论述。像《孟子》《荀子》等作品的流畅，《老子》的质朴精练，《庄子》的纵横奔放，《国语》的风趣，《离骚》的幽深，《史记》的简洁，都需要在读的过程中，把握其特色，细细体会，吸收进自己的血液，化为自己的细胞。这样，自己动手写文章时，就会冒出神来之笔。

听说，你不仅教你的学生读书方法，还无私地教学生一些管用的写作方法？

柳先生说，写作方法掌握了，你就会事半功倍，手到文来；不掌握，你会下笔千言，离题万里。我以为要写好文章，应做到既"奥"又"明"；既"通"又"节"；既"清"又"重"。这六个字表面上看是对立的，但又是互相辅助，求得统一的。要做到既"奥"又"明"，文章必须"抑"与"扬"，写得波澜起伏。"抑"是为了更深入地表达内容；"扬"是为了更鲜明地表达内容。只要有"抑"有"扬"，文章自然就可以妙趣横生。既"通"又"节"，是指文章内容的广阔而言的。"通"就是使文章通畅，源远流长，一泻千里；"节"就是要有节制，在一泻千里的情况下，有变化有曲折。既"轻"又"重"，这是说文章的分量，要深厚而绰约，凝重而清丽，深入浅出，恰到好处。不要像老太婆的裹脚布——又臭又长。我是这么做的，我也把我体会出的这些窍门，无私地告诉我的弟子们。他们听了我说的这些写作方法，都感到收获极大，有些人后来真成了杰出的散文家。

听得我都入迷了，怪不得你文章写得那么好。写文章是表达学问，写文章的方法，就是学问的学问。

柳宗元说，这两个学问都要掌握。第一个学问是基础；第二个学问是方法。有的人光教别人学问，不教别人方法。其实，方法比学问本身还重要。掌握了方法，就如同手里拿了把万能的钥匙，可以去打开千万把锁。

我说，柳宗元先生，据史料记载，你不仅是伟大的散文家，伟大的诗人，还是少有的寓言大师，你是怎么对这个门类发生兴趣的？

柳先生说，寓言与童话是兄弟。我国古代寓言文学，从先秦时期就产生了。我们中国人是"吃"故事的，一部好的作品，其实就是讲一个或若干个故事。衡量作家水平高低，一看你会不会讲故事，二看你讲故事用的语言美不美。如果你用优美的语言讲了一个或几个令人神往的故事，而这些故事又是通过一些形形色色的典型人物的活动来表现的，那这个作品基本上就成功了。先秦时期诸子百家的散文中，常常采取讲故事和打比喻的形式出现一两段寓言，如《孟子·梁惠王》中的五十步笑百步；《韩非子·外储说左上》中的郑人买履；《列子·汤问》中的愚公移山，都穿插了许多生动的寓言。只是独立成篇的寓言作品极少。我的贡献是，把寓言从别的文体中分离出来，使之成为一种独立的文体。

我说，我读过你写的许多寓言，至今印象深刻。这些寓言不论长短都有头有尾，独立成篇，从而提高了寓言在文学中的地位，而且也增大了寓言的容纳量。我问，你为什么喜欢寓言这种文学形式？

柳先生说，我写的《封建论》一文，郑先生你肯定看过。在封建社会，根本没有言论自由，不知哪句话说得不合统治者的心意，就革官，甚至杀头；杀自己的头还不要紧，连全家甚至九族都一起灭了。真是斩草除根，让你从地球上消失，永无出头之日。而寓言，短小、故事性强，可以指桑骂槐，可以指鸡骂狗、骂驴、骂猴、骂猪都成。谁也不愿意对号入座，公开承认我就是你在寓言中骂的那头驴吧？所以，我相继写出了《黔之驴》《临江之麋》《辨伏神文》等一批寓言作品，很受读者欢迎，有些篇曾达到家喻户晓的地步。在这些作品中，我转弯抹角地抨击封建统治者，也回击那些对我进行恶毒攻击的人。我手里的这个武器运用起来，非常得心应手，又使我免遭杀身之祸。

我说，柳宗元先生你是公认的寓言大师，你的寓言作品在我国文学发展史上占有极为重要的地位。经过长期思考，我认为你的寓言有四大特色。一是独立成篇。先秦诸子百家一般都是把寓言穿插到其他文章之中，掐头去尾来上一段，而你的寓言就不同了，有头有尾，独立成篇，成为文学作品中的一个独立门类。这一来，不仅提高了寓言的地位，使它另起炉灶，有了自己的"户口"，而且也大大扩充了寓言的容量。二是题材广泛。先生你从大自然中的各种动物，如驴、熊罴、猴子、老鼠、蛇、小虫子，到现实生活中的各种现象，如官吏的残暴，富豪的贪心，市侩的庸俗，穷人的勤劳，你从中广泛汲取素材，这些素材到了你手里，都变成生动有趣的寓言故事了。三是质量高超。你笔下的寓言故事，既有深刻的现实主义内容和强烈的政治色彩，又有着深沉含蓄、泼辣犀利的艺术风格，篇篇都像小辣椒。例如你在《黔之驴》中讲了这么一个引人入胜的故事：一头毛驴被人牵到贵州，那地方压根儿是没驴的。附近山上有只老虎，见到这头驴，不知是何物，看它个头儿比自己还大，心里有些害怕，只敢试着慢慢接近驴。有一天，这头驴忽然叫起来，声音特大，把老虎吓了一大跳，赶快躲开了。但不久老虎就听惯了驴的叫声，觉着它不就这么两下子嘛，又凑上去逗驴。这回毛驴发了脾气，翘起蹄子就踢了起来，老虎一看，很高兴，说，驴的本事也不过如此，就扑上去把驴吃掉了。柳先生，真有你的，你巧妙地用这头驴辛辣地讽刺挖苦了那些貌似强大，并没什么真本领，装腔作势，借以吓人的官僚贵族，揭露了他们外强中干的虚伪本质。骂了人，讽刺挖苦了人，还让他们说不出话来，因为谁也不会公开承认自己是头笨驴。四是生动活泼。先秦诸子百家的寓言形式一般都比较古板，而你的寓言形式多种多样，不拘一格。在你的寓言作品中，有"志""说""对""传"等各种文学体裁，而且你还创造了寓言诗赋这个新样式，这在你写的《憎王孙文》等作品中都有很好的运用，成为你的寓言作品的代表作。我就谈你寓言的这四大特色：独立成篇，题材广泛，质量高超，生动活泼。柳先生，我是班门弄斧，不知说得靠谱否？

柳宗元先生听了我这一排子话后，马上说，我的《黔之驴》的故事，就是发生在贵州之事，请拿出书柜里贵州茅台酒厂给你大公子郑渊洁专制的茅台大王酒来，咱们两个晋南老乡，痛痛快快喝几杯。我说，既然把话说到这个份儿上，酒逢知己千杯少，我儿子在你最后任职的广西签售过，咱就把这瓶茅台都喝光了吧！柳宗元酒量不小，几杯下肚后，他红着脸说，千百年了，你是我遇到的第一位晋南老乡和知音呀。我说，喝酒，喝酒，我崇拜先生的情意，全在美酒中！

最后我说，你因参加王叔文的改革集团，被贬到外地做官，这段经历能向我简要谈谈吗？如果会引起先生的不愉快，也可以不谈。

柳先生说，都过去千年了，没关系，我如实地谈谈。历史证明，搞改革的人，几乎都没有好下场。唐朝贞元二十一年，唐顺宗李诵即位，怀有政治改革理想的王叔文集团上台执政，我也是力主改革的，因此参加了这个集团，被任命为礼部员外郎，我也算个正部级大臣吧。但王叔文执政不到七个月，就被宦官和旧官僚们联合起来推翻了，王叔文被处死，我被贬到湖南永州（今零陵）当司马。在永州我过的实际上是软禁的生活，"肉摄像头"和"肉录像机"每天监视着我。元和十年，我又被调到比永州更远更荒凉的广西柳州当刺史，直到我47岁时死在这里。由于我在柳州为百姓兴利除弊，深得民心，人们称我为"柳柳州"，还为我建立了柳侯公园和柳州祠。至今，我都怀念永州和柳州，我的许多作品，都是在这两个地方写成的。去世之前，我给我的好友韩愈写了一封长信，托他关照我的子女；给我的另一位好友刘禹锡也写了封长信，除了请他抚养我的一个儿子外，还将自己的全部作品转交给了他，请他负责整理出版。刘禹锡和韩愈都出色地完成了我交给他们的重托。刘禹锡亲自编辑出版了我的45卷《河东先生集》。后世人根据韩愈的《柳州罗池庙碑》一文提炼而成了对联：

"山水来归，黄焦丹荔；
春秋报事，福我寿民。"

我在九泉之下，一直怀念和感激我的这两位好友啊，谁说文人相轻！
我说，至今广西柳州还广传着一首民歌：

"柳州柳太守，种柳柳江边。

　　柳馆依然在，千秋柳拂天。"

　　还在石碑上刻着："龙城柳，神所守；驱厉鬼，出匕首；福四民，制九丑。"我激动地说，山西晋南老乡你在广西干得真不错呀！柳宗元说，作为文学家，历朝历代都受着权贵们的打压。你可以沉默不语，但决不可为一私之利，拍马献媚。说了这句话后，我看他有些晕乎，睡觉去了！我也该上床眯会儿了。

郑洪升和李世民聊天

累了一天，我已上床睡了，忽听到有人喊我。此人声如洪钟，口气很大，只听到他说，你与华盛顿、丘吉尔、希特勒、斯大林和秦始皇等人都聊过了，为何对我置之不理？我说，前面聊过的人，都是我亲自请下来的，怎么你自己走出来了，阁下，你姓甚名谁？我是唐太宗李世民。哎呀，你是唐太宗啊，我还没来得及请你，你怎么就自己来了。李世民皇帝说，我被你与前面几十位人的聊天感染了，我也想聊，千年以上了，没人推心置腹地跟我们这些故人聊过天。我决不能错过这次千载难逢的大好机会，我想把我心中存的一肚子苦水往外倒倒。

听了唐太宗的这一排子话，我感到十分纳闷。皇帝，那是多么神圣的职位，高高在上，前呼后拥，警卫森严，妻妾成群，八面威风，说一不二，一呼百应。尤其你唐太宗，在皇帝中更是凤毛麟角，少之又少。据统计，自公元前 221 年秦嬴政称"始皇帝"以来，至 1912 年清朝末代皇帝溥仪退位，在 2132 年中，中国只有 491 人当过皇帝，毛泽东在《沁园春·雪》中，只提到 5 位皇帝，秦皇、汉武、唐宗、宋祖、成吉思汗。这位唐宗，不就是你李世民吗？在四百多位皇帝中，你就成了这难得的五分之一，你是多么荣耀呀，还诉什么苦？皇帝诉苦，令人不可思议。

老郑呀，你们这些没当过皇帝的人，往往只看现象，不看本质；只见树木，不见森林，你们只知道我们这些人威风八面，岂知我们内心的苦啊！我们做皇帝的人难呀！有时，我常常想，我做个平平常常的人，多美、多得、多滋，我何必装腔作势，生活在包围圈之中，吃也不敢吃，喝也不敢喝，人也不敢见，街也不敢上，商店也不敢进，把我限制得死死的。你们普通人多自由，想吃什么，张开嘴就吃；想喝什么，一仰脖就喝；想去哪儿，迈开腿就走；想见谁，随便约个地方就见。我住在戒备森严的皇宫里，虽然雄伟无比，但这里边空荡荡的，哪里有点人气？不信你去住一夜试试，住到半夜，你准噩梦不断，吓得跑出来。

我说，唐太宗啊，你是站着说话不腰疼，吃着碗里的看着锅里的，得了便宜卖乖。别人诉苦，我还相信，当过皇帝的人诉苦，说破天，我也不相信。

唐太宗说，现在你们不是提倡换位思考吗，你怎么能与别人换位思考，就不能与我们这些当过皇帝的人换位思考呢？既然是换位思考，老人与孩子可以换位思考，男人与女人可以换位思考，普通人与皇帝也可以换位思考。我经过长期观察，我认为你老郑这个人比较通情达理，比较善于听取不同的声音，思想比较解放，脑子里条条框框较少。所以，我想跟你说说，我当皇帝的五大难。希望你耐心地认真听一听，除你老郑以外，我李世民没给第二个人说过，因为作为一个皇帝，面纱和光环难以拉下，说这个不好意思启齿！

我说，陛下，既然这么看得起我，我真要洗耳恭听了。你不是说有五大难嘛，请说，你的第一难是什么？

李世民说，我的第一难是宫廷斗争，自相残杀。隋朝末期，在我的力主下，我父亲李渊在山西太原晋祠起兵反隋。当时只有二十几岁的我，指挥一路重兵打先锋，从太原一直打到长安，推翻了隋朝，建立了唐王朝。我爸爸李渊当了唐高祖。我哥哥李建成作为长子，被立为太子。因为推翻隋朝，我李世民出谋划策多，战功卓著，我哥哥李建成将我视为眼中钉，他认为我对他继承皇位构成最大威胁，他和我弟弟李元吉结成死党，拉拢了一批人妄图谋杀我。在这帮人中有个叫魏徵的人，跟我哥哥说，必须快下手，否则晚矣。我的内线把这些骇人听闻的情况向我报告后，我立即作出判断：我们一父同胞、亲骨肉要互相残杀了，我不能坐以待毙，必须先下手为强。于是有了"玄武门之变"，我毫不手软地把我哥哥和弟弟都杀了，我哥哥李建成倒在我的箭下，我弟弟李元吉被我的部下杀死。在他们死后，我虽给他们进行了厚葬，但这毕竟是亲骨肉之间的残杀啊！郑先生，你说，我们皇族难不难？再者，宫廷里那些钩心斗角的事儿海了去，简直是一波未平一波又起，接连不断。皇后跟妃子斗，妃子跟妃子斗，太监跟太监斗，太医跟太医斗，大臣跟大臣斗，这一团那一伙跟那一团这一伙斗，大臣们这个抱那个的大腿，那个又抱另一个的佛脚，有时简直斗得一塌糊涂，天昏地暗，日月无光，难分难解，我这个皇帝在中间尽受夹板气。我有一次外出私访，我问一个放羊的老汉，若让你当皇上，你干不干？老汉说，皇帝那老儿，让我天天吃臊子面，我也不干。郑先生，连个放羊的人都不愿当皇帝，你说我难不难？

我说，以前我一直以为家家有本难念的经，但皇帝家除外，原来你皇帝家这本经更难念。唐太宗，让你这么一说，皇帝的第一难我真信了。那么第二难是什么？

唐太宗说，听逆耳之言难。我父亲李渊与我妈共生了四个男孩，李建成为长子，我排行第二，老三李玄霸早死了，还有老四李元吉。前边我说了，我把大哥和四弟都杀了后，我们同父同母的四个儿子就剩下我一个了。可以想到我父亲李渊心里有多难受，多悲伤，在被迫无奈的情况下，他把朝廷的大权交给了我。我爸本来是多子，那三个都死了，他不交给我，交谁呢？我成了他唯一的选择。不久，他当了太上皇，让位给我，我荣登皇帝宝座。我当皇帝后，我就感到国家太大，事情太多，要想把国家大事处理好，必须按"兼听则明，偏信则暗"的古训办事。在我哥哥李建成周围有一帮谋士，其中有不少真才实学之人。我哥哥这棵大树树倒猢狲散，有的被我按余党清除了；有些软骨头的人物另找靠山；有些极力与我哥划清界限，向我写悔过书、效忠信；更有甚者，搞落井下石，无中生有地揭发我哥和我弟的罪行。在这帮人中，只有一个人一言不发，此人就是魏徵。他给我哥出了不少主意，让他对我先下手，机不可失，时不再来。我哥优柔寡断，就是不及时采纳、当机立断，被我先下手了。

如果他按照魏徵的建议办，唐朝的皇帝肯定不叫李世民，而叫李建成了。我想：此时此刻你魏徵的地位已岌岌可危，识时务者为俊杰，你为何不赶快洗清自己，改换门庭？我倒要把这个人叫来当面问问。把魏徵叫过来后，我说，魏徵，你知罪吗？魏徵镇定地说，各为其主，我何罪之有？现在我只后悔，你大哥没及时采纳我的意见，若采纳，今天的局面肯定是另外一番样子。魏徵的气势、气场，他的回答，立刻令我对此人刮目相看。我从心眼里尊敬这种有骨气有见地的人，我虽然也爱听拍马屁的话，但我很厌恶奴才相，看不起哈巴狗。那种全身上下没一根骨头的人，着实让人瞧不起。老郑，你猜怎么样？我没判他罪，我反而把魏徵留在我的身边，任命他当正部级的谏议大臣，后又升任为丞相，他几乎是唯一被允许可以进我的卧室和我聊天、向我进谏的人。但是，老郑呵，逆耳之言可比歌功颂德之言，难听多了。就像两根瓜，一根黄瓜，一根苦瓜，黄瓜吃着顺口，苦瓜难以下咽。但苦瓜比黄瓜质量高得多。魏徵这个人如同苦瓜，他满腹经纶，见地甚高，他能看到别人看不到的东西，就像下棋，他每走一步就把下一步甚至下几步棋想好了，确实是个安邦治国不可多得的人才，属于几百年才出一个之人。但这个人进谏直来直去，不管什么场所，也不管当着多少人的面，有时言论很难听很尖锐，常常弄得我下不了台。我对魏徵此人，又爱、又烦、又恨，有几次我真想杀了他。但是，皇后和皇儿都力劝我息怒。

我说，唐太宗陛下，能否举一两个例子，叫后辈看看魏徵到底多么厉害？

李世民说，原来我定18岁以上的男子才能服兵役，因连年战争，兵员短缺，我想改变规定，让16岁以上的男子，也要服兵役。决定正要下，魏徵不干了，他竟敢当着许多大臣说："您现在把强壮中的男子都抽去当了兵，那么田谁种？工谁做？您经常讲，我当国君首先要讲信用，可是过去明明下过规定，只有男丁之中强壮者才当兵，现在您却要扩大到16岁，您为何自己不遵守以前您做出的决定？您这样朝令夕改，出尔反尔，不是在老百姓面前失掉信任吗？"魏徵说得确实对，也是为我好，但太难听了，真烦。还有一次，我正在玩一只我心爱的鸟，魏徵来了，我怕他批评我玩物丧志，赶快把鸟藏在怀里，怕他看见。谁知他说起来没完没了。他走后，我赶紧从怀中掏出鸟儿，一看，憋死了。你说，这个魏徵可气不可气，我堂堂皇帝，怎么心里会怕这个魏徵呢？广开言路，善听逆耳之言，是我李世民打出的一面旗帜。即使再难听的话，我也要硬着头皮听，但在我心里真难受呀！

我说，据记载魏徵死后，你大哭一场，一面哭一面说："夫以铜为镜，可以正衣冠；以古为镜，可以知兴替；以人为镜，可以明得失。朕常保此三镜，以防己过。今魏徵殂逝，遂亡一镜矣！"陛下带兵征战高丽不利时，你说："假如魏徵在世，我一定不会有这番举动。"李世民对我讲，说是这么说，我对魏徵与爱提反面意见的人，有一种说不来的感情，爱、敬、恨、烦、怕，真是五味俱全。说一千，道一万，当皇帝的人，能听进反面意见，难也！

我说，陛下，你这么善听逆耳之言，集思广益，这是向全世界的名人借脑子呀！这点我一听就可理解。那么，你的第三难是什么呢？

李世民说，我的第三难是，很难了解到下情呀！像我们这号人，被围得死死的，左一层，右一层，上一层，下一层，名义上是保护我的安全，实际上使我很难了解到下层社会的真实情况。国家这么大，究竟有多少可耕地？全国总人口是多少？河流是否通畅？穷人有多少？上学的人能否真正学到东西？军队打起仗来能否冲锋陷阵？家庭是否美满？婚姻是否幸福？儿童是否玩儿得痛快？国民体质是否不断增强？寿命是否在延长？国库中的粮油是否充足？金银财宝是否源远流长？各阶层老百姓心里究竟想什么盼什么？民心我是否掌握得精准，等等。我作为一国之君，都必须了如指掌。但是，我出不去，不能通过眼、耳、鼻、舌、口这五个官能，亲自去看，亲自去体察，只能听大臣们汇报。他们为了让我高兴，故意瞒坏报喜。我听到看到的都是歌舞升平，欢声笑语，形势一片大好，而实际情况往往却是一团糟。因此，我对下情，总处于若明若暗，时明时暗，小明大暗的状态，心中很不踏实。

我说，情况明，决心大，方法对。情况明是前提，决心大是关键，方法对是桥梁。当皇帝的如果被蒙在鼓里过日子，做出的决定、发出的圣旨，肯定不会正确。请陛下谈，你的第四难？

唐太宗说，知人用人难。我深深体会到，人是最会伪装的动物。本来他知识极其贫乏，却摆出很有学问的架势；本来他缺德少才，却装成德才兼备；本来他是个大贪污犯，却装成是艰苦朴素的模范；本来他野心勃勃，却装成对权力毫无兴趣。知人太难了！为了做到知人善任，我采取了许多措施：1. 力争全面地看人。"已之所谓贤，未必尽善；众之所谓毁，未必全恶"。正如魏徵说的"知人之事，自古为难，故考绩黜陟，察其善恶"。人才不是没有，关键是你要去寻找，如果不去发掘人才，识别人才，人才永远不会自动送上门来。2. 用人要取长舍短。知人确实难，经常有看走眼的事发生，但用人更难。金无足赤，人无完人，要善于用人之所长。求全责备，会没有人才。以我任用房玄龄为例，他的短板是不善于处理复杂的行政事务，但他肯用脑子分析问题，多谋善断，我就用他这一点。若让他搞行政事务工作，他可能弄个碗朝天锅朝地。3. 用人不疑，疑人不用。如果你用的人察觉到你时时处处都对他不相信，监视他的行动，在这种情况下，他绝不会给你真心实意地卖力。我总是尽量做到"谋斯从，言斯听"，相信我的部下，让他们大胆去干。郑先生，以上几点，说容易，但做到难。我在当皇帝的二十三年期间，坦诚地说，我用对过人，也用错过人，有许多人才，从我的眼皮子底下溜走，而我没认出他们是千里马，当小毛驴放走了。人才难得，遗憾呀，可惜呀！

我说，陛下，谢谢你如此坦诚，上面你说的都是掏心窝子话。你的第五难是什么？

唐太宗说，选定接班人难。我们那时虽然实行的是终身制、世袭制、嫡长子继承制、等级特权制、独裁制，但临到后期，就要把主要精力放在选准我的继承人上。生怕这个继任者，是个暴君，是个昏君，是个白痴皇帝或荒诞皇帝，一句话，就怕从他手里把我们辛辛苦苦出生入死打下的江山，付之东流。加上皇帝一般儿子成群，越到最后，争夺帝位的斗争越白热化，甚至六亲不认，兵戎相见。因此，是哪位王子继位，要早有打算，早做妥善安排，不要等到自己百年后，出现争权夺利的残酷斗争，那不仅对社稷不利，也苦了平民百姓。今天，就谈当皇帝的这五大难，我几乎全给你说了。

我发现李世民还有话想说，我就说，唐太宗，你还想说点什么，就说好了，莫留遗憾。李世民说，其实皇帝还有第六难，这就是生活难。普天下的人都知道，凡皇帝都有三宫六院，妻妾成群，他只能顾此失彼，应接不暇。对我们来说，夫妻生活已经不是解渴，而是透支；已经不是快乐，而是一种痛苦；已经不是本能，而是为了完成任务。所以，许多皇帝都是短命的。第一个皇帝秦始皇才活了 49 岁，我活了 50 岁，就命丧黄泉。这个难，一般人更难体会到，我真不好意思说了，就此打住吧。

我说，今天聊得真过瘾，我终于听到了一个从来没听过的话题。我想，我的读者们，大概也没听过皇帝诉苦吧。

在这次聊天即将结束之际，我说，唐太宗，不管是易，还是难，咱们喝几杯酒吧！他说，我终于有机会倒了一次苦水。憋了上千年了，今天我终于说出来，心里好受多了。我看到唐太宗特别高兴。皇帝也是人呀！他确实有他难念的经。

郑洪升和武则天聊天

只有傻瓜才同时四面树敌

　　许多朋友看了我和唐太宗李世民的聊天后，提出一个要求：老爷子能否和武则天聊一聊？我想，干什么都要考虑理由，在"形式逻辑"中，就有一个"充足理由律"。经过思考，我打算满足朋友们的这个要求。理由如下：1.武则天和前边与我聊天的李世民有关系，她是李世民的才人。2.在中国有皇帝以来的2132年的历史中，只有491人当过皇帝。而这491人中，只有一个女人当过皇帝；许多女人连做梦都想当皇帝，吕后和慈禧太后差一点儿，没弄成。正儿八经当上皇帝者，仅武则天一人。美国这个号称最民主的国家，至今也没有一位女士当过总统。前几年有个女人一心想当总统，但费了九牛二虎之力，冲顶没有成功。这次再参选，还不知能否刷新纪录。3.武则天是我们山西文水县人，她与刘胡兰是同乡，跟别的几位皇帝都聊过了，不和老乡皇帝聊不合适。4.她还不是个窝囊皇帝，是位有大作为的女皇，敢立无字碑，自己不给自己歌功颂德，功过让后人评说。凭这四条理由，我也要与武则天女皇聊一次。

　　考虑到武则天是我国历史上空前绝后的稀有女皇，她活了八十多岁，仙逝上千年了，岁数够大的，我用想象中的八抬大轿把她老人家抬下来。女皇是个痛快人，她说，郑先生你与唐太宗的聊天，我听了，他说的当皇帝的五大难，我也有切身体会。这方面的内容，我就不谈了。你想让我谈点什么，请坦率地提出来。

　　我说，我最想听听作为一个女人，你是采用什么手段当上皇帝的？

　　武则天问我，想听真话，还是想听假话？

　　我说，当然想听真话，我最厌恶听经过层层包装的话，更不愿听忽悠人的话。

女皇说，那我今天就把我由一个普通女子当上皇帝的四大绝招，都告诉你吧！

我说，太好了。请快讲第一个绝招。

武则天说，第一招是时刻准备着。郑先生你知道我出生在一个有钱人的家庭，我们家藏书很多。我从小就爱看书，而且特别爱看历史书，爱看讲帝王将相的书，对权力斗争、斗争策略方面的事，我有强烈的兴趣。从尧、舜、周公、春秋战国的诸侯，到秦始皇、刘邦、汉武帝等，我都学习过、研究过。我的性格特别好强，我常常想，谁说女子不如男？你们男人可以当皇帝，我们女子中为什么就不能出皇帝。在我 14 岁时，我被招到皇宫里，给唐太宗当才人。我没有感到痛苦，反而认为我的机会来了。我虽然从书本上了解了许多宫廷里的事，但都没亲身经历过。选我入宫，这是上天的恩赐，它给了我亲身观察与体会宫廷斗争内幕的大好机会。我给皇帝李世民当才人期间，我特别留意他是怎么当皇帝，他是怎么处理问题的，尤其注意观察宫廷里女人与女人，男人与女人，大臣与大臣之间的斗争，我还有幸结识了皇太子李治。他对我特别好，我俩好像前世有缘，一见如故。唐太宗驾崩后，我们这些人没有殉葬，被剃度发配到寺庙里当了尼姑。李治继承皇位后，一次去寺庙进香，看见我，当时我都 30 岁了，但风韵犹存。他对我旧情复燃。我认为，我的机会要来了。我在心里时刻等待他的召唤，以使我有出头之日。

我着急地问你有希望吗？武则天说，后来王皇后与萧淑妃闹矛盾，皇后不生孩子，而萧淑妃因生了皇子，趾高气扬，在她眼里根本没有皇后。王皇后为了报复萧淑妃，她知道皇帝早就喜欢我，就把我从寺庙里接到宫中，作为她手里的一张牌与萧淑妃斗。果然李治特别宠爱我，让萧淑妃从此失宠，坐上冷板凳。这些主客观条件，都为我日后当皇帝提供了契机。

听到这里，我恍然大悟。过去书上很少这么写。听了陛下这段话，使我更加明白了，你之所以能当上皇帝，虽有其偶然性，但偶然之中有必然。首要的条件是你有准备，有当皇帝的本领。如果你根本没这个本事，不具备这个条件，即使客观条件具备了，你也不可能成功。机会属于有准备之人。这就是内因是根据，外因是条件，外因通过内因而起作用的道理。要不然，不好解释当时全国有那么多女子，宫廷里也有那么多妃子、才人，怎么别人没当上皇帝，就你武媚娘当上了呢？陛下的这个说法，我认为很到位。没有这一条，其他都成为无源之水，无本之木。那么，你的第二招是什么？

女皇说，我的第二招是，利用矛盾，各个击破。王皇后为了解决她与萧淑妃的矛盾，利用了我。而我的主要矛盾是与皇后的矛盾，我想当皇后，必须把王皇后干掉。当王皇后与萧淑妃的矛盾解决后，我与王皇后的矛盾上升到突出位置。我表面上非常尊敬王皇后，如果她需要，把我身上的肉割一块下来，给她炒着吃都成。但是我心中正盘算着，我采取什么绝招，能置王皇后于死地，让她永世不得翻身。我和李治皇帝共生了四男二女。生下女儿后，因女儿长得非常漂亮，特别招人喜欢，皇帝爱得不行，经常来后宫看仍躺在小床中的女儿。王皇后也喜欢这个女儿，时不时地也来看望。一天，我常着下手的时机到了。王皇后先来看小公主，她刚走，我就用手把小公主掐死，在她身上盖上被子。紧接着皇帝来了，我笑脸相陪，一块去看小公主。然而揭开被子一看，女儿已经断了气，我大哭大闹，哭得死去活来。皇帝大怒，问丫鬟刚才谁来过？丫鬟说，王皇后刚走。皇帝想，这王皇后自己不生孩子，对别人生的孩子如此心狠手毒，是可忍，孰不可忍！便立即下诏，废了皇后。常言道，虎毒不食子，我为了当皇后，竟把自己的亲骨肉掐死了。其实，我这一手也不新鲜，许多宫廷里的人也这么干过。李世民为当皇帝，不是亲手杀了他的哥哥和弟弟嘛。后来，我当皇后，当皇帝，在朝内都有许多人极力反对。我都是采用利用矛盾，各个击破的策略加以应对。今天，我联合甲反对乙，过一段又利用乙反对丙，再过一段，我把反对过的扶起来，再把他们联合起来，反对丁。我从来不搞全面出击，决不在同一时间段树敌太多，任何时候都不得罪大多数。我的一贯手段，就是在一个时期，确定依靠谁，联合谁，利用谁，孤立谁，消灭谁。只有傻瓜才全面出击，同时四面树敌。我的这一招，屡试不爽。玩儿得别人团团转，而我总处于胜利者的位置。

我说，陛下请举个例子。

武则天说，例如，皇帝李治把王皇后废了，他要立我为皇后。此时以长孙无忌为首的群臣坚决反对。他们说，武媚娘是太宗李世民的才人，与父亲的才人生儿育女，已经是乱伦了，你还要让她当皇后，岂有此理？这时，我就授意与长孙无忌有矛盾的许敬宗编造他搞朋党，威胁皇帝大位，从而使得长孙无忌被罢官，流放边远地区，并把以他为首的政治集团的成员或杀或贬，彻底摧毁，最后把立了大功的许敬宗升为宰相。这一打一拉的手段，扫清了我当皇后的道路，我顺理成章地当上皇后。我当了一段皇后后，皇帝李治嫌我太专断，与时任宰相的上官仪密谋废掉我这个皇后。我在皇帝身边布置了许多密探，当我得知皇帝这一动向后，主动出击，责问皇帝。皇帝一看情况不妙，把罪责全推在上官仪身上。我又罗织罪名，把上官仪和他的儿子上官庭都处死。这样，我的皇后位置得到进一步巩固。

武则天这一番话听得我毛骨悚然，吓出了一身冷汗，但我又不得不赞叹，这个女人不寻常，竟敢在皇帝面前耍花枪！我趁热打铁地问，陛下，你的第三招是什么？

女皇说，我的第三招是决不心慈手软，该出手时就出手。我的这个秉性在我给唐太宗李世民当才人时，就显露出来。唐太宗有匹叫"狮子骢"的烈马，此马性暴，常尥蹶子，难以驾驭。有一次唐太宗带一群宫妃看这匹马，开玩笑地说："你们当中有谁能驯服它？"其他妃子谁敢搭腔，吓得直往后缩，只有十四岁的我毫无畏惧地站出来应战："陛下，我能制服它！"唐太宗问我有什么办法？我说：请陛下给我三样器物，第一样铁鞭；第二样铁锤；第三样匕首。它要尥蹶子，我就用鞭子抽它；再不服，我用锤子敲它的头；如果还不行，我就用匕首砍断它的脖子。连李世民都对我刚强的性格刮目相看。

听得我目瞪口呆。我说，佩服！佩服！你真比铁娘子还铁娘子，你简直是合金钢娘子。

武则天说，唐太宗李世民是那么强势之人，真没想到却生了个软弱的太子李治。李世民驾崩后，李治登基当皇帝，为唐高宗。李治走向了他父皇的反面，优柔寡断，举棋不定，缺乏主见，耳根子特软。他的性格根本当不了皇帝。我当皇后后，都替他着急。后来，李治身体越来越差，经常头晕，大臣们请示的事儿，他根本无法答复。连个"你懂的"三个字也说不出来。开始，临上朝前，我教他怎么回答；后来，他根本记不住，总是语无伦次；再后来，他让我垂帘听政，替他回答问题。他实际上成了傀儡，大权掌握在我的手里。我已经成了事实上的皇帝。过去有明文规定：后宫不许参政、干政。但是，到了我这里，皇帝太弱，扶不起来；我皇后又有这个执政的本领，所以，自然而然地就把我推到台前。我心想，我与其垂帘听政，还不如直接听政，处理朝廷大事，当个名副其实堂堂正正光明正大威风八面一呼百应的皇帝！李治驾崩后，虽然我儿子李显和李旦先后当了皇帝，但都是傀儡皇帝，大权一直在我手里。这时，我积极培养自己的亲信，扩大自己的实力，干脆自己正式登基当皇帝。我当皇后时有人反对，我把他们都灭了；我现在要当皇帝，更引起几股势力叛乱，极力阻止我登上皇帝宝座。在这些阻力面前，我镇定自若，毫不惊慌失措。我利用这股势力，对付那股势力，又运用另股势力，消灭别股势力，使叛乱相继平定。我当皇帝的一切障碍基本清除，我的班底基本形成。我又指使一帮子人大造舆论，大搞迷信活动，说挖出一块石头，上面刻着"圣母临门，永昌帝业"八个大字，意指天授我当皇帝。在几乎是水到渠成，瓜熟蒂落的形势下，我于公元690年的重阳节，以67岁的高龄，登上皇帝宝座，自号"圣神皇帝"，改元天授，建立了大周王朝。

我说，你真行，由一个14岁的女孩，进宫当了才人，又由才人当了皇妃，从皇妃升为皇后，从皇后正式登基，当上了中国前无古人后无来者的唯一女皇帝。真是创造了纪录，而且是大纪录呀，了不起。我说，陛下，请谈你的第四招。

武则天说，我的第四招是干实事，不当虚位皇帝。我正式登基时，虽已 67 岁，已经到了颐养天年的岁数，但我不服老。我要在治国平天下方面，真正留下我武则天的脚印，干出一番大事业来。我认识到一个问题，夺权要用权术，要使用高超的手段，甚至不择手段。而掌权后，仅凭玩权术是万万不成的，必须脚踏实地地真抓实干。连后人也公认，在我武则天实际掌权的近五十年间，我干了如下的实事大事：

（一）狠抓农业生产。我脑子里非常清楚，民以食为天，君以民为天。中国人口这么多，如果缺了粮食是很危险的。只有让老百姓吃饱饭，社会才会太平。稳定要首先从抓肚皮开始。百姓肚子饱，就稳；肚子里空，肯定稳不了。所以我提出"劝农桑，薄赋徭"的六字方针，劝老百姓种田栽桑，坚决把农业赋税降下来。我还把农业生产成绩，作为考核地方官员政绩的准绳。

（二）发展和改革科举制度，首创了武举与殿试。我亲自考试贡士。通过武举，选拔军事人才。这些考试成绩好，又有作为的人，不论出身如何，充实到各级官吏中来。从而改变了官吏成分，扩大了官吏队伍。

（三）创立了"自荐"求官的制度。不仅提倡举贤不避亲，而且提倡举贤不避己。你认为自己可以当什么官，可以自荐，经过考察，如果真行，就可以作为"试官"，经过试用如不合格，免掉。

（四）敢于重用有本事又敢直谏的人。例如山西的狄仁杰。此人，从某种程度上看，不亚于唐太宗重用的魏徵，有些方面比魏徵还强。狄仁杰除了办事能力很强，敢当面批评我之外，还会判案。在这点上魏徵就不如他。我把狄仁杰放到宰相位置，他辅佐我处理了许多棘手之大事。

（五）我还创办了检举告密制度。凡告密者，各级官员不仅不能干涉阻止，还要派快马护送，按五品官的饮食标准供给，住好的宾馆。就是农夫有重要事件检举，我也要亲自接见。如果检举属实，还可当官，诬告者也不追究。我的这项措施，在全国很有震撼力，吓得官员人人不安，小心谨慎。

（六）我还制定措施严重打击了保守的门阀贵族势力，从而促进了经济的发展。

（七）稳定了我国的边疆局势，保持边疆和平稳定。

（八）采取合乎国情的方针政策，推动了我国文化的向前发展，繁荣了诗歌等文艺创作。所有这些，历史书上大概都有记载，郑先生，我就不详细罗列了。

我虽然听得津津有味，但是也直冒冷汗。我说，陛下，你这位女流之辈，当上皇帝后，比男性皇帝还皇帝，真是名不虚传。你之所以能当皇帝，真不是偶然的。你的第一招说明你有当皇帝的本领；第二招说明你运用的策略得当；第三招说明你有过人的魄力；第四招充分证明你是位实干家，绝非挂名皇帝。你半个世纪的执政生涯，通过镇压异己，发展生产，完善科举，铲除时弊，不拘一格选拔人才，破除门阀观念，稳定边疆，使当时的政治比较清明，社会比较安定，经济迅速发展，人民生活有所改善，成为上承"贞观之治"，下启"开元盛世"的一座宏伟桥梁，这对促进唐朝成为当时世界上的文明大国，起了推动作用，你的历史功绩，昭然于世，不可磨灭！陛下，你是女皇，我找一位当代女性高级领导人出来，看看她对你有何评价。这不，我们新中国的国家名誉主席宋庆龄说，武则天是"封建时代杰出的政治家"。

最后，我有个属于你私生活方面的问题，可否问问陛下？

武则天说，随便，什么都可以问。

我说，传言的几个面首，究竟是怎么回事？

武则天反问我，你们男人当了皇帝，就可以三宫六院，我们女人当了皇帝，在丈夫去世之后，为什么就不能有几个面首？常言道：女儿好，女儿好，女儿是娘的小棉袄。我的几个面首，就是我的女儿太平公主给我送来的，她能体会到她妈我守寡的苦处。作为皇帝的我，有几个面首在我身边，帮我解解闷，这有什么过分？

我赶快说，要这么说，女皇帝应该与男皇帝享受同样待遇，不过分，不过分！

上一次聊天，李世民谈了当皇帝的五大难；这次武则天又谈了当女皇帝的四大绝招。令人大开眼界。

武则天80岁后，身体越来越差，一病不起，周朝于705年正月被一次军事政变推翻了。周朝不复存在，又恢复了唐朝，唐中宗李显成为皇帝，尊武则天为"则天顺圣皇后"。她活了82岁。死后灵柩在唐中宗的护送之下，由洛阳运回长安，在乾陵与唐高宗李治合葬。她临终前还办了件好事，立下遗嘱：去帝号，称则天大圣皇后，归葬乾陵，赦免王皇后和萧淑妃二族及褚遂良、韩瑗、柳奭的亲属。

武则天临终前，总算为她直接害死的王皇后、萧淑妃及其亲属平反昭雪。咽气前，她又英明了一次！

郑洪升和李白聊天

唐朝在我国历史上，占有重要位置。在当时世界中的地位，不能说是超级大国，也是文明大国，受到世界各国的尊敬。我已和两位唐朝的皇帝聊过。男皇李世民，女皇武则天。与两位文豪韩愈与柳宗元聊过。按照鲁迅先生的说法，好诗到唐朝已经写完。唐诗那是一绝。如果我不和唐朝诗人中的一位顶尖人物相聊，我的读者准不答应。我就选择"李杜"之中的李白吧。选择李白有两点最突出的理由，一是其诗浪漫主义色彩浓厚；二是李白不仅身上总带着酒气，而且他写的诗也能闻出酒味儿。我平时也爱喝几口，在这点上正好"酒"味相投。

在请李白聊天之前，我做了认真的准备：选了六瓶国窖 1573 和六瓶茅台大王酒。为什么各选六瓶？一来图个六六大顺，二来李白斗酒诗百篇，谁知这一斗能装儿瓶？咱现在已是小康社会，鸟枪换炮了，不能显得太小气，是吧。除酒而外，我还准备了四盘下酒的小菜：一盘拍黄瓜，一盘花生米，一盘口条，一盘小肚。一切准备停当，我请李白下来。

李白从书柜走出来后，二话没说就走到放茅台酒的桌子那边落座。他说，郑先生，我以前喝四川酒不少，贵州的茅台，在我的记忆里似乎还没喝过。我知道你也是有量的人，你喝国窖，我喝茅台，估计三瓶就够了。

我说，今天咱来个痛快，一醉方休。我把酒盖启开，给李白倒了一小碗，自己也倒了一小碗，举起碗来致祝酒词：今天能与你李太白先生同饮，三生有幸，祝您老这碗酒下肚，尽吐真言！

李白说，今天咱不用客气，自斟自饮。

我看他一口菜也不吃，三碗酒已经下肚，还连声说："好酒！好酒！

名不虚传！名不虚传！"

我只是与李白喝酒，并不提问，我寻思，急不得，必须喝到一定火候。但李白不是凡人，他知道酒不会白喝。于是主动提问，郑先生，你想聊点什么，尽管直说，我有问必答，决不食言。

我说，李太白先生，你一身兼二职，既是诗仙，又是酒仙，我今天不想侧重问诗，只想侧重问酒。说得明白点，就是你为什么能斗酒诗百篇？研究你李白诗的文章不少，而你谈酒与诗的关系，似乎没有听到过。

李白松了一口气说，啊，谈喝酒与我写诗的关系，这个好说，我可以从四个方面实话实说，在我说的过程中，你可以插话，深问。

我又举起碗来，示意他老人家再喝，他已经六碗下肚，只有微醺之态。我想提问的火候到了。我说，李太白先生，你刚才说准备从四个方面谈你喝酒与写诗的关系，现在可否谈第一个方面？

李白说，酒后能产生奇特的灵感。写诗，要有灵感。灵感除来自生活外，还要靠刺激。一刹那的刺激，往往能把灵感激活。酒是一种兴奋剂，根据我的切身体会，几碗酒下肚，头脑异常兴奋，这时不少平时难以出现的灵感，就会争相出来，产生意想不到的奇迹。例如，"床前明月光，疑是地上霜。举头望明月，低头思故乡"这首诗，就是我酒足饭饱之后写的。我记得那天是中秋节，月亮特圆，每逢佳节倍思亲，几位朋友在一起痛饮，喝得我半醉。回到住处，躺下就睡，忽然醒来，朦胧之中看见地上似乎有一层霜，抬头又看见明月当空。这时，我的酒劲儿刚过，脑子兴奋异常，突然，这首诗就有了。真没料到，这四句诗，千百年来，一直在民间流传，小孩子学诗，往往以这首诗起步。

我说，但凡好诗，必须是能在读者中产生共鸣的诗。而要产生共鸣，首先必须与大家息息相关；其次是明白，用典不可多，读着朗朗上口；最后是语言生动幽默。你这首诗的二十个字，含金量太高了，给人们提供了多么大的想象空间。世代相传，绝非偶然。

李白说，最好的诗，往往是即兴之作，另外，愤怒出诗人。而要把这个"兴"和"怒"激活，我认为，酒是一种好东西。它像火种，能把诗人心中的兴与怒点燃，把灵感激发出来。这个状态出不来，是写不出好诗的。这个状态不是时时都有，它像运动员上场之前，必须把情绪调整到最佳状态的道理是一样的。我也有写不出来的时候。写不出来时，我也不急，决不强写。悠闲几天，找朋友聊聊天，喝喝酒，往往就能诗兴大发。写一首，顺一首，而且质量很高。当然，有时喝了酒也写不出来。酒只是一个重要因素。我的好朋友杜甫，也爱喝酒，他的许多好诗，也是酒后之作。

我又把酒倒上，再次和李白先生一饮而尽。我说，都说酒逢知己千杯少，咱们聊得真投机，喝！我俩又一饮而尽。好在，国窖与茅台都不上头。

我把话茬儿往第二点上引。请谈谈你的第二个方面？

李白说，酒后好诗源源不断。一首诗不管长短，其中总要有几句闪光的亮点。这些亮点，不仅能把一整首诗撑起来，而且使人难以忘怀。我在不喝酒的情况下，这些句子很难冒出来。然而，我喝酒后作诗，趁着兴奋劲儿，许多精彩的句子连我都不知道是从哪儿蹦出来的。

我也喝高了，想在李白面前露一手，就趁着酒兴，我摇头晃脑地背了他诗中的二十句传诵度极高的诗句：

1. 三山半落青天外，二水中分白鹭洲。

2. 天生我材必有用，千金散尽还复来。

3. 燕山雪花大如席，片片吹落轩辕台。

4. 长风破浪会有时，直挂云帆济沧海。

5. 抽刀断水水更流，举杯消愁愁更愁。

6. 举杯邀明月，对影成三人。

7. 醒时同交欢，醉后各分散。

8. 风吹柳花满店香，吴姬压酒唤客尝。

9. 金樽清酒斗十千，玉盘珍羞直万钱。

10. 欢言得所憩，美酒聊共挥。

11. 我醉君复乐，陶然共忘机。

12. 两岸青山相对出，孤帆一片日边来。

13. 孤帆远影碧空尽，唯见长江天际流。

14. 飞流直下三千尺，疑是银河落九天。

15. 仰天大笑出门去，我辈岂是蓬蒿人。

16. 君不见黄河之水天上来，奔流到海不复回。

17. 君不见高堂明镜悲白发，朝如青丝暮成雪。

18. 由来征战地，不见有人还。

19. 出门不顾后，报国死何难。

20. 黄河捧土尚可塞，北风雨雪恨难裁。

我背时，李白高兴得手舞足蹈，像个孩子。他口带酒香说，你都是八旬的老翁了，还能背出这么多句，令人佩服！你是我的忠实粉丝，借你的酒，咱们再饮一碗。这次换酒，我喝国窖1573，你喝茅台。我们俩又一饮而尽。

李白兴奋地说，作为诗人，最幸福的时刻是亲眼看见有人对自己的作品倒背如流。我这些句子，不敢说全是，但十有八九是酒后激出来的。这就是喝酒对写诗的第二个作用。

我说，请说第三个方面。

李白说，酒后写诗胆量特大。我的好友杜甫为我写过好多首诗，其中一首写道："秋来相顾尚飘蓬，未就丹砂愧葛洪。痛饮狂歌空度日，飞扬跋扈为谁雄？"另一首说："李白斗酒诗百篇，长安市上酒家眠。天子呼来不上船，自称臣是酒中仙。"我所以敢飞扬跋扈，所以敢天子呼来不上船，还不是因为喝了酒后，胆大包天，无所畏惧。

我说，老白，你，你，你，真的天子叫你，你都敢不去？

李白也有点失态地说，老、老、老郑，你叫我什么来？你怎么叫我老白？我是李白，不是老白干？！看来，咱俩喝得是太多了，舌根子发硬。杜甫也爱喝酒，他也有点夸大。天子是什么？是皇上。天子叫我，我还是会去的。比如唐玄宗，非常厚爱我的诗。经常拿着我的诗朗诵。有一天皇帝高兴了，传旨：把李白召进宫来见我。我刚喝了酒，晕晕乎乎，也没换衣服，就被皇帝派来的人领着进宫了。我见了皇帝，也没行礼，自由散漫，但皇帝却很喜欢我。不仅让我陪他用膳，还命我当场作诗，替他起草诏书。我看这阵式，反而来劲儿了。我说写之前，我要宽衣，我对着高力士说，给老子脱靴。这个高力士是皇帝的随身太监，平时狗仗人势，飞扬跋扈，无人敢惹。这次怎么样，他真给我脱了靴。老郑呀，老郑，你说我当时胆子为什么那么大？还不是借点酒劲儿！杜甫写诗也借酒劲儿，不然，他那句"朱门酒肉臭，路有冻死骨"的诗也不敢写出来，这可是讽刺当时社会大好形势的言论。喝酒的人都有体会，只要斗酒下肚，就会胆大包天。狂劲儿一上来，好诗就出来了。例如，我写的"朝辞白帝彩云间，千里江陵一日还。两岸猿声啼不住，轻舟已过万重山"。那时又没有高铁，又没有大轮船，千里江陵能一日还吗？还不是喝了酒发狂？这就叫诗狂。

我说，老白，不，李白，今天咱俩都喝过量了，虽然说的都是实话，但也是狂言。不过，听着倒很过瘾。请阁下谈第四个方面？

李白说，经常饮酒能强壮身体。身体健壮了，精力充沛，可以到处游山玩水，吟诗作画。我喝了一辈子酒，写了千百首诗，活了61岁，比唐太宗李世民还多活了十一年。因为今天咱们喝得太多了。怕嘴上没了把门的。咱们就聊到这里吧，后会有期！

我说，咱俩说归说，不管什么事都像喝酒那样还是要有个度，过犹不及。适当饮酒有益健康，酗酒对健康有害。喝完酒写诗可以，但酒后不能驾车，酒后不能乱性，未成年人滴酒不能沾。李白说，时代发展了，我赞成你的这些话，郑先生，白白。

真没想到，李白在我老郑面前打了退堂鼓。不少朋友想知道，今天李白到底喝了多少？我可以透露一下：三瓶茅台加一瓶国窖1573，诗仙加酒仙的称号，他当之无愧。国窖1573和茅台真厉害！差点把李白撂倒。

郑洪升和苏洵、苏轼、苏辙聊天

法国曾经出过"三仲马"。老仲马是军人。老仲马的儿子大仲马是大作家，《基督山伯爵》和《三个火枪手》等名著都出自这位之手。大仲马的儿子小仲马，也是位著名作家，《茶花女》小说与剧本他都拥有著作权。长期以来，人们津津乐道三仲马这家人。其实，在一千多年前的我国宋朝就出过"三苏"，这就是苏洵和他的两个公子，一个叫苏轼，另一个叫苏辙。人称老苏、大苏和小苏。这"三苏"好生了得，在我国文学史上，占有重要的地位。社会上曾流传一个说法：三辈子出一个人，五辈子出一个神。一般来说，一个家庭出一个作家就很了不起了，而苏家一下子出了三个作家，而且还不是二三流作家，是那种名扬四海的大作家，这确实是个奇迹。

我想同时把这父子三人请出来，好好地聊一聊，也沾点"三苏组合"的仙气。

这个苏家，家教甚严，家风很好，很讲礼仪。只见苏洵走在前边，右手是苏轼，左手是苏辙，为老父保驾护航，生怕老爷子有个闪失。等父亲落座，苏轼与苏辙才相继坐下。

我说，苏老爷子，我从《三字经》上，看过一段话：

"苏明允，二十七，

始发奋，读书籍。

彼既老，犹悔迟，

尔小生，宜早思。"

有人告诉我，苏明允指的就是你老人家，是这样吗？

苏洵说，不错，我的字就是明允。我小时候非常贪玩，整天东游西逛，不用心学习，虽也读过一些书，写过些文章，但大多是一目十行，一知半解，没有章法。到我 27 岁时，在我们家乡参加了一次考试，别人考上了，我却落榜了，弄得我很没面子。从此我认识到不刻苦读书不成。话虽然这么说，但学习是个长期积累的过程，不可能立竿见影。后来，我考进士，又没金榜题名。这一连串的失败，使我进一步认识到，不把学问的根底打牢固是不行的。根底浅是做学问的大敌。从此我烧掉了我写的几百篇文章手稿，决心从头再来。我反复读孔子、孟子的文章，读韩愈的文章。开始读不懂，我一遍又一遍地读，一遍又一遍地问，终于我读进去了，并能举一反三，触类旁通了。就这样坚持了七八年，总算为自己的一生打下了坚实的基础。这时再写起文章来，往往下笔千言，一挥而就，渐渐我在四川眉山有些名气了。这大概就是"苏明允，二十七，始发奋，读书籍"的写照吧！

我说，你的教训直接受益者是谁？

苏洵说，当然是我的两个儿子。我怕我的儿子苏轼和苏辙走我的老路，从小我就紧抓他们的学业。我家藏书不少，我要求他们哥儿俩，从先秦诸子百家学起，两汉的诗赋，唐代的散文和诗，以及当朝欧阳修的文章，都要认认真真地吃透精神实质。随着苏轼与苏辙的成长，我又教他俩写文章。而且我特地告诉他们，写文章必须有自己的真知灼见，言必中当世之过。

我又问，苏老爷子，你后来领着两个儿子去成都寻找"伯乐"，找到没有？

苏洵说，经过多次周折，我们终于见到成都的名士张方平先生。当张先生看了我们父子三人的文章后，十分惊讶，把我们请到他的会客厅，非常高兴地说："你父子三人真乃当今奇才，我只有把你们推荐给当今文坛第一人欧阳修，才不会屈了你们。"他立即给欧阳修写了热情洋溢的推荐信，并建议我们父子三人一同进京赶考。

我说，欧阳修可是当朝文坛领袖、翰林院大学士，他接见你们了吗？你们去的时候是什么心情？

　　苏洵说，我当时如同一个挑夫，一头挑着大儿子苏轼，另一头挑着二儿子苏辙，战战兢兢地走进欧阳修的府邸。欧阳修看了张方平的信，迫不及待地看了我父子三人的文章，还没看完，就拍案叫绝："好文，好文，笔挺韩筋，墨凝柳骨（韩筋指韩愈，柳骨指柳宗元），将来的文章当属你们三苏矣，我的好友张方平可谓推荐得准呀！"接着欧阳修就亲自领我们去见当朝宰相韩琦。韩宰相看了我们的文章，听了欧阳修的介绍，高兴地说："议论文笔行云流水，倘能为国出力，真是朝廷的福气也！"从此之后，我家这"三苏"的名气轰动了京城。

　　我接着问，你们父子三人不是同上考场了吗？

　　苏洵说，我考怕了，加上父子三人同考，虽可以创造一个世界纪录，但我毕竟是老子，万一我又名落孙山，岂不丢死了人。考的那天，我装头疼，没去。我两个儿子考得很顺利，没费吹灰之力，都金榜题名。欧阳修见人就说："三十年之后，恐怕人们只知道苏文，而忘了我欧阳修的文章了！"当朝皇帝宋仁宗也高兴地对太后说："我今日得二文士，是四川的苏轼和苏辙。可惜我老了，恐怕对这两个奇才不能多加任用，只好留给后人多用了。"苏轼与苏辙都当了官，我虽没参加考试，也给了个官职。

　　我说，对于这次考试，你老人家还写过一首小诗，是吧？

　　苏洵说，这首诗是这么写的：

　　"莫道登科易，老夫如登天。

　　莫道登科难，小儿如拾芥。"

　　我注意到，苏轼和苏辙恭恭敬敬地听爸爸说，一句话没插。最后，苏轼只说了一句：我爸爸是大器晚成也！

　　我说，苏老，我对你的家教与家风，佩服得五体投地。像你这样的家庭太少了。你儿时不爱学习的教训，变成儿子的财富，你家中同时出了三个大作家，尤其是你长子苏轼的巨大成就，被世世代代传为佳话。

你年老体弱，是否要回去休息，我和你的两位公子再聊聊。

苏洵却说，我今天精气神儿特好，我特别喜欢听儿子说话，听他们说话，比听我家乡的川戏还提精神。你们尽管聊，我边听边闭目养神。况且我父子三人，已千年没在一起聊过了，聚在一起不容易。

我转过头来对苏轼说，你一生著有《东坡全集》一百余卷，写诗两千七百多首，写词三百多首，被世人公认为"其豪放如李白，其深沉似杜甫，其劲拔像韩愈，其风骨如柳宗元，其流畅近白居易"，连曾经是你的对头的王安石也说，像苏东坡这样的奇才，不知几百年才能出一个。你是"韩、柳、欧、苏"四大家之一。今天，我不想聊你的诗，也不想聊你的词，更不想聊你那坎坷的一生，我想请你谈谈你的治学态度和治学方法。常言道，会看的看门道，不会看的看热闹。我一向认为，门道就是方法。在方法上若过了关，就会一通百通，事半功倍。因此，学习主要是掌握分析问题和解决问题的方法。

苏东坡说，我是相信天才、相信遗传、相信天赋。不承认这些，那就是无视现实，无视人与人的一个重大区别。但是，过分强调这些，不仅自欺欺人，而且容易误人子弟。我甚至认为，天分是自己无法选择的，是先天的，如果没有后天的努力，天分就会枯萎，如果用到不正当之处，还会机关算尽、聪明反被聪明误。天才就如同一棵好树苗，如果栽到不适当的土壤，不浇水，不施肥，它也不会长成参天大树。

我说，我完全赞同你的这个观点，像你这么聪明的脑子，在学习上还下了那么大的功夫，能否谈一谈你使用过哪些学习方法？

苏轼说，郑先生，你听说过我三抄《汉书》吧？那年我被贬到湖北黄冈任职，我每天坚持抄《汉书》。一天有位朋友来，正好我有一段没抄完，从书房里出来迟了。我道歉说："对不起，因我功课没做完，所以出来迟了，请原谅。"客人奇怪地问："先生还做何功课？"我说："抄《汉书》。"客人很惊奇："凭先生过人的才智，开卷一看便会永生难忘，怎么还抄书呢？"我告诉他："我抄《汉书》已是第三遍了。

抄第一遍时，我每段抄三个字，就能记住整段；抄第二遍时，每段抄两个字就行了；抄第三遍时，每段我只抄一个字就能记住整段了。"这位客人硬是不信。我拿出我的抄本给他看。这位客人就念我抄本上的第一个字，我便能背诵出整段的文字，一字不差。他终于相信了。

我说，现如今李白、杜甫、韩愈、柳宗元以及苏东坡这样脑子聪明的人不会没有，但是像你们那样肯下功夫的人少之又少。玩手机的人越来越多，整天拨弄手机，谁还抄书，谁还认真读书？现在的人，似乎心沉不下来，总是浮在上面，不知在想什么。想发财？想一夜暴富？想成名？想上天？想入地？想成李白？想成苏东坡？什么都想入非非，就是不想脚踏实地地做学问，打基础。所以我敢说，像你苏东坡这样聪明的脑子，不是没有，而是海了去，然而像你这样三抄《汉书》扎实学习的人，很少能找到。这大概就是再也出不了现代苏东坡的重要原因之一。苏先生，听说你还有个"八面受敌"法，连毛泽东都称赞不已！

苏轼说，我除了抄过《汉书》《唐书》《史记》外，我还总结出一种"八面受敌"法，就是带着各种不同的目的，对某一本书分类分段进行阅读的方法。古往今来，书籍多如牛毛，浩如烟海，而人的生命有限，精力有限，谁也不可能全部阅读与吸收，只能根据自己的需求，每次阅读确定一个重点。比如，我第一遍读《汉书》，重点从中学习治世之道；第二遍重点学习用兵的方法；第三遍学习各种人物与官制，等等。读过数遍之后，我对《汉书》的内容便了如指掌，这就达到了"读书百遍，其义自见"的目标。

我说，现在你的这个"八面受敌"的学习方法，也不过时。不仅读书管用，连体育运动亦同此理。游泳冠军、跳水冠军、射击冠军、各种球类冠军的获得者，哪个不是从各种不同的角度，反复用"八面受敌"的方法训练出来的。用投机取巧的办法，能训练出冠军来吗？没有，一个没有。所以，毛泽东在《关于农村调查》中说："苏东坡用八面受敌法研究历史，用八面受敌法研究宋朝，也是对的。"可惜，我们现在用"八面受敌"法的人越来越少了。读书往往采用八面应付，调查研究采用八面威风。因此，学不到精髓，了解不到实况。只能你糊弄我，我糊弄你，自己糊弄自己。

苏东坡语重心长地说，根据我多年的观察，我总感到，现代人比我们这些古人脑子聪明得多，条件好得多。但是太急功近利了，太想走捷径了，太想占便宜了，太想一口吃成个大胖子了，太想一锄头挖出个金娃娃了，太爱这山看到那山高了，太不专一了，太爱想入非非了，太想出大名又不想出大力了，脚踏实地读几本书写点笔记的人越来越少，深入实际采用"八面受敌"法调查研究的人越来越少。大家在糊弄学问，学问也在糊弄大家。这大概是天才多，大师少的一个重要原因。

我说，东坡先生，你点穴点得太准了。确实，天上掉不下馅饼，天底下没有免费的午餐，想少劳多获、甚至不劳而获的美差是没有的。有一分耕耘，才有一分收获。如此而已，岂有它哉！

在我与苏东坡聊时，苏洵老爷子闭着眼睛静听，不时地点头。而苏辙一句话不说，显得十分恭敬，像个小学生一样。这苏辙也不是一般人物，成就虽比不上哥哥苏轼，但在宋朝那也是出类拔萃屈指可数的人物，是著名学者与散文家。《宋史》上这么评价他："苏辙性格沉静简洁，为文汪洋澹泊，似其为人，不愿人知之，而秀杰之气终不可掩。"其水平与其兄苏轼相近。这两个一父一母同胞，性格竟如此不同。苏辙可不像苏轼，他表情有点腼腆，一张口，似乎还有点脸红，像个大姑娘似的。哥哥苏轼性格豪放，锋芒毕露，不平则鸣，尤其爱评论当今之过。而苏辙谨言慎行，前后左右权衡利弊，想好了再说。我同苏辙不想聊更多的问题，只想聊聊他与哥哥苏轼情同手足的关系。

苏辙说，郑先生，自从我们父子三人来到你家后，我们有一种亲切感。首先，我代表家父与大哥向你表示衷心感谢。我老家在四川眉山。我父母生了六个孩子，但只有一个姐姐苏小妹和哥哥苏轼与我三人幸存，那三个都夭折了。我哥比我大两岁。我们从小生活在一起，我哥是领袖，我是他坚定的追随者，他干什么，我就跟着他干什么。由于我老爸从27岁才抓紧学习，吃了大亏，所以他对我俩的读书写字抓得早，抓得紧。我哥21岁，我19岁那年，我爸领着我们兄弟二人进京赶考，我们双及第，被朝廷任命了官职。我除了完成本职工作外，就是写文章，做学问。而我哥苏轼由于敢发表不同见解，经常被贬官，一会儿把他发配到杭州，一会儿又把他发配到山东诸城，后来，徐州、湖州、浙江吴兴、海南岛等地，他都当过地方官。所以，我俩经常见不上面，都是书信往来，总是牵肠挂肚。我思念起我哥来，常常食之无味，彻夜难眠。

我说，苏辙先生，据说你哥那首流传千古的《水调歌头》，就是为你而写，是吗？

苏辙说，那年我在开封，我哥在山东诸城，快中秋了，我派我的侍役苏林拿上月饼与美酒代我看望大哥。我哥平时喝酒都是用大酒杯，我怕他喝坏身体，特意给他送去一个小点的杯子，劝他少喝，以防伤身。据苏林回来说，那天把大爷高兴坏了，反复看我的信，吃我送去的月饼，望着空中的明月，回忆我俩的童年，接着诗兴大发，写下：

"明月几时有？把酒问青天。不知天上宫阙，今夕是何年？我欲乘风归去，又恐琼楼玉宇，高处不胜寒。起舞弄清影，何似在人间？转朱阁，低绮户，照无眠。不应有恨，何事长向别时圆？人有悲欢离合，月有阴晴圆缺，此事古难全。但愿人长久，千里共婵娟。"

这首词充分表达了我哥与我之间的深厚感情。也由于这首词达到了高超的艺术境界，那些对我哥不服气的人，从此鸦雀无声。

我说，我的大公子郑渊洁也特别喜欢这首词，在他二十几岁时就请著名书法家李铎给他书写，至今仍挂在他家的会客厅里。

你大哥在湖州做太守时，以李定为首的几个所谓"学士"，上书皇帝宋神宗，他们把你哥平时写的同情人民，讽刺官吏的诗词摘出来，断章取义，上纲上线，大搞文字狱，要置你哥于死地而后快。那时，你毫不犹豫地挺身而出，上书皇帝，以你的官职赎你哥的罪，甚至愿替你哥坐牢，换取哥哥的性命，是这样吗？

苏辙说，郑先生此情属实。当时，李定等人给我哥罗织了"四大罪状"：1. 专横狂妄，罪大恶极；2. 目无朝廷，口出狂言；3. 言论不正，善于诡辩；4. 对皇上不满，埋怨自己没被重用。这四条，都是治死的罪。接着，我哥被从湖州押回京城，投入大牢，并抄了家，只可惜我哥价值连城的文稿和书法，在此次抄家中，散失大半。

苏辙说到这里，眼含泪水，失声难言。苏东坡插话说："我这个人得罪朝廷的地方一向很多，我想这次完了，恐怕皇上要赐我一死了！"

苏辙说，我想了许多办法营救我哥，但都觉着不行。最后我豁出去了，上书皇上："我祈求苍天，请求饶我哥哥一命，由于我现在情绪激动，到了无法自制的地步。我乞求交出我的现任官爵，来赎回长兄苏轼，我哥身体多病，我情愿替兄坐牢。"许多正直的人也为我哥请命。都说"苏东坡乃当今天下之奇才"，这样的奇才怎么能杀头呢！已隐居南京的王安石先托他弟弟王安礼跟朝廷说："自古以来凡宽容大度的皇帝，都不以言语过失而惩罚下属，如今一旦背弃了这一条宗旨，恐怕后人都埋怨皇上容不得有才能的人了。"说句公道话，最后，在营救我哥的过程中，还是王安石起了决定作用。他亲笔给皇帝上书说："天下哪有在国家繁荣、兴旺时期而杀掉有才学者的道理？"由于宋神宗很尊敬王安石，终于免苏轼死罪，让我哥到湖北黄冈做了一名有职无权的小官。我苏辙也受到降职处分。为救我哥的命，一切牺牲和付出，我都心甘情愿。

听得我好感动，这兄弟俩的手足之情，堪称人间楷模！

在他们毫不知情情况下，我端出一盘东坡肘子，外加几盘小菜和几瓶四川郎酒。我说，你们是四川人，我拿出你们家乡产的美酒，为今天聊得如此痛快而连干三杯。苏洵老爷子也高兴地一饮而尽。

最后，我不得不说：做人当作"三苏"；吃肉当吃东坡肘子；喝酒当喝郎酒！

郑洪升和赵匡胤聊天

大家可能注意到了，我与名人聊天是先远后近。首先聊的是咱们地球北半球的人。和美国人聊了，找英国人、法国人、德国人、俄国人。绕了一个大圈，扫荡了一遍，再立足本国，稳扎稳打地和咱本国人聊。

在与本国人聊时，我首先选的是第一个皇帝秦始皇。他虽然有暴君的不好名声，但他统一中国有功。接下来，我本来应该与刘邦聊了，但总觉着此人对他的战将不地道，他的曾孙汉武帝虽赫赫有名，但对司马迁实行宫刑太残忍。所以，我跳过了他们爷俩，和李世民以及第一位女皇帝武则天聊天。在上一篇我与"三苏"——苏洵、苏轼、苏辙——聊了。这"三苏"可是宋朝出名的大才子，我不能重文轻武，如果此时我不和宋朝的开国皇帝赵匡胤聊，就说不过去了。

我把赵匡胤从书架子里请下来。这位皇帝的相貌非同一般，不像有的皇帝虽名声很大，但长相歪瓜裂枣。赵匡胤身材高大伟岸，仪表堂堂，红光满面，器宇不凡。据史书记载，他在所有皇帝中，实属凤毛麟角之人，颇具帝王之相。

我们坐定后，我说，陛下，你是河北涿州人，你出生后，你父亲怎么给你起的小名叫香孩儿，大名叫赵匡胤？

赵匡胤说，一般家庭给孩子起名字，都叫什么狗蛋、狗剩、臭蛋……认为名字起得越难听，阎王爷越不要，越好活。而我爸不信这个邪，他就给我起了个香孩儿。至于匡胤，匡是匡扶，保佑也；胤是胤嗣，后代也。从名字上可看出，我父亲对我抱有很大的期望。

我说，《百家姓》是你那个朝代的人编写的，你是宋朝开国皇帝，所以，赵姓为第一姓，赵钱孙李周吴郑王，我们姓郑的只能排在第七位。当时姓赵的似乎无上光荣。有一回阿Q说他姓赵，赵太爷马上说："你还配姓赵？"你看，已经发展到民国了，姓赵的人还那么牛！

赵匡胤说，由于我这个姓赵的当了皇帝，姓赵的人都沾了不少光。连叫赵光腚似乎都感到光荣。郑先生，你请我来聊天，不是聊我的姓名吧？

我说，当然不是，这只是个引子。我与秦始皇聊，主要聊他是怎么实现统一大业的；我与李世民主要聊他当皇帝的难处；我与武则天主要聊她一个女流之辈是靠什么手段当上女皇的。今天，我想请陛下主要谈谈你是如何掌握和控制兵权的。

赵匡胤说，在这方面我还真有绝招。但是，什么事都有个来龙去脉，我先得说说我是怎么拥有兵权的。

我说，这样聊好。把来龙说清楚了，去脉也就顺理成章了。我洗耳恭听，请陛下讲。

赵匡胤说，我父亲赵弘殷在后唐本是一名战将，但一直没有得到重用，家境并不殷实。我19岁成婚后，越来越感到成家容易，立业难。要立业我必须走出家门，去外面闯荡。在我21岁时，我离家出走，去投奔我父亲的几位好友。但每一家，我都是高兴而去，败兴而出，没人愿意收留我，都像打发要饭的一样，把我推出门外。对于世态炎凉，我逐渐看清楚了，靠别人是不行的。不靠天，不靠地，还得靠自己。有一天，我来到汉水边上的襄阳，天黑了，住进一家寺庙。寺庙的住持看上去有一百多岁，会相面，他看我的长相就喜欢上我，认为我不是凡人，收留我在他的寺庙住了几天，与我长谈。他问我，你是想当英雄呢，还是想过安稳日子？我说，此话怎讲？住持说，想过安稳日子，往南；若想当英雄，往北。因为北方战乱，乱世出英雄。我说，要过安稳日子，我就不出来了，我当然想当英雄。住持说，那好，我给你一些钱，还把我寺庙里的这头毛驴送给你，你骑上毛驴北上吧！

我说，你遇见贵人了。后来你骑上小毛驴走到了哪里？

赵匡胤说，我从河南走到河北的邺都，投靠了后汉枢密使郭威，当了一名士兵。次年郭威发动兵变，把后汉灭了，建立起后周王朝。我因为有战功，加上办事能力强，很快就被提拔为禁军头领，负责宫廷禁卫，这可是最受信任和最有实权的职务。不久，周太祖郭威病逝，周世宗继位。这位新皇帝对我更加信任和重用，我被调到中央禁军任职。同年二月，北汉对后周发动反扑，周世宗带我们前去迎敌。郑先生，真巧，双方兵力在离你家浮山不远的高平相遇。战斗开始不久，后周大将樊爱能畏敌如虎，临阵脱逃，我方乱了阵脚，在此千钧一发之际，我意识到我立大功的机会来了。我沉着冷静地向周世宗建议将身边的禁军一分为二，一部分由张永德指挥抢占制高点，另一部由我带领，从左翼直插敌阵。我高呼："主危臣死，效忠的时刻到了，冲啊！"我带两千骑兵突然冲入敌阵，北汉军一看不妙，纷纷逃跑，我军大获全胜。

　　我说，汉王刘邦拜韩信为大将后，韩信打的第一个胜仗在临汾，陛下你打的关键一仗在高平。临汾在我浮山之西，高平在我浮山之东，可见我的故乡那一带是兵家必争之地。高平之役大胜后，你的地位更加牢固了吧？

　　赵匡胤喜形于色地说，周世宗对我在高平之战的表现非常欣赏，从此不但破格提拔我为殿前都虞侯，成为禁卫军的高级将领，而且还命我整顿禁军。趁着整顿的机会，我把我的亲信都安排到重要位置上。为了巩固牢不可破的关系，抱成一团，我还和石守信、王审琦、韩重赟、李继勋、刘庆义、刘守忠、刘廷让、王政忠、杨光义结拜为十兄弟，形成了一个以我为轴心的势力圈子。后来，周世宗又对南唐发动了三次大规模进攻，我在这些战役中都有更加突出的表现，周世宋又把我提升为忠武军节度使兼殿前都指挥使。

　　我说，你自从听从寺庙住持之计，北上之后，运气真好，从一个士兵干起，直到拥有了这么大的兵权。看来，你的大运不久就会到来。

　　赵匡胤说，郑先生真让你说着了。原来我最惧怕的宰相王朴突发脑溢血而死，不久年仅 37 的周世宗也驾崩，他 7 岁的儿子继位。经过半年的精心策划，我发动了"陈桥兵变"，众将领把事先准备好的黄袍加在我的身上，然后，他们统统跪在地上，向我高呼"万岁，万岁，万万岁"！在这种情况下，小皇帝宣读了"禅位制书"，正式把帝位让给了我。我改国号为"宋"。就这样我名正言顺地成了宋朝的开国皇帝。

我说，陛下成为皇帝后，可要美美地睡个安稳觉，做个好梦，享尽荣华富贵了吧？

赵匡胤说，郑先生此言差矣。自从我登基为帝，天天睡不了安稳觉，老做噩梦，经常从梦中惊醒，浑身打哆嗦，出虚汗。我在想，我是怎么当上皇帝的？还不是手中拥有了兵权！皇帝谁不想当，连傻子都想当。中国有句话叫以其人之道还治其人之身。我拥有了兵权，可以推翻人家，自己当皇上。别人拥有了兵权，难道就不会把我推翻，取而代之，自己当皇帝？这个问题，我越想越害怕，想得我吃饭无味，睡觉不香，经常出冷汗。不行，我一定要把兵权牢牢地掌握在自己手里，在这个重大问题上，我不能犯错误，不能吃后悔药，不能让别人学我，不能让他们用手里的兵权对我的皇位构成威胁，甚至取而代之。

我说，陛下，你打算采取什么措施？是否要学刘邦杀韩信灭其三族的办法？

赵匡胤说，刘邦的办法，我想过，因为我是皇帝，对臣对将都有生杀予夺之权，我让臣死，臣不敢不死，我让将亡，将不敢不亡。何况欲加之罪何患无辞。但是，我不能学刘邦。他那个做法，心太黑，手太狠，过河拆桥，卸磨杀驴，杀一个功臣，使人心寒，会失掉民心，伤了元气。历史证明，谁杀功臣，谁不得人心。经过全面权衡，我决定不能采用刘邦的办法，我要想出比刘邦高明之策。

我说，那你采取了什么办法，使兵权牢牢掌握在你的手里？

赵匡胤说，我经过与我的高级军师赵普商议，我采用了三大措施：

第一，设宴夺兵权。一天，我向手中握有兵权的几位与我同生死共患难并把黄袍加在我身上的弟兄发了请柬，请他们进宫与我共宴。石守信、王审琦等都高高兴兴地来了。这些都是开国元勋，为我当皇帝立下汗马功劳。在宴会开始时，我若无其事，只管和我的这些哥们儿痛饮海吃，谈笑风生，一切装得像没事儿一样。酒过三巡，我突然命令太监们全部退下，我端起酒杯先请他们干了。然后我说，我能当上皇帝，多亏诸位贤弟帮忙。自从坐上皇帝宝座，你们肯定认为我多么高兴，多么自在，多么放心。但是，你们谁知道我的内心之苦啊！说实话，我当上皇帝后，还不如做个节度使自由自在。今天，我请你们这些兄弟来喝酒，就是酒后吐真言，给兄弟们说句掏心窝子的话：我当上这个皇帝一年多来，我天天睡不好一个安稳觉，吃不了一顿放心饭。

我说，陛下，你这话说出去，他们的反应怎么样？

赵匡胤说，我了解我这几位拜把子的兄弟，一个个精得像猴似的。石守信等人听出味儿来了，感到非常奇怪：我的大哥今儿个怎么会出此言？一时丈二和尚摸不着头脑。我接着说，这有什么不明白的？皇帝这个宝座谁不想坐，哪个不眼巴巴地盯着。我这句话一出口，石守信等人终于听明白了，知道我是对他们手里的兵权不放心了，顿时慌起来。他们吓得跪在地上，连连说，陛下何出此言，谁敢对陛下存有二心？

我说，他们的话都说到这个份儿上了，你的戏还怎么往下演？

赵匡胤说，我早已和赵普写好剧本，他是幕后导演，我是男一号。这时我说，我知道你们几位对我毫无二心，忠心耿耿，你们绝不会干出对我不义的事来。但你们的那些部下中如果有几个人，像当年在陈桥那样，把黄袍硬披在你们身上，让你们当皇帝，到那个时候，你们就身不由己了。

我说，这个戏演到这里，你的台词说得如此明白，石守信他们是什么反应？

赵匡胤说，我此言一出，吓得石守信等人跪下连连磕头，哭丧着脸说，我们觉悟水平不高，从没想过这么深，经陛下一点拨，深感问题严重，望陛下为兄弟指出一条生路来。我看这个戏演到这里，火候到了，该进入高潮了。我抱着对他们极大关怀的表情说，你们不如把兵权交出来，去各地任荣誉职务，我给你们高薪待遇，你们买上些田产，享享清福，过上平安无事、荣华富贵的生活。我们之间的友谊照旧，甚至咱还可以结为儿女亲家，互不猜疑，多好！

我赶快问，他们听了吗？

赵匡胤说，第二天他们都老老实实向我呈上辞职报告，我给他们办了"离休"手续，从此以后井水不犯河水。他们到各地居住后，生活过得不错，吃香的喝辣的，还有美女陪伴，经常给我进贡些土特产。逢年过节，我也请他们进宫陪我一起用膳，叙叙旧，互相一直保持着深厚的情谊。

我说，陛下，高，高，实在是高。这就是由你首创的"杯酒释兵权"呀！你比刘邦杀韩信那手高明多了。你的第二大措施是什么？

赵匡胤说，我从体制上作了改进。兵权绝不能掌握在少数人手里。把过去由一个人掌握的兵权，分为三个部门来管。我设立了殿前都指挥使、骑军都指挥使、步兵都指挥使来分别带领禁军，让他们互相牵制，从而削弱其权力。与此同时我还设立了枢密使，根据我的指令，专门掌管调动军队的大权，只有皇帝才有权直接指挥军队。因此，禁军将领和枢密使都无法像我当年一样发动兵变。同时，在全国重新建立了兵制。全国军队分为四种类型：禁军、厢军、乡兵和番兵。厢兵不受专门训练，供地方上役使；乡兵主要是按户籍抽的壮丁；番兵是边远地区由少数民族组成的军队；只有我手里掌握的禁军是正规军，是我大宋政权的基石。

我说，厉害，陛下你真厉害。你的第三大措施是什么？

赵匡胤说，我的第三大措施是针对调带兵的将官，不能让他们在一个部队久待，待久了无形之中会形成一股势力，结成集团。这样做的结果是：兵不知将，将不识兵，兵无常帅，帅无常师。同时，我还规定灾年征兵主要征饥民，即使荒年人民造反，军队也不会叛变，丰年即使军队叛变，人民却不会造反。我的这些独创性措施，都为把兵权牢牢掌握在我手里起了决定性的作用。

我说，陛下，你为什么能想出这三大措施？

赵匡胤说，我研究了历朝历代在用兵上的经验教训，特别是我反复思考了我发动兵变的经过。我知道我是怎么当上皇帝的，现在地位变了，我要堵住别人也采用我的办法当皇帝这条路。我的高招不是天上掉下来的，是从我的亲身体会中提炼出来的。

最后，宋太祖说，我建立的宋朝，在中国发展史上成为一个重要阶段。我虽然只活了50岁，但起码在两点上，我超过了汉高祖刘邦和唐太宗李世民。我比刘邦强的是，我基本上没杀功臣，人们评价我是个厚道皇帝。我比李世民强的是，我没杀哥哥与弟弟，我按照母亲的愿望，没把皇位传给我幼小的儿子，而是传给了我弟弟赵匡义。赵匡义之后，过了一些年又把皇位传给我的儿子和孙子，这对巩固宋朝政权起了十分重要的作用。

我说，宋太祖你谈得太好了。这些都是从你的亲身经历中总结出来的，含金量甚高。第一条说明你的仁义，第二条说明你的果断，第三条说明你的智慧，值得后人借鉴。望我们后会有期。

宋太祖说，后会有期。

◦ 天变不足畏，祖宗不足法，人言不足恤 ◦

郑洪升和王安石聊天

我和宋朝的名人聊天，无论如何不能跳过王安石。有人曾说，列宁说王安石是"中国 11 世纪的著名改革家"。也有人认为这句话是误引，并非列宁的原话。不管他是正引还是误引，都与王安石本人无关。因为王安石是不是改革家，由历史来确认，而不需要由哪个大人物来任命。

当我把王安石请下来时，看到他老人家蓬头垢面，长长的胡须上还爬着一只虱子。这只虱子可不是一般的虱子，它是宋神宗皇帝见过的那只虱子。由于它"屡游相须，曾经御览"而名扬天下。一千多年了，这只虱子尝到甜头，硬是爬在宰相须上不肯下来，与宰相王安石形影不离了。它还奢望再次被皇帝接见。

王安石说，郑先生你想与我聊点什么？

我说，你是北宋时期的一位重要人物，被誉为杰出的政治家、伟大的思想家、著名的文学家。仅你那首"京口瓜州一水间，钟山只隔数重山。春风又绿江南岸，明月何时照我还"就够咱们聊半天了。诗中的这个"绿"字，用得高，实在是高！但我今天不想和你聊文学，我想咱们专门聊聊改革。因为中国改革搞了三十多年，已进入深水区，古人改革的经验教训，虽然不能照搬，但也值得汲取。我很想听听你老人家当年进行改革的一些具体情况。

王安石说，时代不同了，情况不一样。既然你想听，我就毫不保留地把我的想法与做法和盘托出。至于是否有可借鉴之处，请诸位定夺。

我说，历史是一面镜子，前人走过的路，肯定对后人有启示和教育意义。你老人家就放开聊吧！

王安石说，到我那个时代，赵匡胤皇帝建宋王朝已经有百十年了。随着社会的发展，阶级矛盾日益尖锐，大地主、大官僚、大商人疯狂地兼并土地，迫使广大农民陷入贫困的深渊，连一些中小地主也纷纷破产。这些达官贵人还享受着特权，他们不纳税，不服役，赋税徭役的重担都压在农民与小商人身上，逼得老百姓揭竿而起。统治阶级再不能照旧统治下去了，老百姓也无法照旧生活下去了。因为我长期在底层当官，深知朝纲不振，法制不严。朝廷中的一帮大臣，高官厚禄，巧取豪夺；富商巨贾、豪绅大族，互相勾结，又趁民穷财尽的机会，囤积居奇，放高利贷，兼并土地。对这些尖锐的矛盾，我看得很清，体会很深。于是我就产生了进行改革的念头。后来我从基层调到朝廷任职，我就给宋仁宗皇帝写了篇主张改革的万言书。但是仁宗和英宗皇帝都没采纳我的上书，就相继去世了。到了宋神宗皇帝，他登基时才20岁，而且立志要当李世民式的皇帝，广纳各种意见，想干一番大事业，他对我改革的主张非常重视。我认为我大显身手的时机到了。

　　我问，顺利吗？

　　王安石说，谈何容易？每走一步都非常艰难。我只有建议权、执行权，而决定权在皇帝手上。他要批准你干，你才能干，皇上不御准，你什么也干不成。开关在皇上手里。所以，我首先要做通皇上的工作，取得皇上的大力支持。宋神宗登基时，宋朝已有一百零七年的历史。随着社会的发展，各种矛盾日益突出，冗官、冗兵、冗费三大问题越演越烈，皇上也有改革的愿望。恰好，宋神宗听说我有许多改革的主张，就想召见我，亲自听听我的想法。

　　我说，你见到神宗皇帝了吗？你主要向他申述了些什么？

　　王安石说，神宗长得很英俊，很有个人魅力，看到他，使人有一种想把心里话都掏给他的冲动。他接见我时，开门见山就问我：“你说治国应当先注意什么？”

　　我说，这句话很关键，你是如何回答的？

王安石说，我思索了片刻，作了如下回答："应当先选择正确的策略。"

我说，策略，策略！策略太重要了。方向再对，策略上出了问题，也能把事情搞砸。什么是策略？策略就是为了实现某个目标，首先根据可能出现的问题，制定出若干对应的方针，它应包括：为实现目标而制定的方案；根据形势发展变化而制定的斗争方法和行动方针；斗争艺术和应注意的方式方法。在一个时期依靠谁，联合谁，打击谁，必须把握好火候，决不可眉毛胡子一把抓，决不能打击面太宽，更不能操之过急，三步并作一步走。改革能否成功，在很大程度上属于策略是否成功。宋神宗对你的这个"应当选择正确的策略"有何反应？

王安石说，听我此言，神宗问，"唐太宗怎么样？"我马上说，陛下应当以尧舜为榜样，何必拿唐太宗做例子呢？因为尧舜之道，其特点是简明而不烦琐。有些人认为其成就高不可攀，其实这是一种误解。神宗觉得我说的这些话使其耳目一新，越听越感兴趣。于是他接着问我，我的祖宗打天下守天下，能维持百年，没有大的变动，天下很太平，用的是什么策略呢？我说，太祖善于知人，指挥付托，必尽其才，变置施舍，必当其务，故能驾驭诸将帅，对内平诸侯，对外御夷狄，去除苛政，禁止酷刑，废除强横的藩镇，诛灭贪官污吏，其政令以利民为目的，并亲自带头做出榜样。接着太宗继承了哥哥太祖的聪武，真宗守之以谦仁，仁宗和英、德宗都很好，所有这一切，使得大宋享国百年而无大事。但是，毕竟时间过了百年，许多矛盾都尖锐化了，各种问题堆积如山，必须进行改革，否则很难维持下去了。

我赶快问，神宗能听进去吗？

王安石说，神宗皇帝听得很认真，而且完全听进去了。陛下问我："你认为当务之急是什么？"

我马上回答，变旧俗，立新法，乃燃眉之急。他表示支持改革。并决定设置一个"制置三司条例司"的机构，也就是改革办公室，由我和我的好友陈升之、吕惠卿负责，设计改革蓝图。在宋神宗的亲自督导下，我们提出了一整套改革新法。

我说，当时你们制订的改革法，主要有哪些？

王安石说，这些改革新法主要分为富国、强兵、科举三大方面。在富国方面主要包括"均输法""青苗法""农田水利法""免役法""方田均税法"；在强兵方面，主要包括"将兵法""保甲法""保马法"；在科举方面，主要是以经义取士，应试者取消诗赋、帖经、墨义之类的考试，而以《诗》《书》《易》《周礼》《礼记》为本经，以《论语》《孟子》为兼经，以改变学而无用的状况。

我问，这些改革实施之后，效果如何？

王安石说，为了有力地推行改革，宋神宗正式任命我为宰相。这些新法陆续颁布后，当然得到广大农民和小商人的热烈拥护，也取得很好的效果。但是在推行过程中，也遭到强大的阻力，甚至激烈的反对。郑先生你肯定知道有个叫司马光的人吧？

我说，当然知道，司马光砸缸，表演艺术家赵丽蓉和巩汉林在一个小品中还用过这个故事。司马光还是《资治通鉴》的主编。他怎么了？

王安石说，按说我俩还是好朋友，但在改革这个大问题上，司马光成了我的政敌。

我很惊讶，司马光反对改革？

王安石说，在改革还是不改革这个大问题上，司马光与反对派完全站在了一起。正当我的改革刚刚取得初步成效的时候，司马光与一些守旧的大臣暗中勾结，企图把改革扼杀于摇篮之中。他们联合起来，给我罗织了"十大罪"，说什么我搞的变法是"以贱凌贵""不通时势，好执偏见"，皇帝任命我当宰相，是"误天下之苍生""天下必受其弊""祖宗之法任何人不可变更"，等等。而且他们这些话是在宋神宗面前说的。我立即进行了反驳。我说，听方才各位大人的意见，安石变法之事是千错万错了。那么我倒要请教各位，难道社会卜的事情都是一成不变的吗？若是太古之道能够行之万世，为何先皇们对过去的法规、法令还要作修改呢？社会是不断进步的，不能死抱住祖宗之法不变。只有适应形势，实行新法，兴利除害，才是通时势，利苍生。依我之见，那些因循守旧、时势变了还抱着旧法不变之人，才是误天下苍生之庸人！

我说，你的驳斥慷慨激昂，针锋相对，寸步不让，不知神宗皇帝是什么态度？

王安石说，这时的神宗皇帝还是比较支持我的，反对派妄图罢免我宰相的阴谋这次没有得逞。但是，他们把我当成眼中钉肉中刺、非置我于死地的图谋随着改革的深入一刻也没有停止。有一年华州发生山崩，保守派人物就向皇上说，"市场法"推行后，物价波动，人心不安，这次山崩证明，王安石的新法连老天爷都震怒了。神宗皇帝就把我叫来，问山崩是怎么回事。我哈哈一笑说，天与人并无感应关系，世间万物都有其自己的运行规律。像华州山崩这种事，几乎年年都有发生，它与"市场法"毫无联系，怎么能大惊小怪硬往改革上联想呢？这次我把皇上说服了，陛下连连点头。

我说，看来宋神宗还是比较开明的。

王安石说，有时耳朵根子也软。过了一段时间，天上出现了彗星，就是老百姓常说的扫帚星。保守派人物又散布说，天空出现扫帚星乃不祥之兆，这也是王安石变法引来的。于是他们对皇上说，天上出扫帚星可是了不得的大事，新法确实触怒了上天，只有停止新法，才能消灾免祸。神宗也有点慌乱，又问我怎么办。我说，出现彗星是自然界的正常现象，既非鬼神的作用，更不是人得罪了天造成的，根本用不着害怕。要说是不祥之兆，晋武帝在位二十八年期间，曾数次出现彗星，并未伤一畜一人，说扫帚星的出现是由于改革造成的，毫无根据。皇上听进了我的话，转慌为安。真是一波未平一波又起。后来，又发生了一次严重的旱灾，大量土地颗粒未收，不少饥民背井离乡，四处乞讨。保守派们又对皇上说，只要把王安石的宰相免掉，天就会下雨。皇上又慌神儿了，传我上朝。

我说，这次你用什么办法说服皇上？

王安石说，皇帝传我时，我故意迟到。叩见皇上后，他很不高兴，责问我为何姗姗来迟。我说，陛下息怒，恕臣来迟之罪。我是因为做饭老煮不熟，吃饭晚了，所以来迟。神宗奇怪地问，不就是煮个饭嘛，怎么这样难熟呢？我回答道，说来羞愧，臣今日做饭用了个新办法，所以烧了半天，总也烧不好。皇上问，你用了什么新方法？我说，臣在炉膛里加一把火，随即又往锅里添一勺水，本以为这样做饭会烧得快一些，却烧不熟了。宋神宗笑着说，你用这个新办法，怎么能烧熟饭呢？我看火候差不多了，就请皇上赐教，为什么这样烧饭就烧不熟呢？宋神宗说，这还不明白，饭是用火烧的，火慢慢将锅里的水烧干，米饭就熟了。而你每加一把火就往锅里添水，这火不是白加了吗？饭还怎么能烧得熟呢？我觉着皇上已进入我的圈套，赶快说，其实任何事情的道理都一样，我们要煮"富国强兵"这锅饭，变法就是烧饭的火，"青苗法"是一把火，"市场法"又是一把火，还有许多新法刚推行不久，便有人以各种借口要求取消，这就好比在新加火后，再浇一勺勺凉水，这样下去"富国强兵"的饭，怎么能煮得熟呢？宋神宗想，好个机智的王安石，你绕了一个大圈在这里等着我哩。

我说，据说为了改革你与司马光、苏轼、苏辙都分道扬镳了？

王安石说，司马光除了在宋神宗那里告我外，还以老朋友的身份给我写了一封长信，列举改革的罪状，给我扣上"侵官、生事、征利、拒谏"的罪名。有一天，他到我家里对我说，自相公变法以来，上至朝廷大臣，下及田野百姓，人人都不得安生，闹得天下纷纷扰扰，连圣人之道也不实行了，你想，你这么干下去，怎么能不群起而反对呢？我对司马光说，听君刚才的言谈，好像天下没有不怨恨新法的，但这恐怕与事实不符吧？我到各地巡视，所到之处发现百姓无不拥护新法，就是朝廷大臣中，支持新法者也不在少数。怎么能说天下人都反对新法呢？再则你给我列的四条罪状，也不能成立。我接受陛下的旨意，制定法律，经朝廷反复修改，然后交主管官吏去执行，怎么是我超越职权范围呢？实施历代贤君的政治主张，兴利除弊，怎么叫"惹是生非"呢？为国家改革财政，利国利民，怎能说是"与民争利"呢？批评荒谬的论调，驳斥巧辩的小人，怎么是"拒绝批评"呢？这些大人你应该清楚吧？司马光只好说，我本没有别的意思，只是奉劝相公袭故守常，不要离经叛道，免得天下怨声载道啊！我说，如果你要我从现在起什么改革之事也不去做，只奉行原来的老一套办事，那我无论如何也不敢从命。不管你们怎么怨恨我，要我放弃改革，我是万万办不到的。

我说，在这个问题上，你与司马光的矛盾是针锋相对不可调和的。而苏轼与他弟弟苏辙，你还提携过他们，后来在关键时刻你还救过苏轼的命，他哥儿俩也反对改革？

王安石告诉我，一次宋神宗接见苏轼，苏轼竟说："陛下，你不要求活太急，听言太广，进人太锐。"他用意十分明显，就是让皇帝不要采纳我改革的主张，不要用我这样尖锐的人当宰相。随着改革的深入，我决定裁减皇帝宗室的俸禄，这一下可捅了马蜂窝。皇太后和皇后都不干了，哭着给皇帝说，新法必须停止执行。宗室的子弟们聚在一起，合伙围攻我，迫我必须让步。在左右的夹击之下，宋神宗动摇了，实行了将近十年的新法被迫停止，我力主的改革宣告失败。我辞去了宰相职务，回南京生活。

我说，你的这次改革虽然失败了，但毕竟在历史上留下了重大影响。请你给我谈几点最深的感受。

王安石语重心长地谈了如下几点：

第一，改革每向前推进一步，都要遇到保守派的顽强反抗。因此掌握好策略十分重要。在一个时期内，涉及面不能太宽，步骤不可太急，要把可能出现的问题预见到，并有几套应对方案。打击面太宽，步子太大，性子太急，要求过高，眉毛胡子一把抓，超过人们的认知和承受能力，往往要把事情弄糟。

第二，改革涉及利益的再调整再分配，牵一发而动全身。古人说过一句石破天惊的话，"天下熙熙，皆为利来；天下攘攘，皆为利往"。

不涉及个人利益都好办，一旦触犯到个人利益，就如同挖了祖坟，必然得到猛烈的甚至不择手段的反抗。让达官贵族和大商人把吞下去的东西再吐出来，从而让普通百姓受惠，比登天还难。这就是改革难以顺利进行的最根本的原因。

第三，改革集团内部必须形成一股团结一致，同呼吸共命运的坚强力量。保守派的反抗是必然的，但不可怕。最可怕的是改革派内部同床异梦，患得患失，犹豫不决，前怕狼后怕虎，在关键时刻，畏缩不前，形不成拳头，甚至分崩离析。神宗皇帝由支持改革变为反对改革，是此次改革不能继续坚持下去的重要因素。

第四，参加和领导改革的人必须严格自律，不贪污不受贿，不中饱私囊。我当宰相期间，不少人向我献媚讨好，向我行贿，如有个人登门送我一方砚台，说这个砚台是多么贵重，在这个砚台上磨墨，只要用嘴呵口气，就会生出水来。我非常讨厌这种小人，我告诉他，你的宝砚能呵出一担水来，我也不要。我马上站起来送客。此人拿着砚台灰溜溜地走了。我毫不留情地拒绝一切想拉我下水之人。我一直过着清廉的生活。若是领导改革的人自己和家人首先富了起来，通过改革不是缩小而是拉大了与普通百姓的收入距离，这种改革就是挂羊头卖狗肉，以改革之名行个人发财之实。这种改革，事实上已偏离了它的宗旨，已名存实亡，他们的所作所为向世人宣告了失败。

我听得都着迷了，王安石说的句句都是掏心窝子的话。他真不愧是我国11世纪伟大的改革家和不朽的文学家。他的四条切身体会，令人深思。说罢他带着他胡子上的那只虱子，走了。我仍站着一动不动，仔细琢磨他老人家说的每句话。

郑洪升和王著聊天

今天，我请下来聊天的人物是宋朝的王著。有的朋友可能会问，王著何许人也？别急，这个人可不简单，他是宋王朝第二位皇帝宋太宗赵匡义*的老师，是一位在皇上面前敢于直言之人。

王著坐在我面前后，我给他沏了一杯河南信阳毛尖。他喝了一口，毫不客气地说，你这茶非真品也！我说，这是一位从河南来的朋友刚送给我的，怎么会是假的呢？他说，越是假的越标榜自己是真的。我是品茶专家，又长期住在开封，真假茶叶我舌尖一试，便可分辨，如同真假酒你老郑一喝便知一样。

我问，王老先生你是怎样当上宋太宗师爷的老师的？

王著说，说来话长。宋太宗的父亲赵弘殷生了两个儿子，长子匡胤习武，赵老爷子希望次子匡义习文，以使家里有个读书知礼之人。在他父亲的影响和严格督促之下，匡义精于文业，会作诗，通音律，善书法，喜对弈。宋太祖赵匡胤驾崩后，弟弟匡义继承了皇位。他很重视以文治国，完善了宋朝的各种典章制度；对科举制度也进行了改革，使之向知识分子更广泛地开放。在他的亲自规划与督导下，在开封建了规模宏伟的崇文院，藏书非常丰富。他还组织一批文人编撰了《太平广记》《太平御览》《文苑英华》，这三部大书为后人研究中国历史和文学提供了宝贵的资料。

我说，《太平广记》我粗略地读过，原来是在宋太宗亲自督导之下编撰的，这位皇帝真不简单。

王著说，太宗经常对大臣们说："朕历览前代书籍，发现君臣之间，大抵情通则道合，所以有事皆能亮出，不会隐匿，言论都可采用。朕励

---

* 宋太宗本名赵匡义，后因避其兄名讳改名赵光义。

精图治，卿等作朕股肱耳目。如果我施政有缺失，应当悉心上言说明，朕决不以居尊自恃，使人不敢说话。"我看出宋太宗是位言行比较一致的皇帝。当时我在赵州隆平任主簿，太宗特别喜爱书法，有人向他推荐我，他求贤若渴，就把我召为卫尉寺丞、史馆祗侯，并教他书法。

我问，给皇帝当老师不容易吧？常言道，伴君如伴虎，一不小心，不知哪句话说错，老虎一口就把你吃了。

王著说，宋太宗这位皇帝善听逆耳之言，在我们两人之间充满着智斗。

我说，王老先生，你说与皇上智斗？大臣还敢与皇上智斗？

王著说，皇上的权力虽至高无上，但他也是人，人所有的喜怒哀乐、聪明才智、调皮捣蛋、风趣幽默，他们都有。尤其是像赵匡义这样的皇帝，继位时还很年轻，有时还要小孩子脾气。他常常故意地设些圈套，把大臣套住，挖些坑让他们往下跳。他也搞恶作剧，让人洋相，从中取乐。在这种环境中生活，大臣们面对的是皇帝，你若不多长点心眼，与之智斗，那你就惨了。我发现真正有大本事的皇帝，虽然好大喜功，爱听吹捧之语，但他也不喜欢唯唯诺诺毫无独立见解之人。自从我受命给宋太宗当书法老师之后，我整天琢磨的就是不要被他套住，在有些方面，我还要套住他，让他从心眼儿里对我尊敬和服气。

我说，王老先生你是在皇宫里生活过的人，整天与皇帝打交道，我真想听点故事。

王著说，中国人是吃故事的。好吧，我就给你们讲几个我与宋太宗的真实故事。

一天秋高气爽，明月当空，宋太宗的心情特别好。太宗召集文武百官与他一起饮酒、欣赏歌舞。酒过三巡后，太宗令内侍笔墨伺候。只见皇上当众提笔挥毫，龙飞凤舞地写诗一首：

"洛阳遥想桃源隔，

野水闲流春自碧。

花下长迷楚客船，

洞中时见秦人宅。"

宋太宗刚放下御笔，一帮文臣武将就装模作样，摇头摆尾地吟诵，然后跪倒在地，喝彩之声四起，别提有多肉麻了。高呼万岁之后，有的说："皇上果真文武双全，羞煞秦皇汉武了。"有的说："屈原李杜再世，也自愧不如也！"有的说："好一个'野水闭流春自碧'，妙！妙！妙！"众大臣吹捧的那个肉麻劲，简直让人身上起一层鸡皮疙瘩。在别人吹捧之时，我就想，太宗是位读书之人，他今天把别人写的诗当作自己之诗书写出来，这里边肯定有名堂。让我跟着吹，我绝不会干。我若指出此诗是他人之作，这不等于当众揭发皇上抄袭吗？于是我自始至终站在一旁，既不下跪，也不说话，保持沉默。宋太宗一直在注视着我。皇上问："王著，你认为朕这首诗写得怎样啊？"在大臣中我有不少好友，他们知道我这个人说话不讲情面，担心我惹来杀身之祸，纷纷给我递眼色，让我谨言。但是，我已判断出，宋太宗是在与我斗智，并考验我王著是一个有真才实学之人，还是个阿谀奉承之庸才。所以我立即说："陛下方才写的这首诗并非圣上的作品，乃唐朝刘长卿所作，题为《送郭六侍从之武陵郡》。他当初埋怨自己的仕途不通达，才产生了避世之心。而陛下是一国之君，应当以社稷为重，怎么能羡慕无中生有的桃源？另外，陛下的书法也有许多不足，似信马脱缰，随心所欲，不成章法。同时还有错别字，如'野水闭流'，应为'野水闲流'。这显然是笔误，然而笔误也不应该，因为皇上的墨迹若流出宫外，有损天威。"我说的时候，从余光中发现有几位大臣吓得直哆嗦冒虚汗。但是我根本不管他们要我闭口的暗示，滔滔不绝地往下讲。我说完后，又干了一件能把众大臣吓死的事：我上前一步，把皇上写的这首诗，撕了个粉身碎骨。

我也赶紧说，王老先生你真的不想活了？

王著说，是呀！我也不知我的胆儿是从哪里冒出来的，反正就那么说那么撕了。这时有些爱拍马屁的大臣要求皇上把我拉下去斩首，有的还要求灭我九族。这时，我已猜出皇上会如何动作，这就是智慧。要是别的皇上，再给我装十个胆，我也不敢这么放肆！在一片要求惩办我的声讨声中，宋太宗说话了："住手！对王爱卿休得无礼！朕从小生在将门，随父兄征战南北，一直无暇习文，以至朕读治国之书甚少，也写不好传世之字，枉为人主！而你们明知朕有此不足，反而曲意奉迎，胡乱吹捧，枉食了俸禄！而王爱卿敢于直言，这正是我需之师。刚才我故意演的这幕戏，只有王爱卿通过了考试。"从此之后，皇上与各位大臣，都对我另眼相看。

自从发生了这件事，宋太宗对我不厌反爱，每日退朝后，他都要到我这里来看书练字。我给太宗精选了许多治国的文章，太宗很爱阅读，常常边读边笑，有时还拍案叫绝，有些警句还反复背诵。读疲倦了，他就站起来，看我写字。他对我书写的正、隶、篆、草等各种书法通通感兴趣，一面鉴赏，还一面练习。但是，他不知道我的书法写成这样非一日之功。他有时犯急性病，想一口吃成胖子，一锄头刨出个金娃娃。有一天，他照着我给他准备的帖子临摹了半天，怎么也不得要领，不是无锋，就是骨架太乱，一气之下，他一脚把笔踩了，把砚台也砸了，坐在那里生气。我进去一看，眉头一皱计上心来，大声对太监说："你们为什么不及早将我呈上的书法秘诀交给万岁爷，难怪他龙颜大怒！"太监们一听莫名其妙："王大人，你这、这、这……"太宗马上问我："王爱卿，什么秘诀？"我发现皇上果然中计了，我故作镇静不慌不忙手指着宫殿外的一口盛满水的大缸说："陛下，那秘诀就藏在这口缸底下，你只消用此水砚墨，等你把水用干了，秘诀就自现了！"宋太宗是位极聪明之人，他马上想道："好你个王著，你是变着法儿指出我练习不刻苦，想急于求成。暗示我把这缸水用完，铁杵磨绣针，功到自然成啊。"他的气消了，又继续练了起来。

太宗又苦练了一年，书法水平大有提高，他心中很得意。一天，太宗下功夫写了一张蝇头小楷，非常高兴地给我看。我从心里感到高兴，因为太宗的书法有惊人的长进。但是，离炉火纯青的程度，还差一把火，我经过考虑，认为在此时此刻不能赞扬，而要给圣上泼点冷水，使他脑子清醒。当我的冷水刚泼出去后，太宗大为不满，说时迟那时快，皇上拔出剑来，剑尖顶在我喉咙上说："王著，你这个不识抬举的臭秀才，怎么屡次在鸡蛋里挑骨头，为何宫内与宫外的人，都夸我的书法好，乃天下第一，而你却敢把我贬得一无是处，是何居心？今天我就成全了你！"我对太宗这个人的宽厚早有了解，我知道他虽有气，但不会杀我。况且他要这么杀了我，那还不臭名远扬？说实话，剑尖戳到我脖子上，我的心跳都没加快，我反而笑着对太宗说："陛下，宫内人夸你，是想讨你欢心，从而得到好处；宫外人夸你，是害怕你的权势。你怎么不想一想，假若你的墨迹不署名，不加印，混在众人的书法之中，有人会夸你写的字吗？我若想恭维陛下，我比谁都会恭维，我几句高抬的话，就能让陛下从头到脚舒服，但日后必遗臭万年，世人会骂我是个卑鄙无耻的小人！"我这些肺腑之言，太宗听后恍然大悟，将剑从我脖子上抽回去，并向我道歉："朕一时糊涂，爱卿切莫介意！"皇帝给大臣道歉很少见。从此以后，宋太宗更加勤奋，夜以继日，攻书练字，而且下了一道圣旨，不准人再夸奖他。正由于他的勤奋，写出来的书法即使不题名不加章，混放在书法高手的作品中，也毫不逊色了。有一次，我遵旨收集天下书法精品，只见其中有一幅水准很高，却未署名，不知作者是谁。我端详半日，恍然大悟，这又是皇上给我施的一计。我拿上我的官印，来叩见皇上。太宗问："王爱卿，匆匆来此，有何急事？"我说："圣上的书法已至佳境，我已评点不了了。今日呈上我的官印，特来向陛下辞官，万望圣上恩准，陛下另请高贤！"太宗一听，连忙离开龙椅，将官印还给我，说："当初若不是爱卿严加鞭策，朕的书法水准哪有今日？誉爱卿为天下第一师，毫不为过，你仍留在朕身边，朕还望你多加指导呢！"

郑先生，这就是我要讲的三个故事。

王著老先生讲时，我都听入迷了，一句话都没插。

最后，王著悄悄告诉我，伴君如伴虎，此话没错。有些皇帝翻脸不认人，在历史上有不少贤臣和有大学问之人，被"虎"吃了，这些国家的栋梁，死得实在可惜、冤屈。但人与人不一样，皇帝与皇帝也有区别。有些皇帝水平不高，还飞扬跋扈，根本听不进逆耳之言，动不动就杀你，还要灭九族。有的皇帝表面上也说广纳谏言，但顺耳之言，他纳，不爱听的，他杀。像唐太宗李世民与宋太宗赵匡义这样的皇帝极少。正因为我们遇上了这样比较开明的皇帝，魏徵和我这样敢直言的大臣才没被砍了脑袋。希望你记住我的这些话。要看对象，要斗智，万万不可蛮干。

本来我还想留王著老先生请他写几个字，一转眼他已经走了。

郑洪升和司马光聊天

在我国人的姓氏中，有单姓，有复姓。比如，我姓郑，你姓张，他姓李，都是单姓。但也有些人感到单姓不过瘾，要比别人多一个字，于是为满足这部分人的要求，就出现了复姓，如司马、欧阳、端木、上官、东方、诸葛、闻人、尉迟、公羊、皇甫、南宫、万俟……在姓司马的人中，出过两位大史学家与大文学家，一位是汉朝的司马迁，我在前边已经和他老人家聊过天；另一位是宋朝的司马光。今天，我把司马光老先生请下来，和他好好聊一聊。

在我参加央视《开门大吉》节目时，主持人老笑我的山西口音。司马光是我们山西晋南夏县人，距我们浮山县不远，他和我操一口同样的方言，我们俩聊天时定会倍感亲切，谁也不必笑话谁。

我搀扶着我的老乡下来，请他老人家坐在餐桌前，我给他端了一碗鸡蛋疙瘩汤，外加一个白面馍，看到他吃得很香，我心里十分高兴。他已经有一千多年没吃过家乡饭了，能不香吗？汤足馍饱之后，我说，在中国的两个司马中，你的知名度可比司马迁高多了。司马迁这个名字只是文人比较熟悉，而你司马光就不同了，无论大人还是小孩，无论古人还是今人，无论读书人还是文盲，都很熟悉呀！你老人家粉丝之多，恐怕超乎你我的想象。

司马光不慌不忙地捋了捋胡子后说，我之所以如此有名，就是因为一块石头，一根木头，一个青胡桃，一套书给我带来的。我真没有想到这几样东西给了我这么大的荣誉，已过去一千多年了，一代代人还在津津乐道这几样东西。

我听后十分奇怪。什么一块石头，一根木头，一个青胡桃，外加一套书，给他带来了极大的知名度和极大的荣誉？我赶快问，请司马老先生解惑。

　　司马光说，好，我先说说这块石头。我小的时候，特别爱和小朋友玩。你儿子郑渊洁说过，儿童把玩具当朋友，大人把朋友当玩具。我们古时候几乎没有玩具，我们儿童之间那真是心心相印，谁也离不开谁的好朋友，一有空就聚在一起玩耍，捉迷藏呀，互相当马骑呀，还上树掏鸟窝，到河里去摸小鱼。有一天我们一群孩子玩捉迷藏时，一个孩子要藏在院子里一口大水缸里，谁知这水缸不是空的，里边盛满了水，他爬上去往下一跳被水淹了，开始乱喊乱叫，接着就呛水了。这可把我们一群孩子吓坏了，有的喊"救命呀，救命"，有的跑去喊大人。我想等把大人喊来了，落水的孩子早淹死了。突然，我看见水缸旁有块石头，说时迟那时快，我使出全身的气力，举起这块石头往水缸上一砸，我也不知我这劲儿从何而来，只听一声巨响，水缸破了，水流出来了，掉进缸里的好朋友得救了。等大人们到来时，看到这一切，都夸我是个聪明出众的孩子，从此以后"司马光砸缸"的故事一直流传到今天，使我的名字家喻户晓。可惜，司马迁只有宫刑，没有砸缸，所以没我名气大。

　　我一边听司马光亲口说砸缸的故事，一边思考怎么就这么个事，世世代代的人一直流传？我对司马光老先生说，我想就此事进行一番分析。司马先生说，我真想听听当代人的分析。

　　我说，"司马光砸缸"这个看似简单平常的故事却包含着深刻的意义：一是发生这件事的特殊性。这件事发生在一群孩子中间，若是发生在大人之中，看到一个孩子不慎掉进水缸里了，伸手将其捞出来就行了。可贵就可贵在当时跟前没有大人，都是一群孩子。二是发生这件事的突然性。当时一群孩子高兴地玩，谁也没想到一个小朋友突然会掉进水缸里，这突如其来的紧急情况，着实让一群孩子手足无措，乱了阵脚。三是这件事情的严重性。这是人命关天的大事，救得及时，人就活了，若救得不及时，这个孩子就夭折了，对其家庭来说，是个多么大的悲剧。四是在这个突发事件降临的时候你的沉着性。别的小朋友慌乱了，不是大喊就是跑去叫大人，而你却沉着应对，想着救人的办法。五是最重要最有意义最核心的，是你的机智性。一般人这时都蒙了，想不到用石头砸缸，而你想到了，而且在千钧一发之际，小小年纪的你用石头砸缸放水救人成功了。正由于这个故事反映出的特殊性、突然性、严重性、沉着性、机智性，就使它具有了强大的生命力，代代相传，因此，这个故事使你老人家"吃"了一千多年，看来，还得"吃"下去。因为大人都希望用这个故事启发自己的孩子像你一样机智聪明，遇事不慌。

我在分析时，看到司马光听得很认真，并直夸他的老乡我分析得很有哲学味道，从来没听说过有人这么分析过。我说，我们的表演艺术家赵丽蓉和巩汉林还在一个小品中说过司马光砸缸的故事，逗得全国人哈哈大笑。司马光说，我把她（他）俩收到我那里办学习班去了。

我说，看来不能拿"司马光砸缸"随便开玩笑。我接着问，一根木头是怎么回事？

司马光说，我小时候与哥哥弟弟一起念书，老师讲完后，他们很快就能背会，完成作业后便蹦蹦跳跳到外边找小朋友们玩耍。我感到自己的记忆力不如他们，我便用加倍的时间用来念书。别的小孩玩儿时，我念，晚上掌灯后我又念到深夜，第二天早晨起来仍念。因睡觉的时间少，次日往往醒不来，我就让母亲叫我起床。但是我娘心疼我，故意不叫我，让我多睡一会。我发现指望妈妈叫醒我是靠不住的，于是我就找了根圆木头当枕头。人们都说高枕无忧，可是若枕上根木头，还能无忧吗？它很硬，而且滚动。睡上一小觉，翻个身，木头枕头就滚了，我便被滚醒。醒来后，我趁脑子好使，又开始读书。不久，在我父亲的指导下，我反复读《左传》。读后，我能把书中的故事讲出来，而且讲得有声有色，大家都喜欢听。所以，我从小学习功底就比别人扎实，用的功也比别人多几倍。后来，我把这根木头枕头叫作"警枕"。

我说，司马光老先生，你砸缸的那块石头，枕的这根木头警枕，若是保存到今天，那真是无价之宝，千金难求呀！你的故乡山西夏县若建一个司马光博物馆，里边放一口缸，旁边放上当年你砸缸的那块石头，再摆一张木板床，上面放上这个木头枕头，来参观的人肯定成千上万，那会为夏县增加多少收入啊。司马光说，我承认我缺乏远见，哪里会想到儿时的那个小司马光成了后来的这个老司马光呢，失去了一次为夏县百姓创收的机会，惭愧！

我说，司马光先生，请谈谈一个青胡桃是怎么回事？

司马光说，在我五六岁的时候，我得到一个青胡桃，上面的那层皮不去掉不能吃，但我不知怎么才能去掉。我姐姐帮我去皮，她也去不下来，就出去玩了。后来我家的女仆端来一盆开水，把胡桃放进去泡了一会儿，这层青皮就脱落了。姐姐回来后问我是谁帮我把胡桃皮剥掉的。我神气十足地告诉姐姐，是我自己弄掉的。因为我父亲在一旁看书，他注意到这件事的全过程，发现我在说谎话骗人，于是我父亲非常严厉地教导我：做人要诚实，从小就要养成不说假话不骗人的良好习惯。对于父亲的教训，我牢记在心，知道诚实是做人之本，说真话光荣，说假话可耻。这对我的一生有重大影响。我长大后当了官，看到社会风气很坏，吹牛拍马成风，说假话脸都不红。而我始终不与之同流合污，宁可让人讥笑，也要老老实实做人。这大概是我后来能干出一番事业的道德基础。

听了这三个故事后，我对司马光老先生说，第一个用石头砸缸的故事，说明你的机智；第二个木头枕头的故事，说明你的刻苦；第三个青胡桃的故事，说明你的诚实。而且这些故事是讲给儿童听的，儿童变成大人后又讲给他们的孩子听，因为谁都希望自己的后代机智、刻苦和诚实。凡是与孩子沾上边的故事，如孔融让梨之类的，都具有强大的生命力，循环往复，代代相传，你沾大光了。司马光老先生请接着聊那一套书。

司马光说，我长大后当了官，在朝廷当了二十多年中下级官员，由于我爱向皇帝提建议，提的建议又有分量，颇受重视，后被提拔为皇帝的侍讲兼谏官。我和王安石是好朋友，但我俩的政见不一致，可以说是针锋相对。他主张改革，我主张不能离经叛道，要按祖宗留下的老规矩办。王安石虽给宋神宗讲治国要注意策略，而我认为他老兄就是位最不讲策略的宰相。他的改革方案太大，牵涉面太广，手段太狠，眉毛胡子一起抓，打击面过宽，连皇宫的人与广大普通官员都涉及了，弄得鸡飞狗跳，人人自危。我曾多次当面劝告他，希望他不要搞改革，若要搞，步子稳一些，然而他一点儿也听不进去，我给他写信陈述利害，他也不予理睬，他横下一条心，硬是一条道走到黑。而宋神宗又支持他，并任命他当宰相。我看我难以改变他改革的决心，于是与他分道扬镳。我坚决要求辞掉朝廷的官职，离开首都开封到洛阳当了一名闲官，从此闭口不谈改革之事，在我建的独乐园里，组织几个人，加上我儿子司马康，用了十几年的时间，写成三百多万字共二百九十四卷的《资治通鉴》，呈交皇上宋神宗。皇上浏览后非常高兴，下诏嘉奖我"博学多识，学贯古今，上自晚周，下迄五代，发挥缀缉，成一家之书，褒贬取去，有所依据"，把一千三百六十二年的重要史事，写得清清楚楚明明白白，读起来津津有味。为此皇上赏赐给我金钱、绢帛、礼服、鞍马，并任命我为资政殿学士；皇上还赐此书名《资治通鉴》，并决定将此书作为治理国家的重要参考书。为这部书我耗尽十几年的全部心血，成书两年后，我就与世长辞了。

我说，司马光老先生，你的历史功绩太伟大了，你撰写的这部历史巨著，教育了一代又一代人，至今无人可替。要不毛泽东怎么会一生之中将《资治通鉴》看了十七遍。我俩聊的时间不短了，能否简单地举几个例子，说明你写作过程中采用的主要方法？因为我很重视学方法。

司马光说，我用的主要方法就是经纬结合，以年代为经，以历史事件为纬，在理清历史事件时，夹叙夹议，表明观点，以警示后人。下面我举几个例子加以说明：

例一：在写到秦国商鞅变法时，商鞅以立木为信的史事，认为信誉乃治国之本。一个国家的最高领导者，应把信誉当作执政的重要原则，信誉是治国理政的法宝。根据这个史事，我在第二卷中写了这么一段话：

"夫信者，人君之大宝也。国保于民，民保于信；非信无以使民，非民无以守国。是故古之王者不欺四海，霸者不欺四邻，善为国者不欺其民，善为家者不欺其亲。"我写这段的意思是：信誉是一位君主至高无上的法宝。国家靠人民来保卫，而人民是靠信誉来保护，君主若整天用谎言欺骗自己的百姓，得不到百姓信任，怎样能维持国家。因此，古代有成就的君王，都不是靠欺骗维持天下。建立霸业的不欺骗四方邻居国，善治国者不欺骗自己的人民，善于治家者不欺骗自己的亲人。靠谎言维持自己的统治，总有一天要垮台。

例二：有一位叫薄昭的将军杀了汉朝的来使，当时杀来使者为死罪。而文帝因这位将军有功，不忍心杀他。根据此史事，我在《资治通鉴》第十四卷中写了这么一段话："法者天下之公器，惟善持法者，亲疏如一，无所不行，则人莫敢有所恃而犯之也。"意思是说，法律乃是天下人共同遵守的准绳，善于运用法律的人，不分亲疏，一视同仁，严格执法，只有这样才能使所有的人不敢依仗权势而违犯法律。在法律面前真正达到人人一律平等。

例三：临淄有位长者曾上书汉武帝，谈了九条治国要领，其中有一条就是既不能好战，穷兵黩武，又要居安思危，保卫太平。根据这个史事，我在《资治通鉴》第十八卷中，写了这么一段话："国虽大，好战必亡；天下虽平，忘战必危。夫怒者逆德也，兵者凶器也，争者末节也。夫务战胜，穷武事者，未有不悔者也。"我这段话是告诉皇帝，国家虽大，喜好战争必定灭亡；天下虽然太平，忘掉战争也很危险。愤怒是悖逆之德，兵器乃不祥之物，争斗是细枝末节。凡是致力于穷兵黩武之人，到头来十个有十个要后悔。

例四：有两位高人（疏广、疏受）请求辞官，汉宣帝恩准并奖给其不少金银。这两个人返乡后，用这些钱整天与亲朋好友吃喝，有人劝他们给自己的后代留一些置买家产。而这两位高人则说把钱财留给后代的害处。根据这一史事，我在第二十五卷中写道："贤而多财，则损其志；

愚而多财，则益其过。且夫富者众之怨也，吾能既无以教化子孙，不欲益其过而生怨。"我写这段话是为了告诉世人，贤能的人如果财产太多，就会磨损其意志，愚蠢的人财产过多，就会增加其过错，而且富人往往会成为众人怨恨的靶子，我既然没有教育好孩子的本领，也不愿给他们留很多钱，而增加其过错，让世人怨恨。

例五：根据张九龄给大臣姚元之的信中所讲的用人原则这个史事，我在《资治通鉴》第二百一十卷中写了这么一段话："任人当才，为政大体，与之共理，无出此途。而之用才，非无知人之鉴，其所用失溺，在缘情之举。"我告诉皇上，要重用有真才实学之人，这是治理国家的一个根本原则，与有识之士齐心协力地处理政事，也并不例外。但以往在用贤才的时候，掌权者并非看不到问题，只是因为拉不下情面，所以出现很多弊端。

司马光说，类似的例子在《资治通鉴》中比比皆是，郑先生你是读书人，也是位明白人，通过我随便举出的这五个例子，你就知道我撰写《资治通鉴》时，采用的是什么方法了。

我说，汉朝的司马迁，宋朝的司马光，你们两位大师，用尽平生之力，写了两部巨著。司马迁的《史记》是纪传体的史书，你的《资治通鉴》是编年体的史书。前者根据人物记载历史事件，后者根据时间顺序来记载历史。前者从三皇五帝写到汉武帝，后者从战国起一直写了一千三百六十二年的编年史。你们两司马的功绩将永载史册。你的故乡山西省夏县如果像前边提到的真建一座司马光纪念馆，陈列上一口大缸，一块砸缸的石头，摆上一张木板硬床，上面放上木头圆枕，再把线装的二百九十四卷《资治通鉴》一字摆开，这个纪念馆对后人的教育作用该有多么大啊！

司马光则说，那是你们后人的事，我就管不着了。郑先生，我还想吃碗咱们晋南的臊子面。等面端上来后，司马光老先生往碗里倒了不少醋和辣椒油，吃得头上直冒热气，比砸缸痛快多了！

郑洪升和欧阳修聊天

本来我想走出宋朝，与其他朝代的名人聊一聊，但由于宋朝的多位皇上比较开明，对文学家以及一些官员实行比较宽松的政策，文字狱相对较少，所以，宋朝出的名人相当多。他们已有一千多年没人聊天了，寂寞得很，都排着队想和我聊。在这种情况下，我真不好意思离开。前几天，我跟司马光聊了，无论如何不能不和欧阳修聊。在宋朝，欧阳修的地位和唐朝韩愈的地位非常相似，他可是位领军式的大人物啊。

欧阳修是爱喝酒的人，自称醉翁。不知为什么我特别喜欢与爱喝两口的人聊，这种人性格豪放，两三杯酒下肚，吐出的全是真言。我备好茅台、国窖和郎酒，备了十几根烤羊肉串和几样小菜，恭请欧阳修老先生下来。

我们坐定之后，欧阳修老先生向桌上的东西扫了一眼，马上说，郑先生你大概设圈套让我往里钻吧？谁都知道喝了酒的人，嘴上的岗哨就自动撤了，这嘴上没了把门的，一言既出驷马难追，万一触犯了哪条清规戒律，又被录下来，往网上一放，臭名远扬，我老欧阳到时候吃不了兜着走，有口难辩，只能哑巴吃黄连了。

我说，欧阳老先生，我虽然本事不大，但一生看不起告密的小人。我更不会故意挖坑让别人往里跳，我再落"坑"下石。这种人是不齿于人类的臭狗屎，他们可以得逞一时，一旦暴露，就会成为过街之鼠，人人喊打。我今天之所以备了美酒和肉，一来，我从书上看到你爱喝酒；二来，酒后吐真言，我想从你这里掏出点心窝子话，得点真传，除此而外，毫无别的用意。

欧阳修听了我的这些肺腑之言，放心多了。他说，我是江西吉安人，当我4岁的时候，我父亲就去世了，是我的母亲含辛茹苦把我抚养成人。对了，我母亲也姓郑，看在你与我母亲同姓郑的份上，今天，我就把我从来没有跟任何人说过的"三做"全掏给你，谁让你和我妈同姓，今天又喝了你的酒呢！

我赶快问，"三做"？什么"三做"？

欧阳修语重心长地说，我说的"三做"，就是作文、做人、做官。说白了，就是怎样作文，怎样做个顶天立地的人，怎样做个清廉的为百姓办实事的好官。

我忽然明白了，欧阳修先生很擅长用"三做"呀，"六一"呀，形象地概括问题。例如他曾自称是"六一居士"。谁都知道"六一"在现代是"六一儿童节"，怎么在宋朝欧阳修就称自己是"六一居士"呢？欧阳修解释说，我家里有藏书一万卷，有金石遗文一千卷，有一台琴，有一局棋，常置酒一壶。有人说，这只有五个"一"呀？欧阳修却笑着说，加上我这一个老翁常周游于此五物之间，岂不是"六一居士"！他这个人，性格豪放，学识渊博，直到晚年，都乐观旷达。我真想仔细听听他一生总结出来的"三做"——作文、做人、做官——的经验之谈。

欧阳修喝了几杯酒后说，我先跟你聊作文。我们聊天的方法是，我只讲故事，由你郑先生从我讲的故事中提炼道理。我说，好，这次聊天的规矩就这么定了。

欧阳修说，我的父亲是个小官，俸禄虽少，但可勉强养家糊口。而他病故后，我家断了生活来源，我母亲郑氏带着我们十分艰难地过日子。我母亲是位好胜之人，她横下一条心，要把她的儿子培养成一个有大学问的人。我们家买不起笔墨纸砚，我妈每天就拿着根树枝在地上写字，让我学。认字多了，就让我读孔子的《论语》。我从小爱提问，我问妈妈，"子曰：学而时习之，不亦说乎"，是什么意思？妈妈耐心地告诉我："子曰"，就是孔夫子说；"学而时习之，不亦说乎"，就是对学得的知识要经常温习它，不是也很高兴吗？"我妈鼓励我打破砂锅问到底。她时常说"学问，学问，要学，就要问"。不懂的东西不问，永远学不会。我后来提出的问题越来越多，越来越深，她回答不出来，就去查书，等自己弄明白后，再教我。由于我有这样一位有问必答的好妈妈，加上我学习特别刻苦，所以我学问的底子打得比较厚实。许多人怕考试，而我不怕，因为我学的东西都很扎实，而且善于反复提问，所以我不畏惧考试。老郑，我跟你说吧，我只要到了考场就像进了戏园子一样兴奋，如鱼得水，游刃有余，每次都超水平发挥。在我进入仕途之前经历过三次大考，次次得第一名。我现在给你举个例子：有一次北宋著名文学家晏殊亲自出题考我们。他出了这么一道题：《司空掌舆地图赋》。意思是要求我们考生根据司空（相当于宰相）掌管地图的故事写篇文章。这个题目一出来，有的考生问晏殊先生文章的规格要求，有的问写时有什么避讳，问来问去都问不到点子上，晏殊老先生直皱眉头。

我说，你从小就爱提问，你是怎么问的？欧阳修说，我问，晏大人，根据这个题目看，它出自《周礼·司空》一文，汉代大学者郑康成先生在注释这句话时说过，"如今的司空是专门掌管国家地理版图的，而周朝时期的司空，行宰相权，就不单单掌管地图了"。这么说来，大人出的这个题中司空，应该是汉朝的司空了。晚生我有所不知，这道题是让写周司空呢，还是让写汉司空呢？我提问时，我看见晏殊先生不停地点头，面带喜色，由阴转晴，他认为我提到要害之处，十分惊讶，不停地称赞："今天这么多考生，唯他一人识题也！"然后晏殊高声答道："这道题指的正是汉朝的司空。"题意弄明白了，就不会下笔千言离题万里了。我拿起笔来，思如泉涌，一气呵成，很快交卷。这次考试，我中了进士。

在欧阳老先生讲时，我就想，他这不是用他的这段经历，告诉人们，做文章能否做好，关键是打好深厚基础嘛。就像盖房子一样，基层不牢，很难起高楼，即使起来也会倒塌。欧阳修老先生文章之所以写得那么好，最根本的就是从小爱学习，爱提问，博览群书，又善于专攻，写文章必备的十八般武艺，他样样精通，因此考试时胸有成竹，艺高人胆大，主动权始终掌握在自己手里，不是瞎蒙，不是碰运气，如果事前你根本就没看过《周礼·司空》一文，特别是没有留意郑康成的注释，怎会确认考官出的题目中的司空，是指汉朝的司空，而非周朝的司空呢？可见，作文的前提条件是打好学问的基础。你认为我的理解对否？

我说话时，欧阳老先生就着羊肉串喝了几口酒，直夸我说到点子上了。他说，有些人光赞叹别人的文章写得好，就不知道人家从小到大下过多大的功夫。我说，商品的价值是由生产商品所需的社会必要劳动时间决定的，文章的价值也是由其下的功夫大小而决定的。在打基础这个问题上，钢筋和水泥用多少，楼房就能盖多高，一点含糊都来不得。豆腐渣基础，只能写出豆腐渣文章。文章是扎扎实实的东西，来不得半点浮躁。阿庆嫂在鬼子面前可以耍花枪，写文章的人，在文章上一点也不能耍花枪。欧阳修老先生听得直点头，他说，郑先生这段话说得精彩，咱俩再干三杯。我们真应了那句话：酒逢知己千杯少，话不投机半句多呀！

欧阳修说，要写好文章，打基础是一个方面，文风是另一个更重要的方面。在唐朝时期，以韩愈为主帅柳宗元为副帅的大师们，反对空洞无物形式华丽的骈体文，领导了古文运动，取得大胜利。但到了宋朝，骈体文又死灰复燃。当时从五代时期投降过来的一些文臣，他们思想空虚，生活无聊，尽写些无病呻吟的骈体文，互相欣赏和吹捧。他们自鸣得意，还把这些华而不实的文章结集出版，一时间把整个文学界弄得乌烟瘴气，连韩愈、柳宗元的文集也被这些人取而代之。在此情况下，我联合梅尧臣、尹洙等人起而反抗，发起了反对"时文"、提倡"古文"的声势浩大的运动。你反对人家，那么你主张什么？必须旗帜鲜明地提出来。在作文上，我提出三点主张：其一，针对"重文轻道"的现象，我针锋相对地提出"文道并重"。道就是思想内容，也就是说文章的形式与内容必须统一。其二，我主张要尊重韩柳（韩愈与柳宗元），一定要把他们倡导的文风继承下来，并发扬光大。我们重新编辑出版了韩柳文集，作为范文加以学习。其三，提出作文要流畅自然明白，不能装腔作势。既不因袭前人，也不造一些别人看不懂的句子，似乎别人越看不懂的文章，就显得学问越高。后来我到朝廷做官，以翰林学士的身份主持过几次科举考试，我明确规定，凡应试者必须以朴实的散文体裁作文，凡内容空洞、言之无物、故弄玄虚、华而不实的文章，我这里一概不取。通过这样的考试，我为朝廷发现了一大批人才。

听了欧阳修老先生这些话，我感慨万千。文章要能作好，仅有雄厚的语文基础是不够的，还要有正确的方向与方法。我记得意大利著名高音歌唱家帕瓦罗蒂说过，有些人"嗓音更好并不意味着就能成为一个更好的歌唱家，更重要的是如何运用声音"。不少人非常精通语法修辞，读书也不少，但就是写不出一手好文章来，究其原因就是作文的方向与方法不对。作文，要怎么想就怎么写，怎么说就怎么写，怎么明白就怎么写，怎么生动有趣就怎么写，怎么能说明问题就怎么写，怎么能解决问题怎么写。毛泽东同志在延安时期严厉批评有些人的党八股文章，言必称希腊，夸夸其谈，无实事求是之意，有哗众取宠之心，华而不实，脆而不坚，自以为是。其实正如墙上芦苇，头重脚轻根底浅；如山间竹笋，嘴尖皮厚腹中空。我们知道，在古代，当官的人大多是考上去的，他本身会写文章，他不需要组织个写作班子，由这些人写文章，自己署名发表。后来出现了一种写作者不署名，署名者又不写作的怪现状。发表后，又由这些人写吹捧文章，实际上是自己吹捧自己。正如秦基伟同志说的：关起门来自己给自己作揖。这样的文章，洋洋千言、万言，也看不出有什么错误。然而，年年正确，年年无用；月月放之四海，月月无的放矢。

欧阳修老先生一边喝酒一边听我说，醉翁的劲儿上来了，直给我戴高帽。我赶快说，请老先生接着往下聊。他说，作文还要有"文不厌精"的劲头。天下之事，虑之贵详，行之贵力，谋在于众，断之在独。"格弱字冗"的文章少写，或根本不写。什么叫格弱？就是思想格调低。什么叫字冗？就是指文字啰唆。我写文章前，先打腹稿，想得差不多了，胸有成竹了，再砚墨铺纸，写出来后贴到自己家的墙上，逐字逐句地推敲，反复修改，常常熬到深夜了，还不上床。即使躺下后，又想到用这个字不如用另一个字，我又马上爬起来修改。连自己都不满意的文章，我是不会轻率地拿出去的。

我说，老先生文不厌精的精神，那是名扬天下的。可惜我们写文章太急于求成了，太急于发表了，太想名利双收了。整天玩手机，都快不知道文章怎么写了。就算看了微博后，把自己的观感用百十个字当评论写出来，都懒得动手了。脑不勤，腿不勤，手不勤，整天昏昏沉沉，像个懒猫，怎么能写出好文章来？在这里我以我这把年纪的经验告诉晚辈们，写得一手好文章，此乃你表达个人意志，描绘和享受生活，甚至谋生、贴身、护身、流芳千古的一件无价之宝。人能留下来的，其实就两样东西，一是照片，二是文章，其他一切都将化为灰烬。欧阳老先生，综合你上边讲的，要能"作文"，必须打下坚固的文字基础，必须有正确的方向与方法，必须有文不厌精反复修改的精神。请老先生接着讲"做人"。

欧阳修说，做人是作文的基础。先做人，后作文。上面我谈的作文，如果没有做人来支撑，这样的人不会写出好文章，即使写出也难以服人。试想，一个不孝顺父母的人，一个不热爱自己祖国的人，一个腐败无耻的人，他们能写出令人信服的好文章吗？在我看来，做人就要孝敬父母，热爱祖国，热爱白己的伴侣和子女，尊重朋友，做一个正直的人。今天，我结合我的经历，主要说说为人要正直，在朋友遇到困难与危险时，不落井下石，不翻脸不认人，而要为其辩护，伸张正义，主持公道，关键时刻"拉兄弟一把"。郑先生，你听说过范仲淹这个人的大名吗？我说当然听说过，他不就是北宋时期的一位开明、正直、有作为、有见识、敢在皇上面前提反对意见的杰出政治家嘛。欧阳修说，不错，正是此人。他多次毫不留情地批评宰相吕夷简这个人办事专横、任人唯亲、固执己见。为此吕夷简对他怀恨在心，在宋仁宗面前告了范仲淹的御状，说范仲淹挑拨君臣关系，结党营私。皇上偏信了吕夷简的片面之词，把范仲淹贬到江西鄱阳去当地方官。朝内多数官员都为范仲淹鸣不平，只有有资格向皇帝提建议的高若讷与宰相吕夷简站在一起，主张贬范仲淹。我对高若讷这种行为大为不满，我从心里瞧不起这样的人。在一次宴会上，我喝了不少酒，借着酒劲，我当场揪住高若讷的脖领子骂道："我算认清楚了，你身为谏官，不去揭发贪官污吏，反而嫉贤妒能，参与陷害忠良，你还知道世上有羞耻二字吗？我看你不过是个卑鄙无耻的小人！"我这些话弄得他当众下不了台，只能扫兴地离席。我劲儿上来了，一不做，二不休，写了一篇《与高司谏书》，继续揭露他的真面目。我仗义执言：范仲淹平生刚直，好学博古，办事有原则，为天下人所知，他如今因为评议政事而得罪了宰相，才被贬官，在这关键时候，你身为皇上的谏官，不为他辩护也就罢了，这还可谅解，因为你怕牵涉到你的个人利益，但你不能与宰相同流合污，对范仲淹落井下石啊！你这种卑劣的行为是可忍孰不可忍！我在信的末尾还告诉高若讷，你可以拿着我这封信作凭证，到皇上面前告我，惩处我。果然高若讷恼羞成怒，开始搜罗我的黑材料。在政治上抓不到我的什么把柄，又从生活上找问题，硬说我与我的外甥女通奸，在皇上面前告了我的御状，把我贬到地方当官。

我一边听欧阳修讲这段真实的故事，一边为他的为人正直点赞，他真不愧为敢于为朋友为正义两肋插刀的男子汉。我说，你就这么降了职，到地方当官去了？欧阳修说，去了，不去有什么办法。我不是为个人，而是为范仲淹丢的官，我并不后悔。我收拾行装，离开朝廷。

我又与欧阳修老先生连干三杯酒，以十分敬佩的心情说，做人做到你这个份上，真是一个名副其实的高尚的人、纯粹的人、有道德的人，可惜这样的人越来越少了。欧阳先生，请谈第三个"做官"吧。

欧阳修说，宋朝的皇帝一般不杀文人。看到你不顺眼，或者言语冒犯了他，或者有人告你的黑状，就给你降职处分，从朝廷的官，下放到地方去当小官。在下边表现好了，或者又需要你了，还可以再调回来。我一生被贬过三次，今天我就把我被贬到安徽滁州当太守的那次当故事，讲给你听吧。我说，请老先生再喝几口，这段故事一定很生动，我洗耳恭听。

欧阳修说，我降职到滁州任太守后，因为我是冤案的受害者，深知被冤者本人与家人的痛苦，所以我到职后，大刀阔斧地平反了不少冤案。与此同时，为平民百姓多办好事实事，尽量解除其生活困苦。我是搞文学的，我特别注意观察社会真实情况，了解民情。安徽滁州可是个好地方。到了这里后，我特别爱和各界人士以及普通百姓交朋友。我经常去琅琊山玩，这个山非常美，山势陡峭，树木葱葱，鸟儿歌唱，溪水长流，好一个神仙之境。在此山上有座著名的寺庙，其住持名智仙。一来二往，智仙住持成了我的知心朋友。一天智仙对我说："人言世事多曲折，如今处处皆磨难。唯有这琅琊山的山水永享不尽，它也最能陶冶人的性情，像太守这样有大学问的人，虽蒙受冤屈，被降职到这里，却有这山水陪伴，依我看比在朝廷当大官更有一番趣味。"听此言，我不得不说："知我者智仙也！"智仙看我每次登山都很劳累，于是募捐了一些钱，在半山腰修建了座亭子，好让我在上山的途中在这里歇脚。我每次上山都邀一些朋友和普通百姓，和我一起在这座亭子里喝酒猜拳。只听山间猜拳喝酒的欢笑声此起彼伏，好不热闹。我爱喝酒，酒量也大，猜拳的本领也大，我想喝时，我故意输，输了罚酒喝；我不想喝了，我就赢，让年轻人多喝。有时，他们悄悄联合起来对付我，我这个太守真有守不住的时候，常常在这个亭子里被灌得大醉。后来智仙住持请我为此亭命名，我毫不犹豫地题写了"醉翁亭"三个大字，之后写了一篇《醉翁亭记》。

聊到这里，我兴奋了，我与欧阳老先生也猜起拳来。我出了三个手指头，我说五魁首呀！他出了两个手指头，却说哥俩好呀！第一轮我赢了。第二轮，我出了四个指头，我喊八匹马呀，他也出了四个指头，却喊四季财呀！他又输了。我观察他真成了醉翁了。我说，我多次从《古文观止》中熟背先生的名作《醉翁亭记》，真是亭子醉，人醉，文醉，读书人也陶醉。"醉翁之意不在酒"这样的名句，我就是从你这篇文章中学来的。

欧阳修说，老郑呀，我经常与平民百姓一起爬山、喝酒、猜拳，我也是醉翁之意不在酒呀，我是通过和老百姓交朋友，了解他们真实的心声，来决定我这个太守应该为百姓干些什么好事实事；同时通过亲身体会，丰富我的创作素材呀！

我突然醒悟了。欧阳老先生，通过你给我讲的故事，使我知道如何"做官"了。做好官的首要前提，就是放下官架子，不要总端着，端来端去，装来装去，把自己端空了。老百姓十分厌恶端架子的官，非常喜欢平易近人的官员。你端上个架子，整天晃来晃去，说些不疼不痒、不切中要害的话，制定些对百姓不利甚至损害其利益的政策，老百姓能口服心服地说你好吗？只有情况明，才能决心大，方法对。在情况不明、似明非明的情况下，你的决心越大，离老百姓越远。你的方法也不可能得当。好一个醉翁之意不在酒呀！高，实在是高。

我接着说，我们今天聊得很好，你的"作文"告诉我们，要能写好文章，不仅要有雄厚的功底，打下坚实的基础，还要把握好方向和方法，有好的文风，并做到文不厌精，反复修改；你的"做人"主要告诉我们为人必须正直，敢于发表不同见解，为朋友敢于伸张正义，决不可落井下石；你的"做官"主要告诉我们，当官的决不可端官架子，只有这样，才能摸到群众的真实脉搏，人民才会和咱心连心。

欧阳修说：我看老郑你这人不错，最后赠你几句话吧。不自见，故明；不自是，故彰；不自伐，故有功；不自矜，故长。说完这几句话，他喝了口酒，又吃了根羊肉串，和我拜拜了。

郑洪升和岳飞聊天

　　我和欧阳修老先生聊过之后，心想与宋朝的名人聊得不少了，大大超过了秦朝、汉朝和唐朝，无论如何在此朝不能再久留，该去下个朝代找名人聊了。我正要向前走，忽然间一支队伍挡住了我的去路。我一看，这支队伍如此威武，站成一列，个个头戴盔甲，像仪仗队员一样，眼珠子都快瞪出来了，他们随着我的移动行注目礼，眼睛连眨都不眨一下。只见领队的一个头领，向前几步，举着闪亮的军刀，向我敬礼，很有礼貌地问，你是郑先生吗？我感到有点突然和奇怪，忙问，你们是什么队伍，为何要拦住我的去路？头领说，我们是岳家军，岳将军请郑先生进军帐少坐，饮酒叙谈。顿时，我明白了，这是岳飞派的队伍在此拦我，看来我不跟他聊，休想走出宋朝。

　　我跟着这位头领，通过三道岗，进入军帐。只见一位年轻的将军忙起身走到我的跟前，我上下打量了一下，此人浓眉大眼，眉清目秀，红光满面，一身浩然之气，长得十分英俊，这不就是大名鼎鼎的岳飞嘛！

　　坐定之后，岳飞先开口了。他说，郑先生你与我大宋开国皇帝宋太祖，以及苏洵、苏轼、苏辙、王安石、司马光、欧阳修等名流的聊天，我都旁听过了，你知道我是喝宋高宗赐的毒酒而死的，我心里有一肚子话没处说，憋得难受，你为什么不和我聊就想离开宋朝呢？我侦察到先生的行走路线，所以在这里拦迎，知道你爱喝几口，我让我的厨师准备了酒菜，咱们一边喝，一边聊，聊完之后，你想去哪，请随意。

　　我心想，这位岳飞将军不好惹，不聊是走不了了；况且他是位大英雄，又给我备了吃喝，还有什么理由不跟他聊？聊，聊定了，而且还要聊出新的高度。我说，岳将军，我虽然比你晚出生千百年，但你死时才39岁，而我这时已经84岁了，取长补短，咱俩可以平起平坐了；同时，咱俩都是行伍出身，因此，希望咱们聊些掏心窝子的话，不必转弯抹角，尽管直来直去。岳飞说，我之所以不让你走，想聊一聊，正是看准了这一点。我是个直性子，是个不会拐弯的人，你也爱说真话，所以咱俩肯定聊得来。经他这么一说，我的聊劲儿上来了，必须和岳飞将军聊，不聊个痛快，誓不罢休。

我说，如果我没记错的话，岳将军是河南汤阴县岳家村人。现如今你们河南人在外边的名声有点不妙。我儿子渊洁的好友凌解放，不，说凌解放知道的人不多，这位凌解放，就是写皇帝专业户的著名作家二月河。二月河先生生于山西昔阳县，幼年随父南下，长于诸葛亮的故乡河南南阳，由于他是大半个河南人，又是河南人选出的人大代表，所以他敢于说一些打死我也不敢说的话。

岳飞问，二先生说了什么？我说"二"不是他的姓，不能叫二先生。岳飞马上改口说，二月河先生说什么了？我说，二月河在《也说豫人》一文中说，这几年河南人的声价大跌，真的应了一句话"其亡也忽"。南方有些商家，挂出了"河南人免谈生意"的牌子；有的打出"警惕河南骗子"的大条幅。我还听过一个笑话，说董存瑞的战友河南老乡，和董存瑞一道进了桥头堡下要炸桥，却忘了带炸药支架，河南老乡说："我去取支架"，一下子溜走了。冲锋号一响，董存瑞一下子急了，举起炸药包便引爆了。他最后喊的也不是电影里说的那句"为了……"而是"河南人真不是东西"。还有个笑话：山西发生的假酒案，最后查明主犯是河南人，这样的人当然要枪毙。问他临终有何要求？他说"希望押解回原籍"，因为他寄希望于河南的枪子儿也是假货。河南人的声誉，真有点儿像下酒菜，亲朋好友部属故旧相聚，觥筹交错间，一套又一套"说河南人"下酒。

岳飞一边听一边直皱眉头，想当年我们河南人可是响当当的呀，如今怎么变成了这个样子？我说，看问题要全面，我在河南驻马店的遂平县住过一年，我对河南人的印象还是很不错的。恐怕哪个省的人中都有些不好的人，由于少数人的行为不当，而败坏了全省的声誉。我们不能以个别代替一般，以树木代替森林。听了我说的这些话，岳飞眉头舒展了，赶快说郑先生喝酒，喝酒！

我与岳飞连干三杯杜康酒后，我说，欧阳修先生向我谈了六个字，即作文、做人、做官。请将军把你的人生经验也告诉我好吗？

岳飞说，欧阳老先生是我的老前辈，文章写得好，为人正直，官儿当得也很出色，在立德、立功、立言这"三立"上都为我做出了榜样，我小时候就是看着他的书长大的。我不敢与老前辈比肩，他讲了六个字，我只讲体会最深的四个字：忠、勇、严、智。我赶快说，字儿越少，概括性越强，含金量越高，请岳将军细细道来。

岳飞说，我先说忠。我生活的宋朝确实辉煌过。前几任皇帝都有作为，百姓生活安居乐业，文化发展势头强劲，出了一批在中国历史上数一数二的政治家、文学家、军事家、科学家、书法家。但是到我出生时，宋朝已经在走下坡路了，皇帝换了一茬又一茬，一代不如一代。气数已尽，山河破碎，民不聊生，社会矛盾越来越尖锐，朝廷与各级官员腐败透顶，包公在世时维持的那种比较清廉的风气一去不复返。我在幼年时受的家教极严，随着年龄的增长，我一边习文，一边习武，欧阳修的散文，如《醉翁亭记》，苏东坡的诗词，我倒背如流，虽然我知道"大江东去浪淘尽千古风流人物"，但是我还是想当这"千古风流人物"。在文武两个方面，我更偏爱武。我非常崇拜项羽、韩信、关羽、赵云等英雄人物，后来我的儿子出生后，我就给他起名叫岳云。同时我学习研究兵法，练习各种武艺。到了我 18 岁那年，我决定从军。临行前，妈妈要我跪在祖宗牌位之前，并让我撩起上衣，她老人家拿着一根纳鞋底子的大针，在我的背上刺了四个大字：精忠报国。我是背负着母亲刺的"精忠报国"离开家的。我当时想：精忠是为了什么，是为了报效国家。在国家有难之际，我更要以"精忠"的精神报效于她。当一个顶天立地的男子汉！

听到这里，我说，岳将军你的母亲真是一位伟大的母亲。她亲手刺到你背上的"精忠报国"四个大字，流芳百世，永垂不朽，成为你的"背"右铭和行动指南。你没有辜负你母亲的重托和期望，始终"忠"字当头。

　　而岳飞却说，我被毒死后进行了反思，精忠报国，没错，然而还要看报的是个什么国，如果你报的这个国连你自己都保不了，报它何用？当然话又说回来了，狗不嫌家贫，儿不嫌母丑，再穷再丑的国，该报时你也要奋不顾身地报呀！而且不能粗报，要精报。

　　我说，岳将军你说的这段话很辩证，值得深思。请谈第二个字吧。

　　岳飞说我体会最深的第二个字，就是勇。我参军后由于我的武艺超群，很快被宗泽将军看中。在一次练武时，我杀死了一个仗势欺人的将官。虽然是失手杀的，但杀人偿命，我被判死刑。好在宗泽将军说，现在正是与金兵作战的时期，把我留下来，让他戴罪立功。宗泽将军给了我五百骑兵，命令我攻打汜水关。我初生的牛犊不怕虎，带着这五百骑兵直插敌阵，金兵见我不过是个嘴上没长毛的娃娃，区区五百骑兵，何足挂齿？说时迟，那时快，我拔出箭来，一箭脱弓，不偏不倚正从金兵主帅的喉部穿过，他当场呜呼哀哉！金兵主帅一死，众金兵像无头的苍蝇一样，乱成一团。我乘胜追击，一举攻占汜水关。宗泽将军对我的勇猛大加赞赏。接着他又给我三千骑兵，让我夺回被金兵占领的竹笋渡。我的部队离竹笋渡还有几十里路程时，天已黑了，有人建议就地休息，明天发起进攻。我说兵贵神速，必须连夜赶路，我对我的将士说："大家虽已很劳累，但我们必须咬紧牙关，一鼓作气，连夜赶到竹笋渡，乘金兵还在做梦时，把他们歼灭！"果然金兵估计我们根本不可能到达，还在熟睡时就光着屁股被我们歼灭了。我从金兵手中夺回竹笋渡。金兵统帅得知战略要地竹笋渡失守后，恼羞成怒，派几万人包围了竹笋渡，而我们只有三千人马，当时有人有些惊慌。我说："不必惊慌，你看金兵只围不攻，说明他们不知我们的底细。只要我们不暴露实力，就可以坚守几天，寻找战机，成功突围。"后来我生出一计，一天我悄悄派几百名士兵身藏火把埋伏在竹笋渡南边的一个山头上。我在城里一给信号，他们点燃火把从南山上冲下来，金兵误认为援兵到了，慌忙撤退，我命令城里士兵摇旗擂鼓冲出城外，吓得金兵丢盔弃甲仓皇而逃。等金兵发现中了计时，返回来一看，我的部队早已突围。这几战下来，宗泽将军提拔我当统制，我成为名副其实的将军了。后来，我随王彦率领的七千人马攻打金兵占领的新乡。王彦见金兵太多，畏缩不前。我夺过军旗挥舞，骑马冲在前边，士兵大受鼓舞，跟着我杀入敌阵，一举夺回新乡。第二天我又率兵与金兵在侯兆川大战，我虽身负轻伤十几处之多，仍咬牙战斗，最后打败了金兵。

我一边听岳飞讲一边想，确实是两军相遇勇者胜。军人的第一素质是忠，第二素质是勇。贪生怕死的胆小鬼，永远当不了一个好士兵，更别说好将军了。战争的冒险性很大，没有勇气的人不敢冒险。不敢冒险的人，绝不会取得战争的胜利。所以，岳将军一直认为"文官不爱财，武将不怕死，何愁天下不太平"。

我说，请岳将军谈你的第三个字：严。

岳飞说，这个严字，就是从严治军。具体地说就是严肃纪律，严格训练，赏罚严明。我们岳家军从无到有，从小到大，从弱到强，最后发展到十几万人的大军，连金兵都闻风丧胆，直叹"撼山易，撼岳家军难"。那我们岳家军是从天而降的天兵神将吗？不是。是严字当头，硬练出来的。我带的部下来自四面八方，成分极为复杂，其中有不少亡命之徒，也有不少地痞流氓，更多的是自由散漫的农民。对这些乌合之众，对这些破铜烂铁，你若不"严"字当头，百炼成钢，如何能与不可一世的金兵对抗？我采取的办法是：首先，严明纪律。凡违反军纪者，必严肃处罚。即使强取百姓一针一钱，也要重罚不赦。为了杀一儆百，我把我岳家军二把手王贵旗下的一个士兵斩了，并打了王贵一百军棍，责他对部属管教不严。这一下，再敢违纪者大大减少。其次，我规定"小善必赏，小过必罚"。不光是严处，更要大奖。凡遵纪者、立功杀敌者，我破格提拔重用。在我岳家军形成了一个人人想当英雄的良好风气。最后，也是很重要的，我岳飞身先士卒，带头冲锋陷阵。行军途中我规定夜不进民舍，我与士兵同样睡在大街上；我长期与士兵吃一样的饭，睡一样的铺，每有艰巨任务都派我的长子岳云打先锋。有的士兵病了，我亲自煎药送汤。有的阵亡，我把衣服脱下来盖在其遗体上。每次征前我都向官兵演讲，进行动员，以激励战斗意志，把队伍的情绪调整到最佳状态。这样，我待数万人如待一人，公正无私，恩威并济。我们比山还难撼的岳家军，就是严字当头，严人先严己，这么练出来的。

我说，岳将军，你讲得太深刻太精彩了。

岳飞说，郑先生过奖，过奖。我现在聊我体会最深的最后一个字：智。都说两军相遇勇者胜，但是两军指挥员相遇则是智者胜。战争表面上看打的是刀枪弓箭，实际上是双方指挥员智慧的较量。往往一个好的智谋胜过一支大军，可以减少很多人的伤亡。公元 1134 年，金兵已经占领了中原与江北的大部分土地，形势对南宋十分不利。这时宰相朱胜提出当务之急是收复襄阳，只有把襄阳夺回来，进可以北伐，退可以保朝廷安全，此乃生死存亡之战。如此重任派哪位将军去呢？经过权衡，宋高宗决定由我统帅出征。皇上把如此重任交给我，我绞尽脑汁想计谋，先打哪，后打哪，如何打，都要考虑周全。在军事上有个原则，柿子先拣软的捏。我的目标是拿下襄阳，但我先打郢州。郢州的守将是降将荆超，此人在北宋时期曾在皇宫当过禁卫军，投降金国后，手下还有一万多人马。我的岳家军到达郢州城下，围而不攻。我让嗓门高的人轮流向城墙上的守军喊话，大搞心理战，让他们不要为金人卖命。我四处侦察地形，寻找薄弱环节，确定突破口。这时负责粮草的官员向我报告，粮草不多了。我问还够吃几顿？他说只够两顿了。我说，不要慌，够两顿就行，今晚吃一顿，明天早上吃一顿，中午进城吃荆超的饭。战士们对我的话半信半疑。我说，敌人十分轻敌，防守的薄弱环节已被我找到，明天咱突然发起进攻，定能打他个措手不及，速战速决，正好进城吃中午饭。

我听着心里都有些担心和没底，只有 32 岁的岳飞能有如此大的胜算？

他年轻轻的怎么就有这么大的把握，说出话来板上钉钉似的？

岳飞说，郑老先生，军中无戏言。第二天我稳坐在帅旗下指挥。荆超的军队见我摆出了攻城的架势，有点慌乱，因为他们知道我岳家军的厉害。弓箭炮石纷纷落在我的帅旗周围，我自岿然不动，镇定自若。实际上我已派我的两员大将王贵和牛皋带领突击队，从敌人守备最薄弱处猛扑上去，上去后他们就把我岳家军的旗帜插到城楼，摇旗呐喊。这时荆超的部队已经乱成一团，四处逃窜，我随即命令我岳家军全面发起攻城。荆超自杀，他手下的一万多人死伤七千。拔掉郢州后，我又乘胜向襄阳进军。兵分两路，一路命我的战将张宝和徐庆率部去攻打随州，我亲自带一路人马直取襄阳。

我说，攻襄阳你又采取了什么智谋？

岳飞说，襄阳守将叫李成，他的兵力比我多三倍，他根本看不起我，出城四十里迎战，妄图以多胜少，把我歼灭在城外。李成的骑兵与步兵都出来了，人喊马叫，不可一世，好不威风。我命令王贵带我的步兵，用短枪长矛去攻打敌人的骑兵，又命令牛皋带领我的骑兵直冲敌方的步兵。战斗开始不久，我岳家军就占了上风。李成一看情况不妙，只好夺路而逃。这样我就收复了襄阳，不久又从金兵手里夺回邓州和唐州。

我说，宋高宗对你的这一连串大捷有何表示？

岳飞说，宋高宗是前任皇帝被金兵俘获后当上皇帝的，他哪里尝过大胜的甜头。皇上喜出望外，立即封我为清远军节度使，32岁的我已经可以与韩世忠、张俊齐等老将齐名了。但是，后来皇上又任命秦桧当了宰相，埋下了对南宋和对我不利的祸患。

我说秦桧这个人怎么能当宰相呢？岳飞说，此人是江宁人，北宋时期任过御史中丞，他和宋徽宗、宋钦宗两位皇帝同时当了金兵的俘虏，后来被放回南宋。我怀疑秦桧是金国派回南宋的间谍。就是这么一个人，宋高宗却让他当了大权独揽的宰相。

后来，金国统治集团内部也矛盾重重，有个名字很奇怪的兀术，通过政变夺取了政权，想挽回节节失败的局面。兀术掌权后，兵分四路向南宋发起疯狂的进攻，但是都被我率领的岳家军与韩世忠等指挥的军队挫败了。最后在郾城进行决战。双方都摆开阵势。我把我的儿子岳云叫到跟前，我十分严厉地告诉他："今天你带一支精锐骑兵打先锋，只能取胜，不能失败，如失败，回来我先砍你的头。"我儿子参军已几年了，是个智勇双全的好后生。岳云果然不负我望，只见他一声大喊，带着骑兵冲向金兵阵营，勇猛杀敌，岳家军的另一部队接着跟进，杀得兀术的金兵丢盔卸甲，遍地尸首。

我说，虎父无犬子呀！岳云真有当年赵子龙赵云之勇呀。

岳飞说，兀术虽败下阵来，但他还有绝招，就是"铁浮图"。什么是"铁浮图"呢？这是兀术专门训练的骑兵的名字。这支人马都披上铁甲，三个骑兵编为一队，居中冲锋，又用两支骑兵从左右两翼包抄，他把这叫作"拐子马"。究竟如何破这个拐子马，当时我动用我的全部脑细胞想计谋，不用脑子是不行的，魔高一尺，道必须高一丈。思来想去，我终于琢磨出拐子马的致命弱点。于是我命令我的士兵都带上砍刀，埋伏在悄悄挖好的战壕里，等拐子马冲过来，专砍马腿马蹄子，马倒了，金兵自然从马上跌下来，前面的马倒了，后面的马也跟着倒了。说时迟，那时快，我命令大部队蜂拥而上，把金兵打得落花流水。这样我就破了兀术的"铁浮图"，大获全胜。后来，我与其他各路人马，又取得一系列的胜利。

我说，岳飞将军，你之所以成为常胜将军，不仅是勇，更重要的是智，是巧，是活。只有智勇双全，才能取得战争的胜利。

岳飞说，话是这么说，理也是这个理儿，但作为一个将军你还得听皇上的。自秦桧当了宰相后，一直主张与金国议和。我曾上谏高宗："对金国切不可抱有不切实际的幻想，对议和不能依赖，宰相把事情弄得这么糟，将来定会遭世人唾骂。"为此，秦桧对我恨之入骨。而宋高宗也有他的小九九：一来，他担心我们北上夺回开封，这样被俘的钦宗一回来，他的皇帝就当不成了；二来，他怕我功高盖主，像宋太祖赵匡胤那样发动政变，夺了他的权；三来，金国提出要议和必须撤掉岳飞的兵权；四来，宋高宗这个人虽是皇上，但奴性十足，常言道，兵熊熊一个，将熊熊一窝，皇上熊熊一国。他开始心甘情愿向金国称臣，定为"君臣关系"，之后又定为"叔侄关系"，再后来又定为"伯侄关系"。我说，伯侄关系？这明明是叫金人为大爷了。岳飞说，白花花的银子几十万两几百万两地向金国纳贡，让人心疼呀！正在我岳家军在军事上不断取得胜利，眼看就可北伐的有利情况下，皇上一天竟向我连下十二道金牌，要我撤兵。

我说，你撤吗？岳飞说，我是忠于朝廷的，能不撤吗？但我知道从金兵手里收复河山的宏愿，从此毁于一旦。我被召回到临安后，秦桧等人迫害我的阴谋活动变本加厉地进行。我看情况不妙，立即上书皇上主动辞官，带着全家老少，到庐山我母亲的墓旁定居下来。过去我为国尽忠，现在我尽孝来了。我手中已无一兵一卒。即使这样秦桧仍不甘心，罗织罪名，必置我于死地而后快。公元 1141 年我以莫须有的罪名被捕了，被关押在临安的大理寺。我的儿子岳云也关在这里，已被打得遍体鳞伤。韩世忠等名将质问秦桧，全国人民也为我申冤，但是在秦桧的唆使下，皇上还是决定以莫须有的"谋反"罪名，立即处死我，以此换取与金国的议和。我含泪写了首《满江红》：

"怒发冲冠，凭栏处，潇潇雨歇。

抬望眼，仰天长啸，壮怀激烈。

三十功名尘与土，八千里路云和月。

莫等闲，白了少年头，空悲切！

靖康耻，犹未雪；臣子恨，何时灭？

驾长车，踏破贺兰山缺！

壮志饥餐胡虏肉，笑谈渴饮匈奴血。

待从头，收拾旧山河，朝天阙！"

岳飞说，郑先生，我记得十分清楚，我是公元 1141 年 12 月 29 日饮皇帝赐的毒酒死在风波亭的。当时我 39 岁，我的儿子岳云也同时被害，仅 23 岁。

　　岳飞说这段时，我一直含泪闭着眼睛静听。我在想，难道真的是家家有本难念的经，庙庙都有屈死的鬼？历朝历代，有多少忠臣良将死于毒害之下！冤死的普通百姓就更海了去呀！等我睁开眼时，岳飞将军已不见了，难道他又八千里路云和月去了？别说八千里，一万里两万里路云和月，不也是尘与土嘛！我拿起酒杯，向他座位方向的地上洒了三杯酒。脑子里翻江倒海，想了许多，许多……

郑洪升和包拯聊天

　　我同岳飞将军聊过之后，心里有种说不出的滋味，我既恨秦桧，也恨宋高宗。岳飞父子为宋朝那么卖命，立下赫赫战功，他们却丧尽天良，不顾忠臣的劝告，不顾广大百姓的强烈反对，竟赐毒酒毒杀岳飞等人。难道天下还有公理吗？我的气不打一处来，我决定赶快离开这个山河破碎、昏庸无能、投敌卖国、腐败成风的宋朝！这个朝代今非昔比，我已无法待了。我正在向前走。一位京剧表演艺术家裘盛戎模样的人又挡住了我的去路，他左右站的似乎是王朝和马汉，地上还放着狗头铡刀、虎头铡刀、龙头铡刀，实在瘆得慌，我心想：这不是包青天大老爷嘛，他摆着三口铡刀，又有王朝与马汉站在两边，不好办了，我想走，难了。

　　果然是包公。

　　包拯开口了，郑先生，你和宋朝的张三李四王二麻子都聊过了，为什么把我老包跳过去，岳飞比我的年纪小好多呢，我是宋朝建朝四十年左右出生的，岳飞是宋朝一百多年后才出生的，论辈分我是他爷爷的爷爷。你隔着爷爷的爷爷，跟孙子的孙子聊，有点太瞧不起我老包了吧？

　　我赶快说，包大人，你是什么人，青天大老爷，反腐败的英雄，铁面无私的表率，借我一百个胆，我也不敢瞧不起你老人家。只是因为你们宋朝的名人太多，我都84岁了，我知道老天爷给我留下的时间不多了，下面还有好几个朝代，名人也不少，我得抓紧时间往下走，用实际行动兑现我向全世界名人借脑子的诺言，不然来不及了。况且你的故事，都上各种戏了，几乎家喻户晓。我的水平有限，聊不出什么新东西，我的粉丝会向我拍砖的。包公说，有些书上与戏里说我的事，好多都是添枝加叶瞎编的。特别是清朝那个叫石玉昆的人写的那本《三侠五义》，根据民间的传说，杜撰了不少内容。戏里的秦香莲呀，陈世美呀，我连听都没听说过。我之所以想和你老郑聊，就是想和你谈一个真实的我，特别是想聊一聊我当时的内心活动，以正视听。

我说，其实我真想和你聊，现在，我们正在轰轰烈烈地反腐败，你的经历肯定对我们有借鉴作用。只是请你把那三口大铡刀搬走，让王朝马汉也到一边休息，咱们无拘无束地聊。只见包公一个眼神，老王老马便扛着铡刀退场了，只剩下包公与我。

包公说，郑先生，欧阳修大师给你谈了作文、做人、做官六个字；岳飞将军给你谈了忠、勇、严、智四个字，我比他们更少，只谈三个字：孝，正，敢。

我说，你们宋朝的名人水平杠杠的，一个比一个概括能力强。那咱们就闲言少叙，言归正传。

包公说，好，我先说孝。我出生在安徽省合肥市肥东县包村。我家的成分较高，恐怕最低也是地主。我的父母就生了我这么一个儿子，按你们现在的说法，我是独生子。社会上一直流传我有个好嫂娘，是我的嫂子把我抚育成人。我没哥哥，哪里来的嫂子？我的父母对我十分疼爱，但要求和教育极严。我在宋仁宗天圣五年，即公元 1027 年中了进士，当时我 28 岁，先任大理寺评事，后任江西永修县知县。我请求朝廷最好派我到离父母近点的地方任职。皇上不错，改让我担任和州的监程。什么是监程？就是个管钱粮税收的官。我把这个消息告诉父母，请二老和我一块去和州生活。但是故土难离，他们不愿离开家乡，也不愿让我独自在外。在这种情况下，我索性辞官，回到老家照顾年迈多病的爹娘。我的这个行为，受到同僚交口称赞。

我说，你真的辞官回家了，这不成了宅男？包拯说，我也不管什么宅男与宅女，我只知道与年迈体弱的父母在一起，尽我做儿子应尽的孝道。因为我是尊孔的，孔子说，父母在，不远游。我说，孔子接着还说，游必有方。包公说，孔夫子这句话前后是有矛盾的。既然说父母在不远游。你又来了个游必有方。这明明是告诉大家还是可以远游的，不管你游到天涯海角，只要把方向告诉了父母就行。我这个人是死心眼，我就执行前一句，父母在不远游。我辞官回家后，就一件事，让父母高兴，把家料理好，让他们长寿。

我问，包大人，你是大孝子，在孝上你是怎样做的？包拯说，我有个"包八条"，从来没跟任何人说过，今天我向你和盘托出。

第一条，我给老人家生儿育女，让他们感到包家香火兴旺，孙子孙女满堂，彻底改变我这根独苗的状况。我一生中先后娶了董氏、孙氏、崔氏、张氏为妻，她们给我生了两男两女。长子包镱虽活了二十几岁就死了，但包绶与两个爱女都健康成长。不孝有三，无后为大，我先把这个"大"抓住，让我的二老喜笑颜开，不会担心后继无人。

第二条，父母只要每天都能看到我与他的孙子孙女，似乎心里就感到踏实。我每天早晨领着孩子向二老请安，晚上道了晚安，等二老睡下，我再上床。同时我对子女严格要求，认真施教，使他们从小受到良好教育，做一个诚实的人，有学问的人。

第三条，我学习农田耕作，什么季节下种，什么时机摘苗，什么时候锄草，什么时候追肥、浇水，经过观察与学习，我都样样精通，成为种地的行家里手。年年丰收，家中有粮，心中不慌。

第四条，我小的时候，爸妈经常给我讲故事，听得我如痴如醉。二老上年纪后，我也给他们讲各种故事，有时候讲自己编的故事和笑话，哄老人发笑。常言道笑一笑十年少，只要他们高兴，笑口常开，有益于健康，就好。

第五条，我学习了一些医学常识，历史上名医的书我都看了，家里人，特别是二老，有个头疼脑热的病，不用出门，我都能下药，我还学会针灸和拔火罐，这样使老人和孩子们都保持健康。

第六条，我虽不像你儿子郑渊洁那样给父母做"郑氏蔬菜饭"，但我也练了几个拿手的绝活儿，逢年过节我亲自下厨，弄几样父母爱吃的菜，让二老高兴，把过节的气氛弄得红红火火，热闹非凡，其乐融融，使他们无独孤感。

第七条，我隔三岔五地给二老洗洗脚，端端尿盆，一方面让老人感到他这个儿子没有白生；同时我也为儿女做出榜样，我老了他们也会这么对待我，这叫种瓜得瓜，种豆得豆。

第八条，在我们家的定位上，我爸就是皇上，我娘就是皇后，我是宰相。我是处理各种关系调和各种矛盾的八级泥瓦匠。婆媳之间发生矛盾，有时理儿确实不在老太太那边，即使这样，我毫不犹豫地无条件地站在老娘一边，哪怕晚上向老婆道歉。我认为，在节骨眼上与老娘站在一起，乃是立场问题，晚给老婆说几句好话，是策略问题。最棘手的是"皇上"与"皇后"干起来了。我妈说我爸脾气太暴，我爸说我妈整天唠唠叨叨。开始我不知怎么站边，觉着站到哪边都不好办。后来我摸到门道了，就顺杆爬，我妈说我爸时我顺着她说，我爸说我妈时，我也顺着他说。两面都不得罪，过两天啥事没了。

以上就是我孝敬父母的八条体会和措施。司马迁说过，父母者，人之本也。若弃之，也就失了做人的根本。我可以大言不惭地向世人宣布：我包拯做到了，始终抓住了这个根本。

我感慨地说，包大人你这"包八条"，太经典，太好了。你为世人做出了孝的榜样。

包公说，我辞官后，伺候了父母整整十年。二老过世后，我又守孝三年。我还想再守几年，但村里的人都说你已经尽到孝道，劝我再出去当官。我只好重新走出家门，为国尽忠去了。

我说，包大人，在你所处的那个历史条件下，父母在不远游，是对的。但是，到了现代，科学技术非常发达，通信与交通极其便利，父母在也可远游了，不管游得多远，都可以从手机、电脑视频中，看到自己在千里万里开外的孩子，可以面对面地交谈。我们国家的游子，在世界各个角落游，游出了许多可歌可泣的故事。现在只提倡常回家看看，如果都守在父母跟前，不远游，那还不把父母愁死急死。接着我掏出华为牌和红米牌的手机给包大人看，然后一人拿一台作了现场表演，并给他照了几张相，还与他玩了自拍，可让老包开眼了。他赞叹地说："真没想到，世界已变成这样！看来，孔夫子的这句话，可改为父母在可远游，游必有方了。"

我说，请包大人讲你的第二个字吧。

包公说，我的第二个字，就是正。什么是正？就是自己站得正，做得正，行得正。我对这个"正"字专门做过研究。你看正字上面是一横，下面是个"止"字。它清楚地告诫人们，要正，就要注意"止"，有许多坏事不能干，只有在坏事跟前止住，你才能正。这个正字不得了，它几乎是至高无上的最理想的境界。我们看：正派、正中、正午、正直、正德、正义、正气、正道、正色、正统、正宗、正门、正厅、正殿、正宫、正屋、正阳、正士、正性、正风、正襟、正味、正角、正职、正当、正确、正餐、正常、正告、正果、正牌，以及纯正、端正、正赤如丹、正大光明、正本清源、席不正不坐、名不正言则不顺，等等，都与正字相连。正的对立面是歪，"不"字加个"正"字，就歪，不正则歪。大家看，这个"正"字好生了得。作为一个人，必须正。正如柳宗元说的"居者思正其家，行者乐出其途"也！

我说，哎呀，什么事就怕细琢磨，这个正字让你这么一说，还真是重要。所以，我们现在也很提倡发挥正能量。

包公说，我一生除了践行"孝"，再就是追求"正"。我要正正派派做人。正人先正己，打铁先要本身硬。光嘴上喊正，而自己尽做不正的事，那不是人，或者不是正直的大写的人，充其量是个忽悠人的小人。我走向官场后，经常提醒自己的就是要正。我在端州当过一把手。端州出端砚，很昂贵，是送礼巴结权贵的好礼物。我去之前，地方官员常以进贡为名，趁机搜刮端砚，以作为他们步步高升的敲门砖。

217

这些人贪得无厌，他们偷留的端砚要比进贡的多数十倍。我上任后规定除上贡外，当地官员不准截留。我自己带头，不留一块，想要自己花钱买。在判案上我不徇私情，一次我的一个亲戚被告在我这里，经查确实违法了，按照法律打了一顿大板后，判其坐牢。从此我的亲戚都不敢违法了。我也从不写信托人办私事，亲朋好友托我说情或办不该办的事，我一概谢绝。当时流传着一句话："关节不到，有阎罗老包。"营私舞弊之事，在我这个关节上别想过去。由于我铁面无私，"立朝刚毅，贵戚宦官为之敛手"。我不收礼，不行贿，以朝廷给的俸禄生活，一直过着紧紧巴巴的日子，但我心里踏实。我给我的子女写下家训："后世子孙仕宦，有犯赃滥者，不得放归本家；亡殁之后，不得葬于大茔之中。不从吾志，非吾子孙。仰珙刊石，竖于堂屋东壁，以诏后世。"事实证明，我的儿子包镱、包绶和孙子包永年等人当官后，都严格遵守了我的家训，是公认的清官。己不正，何以正人？自己的子女不正，何以服人？

我说，好，实在是好。前不久，我看到阿根廷有个三词经，感到不错，基本上也是围绕正字展开的，你歇会儿，我念给包大人听听。包公说，现代的东西我也很想了解。我说，这篇三词经是这么说的：

"有三种东西必须捍卫：祖国、荣誉和家庭。

有三种东西必须控制：情绪、语言和行为。

有三种问题必须思考：收入、生命和死亡。

有三种行为必须摒弃：罪恶、无知和背叛。

有三种做法必须避免：懒惰、邋遢和造谣。

有三种东西必须挽救：圣洁、和平和快乐。

有三种品质必须尊敬：坚毅、自尊和仁慈。

有三种习惯必须培养：理性、谦虚和好学。

有三种人你必须警惕：奉承、狡猾和贪婪。

有三种人你必须轻视：自吹、虚荣和野蛮。

有三种人你必须钦佩：博学、谦逊和奉献。

有三种人你必须爱护：长辈、子女和朋友。

有三种上级必须远离：自私、啰唆和寡断。

有三种下级必须教育：忘事、拖拉和多嘴。"

包公说这篇东西真不错。我补充一条，有三种贪官必须严惩：贪污、行贿和通奸。

我说，包大人你的这个补充真幽默。请聊你的第三个字：敢。

包公说，我在官场几十年，碰了几十年的"硬"。通常情况下，人们都是柿子拣软的捏，而我是哪个硬我就去捏哪个。在这种情况下，若没有敢字当头，前怕狼，后怕虎，将寸步难行。特别是我到宋朝的首都开封任知府后，啃的骨头一个比一个硬，我仅举三例。

第一例：王安石的第一次变法受挫之后，权贵们弹冠相庆，更加胡作非为。有一年开封府发大水，老百姓受灾严重。我一调查发现是有权有势的人在河上建园林楼榭，使河水不能通畅流过，造成堵塞，水位上涨，淹了百姓。我立即下令将这些违章建筑全部拆除。开始他们极力反抗，我说，如若不从，连他们的其他罪行一并查办。吓得这些人屁滚尿流，不得不从。从此河道畅通了，发再大的洪水，也淹不了百姓。

第二例：有个叫王逵的人，此人在湖南任转运使时，随意增收名目繁多的苛捐杂税，一次就多收了三十万贯。然后他用搜刮来的财物，大量贿赂京官。百姓敢怒而不敢言，听说王逵来，都纷纷逃到山上的洞穴里躲避。就这么一个人，又升到淮南当转运使。我老包倒想碰碰这个老百姓恨之入骨的王逵。我七次上书皇帝宋仁宗，请求罢免这个坏蛋。但因他受到朝廷的宠信，就是罢不了他的官。有一次我面对皇上，慷慨激昂地陈列王逵的罪行，竟不慎把唾沫星子喷到宋仁宗的脸上。在我的七次上书，又当面力陈利害的情况下，王逵终于被罢免了。

第三例：皇亲国戚我老包也敢碰。一次我专门与"国丈"干上了。有个叫张尧佐的人，他的女儿成了皇上宠爱的贵妃。他这么一个无德无才之人，竟同时担任着四个重要职务。我上书皇上加以弹劾。因为贵妃娘娘从中作梗，仁宗皇帝不好下令。而我穷追不舍，连续上书弹劾他，不达目的誓不罢休。皇上只好做了退让，把张尧佐的官职减掉两个。

老郑呀，官场如战场，斗争极其复杂与激烈，有时到了你死我活的白热化程度。不"敢"字当头是不行的。

最后，我请包公给我说几句更加掏心窝子的话。他说：第一，真正的包拯是存在的，而包公青天大老爷是不完全存在的，有许多是后人加上去的，他们希望出现一个青天大老爷，就可解救自己于水深火热之中。其实，这样的青天大老爷是不存在的，解放自己归根到底还得靠自己；第二，反腐败既不是手段，也不是目的，它是为了虎口夺食，给绝大多数人谋福利，如果反腐败的结果不能使广大群众从中受益，人们都会越来越冷漠，处于漠不关心之境地，广大群众若冷漠了，事情就不好办了；第三，反腐败的领导及其各级战斗团队，自身必须清廉，否则你的腰杆子就不会硬，甚至出现这部分腐败分子反另一部分腐败分子的狗咬狗两嘴毛的混乱局面。有许多腐败分子是以反腐败的英雄出现的，没揭盖子前都是英雄，一揭统统是狗熊；第四，反腐败的着眼点不仅要放在眼前，更要放在未来，用什么保证腐败不会像割韭菜那样割了一茬又一茬，这是重中之重。我坚信你们现代人会比我们古人聪明百倍，解决得会越来越好。以上几点仅供参考。

我说，包大人，谢了！

包公喊："王朝马汉护送郑先生出朝！"我与包大人再次玩了自拍，恋恋不舍地道别后，在王朝马汉的护送之下，一直向前走。

郑洪升和成吉思汗聊天

在王朝和马汉的护送下，我正翻过一座大山，顺着崎岖的山路向前走。忽然马汉说，不好了，有一群军人挡住了咱们的去路。我说，请弄清是哪部分的，不会又是岳家军吧？

过了一会王朝回来说，真的不好了，是杨家将。这个杨家将可比岳家军难缠多了，他们人多势众，不好惹。

我本来也很想与杨家将聊一聊，但是他们家名人太多，我是和杨继业聊呢，还是和佘太君聊？是和杨延光、杨延辉、杨延昭聊呢，还是和杨文广、杨文举聊？马汉说，这杨家别说男的不好惹，女的也很难缠。在女的中，别说佘太君和穆桂英了，连那个杨排风都极难对付。咱们得赶快走，不可停留。王朝和马汉发愁了，说，郑先生我们完不成包老爷交给我们护送你出朝的任务了。

在千钧一发之际，我眉头一皱，计上心来。我呼叫舒克和贝塔，请求他们用五角飞碟把我接出宋朝。舒克回答说，小菜一碟。只见天空一道亮光，在我的头顶转了三圈，五角飞碟稳稳地降落在我的身旁。舒克走出飞碟，叫了我声爷爷，施法将我变小，我钻进五角飞碟，在入口处我向王朝马汉道别。只听老王和老马说，真后悔咱们出生早了，时代真的变了，太不可思议，太不可思议了！

在五角飞碟里，舒克说，宋朝今非昔比，已金玉其外，败絮其中了，爷爷你老在这个朝代待着有何意思？我说，我不是正要去元朝嘛，谁知杨家将又拦住我，想与我聊。在没办法脱身的情况下，我只好向你们求援了。舒克你出息了，还学会了许多词，知道"金玉其外，败絮其中"了！

舒克说，爷爷别忘了我也出版过书，好赖也是个作家，你与全世界名人的聊天内容，我都偷偷听了。我最喜欢你和马克·吐温聊的"人类不如鼠类"那段，真的有相当多的人不如我们老鼠。我还想让臭球主编把你的这些文章在《老鼠报》上连载，稿酬不菲。我说，登《老鼠报》我不要一分钱稿费，作为我对孩儿们的无私奉献。

贝塔说，咱不说这个了，在我的记忆里，爷爷你至今还未出过国吧？趁这个机会，我们带你去全球转一圈，然后再送你去元朝好不好？我说那当然求之不得，只是我没护照，更没办出国签证。贝塔说，爷爷你怎么糊涂了，我们的五角飞碟免签，神通广大，无孔不入，无处不去。

我恍然大悟，是呀，我坐上五角飞碟在全球兜一圈，一方面扩大眼界；另一方面也休息下脑子，一举两得，何乐而不为。

舒克与贝塔驾驶着五角飞碟，一会儿说爷爷这是莫斯科克里姆林宫，一会儿又说这是法国埃菲尔铁塔，一会儿说这是英国白金汉宫，一会儿又说这是美国的自由女神，一会儿又说这是埃及金字塔……凡是有名的地方，舒克和贝塔都让我看了。我对他俩说，过去我有个战友长相差点，38岁还没找到对象。一次他问我，你说实话，我长得怎么样？我说远看不如近看。他非常高兴。接着我又说，近看还不如远看。可把他气坏了。舒克说，爷爷你说这是何用意？我说，有许多景点，百闻不如一见，一见还不如百闻。我不想在天上转了，我愿意落在地上，还是在地上踏实，你们赶快送我去元朝吧。贝塔问，降落在什么地方？我说，就降落在元太祖成吉思汗在的地方。你们隐蔽点，他可是位"只识弯弓射大雕"之人，别把咱的五角飞碟当大雕射下来。贝塔说，爷爷你怎么忘了，五角飞碟刀枪不入！我说，你们把我放下后，赶快离开，免得找麻烦。舒克说，遵命！

成吉思汗很神，他早知道我要来了，亲自出来迎接，这使我非常感动。我得说句公道话，在我见过的中外皇帝级别的人物中，成吉思汗是最威武最有魅力的。他身上有一股不可一世的霸气。

我说陛下，我与前面的名人交谈都采取聊天的方式，现在的国家元首都喜欢举行记者招待会，答记者问。你是元朝的太祖，国家元首级别的大人物。今天咱们换个聊的方式，我扮演记者的角色，你是元首，我提问，你回答，怎么样？

成吉思汗说，就按你说的办，一方面变变花样，另一方面让我也过过记者招待会的瘾。

我问，陛下的名字是什么含义？

成吉思汗答，我 1162 年生于蒙古。我的名字是按蒙古族的习惯起的。我的本名叫铁木真。后来我成为蒙古的最高领袖，就被称为成吉思汗。成吉思汗这四个字中，最重要最核心的是"汗"字，这个字之所以重要，因为它是定位的，"汗"字表明我是大王或大帝。"成吉思"这三个字是大海的意思，说明我这个大王是位强大无比的、不可战胜的、拥有海洋四方的大王。

原来如此。我又问，毛泽东有首《沁园春·雪》，其中点到五位帝王，你觉着他对你的评价公允吗？

成吉思汗答，这首词我知道，中国历史上共出现 83 个王朝，有 566 个帝王。在这么多帝王中，毛泽东把我列到五个帝王之中，我感到荣幸；其次，在谈到前四位时，毛泽东只说他们的缺点，如秦皇汉武，没有什么文采，唐宗宋祖，不够风骚，而我的名字前面是"一代天骄"，这个评价是很高的，说明毛泽东厚爱我。当然说我"只识弯弓射大雕"，也不尽然。我除了射大雕外，还干了许多别的大事，如建立各种法规，创造用兵的战略战术，等等。不过，总的来说，他对我的评价，我还是相当满意的。

我问，陛下小时候家里很富裕吧？

成吉思汗答，先甜后苦。我父亲生我时，是个部落首领，当时家里有钱有势。到我 9 岁时，我家的天塌了，我父亲让塔塔尔部落的人给毒死了。我们部族的人树倒猢狲散，四处逃窜，投向其他部族去了。我家的生活陷入困境，我母亲带着我们几个孩子和少数忠于我家的人，到偏僻地方过着十分艰难的生活，我吃尽了苦头。

我问，陛下，当时你的安全有保障吗？

成吉思汗答，害死我爸爸的部落首领担心我长大为父报仇雪恨，就把我抓起来，带上手枷和头枷，四处游街，想把我折磨死。一次我趁他们举行宴会，防备松散之机，把看守我的那个小子打晕，逃出虎口，隐藏在山林里。后来我遇到贵人，他对我说"你有出类拔萃的卓越才干，他们惧怕你。我们保护你"。在贵人的保护下，我又找到我的母亲。当时我们全家人靠抓野鼠为生。雪上加霜的是，我家的马被盗马贼偷去。在我的好朋友博尔术的帮助下，费了九牛二虎之力才把马夺回来。

我问，这段艰苦的生活，对你的一生有何影响？

成吉思汗答，如果没有这段艰苦生活的磨炼，我要是从小过着养尊处优的生活，就没有后来的成吉思汗。它使我体会到人世的炎凉，它使我意志坚强，它使我什么苦都能吃得下。人的一生只有百炼才能成钢。

我问，后来的情况怎么样？

成吉思汗答，随着年龄的增长，我逐渐认识到必须找靠山，要依附于强大部族的庇护，单打独斗的力量毕竟有限。于是我和我弟弟哈撒儿投靠我爸爸生前好友王罕部族。我尊王罕为父亲。王罕表示欢迎，并答应一起为我父亲报仇。我是找王罕来做靠山，但我明白靠山靠不住。必须有山靠，就是要有自己的山头。大概我这个人有吸引力，用你们现在的话，就是有魅力，我悄悄地在王罕的部族发展我自己的势力。很快许多勇士，其中也包括一些地痞流氓，都云集在我铁木真的门下。队伍大了，我深知不能大权小权独揽。人的本性都是想指挥别人。我大权不放，小权分散。在我最艰难的时候，一直跟随我的一些哥们儿，我都让他们当官，独当一面。我任命阿尔刺·博尔术和折里麦当总管，其他亲信有的管弓箭，有的管膳食，有的管牧羊，有的管修造车辆，有的管马群……人是爱管别人、爱管事的动物，我让我的亲信都管点事，有职有权，他们就心满意足，对我忠心耿耿。如果自己什么都管，不放手，别人干着还有什么积极性？

224

我像滚雪球一样，把自己的队伍越滚越大。最后为统一蒙古奠定了坚实的基础。

我问，你这么扩充自己的实力，堆自己的山头，王罕能容忍吗？

成吉思汗答，开始还没什么。我们联合起来取得了一系列的胜利。我的杀父之仇也报了。毕竟一山不容二虎，后来我和王罕的关系终于崩了。发展到势不两立、你死我活的地步。一次我在王罕庆功大摆筵席放松警惕的情况下，突袭其营寨，王罕父子大败，落荒而逃，被人先后杀死。搞政治和军事的人就是这样，当我需要他时，我可以认其为父；当他不能容纳我并想消灭我时，我只好将其灭掉。什么是权力，这就是权力。我从来不否认权力斗争。像我们这些领兵打仗的人，一切活动的中心，就是消灭对立面，扫清通向最高权力的障碍，到达权力的顶峰后，又为巩固自己至高无上的权力而斗争。我坦诚地讲，我铁木真一辈子都在搞权力斗争，要不然我也不会成为成吉思汗，毛泽东也不会说我是一代天骄。

我说，像你这样坦诚地回答记者提问的人真的罕见。我接着问，王罕与其他对立面被你各个击破后，你的下一个目标是什么？史称陛下"深沉有大略，用兵如神"，是这样吗？

成吉思汗答，我的目标是统一整个蒙古。我的队伍不断壮大，我对其进行了整编。按十户、百户、千户统一编组，并建立了护卫军，使我的队伍成为有战斗力的、纪律严明的军队。我坦诚地告诉你吧，其实历史上高明的政治家和军事家，打天下、得天下无非是采取这几种办法：一是根据形势提出得人心的口号，让人们发自内心地拥护你；二是确定在一定时期内，依靠谁，联合谁，打击谁，切记不可树敌过多；三是利用矛盾，各个击破，切不可全面出击，四面受敌；四是不要讲什么仁慈，心不能软，该下手时就下手，心慈手软的人当不了王，充其量只能为王拉屎去找茅房，给王擦屁股；五是要有一个智囊班子，在关键时刻拿出好的主意，随时调整自己的战略部署与政策；六是会用人，大权独揽，小权分散，让他们为你拼了命，还感到光荣和高兴；七是在作战上一定要远联近攻，详探敌情，远程奇袭，分割包围，佯退诱敌，在运动中歼灭敌人；八是对普通百姓一定要保护，不可轻易害其生命与财产，事后看，我们杀人太多了，这很不得人心。

包公有个"包八条"，我铁木真也有个"铁八条"。当然这八条看似简单，但具体运用起来，复杂多变，要有手腕。王与王之间比什么？就是比看谁的手腕高。手腕者，智慧也！手腕高者，说到底，是智慧高人一等，甚至三四等。我就是采取这些办法，把蒙古各个部落全扫荡了，最后整个蒙古都成了我铁木真的天下，并通过会议选举我为蒙古国的最高首领：成吉思汗，即像大海一样的大王。

我问，你成为大王后，主要采取了那些治国的方略？

成吉思汗答，第一，我稳定人心，想一切办法让牧民都拥护我，从心眼里认为我是他们爱戴的大王。第二，我主张藏富于民，让我蒙古兵强马壮，形成一股无坚不摧的力量。这个世界靠实力说话。没有雄厚的实力，靠耍嘴皮子，没人看得起你。第三，我制定铁的法律，严格纪律。法律规定：那颜们除盟主外不得投靠他人，违者处死；擅离职守者处死；惑乱皇室挑拨是非助此反彼者处死；收留逃奴而不交还其主者处死；盗人马畜者除归还原马外另赔马九匹，如赔不起，以其子女作抵，如无子女，将其本人处死，等等。我们的这些严法，震慑了整个蒙古，很少有人敢触这些红线，谁触必死无疑。我采取的这些措施有软有硬，很得人心，成为我统治蒙古国的支柱。

我问，你们西征过三次，都到过哪些国家？

成吉思汗答，确实是三次西征，我亲自任统帅出征过一次，其他两次是我的后代带着大批人马出征的。为什么要西征？当然师出有名，就是有个叫花剌子模的国家杀了我们几百名商人。他们敢在太岁爷头上动土，杀我同胞，我不给他们点颜色看，行吗？我大蒙古国统一之后，经过多年的休养生息，可以说兵强马壮。我们的蒙古马又高又大，那简直是名副其实的千里马。我决定出征修理他们一下。这三次出征，直入中亚。花剌子模国的人有个特点，见了我们四处逃窜，他逃到哪里，我们就追到哪里。长话短说，我们打到里海、黑海的高加索；打到莫斯科、基铺；打到印度河流一带；打到伊朗、巴格达；打到大马士革；还到朝圣地麦加转了一圈；还大败波兰与日耳曼联军；还进入匈牙利；甚至打到意大利的水城威尼斯，在这里饮过马。那时也没有和平共处五项原则，打到哪算哪。现在看来，我们三次西征都是非正义战争。这已成为历史，历史就是历史，谁也无法磨灭或改写。

我问，你不光是西征，在此前后你还东征呢！你的弓箭到处射大雕。是吧？

成吉思汗答，不错，正如毛泽东说的，我只识弯弓射大雕。在东边我先灭了西夏，紧接着我向占领了北宋的金国开战。统一蒙古后，我东征又西征，耗时许多年，身体渐渐不支，多次从马上摔下来，我是多么想弯弓射大雕呀！但弓力太大，我弯不了弓啦，射不了大雕了，射小雕都难了。我与秦始皇一样，真想长生不老。于是我命人从山东莱州请来个法师，据传说此人有长生不老之法。我问他："真人从远方来，有什么良药能使我长生不老吗？"他拉长调说："长生之道，在清心寡欲；一统天下，在不嗜杀人；为治之方，在敬天爱民。"我请翻译把真人的话翻给我听，并进行了认真思考。我想：我成吉思汗一生是杀人太多了。但我本性难移，直到我患了重病，已经卧床不起了，我还告诉我的儿子们采取什么办法取得统一中国的胜利。

我问，你告诉你儿子什么计谋？

成吉思汗答，我知道自己快不行了，便把我的儿子窝阔台和托雷叫到床边，反复叮嘱他们，我死后你们兄弟之间，一定要情同手足，团结一致，万不可自相残杀。我悄悄告诉他们灭金的策略是："金的精兵在潼关。但潼关南有群山，北有黄河，难以攻破。如果向南宋借道，宋与金乃世仇，必定会答应我们。这样，我们就可以从河南的唐、邓两州出兵，直指开封。金国感到危机当头，必定命令潼关的精兵来解围。这时我们迎头痛击从潼关远道而来的疲军，必能大胜。只要把潼关的这支精兵灭了，金国也就完了。"66 岁的我安排完后事，于 1227 年在六盘山的营帐里与世长辞了。我虽然没有看到元朝开国，但我孙子忽必烈成为元朝的开国皇帝，称元世祖，我被追认为元太祖。

最后我说，陛下，我想问一个你私生活方面的问题，不知可否？

成吉思汗答，随便问，今天我特别高兴，有问必答，决不说"无可奉告"之类的外交辞令，更不说"你懂的"那种模棱两可的话。

我问，陛下，你一生之中拥有过多少女人？

成吉思汗爽快地答，无数。除给我生儿育女的几个我不会忘记外，其他的如狗熊掰棒子掰一个丢一个。估摸总有一百多吧！因为我一生骑马打战，从战场上下来很疲惫，许多时候精力不在这上面。据说太平天国的领袖洪秀全一生之中有三百多女人。这些女人都没什么名字，是编上号的，按编号顺序供老洪享用。在这点上我肯定比不过人家老洪。不知我的回答你满意否？

我说，非常感谢陛下如此坦诚地回答。

成吉思汗最后跟我说，这些年经过反思，我特别喜欢你儿子郑渊洁在评价三国时说的一句话："希望三国演义的故事在中国永远不要重演。希望依靠分裂国家和打内战而流芳千古的英雄人物在中国永远不再出现。"我还很喜欢乔羽那首《爱我中华》歌词中的几句话："五十六个星座五十六枝花，五十六族兄弟姐妹是一家，五十六种语言汇成一句话，爱我中华，爱我中华，爱我中华。"看来，我的弓箭不能再在兄弟民族之间射大雕了，我们五十六个民族应该手拉手心连心地团结起来：爱我中华，雄姿英发，建设我们的国家！

我激动地说，元太祖，你讲得太好了。我一定把陛下的话转告我的读者。

成吉思汗说，元朝名人不少，希望郑先生多找几位名人聊聊。这么多年了，没人找他们聊，寂寞坏了。

我说，遵旨。

郑洪升和忽必烈聊天

　　成吉思汗与我分手时，贴着我的耳朵悄悄说，郑先生，你一定要和我的孙子忽必烈聊聊。我这孙子是元朝的开国皇帝，在许多方面，他干得比我出色，他可不像我一样只识弯弓射大雕，他还射出许多名堂，在很多方面都有建树，甚至超过了我。真没想到在我的孙子中，还出了这么一个人物，他实现了我的很多梦想，用"青出于蓝而胜于蓝"来定位，一点也不过分。我说，我一定找他聊，从历史的角度看，他对咱们中国确实做出了重大贡献，是位功大于过的领袖人物。我也很想听听他当时的一些内心活动。

　　我正要去找忽必烈，他却已经在一旁等我了。一点架子也没有，因为他的定位已经是"原皇帝"，离开皇帝的位置几百年了。常言道，落毛的凤凰不如鸡，他已经没架子，也架不起来了。越是在这种情况下，他越能说真话。

　　我对忽必烈说，咱们采用什么方式聊？是海阔天空、天马行空式的随便聊？还是我与你爷爷成吉思汗那种答记者问。忽必烈说，我是元朝的开国皇帝，又是成吉思汗的孙子，我也想像我爷爷那样过过答记者问的瘾，只是你提的问题，不要太刁钻，像对我爷爷提的那些私生活呀，女人呀一类的问题，希望嘴下留情，不要令我难堪，下不了台。据说，外国记者提问题往往是哪壶不开提哪壶，弄得有些总统、首相很狼狈。

　　我说，陛下，你别忘了我是中国籍记者。忽必烈脸上露出了笑容。其实按海明威写作的要求，这句话中的"脸上"二字完全可以抹掉，因为笑容只能露在脸上，人体的其他部位统统不会露出笑容。

记者招待会开始。

我问，陛下，你忽必烈的名字是何含义？

忽必烈答，咱们中国不管哪个民族的人，给自己的孩子起名字，都想寻找最吉利的字，都想把对孩子的希望寄托在名字上。在我们蒙古语中，忽必烈是贤者和智慧的意思。这个名字可能是我爷爷成吉思汗给我起的。我猜想他老人家大概希望他的这个孙子，将来成为一个贤德有智谋的人。贤者，德也；智者，才也。若按你们现在的话说，就是德才兼备吧。

我问：你爷爷称成吉思汗，像大海一样的大王，你怎么不沿用"汗"名？

忽必烈答，在我没统一中国前，我首先夺取的是蒙古的汗位。但是，我灭了金国与南宋之后，我就不是蒙古的"汗"了。我已成为全中国的大王。唐朝李世民称唐太宗，宋朝赵匡胤称宋太祖，继他位的弟弟赵匡义称宋太宗，他哥儿俩成为全国的"祖宗"。杜牧在《赤壁》一诗中说得好："折戟沉沙铁未销，自将磨洗认前朝"，到了我这里，我不能另立炉灶，我得接着前朝往下排。所以，我根据《易经》中的那句"大哉乾元"，把我的朝代，定名为元朝，我是元朝的开国皇帝，称元世祖。我爷爷成吉思汗虽然没看到这一天的到来，但我们统一全国的基础和实力是他打下的。我称帝后，不能忘本，追认他老人家为元太祖。这样，中国历史上重要的五环：唐、宋、元、明、清，就环环相扣了。

我问：在唐、宋、元、明、清这五环中，你们元朝的历史最短，还不到一百年吧？

忽必烈答，在我的记忆中，唐朝存在了289年，宋朝的北宋和南宋加起来存在了320年，明朝存在了276年，清朝存在了295年左右，只有我元朝，自我改国号起，只存在了98年，像人一样，还没活到百岁，就咽气了。但是，郑先生，你可不要小看我们这98年，在这短短的98年中，我们元朝却干了不少大事，对中国的历史，最少有六大贡献，这我可是实打实地说，绝没有半点忽悠的成分。

我问，我倒想听听你们元朝的第一大贡献是什么？

忽必烈答，对一个国家来说，最重要、最核心的利益是什么？它的命根子是什么？是疆域。都说秦始皇统一了中国，这是事实。但是他统一中国时，咱们的国土面积是多少？只有400万平方公里。之后，分久必合，合久必分。分分合合，合合分分，整个国家的疆土一直没有固定下来。到了我们元朝，经过南征北战，流血牺牲，终于把中国的疆域固定下来了，"北逾阴山，西及流沙，东尽辽左，南越海表"。通俗地说，北到蒙古、西伯利亚，南到南海，西南包括西藏、云南，西北到今天的新疆东部，东北至外兴安岭、鄂霍次克海，总面积约1200万平方公里，是世界上疆土面积数一数二的大国。后来有些不肖子孙、败家子、卖国贼，把我们祖祖辈辈为子孙后代争来的地盘，拱手让给别人一些。虽然减少了不少，但960万平方公里总算保下来了。难道这不是我元朝的大功劳？都说各国有各国的核心利益。放在核心利益第一位的是什么？是领土。在领土问题上，寸土不让。谁把老祖宗积下来的领土拱手相让，谁将遗臭万年、万万年。这号卖国贼，将被钉在耻辱柱上，永世不得翻身！由此可见，我们元朝是给咱中国打地盘、固定地盘的朝代。这是历史事实，谁也无法否认！

我问，你们元朝的第二大贡献是什么？

忽必烈答，我接纳了一大批汉族有识之士，作为我的幕僚，如刘秉忠、张文谦、许衡等人。他们告诉我"可以马上取天下，但不可马上治天下"。我从年轻时起，就对汉文化有所研究，我早就认识到，汉族人口太多了，文化底蕴太深厚了，这里就是一个大染缸，更确切地说，是一个大熔炉。少数民族打进来，不管武力多么强大，一到这个大熔炉，迟早要被熔化。最后不仅没有同化汉族，反而被汉文化所同化，甚至把自己原来独立的地盘，变成中国的一个省。基于以上认识，我主张实行"汉化"，而不是以蒙文化取代汉文化。

我问，你们元朝的第三大贡献是什么？

忽必烈答，我知道对人的管理是要化分区域的。我把全国的地盘这样划分：中央设中书省，掌管全国的行政事务，类似于你们现在的国务院。设枢密院，掌管全国的军政事务。设御史台，负责监察官吏善恶和政治得失，类似你们现在的纪律监察委员会。在各地设代表中书省的行中书省，行省长官掌握一省的军政大权。行省下面设路、府、州、县。我们元朝时期，共设了十个行省，即：岭北、辽阳、河南、江北、陕西、四川、甘肃、云南、江浙、江西、湖广。今山东、山西、河北和内蒙古等地是直辖省，称为"腹里"。我们还在福建行省特设了澎湖巡检司，管理台湾、澎湖列岛。从那时起，台湾、澎湖列岛，更不要说钓鱼岛，都是我中国的领土。行省中虽然不包括西藏，但西藏由中央掌管宗教事务的宣政院直接管理；同时，在新疆、黑龙江南北，以及海南地区，元政府也行使了权力。这些体制的设立，使中央集权制得到有力保证，从而巩固了多民族国家的统一。

我问，你们的第四大贡献是什么？

忽必烈答，发展经济，特别是发展农业和手工业生产。我们提出"以农桑为急务"的口号。我深知"民以食为天"的古训。不发展生产，这么多人与畜吃什么。我们不是空喊，而是采取了成套的恢复和发展农业的措施。如我们在中央和各省设立了专门管农田水利的机构，在中央叫都水监，各省叫河渠司；我们严格限制牧场侵占农田，禁止牲畜损坏庄稼；我们实行屯田政策，利用部分军人开荒屯田，还招募民工在边界地区屯田，这个屯田措施，起了很大作用，使大量荒地得到开垦，多收了大批粮食，减轻了百姓负担。有位叫王祯的人，还写了一部很有价值的《农书》。我们大力发展手工业，各种手工艺品如雨后春笋般发展繁荣起来，景泰蓝、青花瓷等都是在元朝得到充分发展的。恐怕现如今最昂贵的是青花瓷吧。我当时就意识到，因为连年征战，必须休养生息，发展生产，特别是农业生产和手工业，不然社会难以安定。

我问，你们元朝的第五大贡献是什么？

忽必烈答，大力发展交通。为了"通达边情，布宣号令"，也就是下情上传，上令下传，加强中央对各地的控制，我们以大都为中心，修建了四通八达的驿道，在全国的交通线上设置了"站赤"。站赤分为陆站与水站。陆站用马、牛、驴或车；水站用船。边界驿站，由中央设的通政院掌管，中原地区的驿站，则由兵部掌管。全国的驿站星罗棋布，大约有1400处之多。同时，为了迅速传递紧急文书，我还设立了"急递铺"，每10里、15里、20里设一铺，每铺配5人，若有紧急文书需要速传，这些飞毛腿式的人，昼夜能跑400华里。这些驿站与急递铺的设立，不仅有利于下情上传和上令下传，而且对便利全国交通，大有益处。我们还发展了海上运输。

我问，你们元朝的第六大贡献是什么？

忽必烈答，承认和提倡以儒学为主的汉文化和汉教育。我主张大量兴办学校，征用汉族儒生当老师，保存颁刻典籍，同时制订蒙古新文字。在这个思想的指导下，全国各地先后建立24400所新学校；重新修了孔庙；修订了《宋史》《辽史》《金史》；八思巴创制了蒙古文字；马端临撰写了《文献通考》；多人参加编写的《大元通制》成为具有法典权威性的官方政书；画坛"元四家"为后人留下相当多的传世佳品；杂剧蓬勃发展，元曲成就十分辉煌，几乎与汉赋、唐诗、宋词比肩；天文等自然科学也有长足的进步，涌现出一批有影响的科学家。我始终认为，衡量一个朝代的成就大小，不光是要看其军事实力，更要看它的经济发展和文化贡献，是否为后人留下了不朽的作品，是否造就了一批有影响的作家和各门类的科学家。

我说，陛下你的回答十分经典，就我所知，基本上是实事求是的。但是，也不能只说成就，事后来看，你们犯过什么大的错误没有？

忽必烈答，当然有，而且犯过如下致命的错误：

第一，我们为了维持蒙古族的统治，把人分为四等，这就得罪了大多数。第一等是自家的亲骨肉蒙古人；第二等是色目人；第三等是汉人；第四等是南人。这几种人在政治、经济、法律地位上都不平等。例如，当官的，正职由蒙古人当，汉族与南人，本事再大，也只能当副手。蒙古人打汉人，汉人不准还手。蒙人喝醉后打死汉人与南人不偿命，交一部分埋葬费即可过关。连括马的待遇也不一样，蒙古人不须括，色目人须括三分之二，汉人与南人必须百分之百括马。我实行这些政策，都种下祸根，使民族矛盾加深，加上阶级矛盾不断激化，这是元朝短命的最重要原因。

第二，长话短说，不断对外征战，损失惨重，伤了不少元气。

第三，元朝末年腐败严重，卖官买官现象成风，卖哪个级别的官职，都明码标价；当官的贪污勒索花样繁多：下级官员见上司要交拜见钱，无事白要叫撒花钱，节日送礼叫追节钱，过生辰叫生日钱，管事要钱叫常例钱，迎送叫人情钱，诉讼叫公事钱。官场如此腐败，军队也同样腐败，"酒令为军令，肉阵为军阵，讴歌为凯歌"。这些都是我元朝灭亡的几个主要原因。

我说，陛下说得很好，有自知之明。但是，尽管元朝有这样或那样的错误，但一俊遮百丑。在你们那个年代，全世界实行的规矩就是，拣到篮子里的就是菜，圈到怀里的都是地，划拉过来的就是人。你们元朝，不小家子气，搞的都是大动作，写的都是大手笔，立的全是大功劳。从而把咱国家的版图固定下来，就这一点而论，永载史册，彪炳千秋。

忽必烈说，听了你的评价，几百年来，悬在我心里的一块石头，终于落了地。可见公道自在人心。

我说，据统计，在中国历史上那么多位皇帝中，活了80岁以上者只有五位，即：梁武帝萧衍活了86岁；武则天活了82岁；宋高宗赵构活了81岁；清朝乾隆活了88岁。而陛下你虚数虽也到80岁，然而，原来你的身体那么棒，为什么没能再多活十几年，刷新一个百岁皇帝的记录？

忽必烈答，我的身体底子确实不错。爹娘给了我一身好骨架，好肌肉，虽长年累月领兵打仗，但身体一直很健壮。可是，我遇到一个大悲剧，我最看好的、确定接我皇位的儿子突然去世，这对我的打击太大了。

常言道，人生有三大不幸，一是少年丧父，二是中年丧夫，三是老年丧子。我是老年丧子呀！从此，我天天酗酒，暴饮暴食，损坏了身体。后来一病不起，哪能长命百岁。我咽气后，元朝下面的十几位皇帝，一个不如一个，最小的只活了二十几岁，最大的也只活了五十几岁。有几个不好好安邦治国，花天酒地，胡乱折腾，把国家弄得乌烟瘴气，天怒人怨，民不聊生，加速了我元朝的灭亡，正应了我名字的头一个"忽"字：其兴也忽，其亡也忽。有时候，我相信那句话，"十分聪明用五分，留下五分给儿孙，如果十分全用尽，你的儿孙不如人"。看来，我这个元朝的开国皇帝忽必烈，给自己的子孙积的阴德不多呀！

这次记者招待会的末尾，还有一个小花絮，当我听到忽必烈说他晚年酗酒后，马上投其所好，拿出几瓶高级白酒。忽必烈闻到酒味，眼睛里发出一丝奇异的喜悦之光。他说，老郑，你真会揣摩我的心思，是"蒙古王"牌子的酒吧？这酒正对我的口味。

我打开一瓶，他脖子向上一仰，咕噜咕噜灌进一瓶，一连灌下去五瓶。

这时，忽必烈和《牛王醉酒》（郑渊洁童话故事）里的牛王一个腔调说话了：

老郑，你凭良心说，我……忽必烈，烈不烈？

我说，烈，实在是烈，真够烈。

你说，元朝的开国皇帝，我……我……忽必烈……牛不牛？

我说，牛，绝对牛，比秦始皇还牛。

你说，我忽必烈的元朝……给咱们国家……赢来的地盘……大……不……大？

我说，1200万平方公里，还不大？大，确实是大，真给力。

忽必烈说，既然……既然……我的功劳这么大，我的记者招待会……就咱……两个……80岁以上……的……老头子……一问一答，多么……枯燥乏味，连个漂……漂亮的……穿红戴绿的……女记者……都没有……她要……向我这皇帝一提问，我……一回答，她还不立马……名扬天下。

我说，元世祖呀，元世祖，你都 80 岁的人了，还有这花花肠子？

一转眼，醉醺醺的忽必烈，不见了。我猜想，他可能找牛王去了。帝王与牛王对饮、对醉、对说醉话，那还不帅呆了？比和我在一起，酷多了！！！

郑洪升和郭守敬聊天

我的长子渊洁，有点心疼他八十多岁的老爸，怕我把弦儿绷得太紧了，非拉着我去北京的通惠河岸上走一走，既散步又散心，休息下脑子。

我们在通惠河岸上来回走了一个多小时后，我说让我坐下歇会。我双眼紧闭，闭目养神。忽然，听到有人说，郑先生你认识鄙人吗？我从头到脚对此人打量了一遍，感到十分陌生，从未见过。我说，对不起，我不认识你。

那人说，我姓郭。我说，天底下姓郭者很多，我真不认识你（怀疑他是否搞传销的）。对方说，我是河北邢台的老郭。我说，邢台市我1947年就去过，20世纪60年代邢台发生大地震时，周恩来总理亲赴现场指挥抗灾，这些我至今历历在目。但是，你只说你是邢台市的老郭，我仍无法知道阁下是谁，因为邢台人中姓郭者也相当多。

站在我旁边的人，看我总不开窍，于是问我，你面前的这条河，叫什么河？

我说，叫通惠河呀！

他接着问，通惠河是谁设计谁主持修的？通惠河这个名字是谁命名的？

这一连串的问题，问得我一头雾水，我想此人问我这些是为了什么？不是说莫与陌生人说话嘛，我知道也不能告诉他。

这人说，我叫郭守敬，这条河就是我勘探、设计、主持施工的，修成后，元朝开国皇帝忽必烈十分高兴，御笔一挥，命名为"通惠河"。

我连忙站起来说，郭老，我有眼不识泰山，原来你就是元朝大名鼎鼎的大水利专家、大天文科学家、大发明家郭守敬老先生呀？

郭守敬说，正是鄙人！

我说，蒙古族打进来后，灭了金国，进而灭了南宋，而后统一了中国，定名为元朝。这个历史功绩不可磨灭。但是，他们把国人分为四等，汉人只配当三等公民，规定汉人当官也不能当正职，只能给人家当副手。文天祥宁死不屈，在招降书上写下"辛苦遭逢起一经，干戈寥落四周星。山河破碎风飘絮，身世浮沉雨打萍。惶恐滩头说惶恐，零丁洋里叹零丁。人生自古谁无死？留取丹心照汗青。"的著名诗篇；陆秀夫抱着年仅九岁的南宋末代皇帝投海而亡。那么，郭先生你为什么还为元朝服务，而且还成为忽必烈任命的正职大官呢？

郭守敬说，我是自然科学家，我为我的祖国和人民谋福利。况且，经过我长期观察，忽必烈和他的爷爷成吉思汗，他们没有为自己建造豪华的宫殿，也没有为自己积累大量财富，他们在钱上对别人倒很慷慨大度，他们更没有为自己建造陵寝。他们生在蒙古包，死在蒙古包。死后几乎和普通蒙古人一样，用块毛毯包体便下葬了。这样的人物，我乐意为其效力。况且我又不是帮助其压迫人民，我是用我的科学技术，建设我们的国家。

我说，刚才郭老先生讲的这段话确实是事实，连明朝的开国皇帝朱元璋都说元朝初期"彼时君明臣良，足以纲维天下"。

郭守敬说，咱们现在站在北京通惠河岸上，我就给你郑先生讲讲我当时修这条通惠河的来龙去脉吧。

我大喜过望，几百年后还能听到如此珍贵的真情实景，真是三生有幸，求之不得！郭老先生，你慢慢讲，我洗耳恭听。

郭守敬老先生捋了捋胡子后说，元朝的首都叫大都，就是现在的北京。当时的人口比现在北京的人口少很多很多，但就是缺水。所以北京缺水由来已久。对此，忽必烈焦急万分。一天，他召见我和有关几位大臣，想听听我的看法。因为在这方面我做过长期的考察，对各地水利情况了如指掌，我一口气向皇上谈了六条意见。我由近而远，头一条谈的就是对首都的治水设想，然后再谈对其他地方的治水看法。忽必烈听得十分专注，而且不住地点头。最后皇上叹曰："任事者如此，人不为素餐矣！"

我说，如果把忽必烈的这句话改成现在的话说，是不是就是：公务员如果都能像郭守敬这样洞察情况，尽职尽责，就不是尸位素餐了。

郭守敬说，大概就是你理解的这个意思吧。忽必烈当即令我总负责，修建北京的水利工程。任务是修一条从北京城内至通州运河的、可以通船的、把南方运来的粮食及其他货物从通州运河直接运到北京城内的河。我深知这个担子十分重。既然皇上看得起我，把这么重的担子压在我的肩上，我就要将其完成好，交一份满意的答卷。我废寝忘食，日夜苦思：修这条河究竟从何下手？我终于理出一个思路：第一，必须先找到并确定主要水源；第二，划定水流的主要河道路线；第三，施工的方法和措施。郑先生呀，你知道当时既没有直升机，也没有汽车，连自行车都没有。我带着我的团队，骑上马，有些地方骑马也不成，硬是拄着拐杖，翻山越岭地步行，由于当时我已年老，有些山路我上不去，只好前边有人拉着我的手，后边有人推着我的腰往山上爬。我们到处找水源。如果是现在，直升机飞到北京上空来个航拍，地上的一切不是都看得一清二楚？而我们那时只能靠两条腿两只脚到处寻找呀。

我问，你们找的结果怎么样？

郭守敬说，首先我把使用永定河的水排除了，因为永定河的水含沙量太大，不适合。后来，我找到玉泉山的水，这里的水很清，不含泥沙，但美中不足的是水的流量太小，撑不起一条大河。我接着再找，终于在昌平区境内的白浮村找到了神山泉。这个泉简直是老天爷给北京人造的，水质好，流量大。可把我们高兴坏了。我当时兴奋地说，拿酒来，咱们为找到此神泉一醉方休！郭老一说喝酒，我真没出息，竟垂涎三尺！

我问，水源找到了，但通过哪条河道把这股水引进来呢？

郭守敬说，郑先生你这个问题提得好。我经过认真勘查和反复论证，最后确定，把白浮村的水引进今天的北京昆明湖，再从昆明湖进积水潭，再进中南海，然后从崇文门外向东，再到朝阳区闸村向东并南折，然后到达通州的高丽庄，也就是今天的张家湾，从这里入运河，与古运河相连，全长82公里。我的方案向忽必烈面陈后，皇上非常满意并当机立断，令我主持施工，完成这条河的修建。

我说，这条河是什么时间开工的？你们那时又没有挖掘机、推土机、起重机，用了多少年修成的？

郭守敬向我卖了个关子，老郑你猜猜修这条河，我们在完全靠人力的情况下，用了多长时间？

我也给郭老打哈哈，我说少则五年，多则十年。

郭守敬十分自豪地说，老郑，我们只用了一年。这条河从1292年8月开工。当时忽必烈下令，自丞相以下全体朝臣都要去工地参加盛大的开工典礼。开工后经过全体施工人员的艰苦奋战，于1293年秋全线贯通。这样漕船可以从3千里地以外的杭州，直达积水潭码头。从此，积水潭，包括什刹海、后海一带，便成为大运河的终点。商船千帆竞泊，好不热闹。当忽必烈在积水潭看到几百条运粮船从杭州浩浩荡荡而来之后，百舸争游，受他检阅，喜上眉梢，当即将此河命名为：通惠河。要知道，在元朝的中后期，最高时每年有二三百万石粮食从南方经通惠河，直接运到首都城里。我对我主持完成的这项水利工程，非常满意和自豪。

我都听入迷了。现在的人，包括我在内，都知道北京有个积水潭，有个什刹海，有个中南海，我的老伴刘效坤是北京宣武区（现为西城区）南横街人，她经常给我和孩子们讲，在北平时期，她在北平市立女一中读书，每天骑着自行车从中南海穿过，但是，并不知道这都是在你郭守敬老人家主持下修建的。真应该在北京通惠河上建一座郭守敬塑像，让世世代代的人们，只要一提起通惠河、积水潭、什刹海、中南海，就想起你郭守敬的大名。河北省邢台市也应以出了郭守敬这样的大科学家而自豪！

郭守敬却说，不必了。记得我无关紧要，只要记住给你们发工资的人就成了。况且我这个人时而上天，时而入地。地上有没有我的塑像呀，纪念馆呀，我早就不感兴趣，只要天上的山与星星，有用我郭守敬名字命名的就成。我悟出一个深刻的道理，在地上不保险，不知从哪里刮一阵风来，我的塑像就被推倒了；而在天上以我的名字命的星星与山，将会永远存在！

我说，哎呀，我怎么一时糊涂了呢，其实阁下的首要成就，是在天文方面。你是在地上和天上都有大作为的人。请郭老给我们讲讲你在天文方面的故事吧。

郭守敬说，我从小受的启蒙教育是从我爷爷那里来的。他老人家最疼爱孙子，从来没打骂过我。而且他最善于观察孩子的兴趣与特长在哪个方面。他看我平时沉默寡言，但脑子爱琢磨个事，而且对天文特感兴趣，喜欢制作一些简易的测量器具，就从这方面对我顺势引导。到我十五六岁的时候，我爷爷对人说了一句话，我这个孙子"颖悟天运"。后来便让我去紫金山拜博学多才的刘秉忠为师。在这里，我还有幸结识了大学者张文谦、王恂等人。和这些学者在一起，我耳听目睹，长进很快。

我说，看来，平时接触什么人很重要。这就叫近朱者赤，近墨者黑。

郭守敬说，没错。公元1276年，朝廷下令修订历法，指定此事由我、许衡、张文谦、王恂负责主持。当时他们几位名气大，是挂名的，实际工作主要由我承担。当时，有一种意见，在历代历法的基础上修修补补就行了。他们认为，历代历法是前人经验的结晶，照抄前人，重新计算计算数据就可交差。我这个人有个犟脾气，要干就彻底干好，修修补补等于没修订。

我说，郭老先生，我佩服你这种坚持和创新的精神。干什么都不能糊弄。

郭守敬说，我接受了任务后，仔细研究了过去的七十多种历法，经过筛选留下十三种。我白天研究，夜晚观测。为了观测准确，我研制出一些观测仪器，因为我始终认为"历之本，在于测验，而测验之器，莫先于仪表"。于是在我的设计下，指挥能工巧匠，先后制造出用于测量日、月、星辰等天体坐标位置的"简仪"；制造出观测日影长短的"圭表"；制造出观测太阳在天空中位置的"仰仪"；还制造出"立运仪""证理仪""候极仪""定时仪"等等仪器仪表。这些观测工具制造出来后，我在现在的北京城东建造了一座观察天文的司天台，开始了系统的观测工作。经过刻苦努力，我的重要发现是关于"黄赤大距"宿距度的测定，现代叫"黄赤交角"。汉代天文学家测的黄赤交角为24度，后代一直没人改变，因为谁也没有注意度数在逐年减少。我经过观测，对此持怀疑态度。我测量的结果是：23度33分54秒。

我说，郭老你真了不起呀，近代用天文力学公式计算出来的是23度31分58秒，而在几百年前你用自制的仪表观测出的结果与近代用先进仪表和公式计算出来的只相差1分56秒呀。太神了，太神了！

郭守敬说，我对宿距度的测量也有新发现，比1106年北宋测量出的精度提高了一倍，从平均误差九分，缩小到四五分。

我问，郭老，你主持编的新历法出版了吗？出来后叫什么名字？

郭守敬说，当然出来了，名字叫《授时历》。它告诉人们，如果以小时计算，一年是365天5时49分12秒，比地球围绕太阳公转一周的实际时间只差26秒。

我说，郭老呀，郭老，你太神了，你几百年前计算的时间，跟现在国际上通用的公元1582年开始的"格里历"完全一样。要不然1970年国际天文学会把月球背面的一个环形山命名为"郭守敬山"；中国科学院南京紫金山天文台，把他们发现的四颗小行星中的一颗命名为"郭守敬星"。元朝规定官员在70岁时必须退休，而你72岁写了告老还乡的退休报告，皇帝却批示"神人也，不应在此之列"。由此可见，郭老你的伟大贡献，在古今中外都得到充分肯定与崇高的评价。

郭守敬老先生表情很严肃地说，郑先生，你刚才还说北京通惠河上为什么不建郭守敬的塑像以资纪念。其实，对此我从来不感到遗憾和不满，因为我发现人类中有些成员，太爱折腾了，风向经常变，即使给我建座铜像甚至金像，不知什么时候一阵风刮来，就把我刮到茅坑里去了。现在到处建孔子学院。我过去曾有个错觉，总感到在地上踏实。后来我改变了看法，还是在天上保险系数大，在地上给我命名不如在天上给我命名放心。可是，现在我又发现，人类似乎在地球上折腾也感到不够了，又挖空心思争先恐后地去外星球折腾，拼命占领宇宙空间，说不定以我的名字命名的山与星，也要保不住了。人类总爱干自己否定自己的蠢事。现在地球上还有安全、干净的地方吗？怎么弄得地无宁日、天无宁日、天怒人怨呢？

我告诉郭老，不必悲观，要永远牢记一句话：前途是光明的，道路是曲折的。正像鲁迅所说，"自然赋予人们的不调和还很多，人们自己萎缩堕落退步的也还很多，然而生命决不因此回头。无论什么黑暗来防范思潮，什么悲惨来袭击社会，什么罪恶来亵渎人道，人类的渴仰完全的潜力，总是踏了这些铁蒺藜向前进"。像你郭守敬这样杰出的自然科学家，连皇帝都视为"神人"，你一直被誉为"巧思绝人、度越千古"式的人物。像你这样的人，将永垂不朽，永远活在中国人民和世界人民的心中。

郭守敬老先生笑了笑说，是的，还是应该多往光明处看。但愿如此吧！

郑洪升和关汉卿聊天

现在全世界的人几乎都很时兴做梦。曾有过一个十分响亮的口号：同一个世界，同一个梦想。有人说，同一个世界是铁板钉钉的事，没人提出异议。然而，同一个梦想，根本做不到。中国人的梦想，是在"两个一百年"内全面实现小康；而美国人的梦想，是在百年之内仍居世界老大，始终站在领导者的位置不动摇，终身制超级大国更好。大人与孩子，男人与女人，富人与穷人，住在皇宫里的人与住在茅草屋里的人，健康人与残疾人，有学问的人与文盲，亚洲人与欧洲人，热带人与寒带人等等，其梦想肯定不一样，两口子睡在一张床上，还同床异梦呢！

我这个人不爱做梦。大概是个重现实而不重梦之人。但天天在报刊上、电视里，看到听到的都是做梦，时间长了，受此感染，最近，我也做起梦来。这不，昨晚我就梦见我的一位老部下张学聪来请我去梅兰芳大戏院看他爸爸主演的《望江亭》。这里，我需要交代几句：20 世纪 70 年代初，革命样板戏《红灯记》红极一时，我领导下的军宣队不甘落后，紧跟形势，也不知天高地厚地非要排演这出戏。演得好坏是水平问题，演不演那可是态度问题。要排练《红灯记》，李玉和呀，鸠山呀，李奶奶呀，都凑合着有人选了，唯独缺个扮演李铁梅的旦角。正在急得团团转时，天上掉下馅饼，京剧大师张君秋的小女儿张学聪来报名参军了。这孩子长相漂亮，大概受遗传基因的影响，唱腔与其父极为相似。这可是出身于梨园名家的后代，我们就收了她。长话短说，改革开放后，听说张学聪去美国发展了。这中间她只跟我通过一次电话。我在梦中只听到张学聪喊我，老领导，请你去看我爸爸演的《望江亭》吧？我稀里糊涂就跟着张学聪去了。梅兰芳大戏院已座无虚席，还有许多人站着，都是为了一睹京剧表演艺术家张君秋大师的风采，欣赏他那别具一格的唱腔。我与学聪在前排就座。大幕拉开，当张大师出场时，全场掌声雷动，随着剧情的发展，人们都进入陶醉状态，许多老京戏迷，用手敲着点，时不时地高喊一声：好！特别是当张大师唱到：

"只说是杨衙内又来搅乱，

却原来竟是这翩翩的少年。

观此人容貌像似曾相见，

好似我儿夫死后生还。

到此时不由我心绪缭乱，

羞得我低下头手抚罗衫。

见此情不由我心中思念，

这君子可算得才貌双全。

三年来我不曾动过此念，

却为何今日里意惹情牵。

奴本当允婚事穿红举案，

羞答答我怎好当面交谈？

今日里若将这红绳剪断，

岂不是错过了美满的良缘？

我何不用诗词表白心愿，

且看他可领会这诗内的隐言。"

张君秋大师这段《南梆子》刚唱完，就听到此起彼伏的叫好声，响彻整个剧场。

剧终后，张学聪请我到后台与她爸爸见面。出乎我意料的是，张君秋大师说，我今天想把《望江亭》的剧作者关汉卿先生介绍给你，郑先生，你们二位好好聊一聊，我和我女儿学聪就不奉陪了。说完，他们父女俩不见了，只剩下关汉卿先生和我。

我开门见山地问，关先生你的籍贯究竟是哪里？有人说是大都，即现在的北京，有人说是山西解州，即现在山西运城。如果你是山西运城人，咱俩可就是晋南老乡了。我们浮山县距运城市很近。

　　关汉卿说，大概我这个人还算个正面人物，没有落下骂名。所以，现如今有人抢。我若是个坏蛋，都想把我推得远远的，拼命与我划清界限了。至于我的籍贯嘛，当然是山西运城，这有两点可以证明，一是我记得十分清楚，我小时候经常去解州的关帝庙玩，我对关公十分崇拜，后来我还专门写了《单刀会》，这戏就是歌颂关老爷的；二是从我写的剧本中，你只要仔细看，就可以发现字里行间有不少咱晋南的方言。

　　我说，可是在有的文章中，把你说成是大都（北京）人。

　　关汉卿说，这也不矛盾，因为后来我大部分时间生活在北京，工作在北京，我的戏剧活动主要是在北京完成的。退一步讲，我就是北京人，而我的祖籍是山西运城。正如柳宗元长期生活在长安，而其祖籍是晋南永济市，司马光长期生活在开封，而其祖籍却是晋南夏县一样。再如，你的大公子郑渊洁生于石家庄市，5岁时随你进京，户口长期在北京，当然是北京市人，而他的祖籍却是晋南浮山县人。

　　我说，后世人评价你是驱梨园领袖，总编修师首，捻杂剧班头。也有人说你是中国的莎士比亚。对这些评价你认可吗？

　　关汉卿老先生笑了笑说，前三句基本上符合我的实际。当时我就是梨园的头头。所谓领袖，不就是个大头嘛。总编更是名副其实，我一生执笔写了六十七个剧本，大多都散失了，存留下来的还有十八种。说我是班头，也完全符合实际。那时我整天吃在戏班，睡在戏班，写作在戏班，有时还登台演戏，理所当然是核心人物，也就是班头。但是说我是中国的莎士比亚，我认为此提法不妥。莎士比亚是英国人，他生于1564年4月23日，死于1616年4月23日。而我生于1225年，死于1300年。也就是说，我比莎士比亚早生339年。论辈分，我是他爷爷的爷爷的爷爷，我怎么反倒成为中国的莎士比亚了呢？我的《窦娥冤》《望江亭》等写出来后的几百年，莎士比亚才出生，之后他才创作出《哈姆雷特》《李尔王》和《罗密欧和朱丽叶》，这怎么能说爷爷的爷爷，与孙子的孙子相似呢？我总觉着，我们中国人自卑感太严重。好像我们的戏剧、小说、童话、诗歌、电影，非要让外国人承认才算数。有时为了在外国得个什么奖，不惜以暴露国人的丑陋来赢得外国人喝彩。奇怪得很，我们中国人这么多，文明史如此长，为什么非要看外国人的眼色办事呢？难道我们就没有脊梁骨？还有，我写《窦娥冤》时，地球上还没有美国这么个国家吧，它后来居上，不就是占了地理位置得天独厚，华盛顿等开国元勋定了个好宪法并带头遵守，它善于吸纳全世界的人才嘛！我总感到，我们这么一个泱泱大国，不必看美国人以及别国人的眼色行事。从这个意义上说，我就是我，我就是中国元朝的关汉卿，而不是什么中国的莎士比亚。如果硬要比的话，莎士比亚倒应该是英国的关汉卿。我关汉卿别的也许不行，然而这点傲骨还是有的，要不然，我也写不出《窦娥冤》。

我说，阁下这话，讲得合情合理，痛快！痛快！大长中国人的志气。

我又问，关先生你写了那么多剧本，分几种类型？

关汉卿说，大概分三种类型。第一种类型是"公案剧"，以《窦娥冤》《鲁斋郎》《蝴蝶梦》为代表；第二种类型是"爱情剧"，以《望江亭》《救风尘》为代表；第三种类型是"历史剧"，以《单刀会》为代表。

我说，关先生写了这么多不朽的剧本，几百年过去了，不少剧还在代代相传，能否谈谈你创作这些剧本的切身体会？

关汉卿思索了片刻说，要谈体会真是一言难尽。但是，郑先生你既然向我出了题目，我就回答如下：

我的第一条体会是：敢狂。

常言道，唱戏的是疯子，看戏的是傻子。那写剧本的更是疯上加疯。如果不写疯了，如果没有疯劲，好剧本是写不出来的。你看，"疯"字与"狂"字往往是连在一起的，写剧本的人必须有狂劲，敢于狂，敢于藐视当权者，敢于冲破舆论的牢笼，敢于标新立异，敢于另辟蹊径，敢于说百姓心中有而又说不出的话，敢于为民申冤，敢于树立和宣扬正义。郑先生，你读过我写的那首元曲《不伏老》吗？我说，当然读过，不信我背给你听：

"我是个蒸不烂、煮不熟、捶不扁、炒不爆、响当当一粒铜豌豆，恁子弟每谁教你钻入他锄不断、斫不下、解不开、顿不脱、慢腾腾千层锦套头？我玩的是梁园月，饮的是东京酒，赏的是洛阳花，攀的是章台柳。我也会吟诗、会篆籀、会弹丝、会品竹；我也会唱鹧鸪、舞垂手、会打围、会蹴鞠、会围棋、会双陆。你便是落了我牙、歪了我嘴、瘸了我腿、折了我手，天赐与我这几般儿歹症候，尚兀自不肯休！则除是阎王亲自唤，神鬼自来勾。三魂归地府，七魄丧冥幽。天哪！那其间才不向烟花路儿上走！"

怎么样，我背的没错吧？

关汉卿说，不错，看得出来你年轻时爱背点东西，汉赋呀，唐诗呀，宋词呀，元曲呀，选特别好的背会几首，大有好处。郑先生从我写的这首元曲中，可以清楚地看出，我有多么狂。在蒙古族统治下的元朝，把汉人列为三等公民的残酷环境之下，我敢于把自己比为"蒸不烂、煮不熟、捶不扁、炒不爆、响当当一粒铜豌豆"，我敢把那些纨绔子弟比作"锄不断、斫不下、解不开、顿不脱"的慢腾腾费人精神的千层锦囊似的圈套。我敢大声宣告，你们即便是打落了我的牙，扇扁了我的嘴，打破了我的腿，折断了我的手，我也不会屈服。除非阎王爷亲自来叫我，神鬼们自己来勾我，三魂归入地府，七魄丧入黄泉。老天啊，到了那般田地，我才不会往烟花路上走。老郑，你看当时我有多么狂！

我说，正是有这股狂劲，你才敢藐视一切权威，你才敢向旧势力开火，你才敢代表人民发出震天动地的呐喊，你才敢写出像《窦娥冤》那样不朽的剧作。这种"狂"，是文学艺术家应有的胆量、骨气、正义、良心、素质。我有点明白了，为什么鲁迅发表的头一篇短篇白话小说叫《狂人日记》。关键是这个"狂"字。

关汉卿说，我的第二点体会就是：敢爱。

自从人类社会由母系社会发展到父系社会后，妇女的地位便逐步下降。特别是受长期封建礼教的影响，广大妇女沦落到社会的最底层。绝大多数男人受压迫受苦，女人更是苦上加苦。我在我的剧本中，要为她们申冤，为她们诉苦，满腔热情地歌颂她们的善良和抗争精神，无情地揭露社会对她们的歧视与不公。从《窦娥冤》和《望江亭》等剧中，你可以看出，我把爱给了受压迫的妇女与处于社会最底层的人。在我笔下妇女的形象，一般都年轻而美貌，聪明而机智，有主见，有胆识，重情义，想摆脱压迫，推翻压在自己头上的大山，主宰自己的命运。她们热情执着地追求理想的爱情，敢于捍卫自己的幸福生活，在性格上泼辣，刚烈不屈，敢爱敢恨，敢做敢当，甚至有某些男子汉气概，她们是女子中的大丈夫，也是女中的豪杰。

我说，对于这一点，我早就看出来了，在男权统治一切的封建社会里，你老人家把全身心的爱，都用来塑造一批光彩夺目的典型妇女形象，真是难能可贵。自从五四运动后，特别是新中国成立后，进行了卓有成效的解放妇女的运动，给女子和男子同等的权利，男女实现了平等。甚至有人感到，是否有点矫枉过正了，解放过头了，某种程度上出现了阴盛阳衰。在学校出现了女生欺负男生，女孩子把男孩子打得满院子跑，甚至往桌子底下钻的情况。在家里女人处于领导与支配地位，不少家庭还出现了"四全男人"：工资全交（包括捡来的），剩饭全吃（包括馊了的），活儿全干（包括丈母娘家的），气儿全受（包括小姨子的）。在社会上还流传着不少"气管炎"（妻管严）的笑话：某个科长怕老婆，结果带的全科的人都怕老婆。一天上班后，他令全科的八个人站成一行。他宣布，怕老婆的向前一步走。结果无人动。他带头向前走了一步，其他人看科长带了头，也跟着向前一步。只有一个人原地不动。科长问他，难道你不怕老婆？此人哆嗦着回答，我老婆有规定，在外边不许承认自己怕老婆！

我说的这些笑料，逗得关汉卿老先生笑得前仰后合，差点岔了气。直说，郑先生快给我口水喝，几百年了，我还没这么高兴过。就凭这，我也要给你的文章打赏。我自己也憋不住地哈哈大笑。我赶快说，关先生别笑啦，快讲你的第三条体会吧。

关汉卿说，我的第三条体会是：敢恨。

我恨社会的不公平，我恨人吃人的社会，我恨那些骑在百姓头上作威作福的南霸天北霸天们，我恨吸人血的贪官污吏，我恨压迫妇女玩弄女性的权贵们和地痞流氓，我恨那些表面上好话说尽实际上男盗女娼的伪君子，我恨那些弄虚作假人面兽心的坏蛋。我把我的这些恨，统统写到我的剧本里去，让人们在爱那些应该爱的人外，憎恨这些可恶之人。以唤起人们的觉醒，起来反抗。看了我的戏后，人们不仅喜欢谭记儿，同情可怜的窦娥，而且痛恨张驴儿和杨衙内之流。

我说，戏剧同其他文艺作品一样，必须爱憎分明。爱与恨是一对矛盾。没有爱，就没有恨，没有恨，也谈不上爱，正如没有上就没有下一样的天经地义。

关汉卿说，老郑，看来你这个晋南老乡看问题相当辩证。我也自吹了一句，没有两把刷子，敢跟这么多顶尖名人聊天。当然"棋逢对手，将遇良才"这句话我绝不敢说出口。因为说过了头，真理向前跨一步，便可能成了谬误。我说，老乡，咱们别老王卖瓜自卖自夸了，赶快说你的第四条体会吧。

关汉卿说，我的最后一条体会就是：敢冲突。

要知道，冲突是戏剧的本质。戏剧与别的文艺门类不同，它是在舞台上表演，时间不能长，一出戏也就是一两个小时。这样，戏剧的冲突能否到达最高潮，就成了成败的关键。谁也不会花钱买票去看没有任何冲突的戏。创作戏剧的高手，是善于通过一个生动的吸引人的故事，让好人与坏人，男人与女人，主人与仆人，官吏与百姓，穷人与富人，智者与傻瓜等等角色冲突起来，而且有大冲突、中冲突、小冲突，最好是冲突之中套冲突，各种冲突一起上，或者一个冲突接着一个冲突。这样才能扣人心弦，牵着观众的鼻子向前走。否则，你会把观众弄瞌睡了，或者觉着没意思，人家失望地退场了，就再也不会有回头客了。就拿《窦娥冤》来说，这本来是在南宋和金时期民间流传的《东海孝妇》的故事，刘向先生也有篇《说苑》的小说集，我就是在此基础上，经过我的加工创作，将其改编成《窦娥冤》这出惊心动魄的人间悲剧。我插话说，其性质有点像根据民间传说，罗贯中写出了《三国演义》，施耐庵写出了《水浒传》一样。关汉卿说，大概就是这个意思。

关汉卿接着说，在《窦娥冤》中，我让窦娥与张驴儿之间的冲突，让窦娥与婆婆之间的冲突，让窦娥与当官的冲突，最后引申到受压迫的人们与整个黑暗社会的冲突，达到无法调和的尖锐地步。老郑呀，我告诉你吧，根据我一生从事创作剧本的实践体会，没冲突即无戏剧！

我说，关汉卿先生，你的这条重要体会，如果用哲学的观点讲，是否可以这样理解：冲突就是矛盾。没有矛盾就没有世界。没有矛盾就没有艺术。没有矛盾就没有文学。没有矛盾就没有戏剧。没有矛盾的产生，就没有戏剧的开头；没有矛盾的发展，就没有剧情的展开；没有矛盾的尖锐较量，就没有戏剧的高潮；没有矛盾的解决，就没有戏剧的结尾。由此可见，矛盾冲突乃是戏剧的本质、核心、生命。

关汉卿瞪大了眼睛说，你真不愧是我的晋南老乡，浮山县出人物，要不然《弟子规》的修订者贾木斋，怎么是你们浮山县人，而不是别的县的人呢！

我说，综合阁下的创作经验，就是"四敢"：敢狂，敢爱，敢恨，敢冲突。敢字当头，好啊！我特别崇拜敢字当头的人，瞧不起那些畏首畏尾，前怕狼后怕虎，举棋不定，左顾右盼，模棱两可之人。

最后，我说，关老先生，看在咱们是老乡的份上，能否留下点你的自学与读书的经验。

关汉卿说，惭愧呀，我考进士呀状元呀，留下的全是失败的记录，年轻时跟着我叔叔行医，也没搞出什么名堂。后来我搞戏剧创作的本钱，全是靠自学获得的。自学是个宝。不用花学费，不必受限制，不必学自己不喜欢的东西，更不受年龄和地点的制约。看在你是我晋南老乡的面子上，我通过你老郑，想告诉后辈们，最好记住我如下的话：

"10 岁前读书，开启的是心智。

20 岁前读书，滋养的是血液。

30 岁前读书，强壮的是骨骼。

40 岁前读书，丰满的是肌肉。

50 岁前读书，美化的是皮肤。

60 岁前读书，兴旺的是毛发。

70 岁前读书，贴身的是衣服。

80 岁后读书，手柱的是拐杖。"

关汉卿这些发自肺腑、语重心长的教导，我都听入迷了。我正想约他一起去看晋南蒲剧的《窦娥冤》，转眼间他的身影消失了。外边的狗叫声，把我从梦中惊醒！

亲们，你们认为老夫做的这个梦，还不错吧？给点掌声好不好！

郑洪升和泰不华聊天

你知道在中国的科举史上，共产生过多少名状元吗？有人说不知道。不知道没关系，我可以告诉你。

我国第一位状元的名字叫孙伏伽，是唐高祖武德五年，也就是公元622年考试中获得的。最后一位状元名叫刘春霖，是清朝光绪三十年，也就是公元1904年获得的。从头名状元到最后一名状元，这中间相隔1283年，共有777人得过文武状元，而在这777名状元中，少数民族得状元者少之又少。然而，在元朝有位名叫泰不华的人，此人就是蒙古族状元郎。什么都以稀为贵。今儿个我就把泰不华状元请出来和他聊聊，补上我聊天的人中还没少数民族状元郎的空白。

没想到泰不华先生已走到我跟前。他说，你和我们的先祖成吉思汗及元朝开国皇帝忽必烈的聊天，我都偷偷听了，有许多事情我还是头一次知道，能和你聊天我感到非常荣幸。你想与我聊什么随便问，我尽量回答，也可能我回答不好，但我保证说真话，骗人的话我决不说一句。因为纸里包不住火，骗人一时可以，长久了，终会被戳穿。靠欺骗过日子的人，是没有自信没有力量的表现。有失人格，最让人瞧不起。

我说，泰不华先生，如果我没记错的话，你是于1321年，在元朝的大都（即北京）考上状元的吧？你一个蒙古族人，怎么对汉语如此精通？

泰不华说，我虽然是蒙古人，但从小在台州长大。与汉族孩子一起上学念书。不知为什么我对儒学与汉文学特别感兴趣。孔子、孟子的著作《论语》和《孟子》我能倒背如流，唐诗宋词我也十分喜爱。我这个人看书时爱胡思乱想，爱举一反三，爱别出心裁。我参加考试时，心情特别平静，一点也不怯场。这样，往往可超水平发挥。我17岁参加浙江乡试时，就旗开得胜，夺得第一名，后来到首都考试，我又一举夺魁，考上状元，引起了轰动。凡获得状元的人都是要当官的。许多人当官前还像个人，一旦当官就盛气凌人，不可一世，骑在百姓头上作威作福。我时常提醒自己，一定要为人正直，秉公执法，为官清廉，敢于劝谏。我所处的元朝，已在走下坡路了，皇帝一代不如一代。自从元顺帝即位后，更是花天酒地，胡作非为。本来国库已经空虚，顺帝却还要大肆赏赐皇室大臣，并加封他的婶子为太皇太后。我实在看不下去了，便联合一些同僚向皇上谏言。此事被太后知道后，她扬言要杀我们这些劝谏的人。这时，大家都害怕了。我站出来说，这件事的发起者是我，责任由我泰不华一人承担，和大家没有干系。反正我也豁出去了，大不了脑袋搬家，二十年后又是一条汉子。

我说，泰先生难道你就一点不怕？

泰不华说，哪会一点不怕？但我觉得我毫无私心，我是为元朝的江山着想。于是我主动去觐见太后，承认劝谏皇上我是主谋，请太后处置我一人，与他人没有关系。使我没想到的是，太后看我胆识过人，关键时刻敢于承担责任，她的怒气反而消除，并夸奖我说，元朝的大臣们若都与你一样，我元朝就大有希望了。这样，我转危为安，逃过一劫。

我说，都说伴君如伴虎，伴太后是伴母老虎，更危险。据说你对朋友也很正直仗义。

泰不华说，看一个人正直不正直，仗义不仗义，不听口头而看行动时，不看平时而看遇到危险时，不看此人走运时而看在人家倒霉时，还敢不敢正直和仗义。例如，我的一位名叫太平的好朋友，受到他人诬告陷害，被撤职并发配边疆，这时他的许多所谓朋友都与其划清界限，躲得远远的，生怕连累自己。在关键时刻，我敢站出来为其鸣不平，在他离开首都赴吐蕃时，我设宴为其送行，宴会后，我一直把他送出大都城外。太平一再要我留步，别因他连累了我。我说壮士甘愿为知己者死，难道还怕连累吗？我一直送他，直到看不到好友太平的身影，我才含泪而归。

我说，你这么做，难道真的没受连累吗？

泰不华说，怎么没受连累。此事被丞相知道后，我就受到排挤和打击。朝里看我尽提反面意见，尽做一些"出轨"之事，就把我降到台州当地方官了。

我问，你的地方官当得怎么样？

泰不华说，常言道："为官一任，造福一方；雁过留声，人过留名。"我要清正廉洁，我要多为百姓排忧解难。我体会最深的是，必须摸准民心，了解民意，知道老百姓想什么。穿上一身官服，坐在轿子里，有人鸣锣开道，百姓是不敢也不会给你说真话的。于是，我经常微服私访，行走在百姓之间，吃在百姓家里，睡在小客店，一待就是好多天。许多真实情况我都能了解到。

我说，这种方法类似过去我们提倡的蹲点深入调查。毛泽东主席在苏区时，经常深入到群众中去，搞农村调查，走村串户，召开各种类型的座谈会，对各阶层的情况了如指掌，所以制订的策略和政策，非常切合实际，得到广大群众的拥护，指导革命走向胜利。他还提出过一个十分响亮的口号：没有调查就没有发言权。而我们取得政权后，高高在上多了，深入到群众中去蹲点调查少了，走马观花，蜻蜓点水，前呼后拥，报喜不报忧的风气盛行。前些年有些干部还把调查研究、检查工作当作表面文章，甚至成为一次腐败的旅行。这样的调查研究检查工作，劳民伤财，败坏风气，令人十分作呕。

泰不华说，我虽然经常微服私访，但是局部已经挽救不了全局。元朝末年，社会黑暗，政治腐败，君不君，臣不臣，官场花天酒地，百姓民不聊生，有些地方竟然出现人吃人的悲惨现象。元朝的元气已经大伤，气数已尽。如同一棵大树，表面上看枝叶茂盛，但根已烂了，树干空了，已禁不住暴风骤雨，电闪雷鸣，不知什么时候哗啦就倒了。我一个小小的地方官，怎能有回天之力？这时，社会各种矛盾极其尖锐，反抗元朝的起义此起彼伏。在浙江黄岩有个名叫方国珍的人，就揭竿而起，响应者有数万人，其势力不断壮大，危及朝廷。我对元朝的末日认识不清，抱着愚忠的心态，上书皇上，建议要么招降方国珍，要么派军队把方国珍灭掉。皇上命我完成这项艰巨的任务。

我说，你完成得如何？

泰不华说，招降失败后，我就领兵聚歼。开始打了几次胜战。方国珍带造反的队伍逃到海上，我的船队追到海上，但上了方国珍假投降的圈套，不仅没能消灭方国珍，反而被他团团包围，在恶战中，我身负重伤，最后被方国珍杀死，并被掷入海中。就这样，我这个蒙古族出身的状元，为了效忠元朝，而成为其殉葬品。

我拿出酒来，朝着大海的方向，向地上倒了三杯，以表示对这位我国少有的蒙古族状元郎泰不华的敬意。

純粹的"草根青年"——布衣皇帝朱元璋

郑洪升和朱元璋聊天

我好不容易离开元朝,迈进明朝的门槛。这不,明朝开国皇帝朱元璋已经等候我好久了。朱元璋说,郑先生你最近一个时期逮住谁跟谁聊,聊得真够痛快,难道就不累,不需要休息一段时间,调整调整?我说,聊天与喝酒一样上瘾,聊完一位之后,心想差不多了,不如见好就收。但是,不知为什么刹不住车,新的聊天对象在召唤着我,只好又聊了起来。反正是无拘无束地神聊,我就在你们明朝再聊几位吧。当然,在明朝找人聊,首位就是陛下你朱元璋了。

朱元璋说,我发现你和每一位聊,都抓住一两个重点,而且重点之间都不重复,例如你与秦始皇聊主要聊他是怎样统一中国的,你与李世民聊主要聊当皇帝的难处,和武则天聊又主要聊她一个女流之辈是如何当上中国空前绝后的女皇帝的,和赵匡胤聊主要聊他怎样掌握兵权的,和成吉思汗聊又主要聊他是怎样南征北战射大雕的,与忽必烈主要聊他如何为中国的辽阔疆域做大贡献的。郑先生,你和我主要想聊什么?

我说,关于陛下是如何灭元建明,我经过研究得出几条结论,我先向你说一说,你看沾不沾边,然后,我再提出咱们重点聊什么,你看好不好?

朱元璋说,人们都说盖棺论定。但是,怎么定的,定得对不对,进入棺材的人并不知道。今天,我倒很想听听你是怎么给我盖棺论定的。请说,我闭上眼睛,仔细地听。

我见朱元璋双眼紧闭,我咳嗽了一声,清了下嗓子,开始陈述。我说,陛下,你之所以能把元朝和之后的几个小王朝推翻,建立明朝,从主客

257

观分析，是否主要有以下几个原因：

第一，你聪明过人。你脑瓜特别好使，这么说吧，一百个，甚至一千个、一万个人的脑子加到一起，也比不上你朱元璋一个人的脑子。这是你先天的内因。内因是根据，外因是条件，内因不行，外因再好，也是白搭。

第二，你生在乱世，乱世出英雄。你出生时，正处在元朝末期，社会黑暗，腐败成风，人民困苦，各种矛盾激化，各种势力在进行着尖锐斗争。这个时期社会需要有带头人出来领导大家推翻腐朽政权，建立新政。像你朱元璋如此聪明的，甚至比你还聪明的，大有人在，但他们生不逢时，如果你生在元朝初期或中期，也成不了现在这样的大气候。

第三，你的意志坚强。你生在一个雇农家庭，从小缺吃少穿，放过牛，要过饭，四处流浪，还当过和尚，你大概是咱中国唯一的出家当过和尚的人当了皇帝。你的这些生活经历，不仅铸造了你能吃大苦、耐大劳的坚强意志，而且你最了解处在生活最底层民众的要求，你懂得怎么做可以得民心。

第四，你找了个好靠山。你一开始就投奔到元帅郭子兴门下，由于你聪明能干，作战一不怕苦，二不怕死，很快得到郭子兴的极度信任和提拔重用。他还把他的养女马氏嫁给你（据说马氏的母亲姓郑，和我们姓郑的五百年前是一家）。郭子兴死后，你成了元帅，指挥打仗，并取得辉煌战绩；

第五，你有自己的嫡系部队。在郭子兴的允许下，你回安徽老家招了七百人的骨干队伍，其中包括开国元勋徐达等人。这些人成了你的铁杆，跟随你南征北战，为建立明王朝立下赫赫战功，不少人成为在某个方面独当一面的行家里手。

第六，你善于向智者借脑子。本来你的脑子就非常聪明，但你还嫌不够，无时无刻不在向别人借智慧。有两个高人为你取江山献上价值千万的妙计，一位是冯国用先生，他告诉你要建立根据地，"大江以南，金陵（即南京）为重地，向来是帝王龙蟠的都会，你率师南下，先夺取金陵为根据地，然后四处征战"。另一位就是连毛泽东都多次赞扬的大儒朱升先生，他向你提供了九字方针，"高筑墙，广积粮，缓称王"。

第七，你善于采取各个击破的策略。你在金陵建立了根据地后，卧薪尝胆，集中精力，练兵强将，逐渐形成一股不可战胜的力量。你攻平江，决战鄱阳湖，采取分兵合围，各个击破的办法，一个个敌人，其中包括杀死蒙古族状元郎泰不华的冯国珍等，都收拾掉。从而使整个南方成了你朱元璋的天下。

第八，你挥师北伐夺取最后胜利。南方大获全胜后，你没有沽名学霸王，而是派以徐达为首的几员战将为先锋，过关斩将消灭元军，直取大都（北京）。经过摧枯拉朽、秋风扫落叶般的激战，存在了九十八年的元朝彻底土崩瓦解。1368年初，你这位出身贫寒当过和尚的人，终于正式建立了明朝，你在南京隆重登基当上开国皇帝。

我这八条刚说完，朱元璋突然睁大眼睛直看我，并从上到下，从左到右地打量。还问，郑先生，你是研究我们明史的吧，你点穴点得很准，句句说在我的心窝子里了。佩服，佩服！

我说，咱先别说客气话，今天咱们聊天的重点不是你怎么取天下，而是聊你取得天下建立明朝之后，是如何巩固天下的。而且希望你能说当时的内心活动，说真话，尽量不说或少说官话、套话。

朱元璋说，老郑，咱们中国民间不是流传着一句话嘛，"和尚头上的虱子明摆着"，我是唯一和尚出身的皇帝，我就干脆给你来个"明摆着"，我当时的内心活动，从来还没跟别人说过。从你上面说的八条中，我觉得你这个人值得信赖，我就来个竹筒倒豆吧。

我赶快说，请陛下慢慢道来，我洗耳恭听。

朱元璋说，我当了皇帝后，脑子没有发热，我当时翻来覆去思考一个问题：到底是什么原因使元朝不到百年就灭亡的？为了找出正确答案，按你们现在的话说，我及时召开了"最高国务会议"，让各位大臣畅所欲言。大家七嘴八舌，发表了不少意见。其中高参刘基的意见，最合我意。他说："宋元以来，宽纵日久，当使纪纲整肃，而后惠政可施也。"他这话的意思是说，元朝包括它前面的宋朝，之所以垮台，是因为纲纪长时间太宽松了，只有严明纲纪，新的政权才能巩固，新的治国措施才能推行。刘基此人学问深，爱思考问题，而且善于抓要害，他的话一下子说到我心坎里去了，我们简直是不谋而合。我心里下定决心，我明朝要能长治久安，必须严字当头，从严治国。

我问，陛下，你采取了哪些从严治国的措施？

朱元璋说，第一，制订法律。我组织了制定《大明律》的班子。经过反复修改，于1397年正式颁布。这部法律规定，谋反、谋大逆者，无论主犯、从犯，一律凌迟，其祖父、父、子、孙、兄弟及同居人，只要年满16岁者统统处斩。对官吏贪污，处罚尤其重，犯有贪污罪的官员，一经查实，一律发配到北方荒漠去充军。官员若贪污银子六十两以上，将被处以枭首示众、剥皮实草之刑。法律规定，在县州府的衙门左侧设剥皮的刑场，贪官被押到这里后，先砍下头，挂到竿子上示众，再剥下人皮，在人皮内塞上稻草，摆到衙门公堂之旁，用以警告各位官员：如果你们也贪污受贿，就是这个下场。

第二，我以身作则，带头执行法律，不徇私情。常言道，打铁还须本身硬。颁布的法律，光让老百姓执行，而我皇帝与我的亲属就可以除外，那怎能服众。例如我的女婿欧阳伦，凭着我是他的老丈人，就不顾朝廷禁令向陕西贩送私茶，从中取利，被一个小官告发后，我查清属实，立即下令处死，并向全国通告，表扬了那个揭发驸马爷的小官。我的亲侄子朱文正，是位开国功臣，但他后来违法乱纪，我毫不留情地革去其官职。我皇宫中的金饰物一律用铜代替，我睡的御床极为普通，我令人在皇宫周围的墙边种上蔬菜，每天早餐我只吃菜。我有二十六个儿子，从小让他们穿草鞋。老郑啊！如果自己不带头遵纪守法，勤俭节约过日子，最后的结果必然是上梁不正下梁歪，中梁不正倒下来。这也是和尚头上的虱子——明摆着。

第三，执法必严。在我当皇帝的三十年中，我大张旗鼓地处理数起大贪污案。其中最大的一起案子是户部侍郎郭桓。经人举报郭桓贪污舞弊后，我立即组织得力人员查办，并顺藤摸瓜，一查到底，最后把礼部尚书赵瑁、刑部尚书王惠迪、兵部侍郎王志、工部侍郎麦至德等人都牵连进去。我几天几夜都寝食难安，牵涉到这么多高级官员，怎么办？经过反复考虑，最后，我还是下了决心，依法严办。我亲自下令，将赵瑁、王惠迪等人弃尸街头，将与郭桓有牵连的上万人处死，另有几万官吏逮捕入狱，被抄家者不计其数。有人说我的心太狠了，不狠不行呀，不狠，法律底线一突破，整个大明朝的天下就要垮。

第四，建立巡检司和锦衣卫。为了加强对各级官员的监督和控制，我专门设立了巡检司，组织一帮子人，到处收集百姓对官员的检举，全国各府县要冲之地，都由巡检司负责把关盘查。我成立了一个叫锦衣卫的特务机构，秘密侦察各级官员，可惜那时没电脑、窃听器、摄像头这种先进设备。但是，我的特务多如牛毛，触角极广，神通广大，非常厉害。例如大学士宋濂家宴请宾客，喝的什么酒，吃的什么菜都有人向我报告，第二天我见到他便问："你昨晚请客喝的啥酒吃的啥菜？"宋濂回答后，我说，你没骗我。另一位官员在家打麻将，无意中少了一个二万，怎么也找不着，第二天上朝，我把二万还给他。吓得他们浑身哆嗦直出冷汗。我就是要让我的官员知道，他们的一切言行，都在我的监视与控制之下，让他们给我放规矩点。

第五，对谋反者决不心慈手软。开国头号大功臣李善长的同乡胡惟庸任左丞相后，在朝中独断专行，目中无人。官员升迁、生杀大事，他都不向我禀报，甚至自作主张，后来竟妄图谋害我。为了巩固皇权，我不仅诛杀了这小子，而且顺藤摸瓜，把与胡惟庸有关系的官员一律杀掉，这个案子受牵连的三万多官员，我都将其处死，连77岁退休在家的李善长及其家人七十余口，我也一个不留全部诛杀。后来我的锦衣卫又告发开国大将蓝玉谋反，我毫不留情地将蓝玉斩首，并灭其三族，将与蓝玉案有牵连的一万五千人全部杀死。徐达是为明朝打天下的头号战将，三分天下有其两分功劳，还是我的同乡，从我们光屁股时，就在一起玩捉迷藏，而且徐达还是我儿子朱棣的岳父，我们是儿女亲家，但我对他也不放心。他患了一种病，不能吃鹅肉，我专门赐鹅令其食下，不久徐达就呜呼哀哉。其他功臣像冯胜、傅友德、廖永忠、朱亮祖等，我也罗织罪名将他们处死。为了巩固我明朝的天下，杀多少功臣，我都下得了手。

第六，大权独揽。自从左丞相胡惟庸谋反后，我废除了丞相这个职务，实行高度集权，一切大权都掌握在我手里。这样一来，我这个皇帝忙得脚丫子朝天，从早到晚都不得清闲，连吃饭睡觉都在处理公务。为了怕遗忘，我经常想起一件事，就写个纸条挂在皇袍上，我上朝时身上常常挂满各种纸条，处理完一件撕掉一件。我的身体底子本来很棒，如果劳逸结合，会享清福，进入五位80岁以上皇帝的行列不成问题。然而，由于劳累过度，71岁的我就进入阴间。有时我也想，难道是被我处死的这些鬼用轿子抬我下地狱？

我一边听朱元璋讲，一边觉得毛骨悚然。我说，陛下你的心也太狠了吧？这么多与你同生死共患难的功臣，你都不高抬贵手，一个个杀了，连他们的后代也诛杀，你当时怎么下得去手？因为你杀人太多，尤其杀功臣太多，盖棺论定时，这一方面，历史学家对你的负面评论相当多。

朱元璋说，你们这些没当过皇帝尤其是没当过开国皇帝的人，哪里能体会皇帝的心。皇帝首先考虑的是保住他的大位，其次考虑如何才能把他打下的江山千秋万代传下去。为此，他必须睡觉时也睁开一只眼睛，他要耳听六路，眼观八方，他要观察谁对他的宝座构成威胁，谁妄图推翻他的政权，取而代之。在封建社会那种环境之下，他必须通过镇压的方式，排除异己。老郑，说句公道话，在和你聊过天的中外皇帝级别的人物中，哪位没杀过人？只不过是五十步笑百步而已！秦朝的老秦，他不光是活埋知识分子，还杀死许许多多人；汉朝的老刘连给他打江山的韩信都使其脑袋搬家；唐朝的老李把他哥哥和弟弟都射死了；宋朝的老赵虽然用杯酒夺了兵权，但他也杀了不少人；元朝的老成（成吉思汗）和他的孙子老忽（忽必烈），那更是杀人不眨眼的主。再看和你聊过天的拿破仑，他杀的人还少吗？美国的华盛顿也开枪镇压过群众，林肯领导的美国南北战争死了多少人，别忘了原子弹是在罗斯福当总统时研制出来的，若不是老罗突然去世，命令向日本投原子弹的总统，说什么也轮不上他老杜（杜鲁门）。你老郑客观地看一看，难道在皇帝级别的人物中，特别是在开国皇帝中，就我老朱杀人，别人都不杀人？全世界你能找出一个没杀过人的皇帝吗？孔子光讲仁政，但造反的人，特别是造反后当了皇帝的人并不喜欢。因为皇帝们不太喜欢仁政，更喜欢专政。秦始皇活埋的那几百个知识分子，绝大部分是大儒，也就是孔子的门徒。有句话叫秀才造反三年不成。因为他们太仁慈，心太软，而不善专政。我们那个年代，光摇笔杆子，不用枪杆子，是当不了皇帝的。要当皇上，必须把枪杆子与笔杆子这"两杆子"巧妙地结合起来。朱升虽然能提出"高筑墙，广积粮，缓称王"的九字方针，但他自己不会用，所以当不了皇帝，他只能给当皇帝的人摇鹅毛扇子，原因是他下不去手，杀不了人，光敢见墨水，不敢见血水。我老朱在夺天下前，采用知识分子的某些高见，但我夺天下后，为了巩固我夺取的大卜，我可不能书呆子气十足，我要专政。这样做，虽然我的名声不大好，但名声值几个钱？我宁要龙椅，不要名声。我承认我老朱是穷苦家庭出身，念书不多，既没当过举人，也没当过进士、状元，基本上是个粗人。所以我不怕挨骂。我决不干那种既当婊子又立牌坊的虚伪勾当。在封建社会，皇帝都是这么干的，我与其他皇帝不同的可能是杀人多些，杀人的手段太露骨太残忍罢了。

朱元璋越说越激动，好不容易逮住我这个聊天的对象，似乎想把憋在肚子里几百年的苦水都倒出来。我正想狠狠地批他一顿，一转眼，老朱用在安徽皇觉寺当和尚时学的武功，来了几个后空翻，便不见了踪影。

郑洪升和施耐庵、罗贯中聊天

千万不要写书

大家都知道，在中国几千年的文明史中，有那么多小说，经过大浪淘沙，挑了又挑，选了又选，最后剩下公认地"四大奇书"，后来人们也叫"四大名著"，这就是《水浒传》《三国演义》《西游记》和《红楼梦》。而这四大名著中的前两部，竟然是老师与他的学生分别写的。这到底是什么样的老师，又是个什么样的学生，我今天就把老师施耐庵请下来，也把他的学生罗贯中请下来，和他们一起聊聊。三个人在一起聊，真有点破了我和名人聊天的惯例。

我发现罗贯中对他的老师特别尊敬，施耐庵先生没落座前，他一直站着，他扶施先生坐定后，才在一旁坐下，而且腰板笔直，显得十分规矩。

我先问罗贯中先生，你是山西太原人，施先生是苏州人，你怎么千里迢迢去江苏拜施先生为师？

罗贯中说，拜师不分远近，只要有好老师，即使天涯海角我也要去拜。我爸爸是做买卖的商人，他经常来往于山西与南方之间。他不仅经商，而且在经商过程中，注意打听哪里有大学问的人，当时我已经十四五岁，他一定要给我找一位高人当我的恩师与引路人。当他在苏州听许多人说，中过进士的施耐庵辞官在家乡开学馆教学生时，我父亲喜出望外。后来就把我从太原带到苏州，拜施先生为师。真没想到施先生二话没说，就痛快地接收了我。我在苏州远离父母，从此以后我便与施先生同吃同住，每天接受施先生的教导，形同父子。

我转过来问施耐庵先生，罗贯中说得如实吗？

施耐庵说，我这个远道而来的学生品学兼优，让他说假话，他也不

264

会编。当年他父亲领着他来时，虽然操着一口山西话，有的话我还听不懂，但是他的灵气、他的稳重、他的气质，征服了我，我一眼就看上了这个孩子，我甚至认为他将来能成为栋梁之材，我毫不犹豫地就跟他父亲说，你就放心地走吧，孩子的一切由我负责。后来我经常想，难道这是老天爷派给我的学生？我能摊上这么优秀的学生，我太幸运了。这大概是我的祖先前几辈子烧高香积来的德。

我接着问施先生，你怎么不当官，而想当教书匠呢？不是说，"家有二斗粮，不当孩子王"吗？

施耐庵说，此事说来话长，容我慢慢跟你道来。郑先生你肯定知道孔子有多少弟子，在这众多弟子中出过多少贤人？我说，这难不倒我，孔夫子有三千弟子，在这些弟子中出了七十二贤人。施耐庵又问我，在这七十二贤人中有位叫施之常的人，你听说过吗？我说不知道。施耐庵告诉我，他就是我的老祖宗，我爸爸是他的第十四代传人。公元1296年，施家生了个男孩，这就是我。所以可以这么说，在我的血脉中有孔夫子弟子的基因，而且还不是一般弟子，是弟子中七十二贤人之一的基因。

我说，施耐庵先生，我和这么多名人聊过天，你还是头一位孔子七十二贤人的后代，你这背景很硬呀！施耐庵叹了口气说，我家过去也阔过，但到我爸这一代家庭已经败落，我连学都上不起啦，我只好偷偷在学府的教室外边听讲，靠借书自学。由于我天资聪明，脑瓜特别好使，到我13岁左右的时候我就能写出一手好文章，常常受到大人们的夸奖。越夸我越心气大，我进而熟读诸子百家，读在社会上流传的各种故事书，其中就有《晁盖智取生辰纲》《宋江怒杀阎婆惜》《杨志卖刀》《石头孙立》，以及青面兽呀，花和尚呀，武行者呀，燕青博鱼呀，李逵负荆呀，凡是类似的故事，虽然零七八碎，但我都爱看，一些以这类故事编演的地方戏，我也看得津津有味，我简直被这些故事迷得神魂颠倒。

我说，原来如此。难道从这时起你就开始写《水浒传》了？施耐庵说，还没写，只是心里痒痒，有把这些零碎故事写成书的冲动，但并未动笔。

因为我还想考进士，弄个高等学历。公元 1331 年我已经是 35 岁的人了，我才进京应考，庆幸的是我一举考上进士，同我一起榜上有名的有刘伯温，此人是浙江人，后来当了朱元璋的军师。本来我认识刘伯温是件幸事，后来的事实证明我认识他，真倒了大霉。

我说，既然你考上了进士，没弄个一官半职？施耐庵说，咋没弄上，弄上了，任命我到钱塘担任县尹。我这个人实在不是当官的料。官场那些黑暗现状，我施耐庵实在看不下去，我怎能与他们同流合污，岂不污辱了我。我必须离开这臭狗屎一堆的官场，与之一刀两断。于是我只勉勉强强混了两年，就主动提出辞官回归故里。

我说，别人是削尖了脑袋往官场里钻，而你只干了两年就退出来了，这也有点太可惜了吧？施耐庵说，对我来说离开官场是一种解脱。我要一直当下去，即使当上宰相，你老郑能知道我施耐庵是何许人也？官场是短暂的，只有文学与科学是永恒的。文学和教育才是我施展才能、永载史册的阵地。

我问，你辞官后干什么？施耐庵说，教书。我开办了一所学校，广收四方学生，罗贯中就是由他爸爸送到我这里念书的。我的教书方法与众不同。我虽然为人师，但我决不以师自居自傲，我与我的学生平等相处，我视学生如己出，他们就是我的孩子。我不仅不打骂体罚侮辱他们的人格，还把学生视为我的老师，我也从他们身上学习。常言道，一日为师终身为父。我说，仅仅这么说是不够的，应该加一句：一日为师终身为友。

我万分感慨地说，施先生你的这个认识太深刻了。施耐庵说，出于这种认识，我给学生讲课从不照本宣科，从不板着个面孔。我把从诸子百家，尤其是从社会上听来的、从小册子上看来的梁山英雄好汉的事迹，用讲故事的方法绘声绘色地讲给学生听，学生们听得都痴迷了，教室里总是欢声笑语，这堂课盼着下堂课。我成了他们的故事先生。郑先生，要不然（指坐在一旁的罗贯中）他爸爸也不会把他从那么远的地方带到我这里念书。通过讲故事，我对梁山泊这些英雄好汉更加钦佩与热爱了，我产生了要把他们写出来的强烈冲动。经过观察，我发现罗贯中也善于编故事，文笔也棒，虽然他当时只有十几岁，比我小很多。我带着他找了个僻静地方从事创作。从这时起我正式开始《江湖豪客传》的写作。在这里需要交代的是，我的父亲与我的妻子先后去世了。我的续妻申氏家比较有钱，她很支持我写作，不仅在生活上支持，而且还请会作画的师傅把以宋江为首的三十六个人的像画出来让我贴在墙上天天看，以产生感性认识和创作灵感。这时，在我身边的学生只剩下罗贯中了，我写他抄，我们俩经常商量哪个人物该怎么写。这一段平静而又充实的写作生活过得相当愉快。然而好景不长，平静的生活被打破了。

我急忙问，出什么事了，天灾还是人祸？

施耐庵说，就算"人祸"吧。在前边我不是给你说过有个叫刘伯温的人与我同时考上进士，此人和我成了好友，我们经常在一起交谈，欣赏对方的人品和才华。谁知刘伯温高升了，当了开国皇帝朱元璋的军师。他经常在朱元璋面前夸奖我多么有才。这朱元璋就说，既然你总说此人的好话，你就去苏州把这个施耐庵叫来让朕看看。皇上的话那就是圣旨，刘伯温心想这可是施耐庵千载难逢的大好机会，如果让皇上看中，那还不平步青云，一步登天。然而，我听到这个消息后，吓得我出了一身冷汗，我赶紧躲到乡下，隐藏了起来，决定不见刘伯温。因为我不能打断《江湖豪客传》的创作。刘伯温这次没找到我，只好回去。

听了施耐庵讲的这段故事，不由得使我对施先生更加尊敬。若是别人，皇上来召了，还不受宠若惊，赶快顺杆往上爬，而他竟躲藏起来不见？这使我联想到在清朝末期，紫金城里刚安装上电话机，皇帝随便闹着玩，从电话簿子上找了个电话号码，给一位学者拨打了一个电话，该学者听到打电话的是当朝皇帝，受宠若惊，惊喜之情难以言表。而明朝的开国皇帝朱元璋要见你，你东躲西藏地不去，施先生你真牛，确实是牛，不是一般的牛，是牛上加牛！

施耐庵说，朱元璋和刘伯温的脾气我了解，我想他们还会找我。于是我又和妻子及我的弟弟、学生罗贯中一起搬到我的好朋友顾逖先生在兴化的家乡。兴化四周环山绕水，很有梁山水泊之风貌，这里又很偏僻，一般人找不到。我在顾逖先生的精心安排下，住在白驹镇上，排除一切外界干扰，集中精力写《江湖豪客传》。

到了1367年，朱元璋又想起了我，派刘伯温再次召我觐见。这次可苦了刘伯温，他费了九牛二虎之力，在这个小镇上总算把我找到了。我想，坏了，如果跟他去见朱元璋，还不知出什么事哩，我的书马上就要完稿了，岂不前功尽弃，我得用计躲过这一回。在招待刘伯温喝酒时我连喝几大杯，喝了个大醉。只听伯温说："我可是奉旨第二次恭请仁兄了，比刘备三请诸葛亮只差一回。"我说："我哪敢跟诸葛亮比……"嘴里尽说些胡话，然后我就装醉不省人事了。刘伯温看到我一大堆手稿，知道我的心是在写书而非官场，看到老同学好朋友的面子上，回朝后就说没找到，马马虎虎交差了。我怕刘伯温再来，就搬到一个更加偏僻的地方，总算把《江湖豪客传》写出来了。

我问，书的名字为什么改为《水浒传》呢？

施耐庵先生指着罗贯中说，这个功劳归他。书成后，我们都感到书名太直白，不吸引人。但改个什么书名好呢？正在发愁时，罗贯中说，老师，就叫《水浒传》吧，水浒者，水边也，其中还有"在野"之意。我们师徒俩再三推敲，最后就定名为《水浒传》。

我说，一部伟大的著作，在施先生的毕生笔耕不辍之下终于完稿了。我向你表示最热烈的祝贺。

施耐庵先生说，别祝贺了，我要倒大霉了。

我迫不及待地问，倒什么大霉？

施耐庵说，《水浒传》尚未正式出版，手抄本就流传到社会上去了，一传十，十传百，很快传遍大江南北。连皇宫里都有了抄本，最后传到朱元璋手里了。皇上开始觉着写得好，但看着看着觉察到这不是鼓吹造反的书吗？再想到这个施耐庵我派刘伯温亲自去请了两次，他傲气十足，竟敢拒见，把这个施耐庵给我抓来打入天牢。

因文字狱，我进了监狱。刘伯温得知后，来天牢探视我。我说，刘兄呀，你得在皇上面前为老弟我开脱，救我出去吧。刘伯温则说，兄弟呀你是极聪明的人，只有你自己可以救你自己，你是怎么进来的，就能怎么出去。说完这句话，他给我使了个眼色，反而笑着离开了。

我说，这刘伯温葫芦里到底卖的什么药？

施耐庵说，是呀，他到底是什么意思？我坐在监狱里，看着天上的星星，我反复想，我是因写《水浒传》被抓起来，我要出去还得靠写《水浒传》出去。我现在的书是鼓吹造反，朱元璋造反推翻元朝皇帝时，他肯定喜欢我的书。而他的地位已经变了，他已坐上皇帝宝座了，他当然不希望造反了。若把宋江写成受皇帝招安，我不就出狱了吗？想明白了这一点，我在监狱里写了《水浒传》的后五十回，写了宋江受招安，归顺朝廷，而且去镇压方腊起义。这一年我好苦啊，我的心情苦，我的写作苦，我的环境苦。这一年把我折磨得骨瘦如柴，放我出狱时，我已经只剩下一口气了。当我二弟来看我时，我拉着弟弟的手说，我这一辈子就累在一部《水浒传》上了，我死之后，你一定告诉咱家的后代，千万，千万不要写书，千万，千万不要当官，只叫他们好好种田，自食其力，就好。

交代完这几句话，四大名著之一《水浒传》的作者，一代大文豪施耐庵离开人间，享年 75 岁。

罗贯中说，埋葬了恩师施耐庵后，我又从头到尾把《水浒传》的稿子修订了几遍，然后拿上手稿去当时全国出版最发达的福建建阳，求人正式刻印出版，但费了九牛二虎之力，也无一家肯接收。我只好把这部稿子放下，等待出版机会。之后，我便投入到《三国演义》一书的写作之中。

常言道，少不看水浒，老不看三国，我真有点奇怪，写《水浒传》者，恰恰是位老者；而写《三国演义》者又恰恰是位年轻人。

最后，我问山西老乡罗贯中先生，你和你的老师施耐庵先生，分别写出了两部伟大名著，这在中国文学史上，乃至世界文学史上，都是极其罕见的。今天，在你的老师面前，你不大谈你写的《三国演义》，只谈《水浒传》。那么，你能否谈点创作的体会，以供后辈借鉴。

罗贯中先生说，写作与干别的行当不太一样，没有相同的模式，各有各的路数。例如我和我的老师施先生写作路数有相同之处，但更多的是不同。完全相同了就没有文学了。文学的生命力在于它的不同。如果说有相同点的话，我认为有如下几点：

一是任何好的文学作品都是集前人智慧的结晶。在《水浒传》之前民间就流传着许多关于梁山泊好汉的故事，这些素材为我们提供了十分宝贵的创作元素。在创作《三国演义》之前，就有《三国志》等著作，这成为创作《三国演义》的基础。没有前人的智慧，任何伟大的作品都不会凭空问世。所以，我和我的老师从来没有过高估计自己。我们不过是幸运儿，有幸收获前人播下的种子而已。

二是小说是语言的艺术。好的小说必须语言生动、鲜明、明白、简洁、富有色彩，行云流水，天马行空。要有生动形象的描写，要有画龙点睛之笔，要有出奇制胜的妙笔。语言这东西不在辞藻的华丽，而在朴实之美。李白的"床前明月光，疑是地上霜。抬头望明月，低头思故乡"就是最好的例证。只有这样朴实无华而又打动人心的文学作品，才能流传千古。

三是文学作品要讲故事。只有形象的、生动的、曲折的、惊险的、扣人心弦的故事，才能吸引人、打动人、感染人、说服人、教育人。没有故事的小说不叫小说，没有故事情节的小说，没人买、没人阅读。文学家首先是故事家，是编故事的高手。根本不会编故事的人，我劝他们赶快改行，去找一个不编故事也能谋生的职业，别在写小说上活受罪。

四是要塑造典型人物。文艺作品中如果没有几个、几十个让人永远难忘的活灵活现的典型人物，如宋江、鲁智深、武松、李逵、吴用、刘备、曹操、诸葛亮、关羽、张飞、赵云、周瑜、孙权等等，这个小说就失败了，它不会被人问津。最可悲的是，有人写了一辈子小说，却没留下一个能让世人永远难忘的人物。

五是切忌千人一面，万人一腔。不同的人，要有不同的性格，要有不同的语言，要善于用人物的行动表现其性格。武松喝十八碗酒，在景阳冈上打死猛虎，这一个行动，就把武松这个好汉的品格，展示得淋漓尽致，别的话几乎不必多说了。塑造典型人物的不同性格是否成功，可以说是一部小说成功与否的关键。

罗贯中特有礼貌，他先请他的恩师施耐庵先走。我看着施先生的背影，仿佛听到刘欢唱的那首《好汉歌》：大河向东流，天上的星星参北斗，说走咱就走，你有我有全都有。路见不平一声吼，该出手时就出手，风风火火闯九州……

等施耐庵先生的背影看不见了，罗贯中才走。我似乎又听见杨洪基唱"滚滚长江东逝水，浪花淘尽英雄……"

郑洪升和李时珍聊天

在明朝出了一位伟大的医药学家，他的名字叫李时珍，他对国人乃至世人的贡献彪炳千秋。他是我们中华民族的骄傲，是人民的大救星，是救死扶伤的神人。今天，我必须把李时珍老先生请下来，和他老人家好好聊一聊，从他身上淘点宝。

当李时珍走到我面前时，他的神态，他的一举一动一言一行，都深深地吸引了我。《本草纲目》的问世，是对他一生最好的总结，是他留给国人最宝贵的医药财富。不知为什么，我见到李时珍时，有一种亲近感，似乎很有缘分。这大概是他老人家是中医中药的鼻祖，而我的曾祖父郑迎泰和郑遴泰、祖父郑天震、父亲郑锦云、弟弟郑洪雁，以及我的岳父刘润甫、大舅哥刘少甫，都是中医大夫，而且都是名医的原因。严格说来，他们都是李时珍崇高事业的继承者、实践者、发展者。

李时珍老先生坐定后，我开门见山地问，你是怎样写出《本草纲目》这部伟大医药著作的，请把你最深刻的体会告诉我们好吗？

李时珍说，我从来没有从这个角度谈过，既然郑先生问，那我就简单地谈几点我的切身体会。

我的第一点体会是：爱好。干一件事情之前，如果对这件事没有浓厚的兴趣和异乎寻常的喜爱，这件事情肯定干不成，即使勉强干成了，也不会干得漂亮。我家世代行医，我祖父和父亲都是郎中。虽然给人治病，但社会地位很低，与算命的、卜卦的、看风水的差不多。一般有点钱的家庭都不让孩子干这一行。明朝当局怕这一行绝了迹，便规定凡郎中的家庭必须有一个孩子继承祖业。我哥哥已当了郎中，我父亲李言闻就决定让我参加科举考试，以便弄个一官半职，改变我家在社会上的地位，为家庭赢得荣誉，从而光宗耀祖。然而，我对此毫无兴趣，我从小就对父亲种植药材和上山采药有一种天生的爱好。我生在湖北蕲州，这里山清水秀，在我家周围的大泉山、盘龙山、平顶山、龙峰山上，长着许多药材，我父亲上山采药时，常带着我和我的哥哥一起去。我小时候身体虚弱，经常生病，我父亲就是用这些草药把我的病治好的。我的爱好与兴趣根本不在考科举上，而是向大自然取宝，采集和研究各种药材，为世人治病。我父亲是位通情达理的长辈，他看我对科举考试不感兴趣，考了三次都榜上无名，也就支持我当郎中。于是我从24岁起便正式行医了。从此，一面行医，一面对医药进行研究，便成了我的终身职业。我不管别人看得起看不起，我一定要在这方面搞出大名堂，乐此不疲。

我说，李时珍先生你的这段话表明了一个真理：爱好与兴趣是成功之母。每个孩子都有他最感兴趣之点，教育要善于发现他们的特点和擅长，顺势引导，而不是逆向而行。常言道，强拧的瓜不甜。有的孩子对钢琴一点天赋和兴趣都没有，你却花数万元买架钢琴硬让孩子弹，这样能把孩子培养成钢琴家吗？就拿你李时珍先生来说，你从小的爱好在医药方面，若你的父亲不改变主意，你即使考上个进士，当上一个三品官，我们中国不过增加了个多如牛毛的官员，却少了一个伟大的医药专家。孰轻孰重，在那里明摆着。李先生，请谈你的第二点体会。

李时珍说，我的第二点体会就是：咬定。因为爱好与兴趣也是经常变化的。朝三暮四的人太多，外界干扰也太多。有人本事大，人家一辈子可以干好多事，而我承认自己没那么大本事，我一辈子就咬定一件事。与我咬定的事有关联的，我去想，去做；毫无关联的事，我根本不去理它，决不分心。我们行医十年后，因为看好了不少疑难病，已很有名气。同时我也读了很多医药方面的书，在我三十多岁时，就立志要写一部医药方面的专著。但是明朝在武昌的楚王知道我的名气后，就把我招到楚王府给王府的人治病，还让我兼管王府的"良医所"。在楚王府干了几年，朝廷下令各地举荐高明的医师进太医院，楚王又把我推荐上去。这样，我进京当了御医。无论在楚王府还是进皇宫当御医，都不利于我写书，我的心系着大自然，心在著书立说上。于是我在北京只干了年把，就称病辞职回家了。

我说，是呀，要干成一件大事，必须咬住不放，干它几十年甚至一生。郑板桥的那首名诗说的也是同样一个意思："咬定青山不放松，立根原在破岩中。千磨万击还坚劲，任尔东西南北风。"大目标定了之后，就要把自己的一切精力集中在一点上，不搞出名堂决不罢休。你要是一直在楚王府和皇宫里混，生活可能舒服，但后来的医药宝典《本草纲目》是否能问世，就很难问了。李先生请谈你的另一点体会。

李时珍说，我的第三点体会是：继承。我继承我爷爷和我父亲行医的宝贵经验，看我爸爸写的一些行医和对某些药材的专著，看前人写的书。当时我能看到的有汉代人写的《神农本草经》，南朝齐梁时期的人写的《本草经集注》，唐朝人写的《新修本草》，宋朝人写的《经史证类备急本草》等，对前人的著作，我必须吃透，好的就肯定，不好的就扬弃，不够的就补充。首先继承，然后才是发展。任何学说，都是在前人长期积累的基础上发展的，不继承就无法发展。

我说，李先生你的这条体会也非常重要。首先，要继承，只有继承才能弄清怎么发展。当然，继承的过程就是去伪存真，去粗取精，由此及彼，由表及里的过程。是批判地继承，而不是照搬照抄。当然，更重要的是在继承的基础上，加进自己的新东西。施耐庵著的《水浒传》和罗贯中著的《三国演义》，都是在继承前人已有材料的基础上写成的。马克思主义的三大组成部分，也有三个来源。不会继承的人，就不会发展。反过来说，没有发展的人，继承得再多，对社会也不会有太大的贡献。李先生请谈你的第四点体会。

李时珍说，我的第四点体会就是：亲试。药材是治病的。治病用的药材，无非是内服和外用两种。无论外用与内服，都是人命关天的大事，必须亲试亲尝亲自体验，在这方面来不得半点马虎。为了把《本草纲目》写好，我经常穿上草鞋，带上我的儿子李建元和高徒庞宪，奔波在大自然之中。我的足迹遍布大江南北，去过好多地方。每到一处，向当地的农民、渔夫、樵夫、药农请教，用笔记下他们积累的经验，收集治病偏方。没有把握的药，我亲试亲尝。由于我认识了许多人，交了不少朋友，他们把能治病的药材和鸟兽，都给我送来，供我研究。经过多年的采集和亲自试验，我积累了大量的第一手写作素材，对各种药物的特点性能，我心里明明白白一清二楚。我写进书里的东西，都不是道听途说的，每样药材的功能，我都亲自试过。

我说，实践出真知。我常想，作为一个医生，如同一个指挥员，他的任务是要消灭患者身上的疾病。疾病就是他的敌人，就是他要歼灭的目标。用什么去歼灭，用药物，就是要对症下药。如果不了解药物（武器）的性能，怎能达到消灭敌人的目的。弄不好，还会误伤了自己，造成难以挽回的恶果。李先生，你用十多年的时间，翻山越岭，广收药材，研究它们的药效，学习药材使用的规律，这是你成功最为重要的条件，不能不令人无限敬佩。请接着谈你的下一条体会。

李时珍说，我的最后一条体会是：成果。我前边说的，爱好、咬定、继承、亲试，都是为了出成果。我奋斗一生的成果都在我写的《本草纲目》一书之中。"本草"也，中药名的总称。"纲目"也，古人云"壹引其纲，万目皆张"，又云"举一纲而万目张，解一卷而众篇明"，这就叫纲举目张。我考虑，这本药书是从事医务工作的人要经常翻阅的，因此，必须纲目非常清楚。全书约有190万字，分为52卷，列水、火、土、金石、草、谷、菜、果、木、服器、虫、鳞、介、禽、兽、人等，共16部。每部又分若干类，共60类。每类下面列出该类所属药物。我的《本草纲目》一书，共收药1892种，由我新加的就有374种。在《本草纲目》中，还画了1110幅插图，告诉人们如何辨认药材的形态，以免误用。在分类法上，我也做了重大调整。明朝之前，本草书多按上、中、下"三品"分类。

上品"养命以应天"，中品"养性以应人"，下品"治病以应地"。我打破了这种分类法，而按植物、动物、矿物分类。我认为这样分类更科学。我还把方药、疾病和治疗有机地结合起来。郑先生，从我下决心写这部书到完成，共花了二十七年的时间，可以说我将全部心血都投入其中。书成后，出版又成了大问题，后来遇到好人胡承龙先生，他是南京的藏书家，并兼营刻书和销售书的业务。胡先生很识货，他读了《本草纲目》手稿后，认为是本难得的好书，于是出钱把它刻印出来，这本书才得以流传。

我说，李时珍老先生，你为祖国和她的人民干了一件功德无量的大好事，历史永远不会忘记你。1593 年你以 76 岁的高龄辞世后，《本草纲目》翻刻了三十多次，并先后被译为拉丁文、法文、日文、英文、德文等文字出版。值得一提的是，西方植物分类学创始人林奈在 1735 年才出版了只有十二页的《自然系统》，你比他早一个半世纪就出版了比《自然系统》的内容丰富不知多少倍的《本草纲目》，成为举世公认的药物和植物分类学家。聊到这里，我要说一件事，毛泽东主席对鲁迅的评价是相当高的，他说："鲁迅是中国文化革命的主将，他不但是伟大的文学家，而且是伟大的思想家和伟大的革命家。鲁迅的骨头是最硬的，他没有丝毫的奴颜和媚骨，这是殖民地半殖民地人民最可宝贵的性格。鲁迅是在文化战线上，代表全民族的大多数，向着敌人冲锋陷阵的最正确、最勇敢、最坚决、最忠实、最热忱的空前的民族英雄。"就我所知，毛泽一生之中对任何人的评价都没有高过鲁迅。然而，毛泽东对鲁迅否定中医的错误态度，却毫不客气地提出了批评，他说："鲁迅的父亲病了，请中医看，可是药引子难找，像经霜三年的甘蔗；要吃破鼓皮丸，用打破的鼓皮制成的。还要蟋蟀一双，要原配。后来他父亲病死了，鲁迅对中医很有看法，不信中医，他的这个观点不大对。他找的是庸医，不要受这个影响。中西医要很好地结合。"毛泽东又说："我看中医少说也有两千年历史，西医有多少年？就算一百多年吧，那一千九百年前的老百姓怎么过的？还不是靠中医中药，应该说中医中药是有功的。"以上是我看到的毛泽东主席对鲁迅几乎是唯一的一次公开批评。中医与中药的作用是任何人也否定不了的。李时珍先生你对中医中药的伟大贡献，将永载史册！

李时珍老先生听了这番话后，说，公道自在人心，公道自在实践，公道自在效果，公道自在历史。

尔后，他老人家含笑而去。

郑洪升和朱棣聊天

在中国当过皇帝的人有好几百位，仅明朝就有十六位。

同样是皇帝，质却千差万别。有的是明君，有的是昏君；有的文武双全，有的窝囊透顶；有的是铁腕，有的是软蛋；有的万世留名，有的臭名远扬。

在明朝的十六位皇帝中，我对两位最感兴趣，一位是开国皇帝朱元璋，另一位是朱元璋的第四个儿子朱棣。朱元璋我已经聊过了，今天，我要和他的四子朱棣好好聊一聊。

看到朱棣如同见到朱元璋，父子俩长相真像呀：高大，魁梧，聪慧，威严，刚强，儿子简直是父亲的小相片。

我说，陛下，你父亲共有二十六个儿子，为什么最喜欢你？

朱棣说，因为我最像他。人们常说，十指连心，手心手背都是肉。这个没错。但作为一国之君，他首先考虑的是，他打下的江山如何代代相传。我们实行的是世袭制，老子传儿子，儿子传孙子……每一位皇帝，尤其是开国皇帝，他思考的头等大事，就是打下的江山，在众多儿子中，传给哪个儿子最可靠，他不仅忠于我制定的国策，而且遇到复杂多变的情况，他能拿得起来，当机立断。我的父亲还未当皇帝时就生了我。我从小跟着他南征北战。他当了皇帝后，常在各位大臣面前，夸我从长相到做派最像他。因此处处对我实行优惠政策，很少有制裁措施，想让我继位当皇帝。我 10 岁时，父皇就封我为燕王，17 岁时，他亲自做媒，让我与开国元勋徐达之爱女成亲。当我 20 岁时，就让我赴北平，独立行使燕王职权。但是，不管怎么优惠，我也继承不了皇位。因为要继承皇位，必须首先立为太子。然而我虽有继位之才，但无继位之资。这么说吧，我只有一半资格，即是朱元璋的儿子，而另一半不够格，即不是马皇后所生。按照立嫡立长的规矩，只能立马皇后生的长子朱标为皇太子。朱标当了二十五年太子后，病故，接着老二秦王与老三晋王也相继病故，老大老二老三都死了，说什么我这个老四也该被立为太子了，父皇虽有此意，但许多大臣极力反对，就只好立我大哥的次子为皇太孙了。这就是说，如果我的父皇驾崩，只有他的这个孙子能继承皇位，我们这些叔叔尽管有当皇帝的本事，也得靠边站。洪武三十一年，即1398年太祖驾崩，他的孙子继位，成为明惠帝。我的这个侄子继承皇位后，因为年纪小，在他周围有不少奸臣给他出坏主意，为首的有两个，一个叫齐泰，另个叫黄子澄。这两个坏蛋，对我侄子说，对你的皇位构成最大威胁的是被封到各地称王的你的那些叔叔。我这个侄子就决定削藩。我父皇驾崩后，都不准我们回来奔丧，不久，就把周王、岷王、代王、齐王贬为庶民。因为我这个燕王实力太强大，他们一时不敢下手，只好把其他各王贬为庶民，杀鸡给猴看，让我放老实点，下一步时机成熟就收拾我。他们搞的这一套，是秃子头上的虱子——明摆着，只有傻瓜才看不出他们下步要走什么棋。

我说，既然聊到这里，我想请陛下谈谈，在你的一生之中，你干得最得意的是哪几件事？

朱棣说，我一生中干得最为得意的有六件大事。

第一件大事，以"清君侧"之名，行夺权之实。当时我认真地分析了各种情况，有利方面与不利方面。我下定决心，要把本应属于我的皇位夺回来。但是推翻现任皇帝，面临两大难题，一是不仁，乃死罪；二是不义，是叔叔夺侄子的权，会遭人唾骂。但天无绝人之路。经过我谋划，并和我的谋士们商量，我们打出的旗号是"清君侧"，并非推翻皇帝。什么是清君侧呢？我们不说皇帝不好，我们只说在皇帝（君）周围有许多奸臣给他出坏主意，我们发兵的目的，是把皇帝周围的奸臣清理掉。实际上是醉翁之意不在酒，我就是奔着皇位才发兵的。1399年，我昭告天下，以

"清君侧"为幌子，说朝廷出了齐泰、黄子澄等坏人，必须起兵讨伐他们，于是爆发了"靖难之役"。南京派重兵北伐妄图消灭我；我派精兵南伐，与之进行决战。我起兵后，以迅雷不及掩耳之势，连克怀来、密云、蓟州、遵化数县，占据有利地形，补充兵员，扩大实力。等朝廷派古稀之年的老将耿炳文率30万人马来时，两军交战不久，他们就被打得溃不成军，全军覆没。后来朝廷又命李景隆带60万大军北伐，与我决战于白沟河，又被我打败。接着我趁胜挥师南下，一路势如破竹，直取扬州。我的侄子惠帝多次派人与我议和，都被我拒绝。我一直打到南京城下，李景隆等人从里边打开城门投降。惠帝下落不明，四处搜寻，活不见人，死不见尸。其实，我不会杀他。毕竟我是他的叔叔，我只对皇位感兴趣。我于1402年，以43岁的年龄登上明朝皇帝宝座，改年号为永乐，从而结束了我们皇族内部的夺权之战。

我说，陛下，你既厉害又聪明，本来名不正言不顺的事，你以一个"清君侧"之名，就把它理得名正言顺了。请谈你最得意的第二件大事。

朱棣说，我最得意的第二件大事是，巩固政权，稳定人心。我不是打着"清君侧"的口号夺取皇位吗？我当了皇帝后，首先对奸臣下手，毫不留情。我杀了惠帝的心腹大臣齐泰和黄子澄，并灭了他们的全族。逮捕了其他五十多个大臣，如有不服一律杀头。惠帝重用的大秀才方孝孺，写得一手好文章，我打进南京后命他给我写即位诏书，尽管我威逼利诱，他坚决不从，我一气之下，灭了其十族。为了除恶务尽，我发明了一个"瓜蔓抄"的办法，就是顺藤摸瓜，将其他有牵连的人全部抓或杀。惠帝的臣子景清，以假投降为名，先取得我信任，然后上朝时暗藏尖刀，妄图刺杀我。被发现后，我下令将其尸体挂在城墙上示众，灭其全族，并顺藤摸瓜，将景清左邻右舍，连他出生的村子中的男女老少全部杀光。受景清案子牵连被杀者有数百人。

我说，在这点上你和你爸爸朱元璋太像了，杀人不眨眼！

朱棣则说，郑先生，你们没当过皇帝的人，根本不了解皇帝的心。

没当皇帝前他不杀人扫清障碍，能当上皇帝吗？即使当上皇帝，他不排除异己，不抓不杀敌人，能巩固自己的地位吗？所以，有几个手不狠的皇帝？心慈手软的人根本当不了皇帝。勉强当上，也是短命的。当然光靠杀人，也不成。在实施严厉镇压的同时，我还实行怀柔政策，凡是衷心拥护我当皇帝的人，我一律给予重赏重用，对其过去说过什么做过什么，一概不究。我的几个被惠帝削藩贬为庶民的弟弟一律官复原职，仍返回各自的封地当王。这样，由于我采取了镇压与怀柔相结合的政策，很快稳定了人心，巩固了自己的皇位。

我说，你刚柔并济，一手拿大棒，一手拿胡萝卜，交互使用，互为补充，团结了多数，打击了少数，这些策略为你当皇帝扫清了道路，争取了人心。你在这方面确实很高明。请说你干的第三件最得意的大事。

朱棣说，我干的第三件最得意之事，就是发展生产，造福百姓。我知道，不发展生产，不解决生计问题，要想让老百姓拥戴你，那简直是异想天开。百姓丰衣足食是社稷稳固的基础。我当了皇帝后，继承我父皇的国策，采取休养生息、移民屯田和奖励垦荒的政策，把因连年征战遭到严重破坏的生产，逐渐恢复起来。当时，淮河以北的大片田地杂草丛生，蝗虫灾害严重，还有许多地方经常滑坡，给百姓生命和财产造成损害。我下令把苏州和浙江九市的灾民移到这个地区。我又下令从山西洪洞大槐树向外移民。为什么从山西移民？因为当时河南人口只剩下 189 万，河北人口也只剩下 189 万，而山西的人口却有 403 万比，相当于河北与河南人口的总和还多。洪武年间就从山西洪洞大槐树移民十次，永乐年间又移了八次。这些移民对发展生产起了相当大的作用。由于我采取了一系列的措施，使农业生产比洪武时期又有了新的发展。随之手工业也兴旺起来，更为可喜的是造船业发展之快出乎我的预料，最大的船长达 44 丈，宽 18 丈，能乘一千多人。船上还拥有航海图与罗盘针，大明成为世界上最先进的造船大国。我的体会是，只要百姓有吃有穿，他们就不会造反。凡造反都是官逼民反的，都是被逼上梁山的。

我说，今天我算明白了一个问题，我从小就听人说，我们的老家都是洪洞大槐树底下的。为什么是大槐树？因为山西老百姓故土难离，当时都不愿意移民去河北和河南等地。而官方说只要到大槐树底下，就可以不移。大家纷纷往洪洞大槐树底下跑，结果凡到了大槐树的人，统统被官方押走移民。我离开山西后，在河北许多人都说自己祖上是洪洞大槐树底下的人，而且还说脚趾上有标志，凡是大槐树底下迁移过来的人，小脚指甲都是分为两半的。原来，这多次从山西洪洞大槐树底下移民，都是明朝你爸爸朱元璋和你朱棣干的？

朱棣说，不错，是我们父子所为。

我干的第四件最得意的大事是，把明朝的都城由南京迁到北京，大修紫禁城。我虽然是南方人，但对北京有深厚感情，这大概和我10岁时就被封为燕王，20岁起就在北方生活与征战有关，再加上我住在南京的皇宫里很不舒畅，经常做噩梦，一会儿梦见我的父皇说，你真不像话，你个当叔叔的怎能从侄子手里夺权呢？一会儿又梦见我侄子指着我的鼻子说，我比你小好多岁，等你老得不中用了，我还要把皇帝大权夺回来！我暗下决心，一定要离开南京，回我的第二故乡北京。我体会最深的一点是，只要皇帝想睡觉，就一定会有人搬枕头，不少大臣整天就在揣摩皇上的心思。大臣李至刚摸透了我的心思，他便上奏，正式提出迁都之见："北京左环沧海，右拥太行，北枕居庸，南襟河济，自古系称雄之地，北平又是陛下发祥之龙潜，故京城北迁，是顺天意、应民心之事。"李至刚的这个奏折算是说到我心眼里去了，于是我来了个顺坡下驴，决定迁都北平，并于1403年把北平改名为北京。迁都之事决定之后，紧接着就是修皇宫。李至刚又上奏说："建议按照《周礼》的规矩，以'前朝后市，左祖右社'的原则进行建设。"我批准了这个方案。于1406年派泰宁侯总负责修建紫禁城；派宋礼、师逵两大臣分赴江西、四川、浙江、湖广等地督办采伐木材；派张思恭督办烧砖烧瓦；设计人员是当时最棒的设计师蒯福、蒯祥、蒯义、蒯纳等人。整个工程耗时十四年，动用百万民工，无数军人参加。1420 年，紫禁城、皇城、京城建设基本完工。当然，重中之重是皇宫，其中包括紫禁城（今故宫）、万岁山（今景山公园）、西苑（今北海公园）、社稷坛（今中山公园）、太庙（今劳动人民文化宫）。仅紫禁城的建筑面积就达 72 万平方米，殿堂馆轩，亭台楼阁即达九千多间；太和殿、中和殿、保和殿为中轴线，文华殿与武英殿一东一西相对称。1421 年迁都完成，我坐在了紫禁城雄伟的太和殿里的龙椅上，接受百官朝拜。秦始皇给中华民族留下了万里长城，我朱棣给中华民族留下了紫禁城。希望所有登上长城的人不要忘了秦始皇，也希望所有走进北京故宫的人，不要忘记我朱棣。

我说，请陛下放心，秦始皇修长城，人们绝不会忘，如果你紫禁城城，许多人不知道的话，看了我这篇文章，肯定会把你朱棣的名字和修故宫紧紧地连在一起了。我说这段话时，我看见朱棣满意地笑了。我说，请谈你最得意的另外一件大事。

朱棣说，我最为得意的第五件大事是，编纂《永乐大典》。我深切地体会到"金玉之利"是短暂的、有限的，而书籍的作用乃是长久的、永恒的。汉朝留下了《史记》，唐朝留下唐诗，宋朝留下宋词和《资治通鉴》，元朝留下元曲，我明朝到我这里创造了永乐盛世，除了施耐庵和罗贯中分别写出《水浒传》和《三国演义》外，我决定编一部《永乐大典》留给世人。作为一国之君，不抓文化建设，绝不是好皇帝。永乐元年，即 1403 年，我授权解缙为总负责人，开始编纂《永乐大典》。我给他们的指导思想是：内容要务求详备，所有文字都要来源于经、史、子、集百家之言，天文、地志、阴阳、医卜、僧道、技艺等都要收进去，毋厌浩繁。我要编一部大书。根据我的旨意，解缙于永乐二年把类书初稿编辑好呈我审阅，我说还欠完备，重编。我又下令礼部大力支持，先后抽调三千余人投入这项巨大工程，用了四年多时间，终于完成了拥有 22937 卷，3 亿多字的世界上最大的类书。我对这部书十分满意与自豪。最后这部《永乐大典》的书名是我赐的，亲自作序，并命人抄写了两部。

我说，陛下不要生气，你十分满意的这部《永乐大典》，在八国联军入侵北京后，大部分被烧毁，剩下的也多被抢走了。朱棣听此言，不停地感叹，可惜呀，可惜。我说莫悲伤，请谈你最得意的第六件事。

朱棣说，我干的第六件大事是，走出国门，派郑和下西洋。我总觉着我这个皇帝，不是个闭关锁国的皇帝。当我的王朝兴盛起来，我很愿意派人走出去，发展与外国的关系，把人家的好东西引进来，把我们的好东西送出去，通过交流扩大友谊。我下令在翰林院培训通晓外语的人才，又令福建沿海地区大量建造船只。我经过严格考察，最后我决定派宫内的心腹太监郑和率队下西洋。郑和原姓马，云南昆明人，回族，曾随父去过麦加朝圣。因为他各方面表现出色，我赐他郑姓。郑先生，可见你们姓郑的人也不是随便可姓郑的。永乐三年，也就是 1405 年 7 月，郑和带着两万七千八百多人，分乘二百多艘宝船，携带着大批丝绸、瓷器、布帛，从江苏刘家港扬帆起航。郑和的船只先到越南，再到马来西亚的马六甲，再到印度尼西亚的爪哇、苏门答腊，以及锡兰等地，最后从印度洋西岸返国。这是第一次，之后郑和又连下西洋六次，这就是人们所说的郑和七下西洋。谈到这里，郑先生，我必须告诉你个秘密。我打进南京后，惠帝就一直下落不明，这一直是我的一块心病，我这个侄子究竟去了哪儿？有人怀疑藏在乡下，可我下令在农村排查遍了，毫无踪影。我怀疑他是否跑到国外，所以郑和出发前，我悄悄交代他一个任务，到外国之后，注意寻找惠帝。郑和所到之处都找了个遍，仍无下落。这个悬念至今没有揭开，真让我提心吊胆呀！

听完朱棣皇帝讲完他一生干的最得意的这六件事，我说，陛下，你干的这六件大事，件件有分量。你打着"清君侧"的口号，夺取了皇位；你用恩威并施，清除异己，稳定了人心；你发展生产，创造了永乐盛世；你决定迁都北京，修建了紫禁城；你狠抓文化建设，编纂了《永乐大典》；你打通对外关系，派郑和下西洋。你的这些伟大功绩，历史将永远不会忘记。起码当人们参观北京故宫时，一定会想到你朱棣。没有秦始皇，哪来的万里长城？没有你朱棣，哪来的北京故宫？

朱棣笑了笑，只说了一句话就走了：千秋功罪，让后人去评说吧！

郑洪升和杨继盛、海瑞聊天

只要认真研究历史人物，特别是政治人物，你会发现一个规律，凡开国皇帝，他知道江山来之不易，因此治国都比较兢兢业业，尽量实行一些得人心顺民意的国策，从而使社会在进步，生产力在提高，百姓的生活也有某种程度的改善。但干着干着，就开始胡来了，不断地胡折腾，不断地堵塞言路，不断地镇压百姓。特别是他的后代，往往一代不如一代，一代比一代自以为是，一代比一代会享受，一代比一代腐败。这时，会出现几个不怕死的硬骨头，以铮铮铁骨，为了皇帝，为了社稷，把脑袋别在裤腰袋上，向奸臣，甚至向皇帝本人开炮。这样的人物，一般需具备三个素质，一是本身廉洁，没把柄；二是能看出问题，有水平；三是骨头硬，不怕死。

明朝嘉靖皇帝时期，就出了两位敢于冒死进谏之人，一位是杨继盛，另一位是海瑞。海端知名度很高，几乎家喻户晓。杨继盛的名气似乎就小得多了。我先把杨继盛老先生请下来，我俩先聊，然后再跟海瑞聊。

杨继盛坐定后，我给他沏一杯龙井茶。杨先生则说，我不想喝茶，能否给我一杯酒，最好是茅台，因为我在你家待了这么多年，老看见你喝酒，勾得我的酒瘾大发。今天机会不容错过，让我也开开戒吧！我说这点要求有何难，我立即开了一瓶茅台大王酒，给杨继盛老先生倒上。我俩人连干三杯。

我觉得聊得火候到了，我说，杨先生，我见过我党创始人之一李大钊同志的一幅手迹，"铁肩担道义，妙手著文章"，落款是"守常李大钊"。由于没有标明出处，多少年来，我一直以为这是李大钊的作品，原来这副对联的原创者是你？

　　杨继盛说，不错，正是鄙人所作。写这副对联时，我正与奸臣严嵩进行殊死斗争。我可以告诉你，嘉靖皇帝之所以把他的年号定为"嘉靖"，本想平乱求治，力除弊政，繁荣帝国。可是他的所作所为却恰恰相反。他贪生怕死，大炼长生不老仙丹；他花天酒地，不理朝政；他排挤忠臣，重用奸臣严嵩，许多人都敢怒而不敢言。在恶势力面前，我杨继盛要站出来，我要"铁肩担道义"，我要"妙手著文章"，把个人生死置之度外，我于1553年以《请诛贼臣疏》为题，上书嘉靖皇帝，无情地揭露奸臣严嵩的十大罪状。

　　啊？哪十大罪状？

　　这十大罪状是：一坏祖宗之成法；二窃君上之大权；三掩君上之治功；四纵奸子之僭窃；五冒朝廷之军功；六引悖逆之奸臣；七误国家之军机；八专黜陟之大柄；九失天下之人心；十蔽天下之风俗。

　　根据上述十大罪状，我请求嘉靖皇帝严惩严嵩。

　　我问，皇上采纳你的建议吗？

　　杨继盛说，别提了，嘉靖皇上他昏得连是非都分不清了，他应该清楚我与严嵩毫无个人恩怨，我是一片丹心为社稷，奸臣不除，社稷难稳。而皇上早被严嵩的迷汤灌晕了，他把这个奸臣当成大好人，当他看到我列的严嵩的这十大罪状，心里很不是滋味，竟把严嵩招来，让他看我写的告他的奏折，并一起研究对我怎样处置。严嵩看了我写的奏折，先是吓出了一身冷汗，接着他为自己辩护，极尽挑拨离间之能事，嘉靖皇帝不仅不惩罚该惩罚的奸贼严嵩，反而惩罚我，下令将我交镇抚司拷问。更加奇怪的是负责拷问我的人，不是严嵩的儿子，就是严嵩的门徒，还有严嵩的亲家。他们对我严刑拷打，非让我交代幕后指使人。我对他们说："尽忠在己，难道还要他人主使？"

　　我说，严嵩之流没有引诱你低头认罪？

　　杨继盛说，怎么没有。他们说只要我承认错误，交代出后台，撤回奏折，就可活命。我用一首诗回敬他们："浩气还太虚，丹心照千古。生平未报恩，留作忠魂补。"当时也有不少人向嘉靖皇帝上诉，希望营救我出狱。然而，嘉靖昏庸透顶，完全被奸臣严嵩把持。而严嵩一伙怕事态有变，决定立即将我处死。1555年10月，我正好40岁时，被严嵩一伙在北京西市菜市口斩首。

我说，司马迁说过，人固有一死，或重于泰山或轻于鸿毛。你的死就比泰山还重。

目送杨继盛走后，我立即把海瑞请了下来。

我说，海瑞先生你离开人世已经几百年了，这几百年来所发生的情况你根本不了解。今天我想给你老人家谈点背景材料，这对咱们的聊天或许有些帮助。

海瑞说，我在阴间待了这么多年，我真想知道后来发生的事情，尤其是和我的名字有关的事情。

我说，你所在的明朝，在中国历史发展的长河中，占有很重要的位置，以皇帝来说，朱元璋和他的第四个儿子朱棣都是很有作为的皇帝；从文化上来看，不仅有《永乐大典》，而且鸿篇巨制《水浒传》《三国演义》《西游记》《金瓶梅》等，都出在明朝。这些小说题材之广，种类之多，成就之高，生命力之强，令人叹为观止。所谓四大名著，你们明朝就出了三部。有人说《金瓶梅》在某种程度上可以与《红楼梦》相媲美。在你们明朝还出了于谦、戚继光等军事家，出了李时珍这样伟大的医药学家，出了郑和那样的航海家，出了杨继盛和你海瑞如此硬骨头的敢骂奸臣、敢骂皇帝的谏臣。由于明朝所处地位十分重要，发生的故事又多，所以，研究历史的人，都爱把精力放在研究明史上。比如说毛泽东，比如说张学良，比如说吴晗，等等。就拿毛泽东来说，他对明史的批注很详细。他认为嘉靖是位很不怎么样的皇帝，说他"烁丹修道，昏庸老朽，坐了四十几年天下，就是不办事。"他认为明朝真正走下坡路是从嘉靖开始的。

我说，海瑞先生你在现代的知名度比在明朝还高百倍，你比杨继盛的知名度更是高多了。你简直可以与宋朝的包公平起平坐，不分上下。

咱们言归正传，请海大人谈谈当年你是怎样骂皇帝的？

海瑞说，首先我得纠正"骂"字。因我没有骂，对皇帝我是很尊敬的，我上疏给他，真心是为了保明朝社稷，真心为皇帝好。我采取摆事实讲道理的方式，言辞虽然尖锐，但没一句谩骂的语言。我的疏折的名字叫《治安疏》，因为我用的是文言，且较长，我不便给你介绍全文，我就用现在的话，给你说几个要点吧。我一上来就标明我的奏折是"直言天下第一疏"。我一上来就开门见山地指出嘉靖帝"一意修真，竭民脂膏，滥兴土木，二十余年不视朝"。我指出，由于皇帝不能以身作则，做出好的榜样，因此"吏贪官横，民不聊生，水旱无时，盗贼滋炽"。我指出，皇上把社会弄成这样糟了，还自我感觉良好，竟自比尧舜，实际上连汉文帝都不如。只要陛下能够"幡然悔悟，不事斋醮……与宰相、侍从、言官，讲求天下利害，洗数十年之积误""天下何忧不治，万事何忧不理"？我进而指出，之所以造成种种错误，都是由于"陛下误举之，而诸臣误顺之，无一人肯为陛下正言"。我接着亮出底牌，我是在"不胜愤恨"的情绪下冒死上疏，我毫无别的意思，目的只有一个，就是盼望皇上能够知错就改，重理朝政。

我说，海大人，你吃了豹子胆了，你这是句句往嘉靖皇帝心窝子上戳呀，难道你真的不怕死，不怕灭九族？

海瑞说，郑先生，如果有人在你面前吹他不怕死，你千万别信。我也不愿意死，但当我权衡利弊之后，我还是选择了冒死上疏。在上疏之前我已做好了死后的安排。首先我让我夫人有最坏的思想准备，我疏散了我家的佣人，我托朋友给我买了一口棺材。我的《治安疏》呈上去后，我表面上仍保持沉着，和好友饮酒猜拳，因我是有备而去，不能乱了自己的阵脚，然而我心里也在打鼓呀！

我问，嘉靖皇帝看了你的奏折后，是个什么反应？

海瑞说，我不在场，据在场的朋友后来告诉我，皇上看到"天下第一疏"之后，面露喜色，看着看着面色起了变化，一会儿红，一会儿青，气得胡子都翘起来了。还没全看完，就把我的奏折，狠狠地摔在地上，并下令："把这个海瑞给我抓住，千万别让这小子跑了！"这时，他的幕僚黄锦向他禀报："不要担心海瑞逃跑，上奏前，他连棺材都买好了，他是冒死上疏，现正在朝房等待受刑呢。"嘉靖皇帝愣住了，沉思良久，稍为冷静了一些，叫人把《治安疏》从地上捡起来，反复看了几遍，心想这个海瑞言辞虽然尖刻，但说的也是事实，字里行间能看出是为朝廷好，为寡人好。但是，为了维护皇上的面子与权威，嘉靖还是下令，将我逮捕下狱，严刑拷打，交代主谋，问成死罪。后在内阁首辅徐阶等人向嘉靖帝一再求情的情况下，我才幸免一死。再后来，嘉靖帝驾崩，隆庆皇帝即位，赦我出狱并官复原职。我要告诉郑先生的是，嘉靖皇帝虽然因言致我罪，但当我在狱中听到他驾崩的消息，还是大哭了一场。

我先后和杨继盛、海瑞先生聊天后，不知为什么，我想了很多，很多……我相信历史是最公正的，它本身就说明了一切。今天似乎不必计较什么，几百年后，谁对谁错、谁好谁赖，历史将会说明一切……

郑洪升和于谦聊天

一提起皇帝，人们往往认为他至高无上，权大无边，金口玉言，不可侵犯。其实，只要仔细分析一下，皇帝真是千差万别，不可同日而语。有的皇帝是铁老虎，有的是纸老虎。纸老虎，虽是纸的，但他还是个老虎，还可以唬人，而有的皇帝，连纸老虎都不够格，充其量就是个木偶，受人摆布，他下的圣旨不是自己的本意，他说的话是躲在后边的人说的。有人可能怀疑，郑老爷子你说的这样窝囊的皇帝有吗？我说不仅有，而且大有人在，有些皇帝实际上就是个有其位而无实权的傀儡。朱元璋与他的第四个儿子朱棣那是多么强势，是说一不二的皇帝，而他们的孙子的孙子，重孙子的重孙子朱祁镇，也就是明英宗，就是个在太监王振控制下的一个货真价实的傀儡皇帝。

有人会问，老爷子今天你不是和于谦聊天吗，怎么扯起了明英宗朱祁镇了？我的回答是，于谦这位大英雄的命运与这位傀儡皇帝紧紧相连。于谦就是救了这位皇帝命后反而被这位皇帝杀害的。什么都有背景，谈于谦绕不过这位皇帝。

我请于谦下来后，首先问他下面这首诗是他写的吗？

"千锤万凿出深山，

烈火焚烧若等闲。

粉身碎骨浑不怕，

要留清白在人间。"

于谦说，正是鄙人所作。写得不好，不过它可以表达我的胸怀与为人之道。

我说，王振是个什么人，明英宗怎么会被他操纵？于谦说，此人是离山西大同不远的蔚县人，是个小混混，不过识得一些字，念过几本书，有些小聪明，特别擅长耍手腕。后来成了太监，进宫后陪9岁的小皇帝朱祁镇念书和玩耍。渐渐地小皇帝对这个王振言听计从，让他批阅奏章，大权实际上掌握在这个太监王振手里。想觐见明英宗的人，必先拜见他，见他必带重礼。我当时任山西与河南的巡抚，我进京见他时从来都是两手空空。王振很不高兴。欲加之罪何患无辞，他竟借故把我逮捕，打入死牢，判我死刑。后来在山西与河南百姓强烈抗议和要求下，在许多正义人士的求情下，他看到群情激愤，在舆论的压力下只好把我释放。

　　我说，你与王振，当然也包括明英宗的主要分歧是什么？

　　于谦说，分歧很多，但主要是怎么对付蒙古瓦剌人的侵犯。瓦剌人一直是明朝的心腹大患，他们妄图灭掉明朝，取而代之。由于我长期任山西巡抚，我摸透了雁北的地形与瓦剌人头领也先的意图。我上书朝廷，表明瓦剌人若来侵犯，如果从山西来，必先进攻大同；如果由紫荆关进犯北京，必先攻占宣府。因此我建议对大同和宣府这两个重镇，必须派良将把守，并储备足够的粮草。这个建议王振根本不听。皇上听他的，他不听皇上也就不采纳。后来我进京任兵部侍郎。我多次提醒朝廷，高度警惕瓦剌的侵略野心，严守大同。以王振为首的一伙庸才仍然听不进去。公元1449年瓦剌兵分四路向明朝扑来。其头子也先果然亲率主力进攻大同。大同危在旦夕，朝廷在慌乱之中派四员将领，各带1万人马救援大同，结果很惨，这4万骑兵全部战死。如此坏的消息传到京城后，王振慌作一团，他在毫无办法的情况下，竟劝明英宗亲自出征，这个傀儡皇帝竟然照办，决定带50万人马出兵大同，幻想一举歼灭瓦剌犯军，留个好名声。我坚决反对皇上去冒这个险。不管我怎么劝，王振和皇上就是不听，只准备了三天，明英宗让他的弟弟朱祁钰和我留守北京，他带着王振与兵部尚书等人率50万大军直奔大同。经过多日行军到达大同后，瓦剌军不见了。王振命大队人马向北追击。当他得知这是诱敌深入的计谋时，又仓皇命令"全军班师回京"。用你们现代人的话说，让皇帝亲自出征是冒险主义，后来仓促撤退又是逃跑主义。当明军撤到怀来土木堡时，瓦剌军将皇帝团团包围，王振被明将樊忠一锤砸死，樊将军也战死，而明英宗于公元1449年8月16日被也先活捉。抓到明英宗后，也先如获至宝，准备直逼北京。

我赶快问，皇上被俘后，国不能一日无君，你们留守北京的大臣们采取了什么应急措施？

于谦说，是呀，国不可一日无君，我们马上立明英宗的弟弟朱祁钰为新皇帝，这就是明景帝。本来也先还准备以送还明英宗为条件，向明朝勒索大批金银财宝。当他得知我们已立了新皇帝后，感到他抓在手里的这个皇帝已经不值钱了，于是以送皇帝归京为幌子，准备大举进攻北京。北京告急，明朝危机，在这千钧一发的生死存亡关头，我必须勇敢地站出来，肩负起保卫北京的重任。

我说，你保卫北京城在历史上是很有名的，我想知道你当时主要采取了那些战略战术？

于谦说，我主要用了四招：

第一招，歼敌于九门之外。人家知道北京有九门。这九门是：朝阳门、正阳门、崇文门、宣武门、德胜门、安定门、阜成门、东直门、西直门。瓦剌来犯是把九门关闭，在城内死守呢？还是在城外迎击也先，主动消灭敌人？不少人主张将军队撤回城内，甚至建议把城门外房子拆光，把城墙外的百姓也接进城内。我说，关门死守，不如在城外主动迎敌。也先刚抓了皇帝，士气高涨，万一他们把城门冲开，一拥而入，我方将难以招架，很可能全线溃败，到那时局面将难以收拾。我说服了众将领，把我军主力置于城门之外，有些潜伏在百姓的平房里。等把我军阵摆妥后，我下令城内人把九门紧闭，破釜沉舟，在城外与敌决战，拼个你死我活，决不进城。

第二招，鼓舞士气，灭敌人的威风，长自己的志气。当时瓦剌军不

293

可一世，而我军吃了败仗，皇帝都当了俘虏。不少人产生了悲观失望甚至恐慌情绪。在这种情绪笼罩之下，绝打不了胜仗。我学岳飞将军，战前亲自向将士们作动员，大讲瓦剌军背信弃义之事，他们侵占了我明朝大片土地，掳走我们的父老乡亲兄弟姐妹，这是我明朝军人的莫大耻辱，不打垮敢于来犯之敌，有何面目见列祖列宗。经过反复动员，广大守城将士坚决表示不战胜瓦剌军，誓不回城。

第三招，身先士卒，站在最危险之处，与士兵同生死。我分析北京城北面的德胜门，是瓦剌军首先要攻之处。我军在这里必须旗开得胜，马到成功，给敌军迎头痛击，杀杀他们的威风。我亲自带一支主力部队做好痛击敌军的准备，并且我表示与大家共存亡，还下了死命令："有盔甲的军士，在敌军到来不勇敢杀敌者，一律斩首。"我知道要让将士们不怕死，首先必须自己不怕死。不怕死，是用实际行动做出来的，而不是装出来的。兵熊熊一个，将熊熊一窝，这句话太对了。

第四招，擒贼先擒王。瓦剌军头子也先有个部下被称为"铁颈元帅"的孛罗，这个人是也先手下的一员猛将，冲锋陷阵的关键时刻都是这位"铁颈元帅"带领骑兵冲在前边。我计划先把这个元帅灭掉，于是我布下"口袋"让这个家伙往里钻。一天他带头冲杀过来，冲得我军大"败"而退。他更加趾高气扬，不可一世，带领一万多骑兵一直向前追赶我军。我观察到这个元帅带的一万多人马已钻进我的"口袋"，就下令万炮齐发，元帅当场被炮弹炸死，一万多骑兵群龙无首，死伤一片。正在此时，埋伏在民房里的士兵突然冲出，把在混乱中逃窜之敌砍死无数。也先本想从德胜门进城，不仅没得逞，反而上万骑兵全部被歼，并失去他最得力的元帅。他又组织兵力，从别的门进攻，又被我军粉碎。接着在他的身后，老百姓自发地拿起武器，为了保卫明朝，在瓦剌军身后攻打他。也先看到形势对他极为不利，只好带着被俘的皇帝撤回蒙古。我指挥的保卫北京城之战取得了胜利。

我问，这次你为朝廷立了这么大的战功，皇上奖给你什么？

于谦说，明景帝升加我少保衔，仍掌兵部尚书，总督军务。但是，我清楚我立功之时，也就是我的死亡之日。后来明英宗朱祁镇被也先放回来了。明景帝朱祁钰是在他哥哥被俘的情况下，按照"国不可一日无君"的原则，被我们立为皇帝的。虽然《西游记》里说"皇帝轮流做，明年到我家"，但是，皇帝这个位子只要一坐上就不想下来。现皇帝虽然患了重病，但他不想把皇位再交还给哥哥，而是立自己的儿子为太子。前皇帝回来后，虽然被软禁起来，但他还想把原来属于自己的皇位再夺回来。一个不想下来，一个还想上去。而且前皇帝仍有支持他夺回皇位的实权人物。于是公元1457年正月发生了"夺门之变"，明英宗朱祁镇复辟成功，又坐在龙椅上，接受众臣朝拜。

我说，在万般无奈的情况下，你拥立他弟弟为皇上，你为保卫北京城立下汗马功劳，若不打败瓦剌军，朱祁镇也不可能被放回北京。明英宗复位后，对你怎么样？

于谦告诉我，皇帝是不会感恩的，历史上有良心的皇上真的不多。差不多都是卸磨杀驴、过河拆桥的主。你看韩信有好下场吗？你看岳飞有好下场吗？你看历朝历代的战将有好下场吗？他们打天下时，功劳越大死得越惨，我于谦同样没有好下场。明英宗重新上台后，以我"意欲谋反"为罪名，将我处死，和我一起保卫北京城的有功之臣，不是处死，就是革职，或是充军。这就是我们的悲惨世界！好在抄我家时，除了满屋子书外，我没有任何一件值钱的东西。连抄家的人都感到十分惊讶，世界上还有这么清廉的大官。我是质本洁来还洁去，用实际行动兑现了我"要留清白在人间"的诺言。

我说，虽然你被处死，但你保卫北京城的伟大功绩，你的清廉，永远留在人民的心中。

于谦说，只有人民是公正的，只有老天爷眼睛是雪亮的，只有历史是公道的，只有赤条条来赤条条去是无愧的。

我看着于谦的背影，慨叹忠臣良将的可悲下场。

郑洪升和朱由检聊天

　　如同人们都喜欢接站，而不乐意送站一样，当皇帝都愿意当开国皇帝，而不愿意当末代皇帝。末代皇帝那是亡国之君，哪位皇帝摊上，可要倒大霉了。在我和名人聊天中，与数位开国皇帝聊过，还没有和一位末代皇帝聊。现在我正和明朝的名人聊天，何不和明朝的末代皇帝朱由检聊聊，从而补上这个空缺。

　　朱由检这位末代皇帝在历史上被誉为明君，加上他死得悲壮，取代他的清朝还给了他体面的待遇。

　　朱由检来到我面前时，我看到他只穿着一只鞋。另一只鞋哪里去了？在文章的后半部分你就知道了。

　　朱由检说，郑先生，我知道前边和你聊天的人大多很风光，我是亡国之君，祖宗留下的伟业在我手里毁于一旦，我无颜见江东父老啊！不过，我接手时明朝已经是两百多岁的老人了，不仅老得没了牙，而且癌细胞已经扩散到全身，问题成堆，危机四伏，内外交困，千疮百孔，四面楚歌，一波未平一波又起，按下葫芦浮起瓢，我有再大的本领也回天无术了。总而言之一句话，我接的是个烂摊子呀！

　　我说，就我所知，在中国历史上几百位当过皇帝的人中，你是一个勇于忏悔、敢于向国人公开发表《罪己诏》引咎认罪之帝。况且只要有点头脑的人都会分析，冰冻三尺非一日之寒，事物的发展无不是由其内部的矛盾运动决定的。这种矛盾的运动，是按照量变到质变和否定之否定规律进行的。明朝诞生的那一天就包含了灭亡的因素，它的病根甚至可以追溯到你的老祖宗朱元璋那个时代，问题一代代积少成多，积累到一定程度，已经无法治了，死亡必然到来。你想想，你们明朝可以否定人家宋朝，为什么别家就不能来个否定之否定，将你们明朝取而代之呢？世界上压根儿就没有只生不死的事物。"天下大势，分久必合，合久必分"，抛开分时的小王朝咱不说，仅从秦灭六国后，秦始皇妄想秦朝永不衰亡，他也长生不老，结果怎么样，"万里长城今犹在，不见当年秦始皇"。遵循否定之否定规律，后者必然取代前者，秦之后是汉，汉之后是隋，隋之后是唐，唐之后是宋，宋之后是元，元之后是明，明之后是清。我是否也可以说，北京故宫今犹在，不见当年朱棣王。只能说谁也不愿摊上的事，恰恰让你朱由检这位倒霉皇上摊上了。你虽然尽了最大努力，但是生与死的规律不以人的主观意志为转移，你回天无术是可以理解的。你说我讲的这些话，有道理吗？

朱由检睁大两只眼睛，面色由阴转晴地说，我算知道了，为什么全世界那么多名人都愿意和你聊天了，因为与你老郑聊，聊得客观，聊得有故事，聊得通俗易懂，聊得开心，聊得回味无穷，聊得有深意。我也乐意敞开心扉跟你郑先生聊。

我问，你今天主要想和我聊什么？

朱由检说，我就聊我是怎样当上明朝的末代皇帝的。我17岁从我哥哥朱由校的手里接班当上明朝第十六位皇帝，我坐上龙椅后，主要遇到四个方面的问题。

第一个方面，国内农民起义此起彼伏。因为苛捐杂税太重，农民缺吃少穿，甚至出现人吃人的现象，官逼民反，以李自成为首的农民阶层纷纷起义，虽派兵镇压，但野火烧不尽，春风吹又生。李自成打出的口号是"迎闯王迎闯王，闯王来了不纳粮"。在他的号召下，数十万农民揭竿而起，对朝廷构成最致命的威胁。

第二个方面，外族，特别是以努尔哈赤为首的女真族建立的后金政权，发展十分迅速，羽毛已经丰满，对我明朝构成最大的外部威胁。他们不断地从山海关外向关内发起猛烈攻击，有时竟打到我北京城下。为了把这股势力赶走，我不仅损兵折将，而且军费开支加重，弄得国库空虚。内地有多股农民起义军，外部有强大的金兵，我大明王朝内外交困，腹背受敌。

第三个方面，我朝廷内部长期被以魏忠贤和客氏为首的奸臣所把持。我哥哥朱由校当皇帝期间只知道贪玩享乐，不理朝政，大权被"客魏集团"掌控，他们为非作歹，无恶不作，腐败透顶，弄得人心惶惶，天怒人怨。这个罪恶集团不除，朝廷内部不可能团结一致，任何重大决定难以做出，做出之后，也无法贯彻执行。

第四个方面，国家的财政已到崩溃的边缘。每年的固定收入无法收缴国库，而各地方政府入不敷出，每年都有缺欠，许多官员长期领不到薪饷，人心浮动。同时军费开支越来越大，如要满足军方要求，几乎要用掉年收入的百分之九十以上。皇室费用和高官俸禄也成倍增加，寅吃卯粮已成经常现象。加之天灾不断，大批农村人口外流，大片农田荒芜，粮食收成逐年减少。常言道，民以食为天，君以民为天。打不下粮食，你叫我这个皇帝怎么办，我也是巧妇难为无米之炊呀！

以上四大难题，个个要我的命，而且这几个方面犬牙交错，互相牵制，互相影响，弄得我捉襟见肘，焦头烂额。在我当皇帝的十七年中，有些问题我处理得漂亮，有些事情我办得不好，甚至砸了锅，原来的矛盾不仅没有缓和与解决，反而越演越烈。我犯过不少致命的错误，使我逐渐失去许多忠臣良将，成为孤家寡人。

我说，这么多年过去了，经过反思，你认为你在位时，哪几件事干得最有策略、最漂亮、最得人心？

朱由检说，我登基时才17岁，但是我表现得相当沉着，相当成熟。"客魏集团"长期在宫内作威作福，横行霸道，在前帝的包庇纵容之下，满朝文武敢怒而不敢言。对此我早有耳闻。我当了皇帝后，连宫里的饭都不敢吃，水也不敢喝，我担心他们对我下毒。我心想，对这个阴谋集团，必须除掉，否则我的皇位不会稳固，我也不会有实权，更不可能得人心。

我心里下决心要除掉客氏与魏忠贤这个罪恶集团,但是在表面上我一点声色不露,而且还装出对他们非常信任。魏忠贤心里有鬼,多次向我提出辞呈,试探我对他的态度,我都婉言留用。我等着他们集团内部分化,我等待时机成熟,采用分化瓦解、各个击破的策略。后来客氏向我提出辞呈,本来是想试探我,我真的照准,先让其搬出宫去,这样魏忠贤就孤立了;再后来有人状告魏忠贤十大罪状,我马上将其革职。顺利清除了"客魏集团",我的龙椅才坐踏实。

我夸奖说,你登基时还未成年,却只用了一年时间就除掉这个心腹大患,把实权掌握在自己手中。你的这篇文章写得好啊,因为文章主题明确,就是除掉这个集团,而你有时唱红脸,有时唱白脸;有时打,有时拉;有高潮,有低潮,波浪起伏;还借刀杀人,既当婊子又立牌坊。这篇文章写得妙,我给你打105分。

朱由检虽然对我的评价十分满意,但说郑先生"既当婊子又立牌坊"这句话听着别扭,能否换个词?

我说,你虽然是末代皇帝,好赖也是个皇帝,换成"既当君子又当小人"怎么样?

朱由检虽觉着仍不雅,因为自己腰杆不硬,只好咽下去了。

朱由检说,我干的另一件大事是,我一道诏谕传遍天下,我决定大大减少宫廷开支,减轻臣民负担,让人民休养生息。我停止了皇室的一切土木建筑;我削减了自己和后妃的开支;我大大精简了太监和宫女的数量,让他们回归民间;我撤回了镇住太监,并严禁宦官干政;我明令提高各级政府的工作效率;我决定减免灾区赋税,从而减轻人民负担。我的这道诏谕又唤起了臣民对朝廷的一线希望。我本人说到做到。我夜以继日地批阅奏章,常常通宵达旦,饿了就让小太监悄悄出宫买点北京小吃充饥。我穿旧衣服,我的皇后亲自洗衣裳,我大大减少了我的妃子,我的心思根本不在女色上。

朱由检接着说,为了防止后金政权对我明朝构成威胁,收复土地,重振我帝国之威，我登基后就积极物色能够挑起这副重担的高人。许多大臣，一致认为能挑起这副担子者非袁崇焕莫属。我任命袁崇焕为兵部尚书兼右副都御史、督师蓟辽、兼督登莱、天津军务。实际上把整个对后金的防务统统交给他。由于他先前受"客魏集团"排挤，早已回到广东。我对他的起用，袁崇焕感激涕零，上任后尽职尽责，多次粉碎后金的侵犯，因而努尔哈赤最怕此人，把他视为眼中钉。

袁崇焕虽为我把往了东大门，但李自成在西边一呼百应，竟发展成了百万大军，占了西安和山西，并在西安宣布建立大顺王朝，张献忠在南方数省也闹得厉害，我大明的半壁江山几乎沦陷。无论派谁去不是大败而归就是投降了农民军。我的性格越来越多疑，越来越神经质，越来越不会用人，越来越爱处罚人，越来越刚愎自用，越来越急于求成，大臣们稍不如我意我就将其罢免或杀戮，我在位的十七年间仅内阁大学士就被我换掉五十余人，受处罚的官员不计其数。最要命的是，多尔衮很难带兵从袁崇焕防线进犯北京，他们绕过这条防线，从北边大举向北京进犯。在此危机时刻袁崇焕带兵从山海关到达通州，以挽救朝廷。而我却中了人家的反间计，听两个被俘放回来的太监说，袁崇焕早已通敌，是他带着后金大军侵犯北京的。这时，按你们现代人的说法，我的脑子已经进水了，还不如猪脑子。多尔衮大军退后，我竟逮捕了袁崇焕，以反叛罪将其凌迟处死。袁崇焕被凌迟后，伤了所有正直人的心。我只好派吴三桂去把守山海关。而西边以李自成为首的大军势如破竹地逼到北京城下。北京城乱成一锅粥，我下旨多道，已无人听了。我真正成了孤家寡人。后来曹化淳竟打开城门，放李自成的军队进来，这样李自成顺利地占领了北京外城。我看到这一切，我想大明朝完了，我的死期已到。但我要死得壮烈，我要对得起我的列祖列宗。我首先让亲信太监给我的三个儿子换上普通人的衣裳，告诉他们国破家亡，你们现在已经不是太子王子了，明天就是普通百姓，出宫后见着老者叫爷爷、伯伯，见着年轻者叫先生，要学会保护自己，赶快逃命吧！看着三个男孩出了宫，我请贴身太监王承恩把宫内最好的酒拿出来，我自斟自酌，哈哈大笑，明朝完了！我苦心经营十七年的江山毁在我朱由检自己手里了！我立即传旨，让后宫的人全部速速自裁。我酒劲上来了，拿着宝剑，晕晕乎乎来到后宫，皇后与我抱头痛哭后，自缢身亡。接着我亲手砍死几个妃子。然后来到寿宁宫我女儿的住处。我的这个女儿正好 16 岁，如花似玉，我决不能让她落入暴民的手里受到污辱，女儿看到我来了抱住我大哭，我悲痛地对她说："孩子你为什么偏偏生在我的家里？"然后我用自己的剑砍断了女儿的左臂，杀死了自己可爱的女儿，我亲眼见到亲骨肉倒在血泊中。一不做二不休，我又提剑去昭仁殿杀死另一个女儿昭仁公主。我的亲人，走的走，杀的杀，我和太监王承恩走出皇宫直奔煤山（也就是现在的景山公园），在奔跑的路上，我跑掉一只鞋，我是一只脚穿鞋，另一只脚光着上煤山的，我在山上向四周观望了一下，李自成的军队火光冲天，人喊马叫。存在二百七十六年的明朝，经历了十六帝，在我朱由检的手里彻底完了。我发疯似的狂笑几声后，在煤山上吊身亡。1644 年 4 月 25 日，我为明朝画上了句号。我不敢说这个句号圆满不圆满，好赖是个句号。当时我 34 岁。

我说，李自成也别美，进京不久就自取灭亡了，吴三桂领着清兵打进北京。清朝正式取代了明朝。由于你朱由检死得像英雄那样壮烈，清朝还为你举行了礼葬。关于这一段历史，郭沫若先生在《甲申三百年祭》中说得很清楚，我就不说了。

朱由检临走时说了句话：历史就是这样，该去的去了，该来的来了，谁也别想赖着不走。我虽然跑丢了一只鞋，光着脚丫子也得走。

郑洪升和杨慎聊天

日新德业，当自学问中来

记得在《红楼梦》里，王熙凤说过一句话，天下没有不散的筵席。在向全世界名人借脑子的指导思想下，我写的五十篇和名人聊天的文章，也该收摊了。

有不少朋友希望我没完没了地聊下去，这是不可能的。一来世界上的名人太多二来我早已进入暮年，精气神不够用了。

有许多朋友希望我和现代人聊，甚至帮我列出了聊天的名单。我一看那么长的名单，吓了一跳。

在我的床头放着一部《古文观止》，我注意到了，这本书是清康熙年间编印出版的，你看它收录的文章就到明朝为止。往后好文章肯定不少，但一篇没有收。受此启发，我和名人聊天也到明朝打住，来个知足常乐，量力而行，见好就收。

在明朝，最后我选择跟谁聊呢？选来选去，确定跟杨慎聊。之所以选中杨慎先生，是因为他有三点征服了我：一是他家出了众多学霸式的人物；二是他们父子都是敢向皇帝说"不"的大官；三是杨慎先生创作的那首《临江仙》，恰好成为观察历史人物的一把金钥匙，我的聊天文章与这首诗词正好对上号，能够成为我和名人聊天最好的小结。

我将杨慎先生请下来后，给他打开一瓶茅台大王酒。我说，杨先生，我这里没有"浊酒"，全是国产的"清酒"，都是美酒。怎么样，咱们先来几杯，然后从从容容地聊？

杨慎说，客从主便，我听从你的安排。时代不同了，浊酒变清酒了，但愿空气、水也能和酒一样由浊变清。不过我有个小小的请求，下酒菜

302

里能否多放点辣椒，你知道我是四川人，常言道，无酒不成席，在我们四川无辣不成饭呀！你们的领袖毛泽东不是在多种场合说过，爱吃辣椒的人最革命嘛。

我说，这句话虽是笑谈，但还真应了一件事，在我们新中国的十大元帅中，四川人就占了四位：朱德、刘伯承、陈毅和聂荣臻。还有一位过去带兵打仗，后来成为改革开放总设计师的邓小平，也是你们四川人。

杨慎说，这么多，我作为四川人也感到光荣。

我想，看来，名人爱名人，大概名人都是荣誉感最强的人。

杨慎先生说，酒喝得差不多了，辣椒吃得也不少了，咱们开聊吧。我一辈子也是个舞文弄墨的人，读的各种书海了去，但是把故去的中外名人复活，和他们神聊，这种文体似乎还没有见过。由于聊得很新鲜，聊出的都是心里话，形式也无拘无束，不管这些人过去地位多高，都不再端架子了，所以我很喜欢你这种聊天的文体。我早想和你郑先生聊，但我不急，因为我估计你最后必然会找我聊。这样吧，你既然把我请下来，想聊点什么你就出题吧，我也来个竹筒倒豆子，有问必答，以对得起你的美酒和辣味十足的饭菜。

我说，真痛快！聊天最怕碰上的人话不投机半句多。我想与杨先生聊的第一个问题是，听说你们杨家出了一窝子学霸，果真是这样吗？

杨慎先生说，这不错，但不要用"一窝子"好吗？

我赶快改口说，我也是酒逢知己千杯少，喝高了，嘴上少了个把门的，对不起，改为你们一家子吧。

他接着说，我杨氏家族一门四代，出了一个宰相，一个状元，六个进士。我老爸杨廷和当过宰相。我考上状元。我爷爷杨春，我爸杨廷和，我叔叔杨廷仪，我和我弟弟杨惇，其孙杨有仁，这六个人都考上过进士。我们家族有点怪，不知是遗传因素，还是相互影响，念书做学问，不用靠打骂，人人都爱阅读，嗜书如命。就拿我说吧，我11岁时就能作诗，12岁时就可以默写出《过秦论》等文章，24岁时殿试第一名。我博览群书，融会贯通，有些疑难问题大人都难以解答，而我可以对答如流。连我爸爸都很自豪地逢人就夸，我这个儿子"日新德业，当自学问中来"。

我说，杨先生从你家的情况来看，学习在于养成习惯，在于思考，在于触类旁通，在于灵活运用，学习不是为给别人看的，学习更不是为了完成任务。因此，不需要别人拿着鞭子赶。同时，一家人的互相影响也极为重要。要不然为什么说"书香门第"，而不说"吃香门第"或"玩香门第"呢？

杨慎说，郑先生你这段话很精彩。

我说，据书上记载，你们父子都是敢向皇上说"不"的人，果真是这样吗？

杨慎说，我们也不是什么时候什么情况之下都说"不"，我们认为皇上对的，就坚决遵旨，照办。我们认为皇上做得不对的，经过慎重考虑，为了朝廷的利益，该说"不"时，挺身而出，坚决说不。哪怕丢官甚至冒着生命危险也要说。我父亲杨廷和任大学士时，正碰上正德帝暴毙，他又无儿子。在此情况下，我父亲杨廷和作为内阁首辅总揽朝政长达三十八天，并奏皇太后极力按照"兄终弟及"的规矩，立前皇帝的堂弟为帝，也就是嘉靖皇帝。在这方面我父亲立下汗马大功。但是从后来的情况来看，嘉靖帝虽执政四十余年，但并未有大的作为，而且捅了不少娄子。我父亲在一个重大问题上与皇上意见不合。嘉靖帝对他一再劝告，他都以"臣不敢阿谀顺旨"为由，退还皇上的手诏。因为助嘉靖帝继皇位有功，皇上对我父亲四次封赏，而他四辞而止。后来嘉靖帝看我父亲太碍事太不顺眼了，我老父亲也实在干不下去了，1524年嘉靖皇帝钦准我父亲退休还乡。这显然对我父亲是极大不公的，我联络群臣在左顺门放声大哭，惊动了朝廷，加上在其他事情上我也与朝廷不合，我这个翰林大学士，又是被停薪，又是挨板子，最后干脆把我这个敢抗命之人，流放到很偏远的云南保山境内。在这里我一待就是三十多年，生活极为艰难，直到病亡。我们父子俩都是因在皇上面前敢说"不"字而下场悲惨。

由于杨廷和与他的儿子杨慎的下场太可悲了，听得我两眼泪汪汪。为了赶快扭转这悲伤的气氛，我马上转了另一个话题。我说，你父亲当过内阁首辅，一人之下万人之上，比你官职大多了；你是明朝公认的三大才子之一，然而另两位才子解缙和徐渭，他们在当代的名气可比你差的不是一星半点，简直相差十万八千里，许多人连他们的名字都没听说过。你知道你沾了什么光？

杨慎先生马上高兴了，忙问，我沾了什么光？

我告诉你杨先生吧，你沾了你创作的那首《临江仙》的大光了。为此你老人家要特别感谢几个人。

杨慎说，谁？

一位是罗贯中，毛宗岗评刻罗贯中的名著《三国演义》时把你这首诗词作为开篇；前些年《三国演义》拍成电视剧，又把你的《临江仙》作为主题歌，由著名作曲家谷建芬谱曲，由著名歌唱家、你的本家杨洪基演唱，词好，曲好，唱得好，这一下子你的词家喻户晓，人人皆知了。从此这首词声名大振。今天咱俩聊天，我先把你的这首《临江仙》抄录如下，虽然有不少专家学者做过解释，但机会难得，我真想听听你本人的讲解。

"滚滚长江东逝水，浪花淘尽英雄。

是非成败转头空。青山依旧在，几度夕阳红。

白发渔樵江渚上，惯看秋月春风。

一壶浊酒喜相逢。古今多少事，都付笑谈中。"

杨慎先生说，我是从朝廷的高官一下子被流放到云南边远地方的人，我看的书多，我本身经历的苦难多，我看到的官场之斗多，我亲眼看到的民间之苦多。我要告诉人们世界的发展就那么回事，只要你学会观察，把它看透，你不管享过多大的福，受过多大的苦，遭过多大的难，都会保持乐观，都能挺得过去，都会看清是怎么回事。其实，类似的诗词我写了好多首，如在以下四首《西江月》中，我写道：

（一）滚滚龙争虎斗，匆匆兔走乌飞。

席前花影坐间移，百岁光阴有几。

说古谈今话本，图王霸业兵机。

要知成败是和非，都在渔樵话里。

（二）阅尽残篇断简，细评千古英雄。

功名富贵笑谈中，回首一场春梦。

昨日香车宝马，今朝禾黍秋风。

谁强谁弱总成空，傀儡棚中摆弄。

（三）千古伤心旧事，一场谈笑春风。

残篇断简记英雄，总为功名引动。

个个轰轰烈烈，人人扰扰匆匆。

荣华富贵转头空，恰似南柯一梦。

（四）落日西飞滚滚，大江东去滔滔。

夜来今日又明朝，蓦地青春过了。

千古风流人物，一时多少英豪。

龙争虎斗漫劬劳，落得一场谈笑。

杨慎说，这几首《西江月》的内容大概在《临江仙》中都差不多包括了，所以毛宗冈就看中了这首《临江仙》。

我说，杨先生你太谦虚了，在我看来，首首都是上乘之作。既然流行起来的是《临江仙》，我想请你老人家聊一聊，你写这首诗词的具体想法。

杨慎说，郑先生给我出难题了，我从来没这样跟人说过。看在喝了你的茅台大王酒，吃了你的四川辣味菜的面子上，我就随便聊聊吧。首先我解释几个名词。"渔樵"是指什么？是指打鱼的和砍柴的，或者指隐士；"江渚上"，是指江中的小陆地或江边上；"浊酒"，是指混浊的酒，不清澈透明。

现在我一句句解释：滚滚长江东逝水，我是指人类的历史如同长江的水滚滚向东流去。每个人都是弄潮儿，一般的人像泥沙一样，无声无息地被水冲走了，而有些英雄人物，想在水中弄出些名堂来，但不管怎么折腾，怎样翻江倒海，最后还是被浪花淘尽了。这些所谓的英雄，在水中龙争虎斗，非要弄个是非成败，分出个高低，分出谁是英熊谁是狗熊，但都被滚滚长江的浪花淹没了，谁是谁非，谁成谁败，一转头都变为空。只有青山依旧在，还有几度夕阳红。

我说，杨老先生，请允许我插一句，现在自然环境遭到严重破坏，森林被砍伐严重，滑坡不断发生，空气污染，雾霾肆虐，青山不在了，夕阳也不红了。

杨慎说，后来发生的事情我就不了解了。我接着说下段。浪花把各种英雄人物淘汰尽了，争了一辈子是非成败，结果转头空了，一位像你郑先生这样满头白发的打鱼的、砍柴的、隐居的、无权无势的老人，邀请几位好友，坐在江中的一块小陆地或者江岸上，看着长江滚滚向东奔流不息的水，望着秋天的明月或者春季吹来的风，喝着一壶浊酒，边喝边聊。古今发生的多少事，都成了谈资，都成了故事，都成了笑料……

杨慎先生的讲解，把我都听陶醉了，是呀，这一年和我聊过天的名人，不管正面人物还是反面人物，不管政治家军事家还是文学家，不管是男人还是女人，不管是中国人还是外国人，这些英雄或枭雄还不是被浪花淘尽了，还不是都付笑谈中了吗？看来，还是当个普普通通打鱼的，砍柴的，看戏的，当个小人物，多么自由自在呀！让他们像《红楼梦》中说的那样"乱哄哄你方唱罢我登场，反认他乡是故乡，甚荒唐，到头来都是为他人作嫁衣裳"去吧。咱们普通人买上瓶酒，弄盘猪头肉，找几位白发苍苍的老伙计，或志同道合的年轻朋友，只管看他们在台上表演，咱们只管喝酒，只管神聊，岂不潇洒，何必争来争去，争得你死我活呢？

最后，杨慎老先生说，我要感谢你郑先生，过去知道"滚滚长江东逝水"的人相当多，但知道我杨慎名字的人恐怕不多，通过你这篇文章，我杨慎的知名度肯定会提高一大截。

我说，咱们之间不必客气。

阅读万岁！聊天万岁！学无止境！后会有期！

百词文

聊天

1. 气候

有个词叫"气候"。我不说天气，说人气。一个人成就大不大，就看他能制造出多大气候。无论政治家、军事家、文学家、科学家、艺术家，他们的成就往往和他们制造出的气候成正比。成就越大气候越大。反之亦然。当然气候也分正气候与反气候。有些人也制造出不小的气候，但那是臭名远扬、遗臭万年的气候。

2. 调整

有个词叫"调整"。人们在实践中，经常发现主观与客观不一致之处，通过调整思想与行动，使主客观相一致，从而少走弯路，少碰钉子，少受损失。我们的工作、学习、家庭计划，都要不断调整，时而左点，时而右点；有时增加点，有时减少点。决不能一条道走到黑。生活的质量，甚至领导的艺术往往在这里。

3. 腹诽

有个词叫"腹诽"，意思是说，别看有些人嘴上说我多么喜欢你，拥护你，甚至崇拜你，爱戴你，然而他在肚子里诽谤你，骂你。嘴上一套，腹中又一套。郑渊洁在《魔鬼训练营》中说："世界上最会伪装的动物是什么？是人。随着人类智商的提高，一目了然的敌人越来越少，伪装成朋友的敌人越来越多。"

4. 平衡

有个名词叫"平衡"。用哲学的观点来讲平衡是相对的，不平衡是绝对的。但我们要力争实现平衡。因为平衡一旦打破就要出乱子，甚至出大乱子。就拿一个人的身体来说，进出口必须保持平衡，吃喝进去的东西必须排泄出来。收入分配也要相对平衡，如果一部分人收入多得出格，而大部分人难以维持生计，也会出乱子。

5. 控制

有个名词叫"控制"。衡量一位领导干部的工作魄力，往往看他能否控制工作局面。有的领导软弱无能，或者自身屁股就不干净，其言无人听，其行无人赞，对其分管的地区或部门已失去控制力。形成这种局面就不好办了。当然有控制就有反控制，如八项规定控制公款大吃大喝，而有人反控制。最后就看谁控制谁了。

6. 跳槽

有个名词叫"跳槽"。一说跳槽，人们就会明白某某从这个单位换到另一个单位，或者换了另一种工作。其实它本来的意思是指马从一个槽换到另一个槽里吃草。再后来又演变为嫖客由喜欢这个妓女，又跳槽喜欢上另一个妓女。冯梦龙编的《跳槽歌》中说："你风流，我俊雅，和你同年少，两情深，罚下愿，再不去跳槽。"

7. 重点

有个名词叫"重点"。一般来说重点就是主要矛盾，就是牛鼻子。牵牛要牵牛鼻子。抓工作要抓重点。没有重点就没有政策。抓住重点就能牵一发而动全身。大凡高明的领导者，在一个时期、在一个地区他总是抓住重点不放，力求通过重点问题的解决以带动其他，决不会东一榔头西一棒子，面面俱到，什么都抓。

8. 私交

有个名词叫"私交"。有公就有私。周总理说过，不要提大公无私，能做到先公后私就不错了。季羡林老人说：我不相信有毫不利己专门利人的人。人是有感情的动物，在公事公办的同时，不能否认私交。在战友之间，甚至在国家领导人之间也讲究私交。总是板着个面孔，正人君子式的，一点情面都不讲的人，不会受欢迎。

9. 总理

有个名词叫"总理"。1月8日是周总理逝世纪念日，昨晚看书时头次看到肯尼迪总统的夫人说他只崇拜一个人，那就是周恩来。她不是指主义，而是指人格魅力。普京是当过总统又当过总理，转了个圈又当上总统的人。他最近说总理最难当。当一个大国总理更不容易，日理万机，功劳属别人，责任归自己，辛苦谁人知！

10. 要害

有个名词叫"要害"。如同一个人的身体，虽患有许多病，然而没一处要害的病。而有的人只患了一种病却是要命的病。我们的社会也面临许多问题，但在我看来最要害的问题是：1. 腐败；2. 土地和粮食安全；3. 房地产泡沫；4. 几十万亿的地方债。中央正在下大力整治这些要害，否则必出大问题。

11. "左倾"

有个名词叫"左倾"。过去有个说法："左"是革命的，"右"是不革命甚至反革命的，因此越"左"越好。我们吃"左"的亏太多太大了。"左倾机会主义"有三大特点：一是不顾国情，超越阶段；二是残酷斗争，无情打击；三是路线头子改也难。我们已有深刻教训，只要遵循科学发展观办事，就会沿着健康的道路前进。

12. 折腾

有个名词叫"折腾"。几十年来我们吃折腾的亏不小。折腾人，折腾天，折腾地，自己折腾自己。有时折腾得鸡犬不宁，折腾得天昏地暗，折腾得民不聊生。前不久还在折腾，河南要塑宋庆龄，陕西要建阿房宫。为啥折腾？钱不是自己的，心血来潮，急功近利，好大喜功。

13. 商德

有个名词叫"商德"。文有文德，武有武德，医有医德，商有商德。以前为何一市斤定为16两？据说我们老祖先把北斗七星、南斗六星，加上福禄寿三星，共16星当作16两。警告要讲商德，买卖中短1两减福，克2两减禄，缺3两减寿。现在有些人为了钱黑了心，不仅缺斤少两，而且地沟油、毒奶粉、瘦肉精都上来了，做的是断子绝孙的买卖。

14. 预见

有个名词叫"预见"。凡事预则立，不预则废。像下棋一样，只看一步不成，最少要能看三四步。古人云："先谋后事者昌，先事后谋者亡。""摸着石头过河"，没错。然而，毫无预见，一个劲儿地瞎摸，摸到哪算哪，也不成。最理想的办法应该是有一定的预见性，加上通过实践进行摸索，从必然王国跃入自由王国。

15. 宽容

有个名词叫"宽容"。曼德拉因反对种族歧视而被白人关押27年。他出狱当选南非总统后，并未以牙还牙，以其人之道还治其人之身。他说：我要建立一个让所有南非人，不论是黑人还是白人都可以昂首阔步的社会。在就任总统的典礼上，他还邀请了曾打骂过他的三名看守。曼德拉去世后，受到全世界人的尊敬。

16. 一二

有个名词叫"一二"。不要小看这个很小的数。民国元老、社会活动家、书法家于右任一生乐观并长寿，有人问其养生之道，他指着墙上一副对联说：不思八九（上联）常想一二（下联），横批：如意。意思是说人的一生不如意之事常八九，顺心之事只有一二。把八九不如意之事抛到脑后，常想顺心的一二，岂不快哉！

17. 气数

有个名词叫"气数"，意指事物的盛衰期限。古人云："国家将兴，必有祯祥；国家将亡，必有妖孽。"我看过一个曾在蒋介石身边工作多年的人写的一本名叫《侍卫官杂记》的书，当时蒋介石手中虽有几百万大军，但人心已散，官员腐败，欺压百姓，通货膨胀，民不聊生。这位侍卫长长叹：民国气数已尽，没法治了。

18. 理解

有个词叫"理解"。过去常喊一个口号叫"理解万岁"，近几年这个口号不响亮了。其实理解真应万岁。理解，首先是"理"，不理怎能解；其次要能互相理解，必须讲理，不讲理的人，你无法和他解。所以我认为理解二字的重心在"理"上，只有相理并讲理，不老死不相往来，不胡搅蛮缠，才能真正理解并万岁。

19. 群众

有个词叫"群众"。长期来我们把非党员叫群众。难道八千万党员就不在群众之列？难道群众路线不是在党员中进行？群众也，人多也。除犯人外，都是群众。古人云"得人者兴，失人者崩""众之所助，虽弱必强；众之所去，虽大必亡"。任何时候都要站在群众之中赢得群众，千万不要成为孤家寡人。

20. 棍子

有个词叫"棍子"。棍子有几种：打狗的棍子，多为要饭者拿着防狗咬；打人的棍子，专门整人。还有一种是搅屎的棍子。有些单位总有几个唯恐天下不乱的人，整天搅得你鸡犬不宁，人们称其为搅屎棍。

21. 夫妻

有个词叫"夫妻"。既然结为夫妻，不光是幸福，还意味着责任。

对双方负责，对家庭负责，对子女负责。已经结到一起就要负起神圣之责。古人云："贫贱之交不可忘，糟糠之妻不下堂。"现在有些年轻人，动不动就闹离婚，不会忍让。别说"糟糠"下堂，连年轻帅呆的小伙子和漂亮美貌的女子，都相继下堂了。

22. 民本

有个词叫"民本"。古人云"好民而安，爱士而荣，两者无一焉而亡""为天下者不慢其民""为国者以民为基，民以衣食为本"。民本的对立面是官本。官本者不顾人民的死活，只为少数官员谋利益。领导人只有爱民才能安定，因为人民是国家之基，而衣食乃人民之本。这些道理弄不清是没有资格当领导的。

23. 冤案

有个词叫"冤案"。常言道，哪个庙里都有冤死的鬼。昨天又有报道安徽省把三个好人关了八年无罪释放。其他省也有。办案必须办成永远翻不了的铁案。

24. 买账

有个词叫"买账"。毛泽东说过，一个领导人有没有权威就看你说的话有没有人听。如果你说的话没人听，就失去了权威。有没有人听，实际上就是人家买不买你的账。领导人说的话，要有人买账，作家写的书，要有人买账，歌唱家唱的歌，要有人买账。假如没人买账了，你的权威也就没了。

25. 倒忙

有个词叫"倒忙"。人是需要帮忙的。一个篱笆三个桩，一个好汉三个帮。但是帮忙有帮正忙与帮倒忙之别。有的人言过其实，巧言令色，这伟大那伟大。过去有人把一个伟大扩至四个伟大，本人讨嫌，众人肉麻，起鸡皮疙瘩。现在应警惕故伎重演。应以极大的政治敏锐性，识破有人帮倒忙。

26. 两头

有个词叫"两头"。有种工作方法叫"抓两头带中间"，即抓住先进和后进这两头，就把处于中间的大部分人带动了起来。还有一层意思，当领导与群众利益矛盾时，你要坚定地站在群众这一头。

27. 果敢

有个词叫"果敢"。古人云"遇事无难易，而勇于敢为""大胆天下去得，小心寸步难行"。作为领导人具有果敢的素质非常重要，在关键时关键事上敢于拍板。优柔寡断，三棍子也打不出个屁来，前怕狼后怕虎的人当不了一把手。因为现在国际上时兴软的怕硬的，硬的怕横的，横的怕不要命的。软弱受人欺。

28. 颠覆

有个词叫"颠覆"。人怕颠覆，船怕颠覆，政权怕颠覆，政党也怕颠覆。颠覆来自许多方面，但基本上来自敌对势力与自己这两个方面。敌对势力的颠覆不可忽视，然而最可怕的是自己颠覆自己。脱离、欺压、损害、霸占人民利益，都是在搞自我颠覆，自掘坟墓。自己把根基掏空了，人心向背，风浪来了自然垮塌和被颠覆。

29. 忽悠

有个词叫"忽悠"。此词在《辞海》中都难找到。此词如此普及要归功于几个小品节目。大忽悠欺骗小忽悠。忽悠来忽悠去，把自己忽悠进去了，最终导致信任危机。

30. 真理

有个词叫"真理"。在每个领域真理往往只有一个，谁先发现了真理，谁就占领了高地。像陈毅元帅说的，究竟谁是真王麻子，不靠自卖自夸的吹嘘，而要靠实践检验。在真理面前有两种态度最为可贵：一是不要把自己的片言只语吹上了天，认为这就是真理；二是在真理面前必须人人平等，学阀学霸是真理的头号大敌。

31. 透明

有个词叫"透明"。现在政府十分强调透明。但是说起来容易，兑现难。写到这使我想起郑渊洁在《智齿》中说的："老百姓有多少财富不重要，重要的是老百姓对国家大事有多少知情权。知情权越多财富越多。"国家机密必须保守，但关乎民生的重大决策必须透明。现在有些物价涨前的神仙会，简直是玩过家家。

32. 智慧

有个词叫"智慧"。有点儿知识不难，有点儿本领也不难，难就难在是否有智慧。有智慧与没有智慧的区别是：遇事是否有高超而准确的分析和判断能力。要多与有智慧的人相处，善于借用他们的脑子。要像余光中先生主张的那样，多读有智慧之书。还要通过实践增长自己的智慧。说白了，人与人的竞争是智慧加品德的竞争。

33、作秀

有个词叫"作秀"。本来"秀"是内部阳光世界的外部流露，然而加上"作"字，就变成贬义词，成为虚伪之举。世界上有否作秀之人？当然有。但作秀总比作恶强千万倍。

34. 对策

有个词叫"对策"。国家、单位、家庭遇到情况马上能拿出对策，就不会一筹莫展。此乃正对策。而上有政策下有对策，则属于负对策。你不准公款吃喝了，我由宾馆吃改到食堂吃，由城里吃改到乡下吃。"对策"的关键，在于对。如果是错误的对策，只能导致失败。

35. 勤俭

有个词叫"勤俭"。古人云："历览前贤国与家，成由勤俭败由奢。""俭，德之共也；侈，恶之大也。"勤快，这是成功的前提。天分加勤奋加机遇，才等于成功。我小时候就听我娘常说，早起三光，晚起三慌。我长大成人后，很少睡懒觉。同时也不忘"一粥一饭，当思来之不易；半丝半缕，恒念物力维艰"。

36. 安全

有个词叫"安全"。民以食为天，因此最大的安全是食品安全。今年中央一号文件把"完善国家粮食安全保障体系"作为重中之重，列入文件之首。前不久中央农村工作会议要求"用最严谨的标准、最严格的监督、最严厉的处罚、最严肃的问责，确保广大人民群众舌尖上的安全"。安全的对立面是危险。安全关键在落实。

37. 安危

有个词叫"安危"。每个人尤其领导人都要居安思危。古人云："天下大乱，无有安国；一国尽乱，无有安家，一家皆乱，无有安身。"然而安与不安，危与不危，古人也教导得很清楚："安危在是非，不在强弱。"历史告诉我们，乱都是上边先乱起来的。只有上面出了乱官乱政，才会出现乱民。民反都是逼出来的。

38. 重复

有个词叫"重复"。讲话忌重复、写文章忌重复。但是，有些事情咱不能怕重复，要认识一种带规律性的东西，只有从翻来覆去不断的重复中才能摸索到。例如春夏秋冬的反复出现才使人们认识了季节。科学研究上的一次成功者几乎没有，必须不断重复，一次比一次更深入才能找到规律、发现真理。因此，重复是成功之母。

39. 纳谏

有个词叫"纳谏"。常言道：一国之君要纳谏，一国之臣应上谏。"士不忘身不为忠，言不逆耳不为谏"说好听的话，不是谏，是拍马屁。君应"广直言之路，启进谏之门"，让下面的人敢于直言。谏有两种，言谏与兵谏。言谏者上书或当面进言。言谏不听，于是兵谏。张学良、杨虎城两将军在西安捉蒋即是兵谏。

40. 三戒

有个词叫"三戒"。在去西天取经的"四人帮"中，唐僧稳而软；孙悟空勇而智；沙和尚诚而恒，唯猪悟能虽是元帅出身，然基本上是个腐败分子，好吃懒做，见女人就走不动，所以叫他八戒。八戒太多，我喜欢三戒："少之时，血气未定，戒之在色；及其壮也，血气方刚，戒之在斗；及其老也，血气即衰，戒之在得。"

41. 贪婪

有个词叫"贪婪"。常言道：人心不足蛇吞象。凡腐败分子无一不是贪婪之徒。贪了百万想千万，贪了一斤黄金盼百斤。赃款赃物都愁得不知往哪藏了。还有些人官迷心窍，当了处长想当局长，当上局长又想当部长，当了政治局委员了还想进常委。最后正应了《红楼梦》里的一句话："因嫌沙帽小，致使锁枷扛。"

42. 糟蹋

有个词叫"糟蹋"。在我国经济大发展前，我们曾大言不惭地声称，决不走西方国家"先污染后治理"的老路。实践证明我们又在忽悠。把古城糟蹋了，把资源糟蹋了；把空气糟蹋得连呼吸都感到困难了，各种呼吸道疾病甚至肺癌成急骤上升趋势。我们糟蹋了老天爷，老天爷反过来也糟蹋我们。他要我们自作自受，自食苦果。

43. 刮风

有个词叫"刮风"。"风生于地，起于青苹之末。"自然界哪能缺了风？自然界的风不可怕，怕的是人为的刮政治风。几十年来此风似乎就没停止过。这阵风刚过，另阵风又起。刮得"风"字都加上了病字旁，把不少人刮成"疯子"了。人们是多么盼望"好雨知时节，当春乃发生。随风潜入夜，润物细无声"的景象呀！

44. 跟风

有个词叫"跟风"。好像有个人站在高山之巅，手擎指挥大旗，一会儿挥向东，一会儿挥向西；一会儿挥向左，一会儿挥向右。全国人忽东忽西忽左忽右跟着风跑。由于号召去大风大浪中锻炼，于是锻炼出一大批识风跟风的高手。他们拥有火眼金睛，善于察言观色地跟风，听风就是雨，就这样跟着风节节往上升。

45. 廉洁

有个词叫"廉洁"。古人云："廉者，民之表也；贪者，民之贼也。"价值法则本是市场的一只无形之手，而有权之人却把权带入市场进行权钱交易，变无形之手为有形之手，于是出了不少国贼。他们被捉后，有些懊悔不及，哭天喊地。晚矣。《红楼梦》中有句话："身后有余忘缩手，眼前无路想回头"咎由自取。

46. 敏感

有个词叫"敏感"。人对周围的事物，对书，对人都应敏感。一棍子下去连个屁都打不出来，这样的人很难有成就。因此敏感是成功的前提。但是不知从何时起，在敏感之后加了两个字，变成敏感时期。最近我就听到某些公务员说："过了敏感时期，我好好请你撮一顿。"看来他们仍想熬过"敏感时期"，恢复公吃公喝。

47. 独裁

有个词叫"独裁"。其对立词是"众裁"。独裁者个人说了算。在封建社会皇帝统统是独裁者。所谓开明点的皇帝虽纳谏，但纳与不纳，纳什么不纳什么，由他一个人说了算。进入民主社会，反对独裁，人民说了算，强调集体领导。但有的领域也不能完全排斥独裁，比如足球裁判，明明裁错了，也不改，他就是独裁。

48. 真格

有个词叫"真格"。干什么都有个动真格与虚晃一枪之别。中央八项规定刚出台时，许多人按老经验判断：这又是新官上任三把火，公款照吃照喝。抓了几起，处分了上万。魔高一尺道高一丈。不少人从声带中从丹田中发出惊叹：这回动真格的了。

49. 调研

有个词叫"调研"，即调查研究的简称。意思是说既要调查又要研究。调研不是目的，取得发言权后，关键是制定政策解决问题。调研是否成功又看能否扎下去摸到群众的真实脉搏。这些年上行下效的那种前呼后拥、走马观花、按预定路线和预定目标一天转好几个地方的蜻蜓点水式调研，究竟调研到了些什么，只有鬼知道。

50. 梦想

有个词叫"梦想"。美国有本叫《光荣与梦想》的书。提出实现中国梦的口号意义深远。没有梦想的民族是不可理喻的。梦有三大特点：其一多样性。同一个世界不可能同一个梦想，同床还异梦呢。其二虚幻性，关键是把虚幻的梦变为现实。做梦容易变现实难。其三规范性。梦不能乱作，否则成白日做梦或痴心妄想了。

51. 良药

有个词叫"良药"。人们常说，良药苦口而利于病，忠言逆耳而利于行。其实良药未必都苦口。中药中的甘草、当归、人参、山楂等等都不苦。西药有糖衣后也不苦。是不是良药主要看是否对症。忠言也不一定逆耳，"虚心使人进步，骄傲使人落后"，此忠言一点也不逆耳。关键看是否变为行动。凡事都要分析。

52. 雾霾

有个词叫"雾霾"。现在雾霾像魔鬼一样缠住我们。由偶尔变常态，由北方局部变全国，由轻度变重度，严重时弄得飞机无法降落，汽车难以行驶，大人小孩憋得直喘粗气。自然中的霾可怕，政治中的腐败之霾、经济中的坑蒙拐骗之霾、文化中的糟粕之霾、学术中的弄虚作假之霾，更是闹得乌烟瘴气。何时能无霾？

53. 过程

有个词叫"过程"。雾霾是在发展过程中形成的，解决也有个过程。据说北京市长向上立下军令状，今年开一个国际会议前，空气不达标提头来见。表决心可以，实际难达到。空气是流动的，北京治好了，别的地方吹过来了，无法筑道空气柏林墙。况且我们治霾也不是给外国头头们看的，奥运会前治了，过后又反弹。

54. 积累

有个词叫"积累"。什么问题都是渐渐积累起来的。冰冻三尺非一日之寒。总设计师说过发展是硬道理,他老人家同时也说过不能以牺牲环境为代价;他说逮住老鼠就是好猫,但没说让你抓个带鼠疫细菌的病耗子。雾霾之所以如此严重是执行中的问题,是发展中的问题。既然出现就正确应对解决之,别无他法。

55. 原因

有个词叫"原因"。要解决一个难题,首先要把产生这个难题的原因弄清楚。就拿产生雾霾来说,有人说是汽车尾气,有人却说不是。病因尚未搞清,如何下药?同时在工作中也不能犯左派幼稚病,时而拆工厂,时而减汽车,要考虑到这步棋下去会引来什么后果、其连锁反应是什么。治污的根本是为民,千万不能损民。

56. 道义

有个词叫"道义"。古人云"贵义而不贵惠,信道而不信邪";"道不同,不相为谋";"朝闻道,夕死可矣"。可见,道义是一个社会的底线,亦是做人的底线。假如社会没有了道义,这个社会离崩塌就只有一步之遥了。一个人如果没了道义,他就变成二皮脸,毫无羞耻之心,与禽兽无异。要重道义,轻邪秽。

57. 惧怕

有个词叫"惧怕"。有人说某某是个大无畏之人,其实世界上压根就没有什么都不怕的人。皇帝权大无比,但他整天担惊受怕,怕死,更怕别人篡位。武松并不是不怕景阳冈上的老虎,只不过勇敢战胜了惧怕,因为不是打死老虎就是被老虎吃掉。从某种意义上说,人有点惧怕心理,好。什么都不怕了,就胡作非为了。

58. 筐子

有个词叫"筐子"。箩筐在生产与生活中用处很大，人们的许多东西都往筐子里装。由于装习惯了，该装的装，不该装的也往里边装，其实这都是不用脑子与胡乱跟风造成的。

59. 变味

有个词叫"变味"。我们注意到许多商品都标明"原汁原味"，说明人们很喜欢原汁原味的东西。但是保持原汁原味很难。有些理论、方针、政策，当初提出时并不错，甚至很好，但搞着搞着就变味了。有人说本来上头的经是好经，被下边那些歪嘴和尚念歪了。在现实生活中，我们何时才能保持原汁原味而不变味？

60. 规律

有个词叫"规律"。自然与人类社会反复出现的事物才能称为规律。规律客观存在，认识与否都在那里发挥作用。顺之者昌，逆之者亡，一点也不客气。科学发展观本身不是规律，它的最大功绩在于告诉我们要发展，但必须科学发展。科学就是遵循规律。因此我们不能把科学发展观当成口号，而要成为行动的指南。

61、急躁

有个词叫"急躁"。办事应急不要拖，但不能躁。一躁就要坏事。长期来躁总给人一种猴急猴急的感觉，一口想吃成胖子，一锄头想挖出个金娃娃。由于急着发展，忽视了环境，造成雾霾满天飞。现在治理雾霾了，又立生死状又规定时限，殊不知当年英国伦敦治雾霾花了几十年时间。千万别急躁，一躁还可能带来新麻烦。

62. 漂亮

有个词叫"漂亮"。这里不是指脸蛋漂亮，而是指工作漂亮，如这一仗打得真漂亮，这篇文章写得真漂亮，这次记者招待会开得真漂亮。这次嫦娥三号登月任务完成得就相当漂亮。但是，我们也有一些事情搞砸了，如"大跃进"的急躁冒进，以及"文革"的十年浩劫。每个人都要力争把自己的学习、工作和生活搞得漂亮一些。

63. 品牌

有个词叫"品牌"。品牌乃物与人的一种标志。好的品牌价值连城；品牌一损，贻害无穷。人也好商品也罢，能创出个响亮的牌子来，需要耗费很长的时间。然而毁掉一个牌子，有的就在一瞬间。推而广之，一个国家，一个政府，一个政党，一个单位，一个人，都要像爱护眼珠一样爱护自己的品牌。品牌一旦臭了，贻害无穷。

64. 实质

有个词叫"实质"。有人说日本首相安倍最恨中国。我说看问题要看实质。我分析了相当长时间，结论是：他总揪住历史不放，又不把小岛拱手相让；他最瞧不起德国，到处认罪令他难堪；他最怕俄罗斯，南千岛群岛问题连个屁都不敢放；他最恨美国，原了弹你美国为啥偏计我日本吃，此仇不报不符合日本人性格。

65. 尾巴

有个词叫"尾巴"。据说人类的老祖先是有尾巴的，由于用处不大，渐渐退化了。但人们说某人骄傲时，仍说他把尾巴翘到天上去了；说要低调时又说夹着尾巴做人。我很欣赏瑞典与瑞士这两个国家，若不是瑞士手表和瑞典每年发一次诺贝尔奖，我们几乎感觉不到它们的存在。然而这两个国家的人生活得相当好。

66. 别扭

有个词叫"别扭"。在生活与工作中，我们常常碰到一些很别扭的人。好像上帝派他们来到世上，就是闹别扭的。这些人装扮很别扭，表情很别扭，言谈很别扭，办的事也很别扭。人是生产关系总和的一部分，在人群之中，有这么一些很别扭的人，使其周围的人也很别扭。人与人之间相处，多点和谐，少点阴阳怪气多好。

67. 推理

有个词叫"推理"。我们提倡联想、举一反三，但是如何才能具有这种本领，其中很重要的一点是看会否推理，能否由一件事推理出许多事。古人云"以近知远，以一知万，以微知萌"；"见微以知明，见端以知末"；"见一叶落而知岁之将暮，睹瓶中之冰而知天下之寒"。如果不掌握推理之术，要举一反三，难。

68. 点子

有个词叫"点子"。点子一般指经过苦心思索而派生出的解决难题的主意。古今中外，点子都很值钱。诸葛亮之所以那么神，就因为他点子多而且高明。现在世界上有好多点子公司，他们专门卖点子。一个好点子胜过亿万元。当然点子有好点子与坏点子之别。聪明的领导人不仅自己有好点子，而且善于利用别人的好点子。

69. 搅局

有个词叫"搅局"。人类社会中有些搅局者，或者称为搅局专家，专门搅乱别人安排好的事情。他们最怕平安无事，唯恐天下不乱，乱则兴奋，静则难受。他们嗅觉很灵，只要嗅到点气味，就去搅。对付之法有三：1. 任凭风浪起，稳坐钓鱼船；2. 迅速制定出反搅的良策；3. 在搅与反搅的运动中求知识，求发展，求锻炼，求幸福。

70. 体验

有个词叫"体验"。要想知道梨子的滋味必须亲口尝尝，要想抓住虎崽必须进入虎穴。人的体验，主要通过耳、鼻、喉、舌、身这五个主要官能。在调查研究之中，不扑下身子亲自体验，走马观花式的巡视，听汇报式的纸上谈兵空对空，打一枪换一个地方式的蜻蜓点水，只能继续上当受骗，摸不到真实情况。亲自体验太重要了。

71. 本性

有个词叫"本性"。荀子说："然则礼义积伪者，岂人之本性也哉。"常言道：江山易改，本性难易。小至一个人，大至一个组织，其固有的本性定了之后，要改是不可能的。在国际上有些国家的侵略本性也是不会改变的。它可以隐，它可以伪装，但一到关键时候就会暴露出其侵略本性。所以看事物要从本性上看。

72. 谋略

有个词叫"谋略"。对于一位高级领导人来说，善用谋略极为重要。古人有云："运筹帷幄之中，决胜千里之外。"有了谋略就可以利而诱之，乱而取之，实而备之，强而避之。一个好的谋略胜过十万大军。当然要能拥有谋略，必须学习之，观察之，比较之，思考之，集思之，细致之。因此"凡谋之道，周密为宝"。

73. 名声

有个词叫"名声"。对于一个国家、一个政党、一个个人来说，名声特别重要。名声坏了，就没人愿意和你打交道了。因此有"名声若日月，功绩如天地"之说。普通老百姓都知道人过留名雁过留声的道理。他们要求干部在任职之内，多干积德的好事，少吃喝嫖赌，留下个好名声。即使不能流芳千古，也不要遗臭万年。

74. 偷德

有个新词叫"偷德"。农民工辛苦一年挣的万把块被小偷摸走，一年白干了，哭天喊地。这种小偷没偷德。许多小偷是有组织的，不少头头儿教导自己的成员要有偷德，把工作重点转移到配合反腐败大局，偷贪官上来：1. 他们的钱都是不义之财，该偷；2. 成捆的现金特多，下一次手值得；3. 他们是哑巴吃黄连，不敢报案。

75. 转化

有个词叫"转化"。世界上的任何事物无时无刻不在转化。"日中则移，月满则亏，物盛则衰"；"盛之有衰，生之有死"；"有兴必有废，有盛必有衰"。讲的都是转化的道理。从某种意义上来说，人这一辈子干的就是转化营生。不过区别在于有的向好的、兴的、盛的、生的方向转化，有的向坏的、衰的、死的方向转化而已。

76. 构思

有个词叫"构思"。脑子是用来思考的，其中有一项重要任务就是构思。干一件工作，做一顿饭，写一篇文章，都要构思。常言道"文若春华，思若涌泉"。不构思，绝写不出好文章。构思如同总体设计，一旦完成，几乎就完成了大半。别看微博每篇只有 140 字，写好也得构思。所以养成构思的习惯是成功的必要条件。

77. 嫉妒

有个词叫"嫉妒"。嫉妒是对他人的优越地位而产生的一种不愉快情感。我说：嫉妒是别人超过自己的信号。一般对不如自己的人，不会产生嫉妒。父亲对儿子也不会嫉妒，因为他希望青出于蓝而胜于蓝。产生嫉妒后，正确的态度是，学习并设法超越他。错误的态度是既生瑜何生亮，甚至想灭了人家。前者智，后者蠢。

78. 放屁

有个词叫"放屁"。当众放屁都让人觉得丢人。其实放屁是一种正常的生理现象。腹部手术后大夫最爱问的是放屁了没有。一次卫士长李银桥帮毛主席搓背时放了个屁，马上说：主席对不起，我放了个屁。主席说没关系，屁者气也。他在诗词中还用过"不许放屁"。我们对说空话、大话、假话、胡话的人，也应喊一嗓子：不许放屁！

79. 笼子

有个词叫"笼子"。把权力关进制度的笼子里，这个提法非常精辟。现在不少人关心：这个笼子由谁来制作？使用什么材料，竹子的还是不锈钢的？笼子制好后关谁？笼子由谁来定期清理？锁笼子的钥匙拿在谁手里？说白了人们关心的是：这个笼子能代代相传，而不是人亡政息；是制度的笼子，而不是笼子的制度。

80. 感觉

有个词叫"感觉"。感觉是人认识客观事物的初级阶段。通过感觉，逐步上升到理性。感觉是入门，是第一印象。谈对象，初次面试后，问感觉如何？如果毫无感觉，往纵深发展，八成没戏了。某人在一个单位工作了数年，别人都没感觉到他的存在，这人要参加竞选，肯定失败。虽不能跟着感觉走，但要重视感觉。

81. 过头

有个词叫"过头"。什么事情都不要过头。钱花过头，不行；话说过头，不行；事情办过头，不行；连真理往前再跨一步，都会变成谬误。许多年来，我们吃亏不是吃在话没有说到，恰恰吃在说了许多过头话，办了许多过头事，碰在了客观规律这条红线上，被碰得头破血流。经验告诉我们，话不能说满，更不能过头。

82. 判断

有个词叫"判断"。判断水平是衡量一个人，尤其是政治家、军事家、科学家、文学家等等水平的一把钢尺。水平高的人，面对复杂问题，其判断与后来的结果八九不离十。相反，判断能力低者，则相差十万八千里。具有判断力，靠经历，靠经验，靠阅读，靠反复，靠调查，甚至靠曾失过败。所谓吃一堑长一智。

83. 方法

有个词叫"方法"。要过河要找桥和船，看戏主要看门道，读书主要是培养掌握分析问题和解决问题的方法。有人读书越读越聪明，而有人读成书呆子。其主要原因在没重视学习方法。不同的问题用不同的方法解决。弹钢琴十个手指必须全动，然而抓跳蚤十个指头下去肯定抓不着。方法是开启万事的一把金钥匙。

84. 自吹

有个词叫"自吹"。吹捧是一种庸俗的表现。毫无原则，为了达到某种目的，互相近乎肉麻地吹捧，这种现象令人作呕。更有甚者，是自吹，即自己不知天高地厚地吹捧自己，有的人自吹不过瘾，还雇上一帮人，整天变着花样地吹捧自己。自吹的人会失掉人心，会威信扫地，到头来弄得里外不是人。

85. 飞跃

有个词叫"飞跃"。过去有人写过一篇叫《钻进去，冒出来》的文章。钻进去获取第一手材料，冒出来就是由感性上升到理性的飞跃。能否完成飞跃，我认为有两个最重要的绝招：一是能否学会在纷繁的材料中去伪存真，去粗取精，由此及彼，由表及里；二是能否站得高些看得远些。运用好这两点，才能达到飞跃。

86. 压阵

有个词叫"压阵"。"兵熊熊一个，将熊熊一窝"这句话流传很广。

说的是在战争时期与平时工作中，担负主要领导者，能否压住阵。碰上能压住阵的领导，上下都放心。若压不住阵，人们就缺乏主心骨，特别是遇到重大事件，人们会提心吊胆。凡压住阵者，必具备如下条件：见识高；身子正；团结人；敢拍板。

87. 拉套

有个词叫"拉套"。在农村住过的人都知道牲口是要拉套的，不会拉套的牲口不是好牲口。推而广之，形容人的工作也叫"拉套"。每个成年公民都应从事脑体力劳动，不会拉套的公民不是好公民。退休为卸套；老骥伏枥志在千里，烈士暮年壮心不已，则属于卸套。人只要活着就永不卸套。

88. 担当

有个词叫"担当"。公民的权利与义务应是一致的。在义务之中就有担当。权利有多大，担当就有多大。在某些人，有了功劳大家抢着分，出了问题比博尔特跑得还快。板子都往笼统里打，打不到应担当的人的屁股上。敢于担当是一种高品格。

89. 偏爱

有个词叫"偏爱"。西方资产阶级革命时期，响亮也提出自由平等博爱的口号。其实，博爱是很难达到的。你不可能对所有人都爱，往往是偏爱。偏爱自己的祖国；偏爱自己的家人；偏爱某个学科；偏爱某项娱乐。在一定意义上说，只有偏爱，几十年如一日地死死缠住不放，才能攀登他人没攀上去的高峰。

90. 一俊

有个词叫"一俊"。人们常说："一俊遮百丑。"对这句话不细想也就罢了，若细一想，它有以偏概全之嫌。一俊，有时能遮百丑，有时遮不住。因为客观事实明明摆在那里，俊就是俊，丑就是丑。不能由于某个人长了一头好头发，就把五官不正的丑遮住。正确的态度是：不以俊遮丑，也不以丑遮俊，是啥就是啥。

91. 剥夺

有个词叫"剥夺"。剥夺与剥削有区别。前者用强制手段无偿占有别人的财产；后者在剥削剩余价值的同时还给劳动者一定报酬。

92. 神灵

有个词叫"神灵"。神灵是指有超凡能力并可以长生不老的人物。科学表明世界上并没有神，神是由人造出来的。有的人被神化，自己又缺乏自知之明，误认为自己是神。凡被人们推向神坛的人，最终有好结果者不多，都要下坛。与其下坛，不如就不上坛。不管别人吹得怎么神乎其神，我始终做人。众人也别胡乱造神。

93. 一致

有个词叫"一致"。所谓一致是相对的。为了完成一项伟大事业，在行动上必须保持一致，步调一致才能取得胜利。但是在思想上永远不可能达到完全一致。古人云："天下同归而殊途，一致而百虑。"又说"道虽一致，途有万端"。要特别警惕口头上高喊保持一致而行动上另搞一套的人。

94. 患难

有个词叫"患难"。常言道"患难见真情"。当你走背字时，有人对你好，那是真好。当你春风得意时，有人进行肉麻地吹捧，那可要警惕。人都有退下的那一天。阿庆嫂那句话"人一走茶就凉"，反映了这个时代人与人关系之真谛。不凉的只有地球，因为现在的地球变得越来越暖。

95. 干净

有个词叫"干净"。吃得干净。穿得干净。屋内打扫得很干净。说话干净。文章写得干净。办事干净。尤其是钱来得很干净。一个人来到世上，如果能干干净净地来，清清白白地去，两袖清风，上对得起天，下对得起地，中对得起养育自己的父母。如若如此，不管他官儿大小，学历高低，都是个顶天立地之人。

96. 舌尖

有个词叫"舌尖"。大概因为一部纪录片《舌尖上的中国》的热播，使"舌尖"二字更加响亮。吃东西、说话、唱歌都离不开舌尖，年轻人热恋时舌尖使用的频率也很高。别看舌尖很软，但它也能杀人。同时舌尖还担负着道歉的任务。凡证明是自己说错了的话办错了的事，就应诚心诚意地给人家道歉。会道歉的人是高尚的人。

97. 气质

有个词叫"气质"。气质是一个人内在修养不自觉的外在表现。别的能装，唯独气质装不出来。毛主席的一个卫士找了个长相很漂亮的对象拿照片给江青看。江青说你找了个木美人，意思是说没气质。有的演员饰演大人物，形似而神不似，为什么？就因为不具备那种气质。气质有遗传，但主要靠后天培养。

98. 规矩

有个词叫"规矩"。没规矩难以成方圆。干什么都有规矩。国际上有各国必遵守的条约，在国内有各种法律法规。游戏也有规矩，如下棋"马走日，相走田"，谁破坏了规矩就没法玩。在国际关系中之所以常产生矛盾纠纷，很重要的一点是因为有人破坏了规矩。所以每国家甚至每个人都要懂规矩和守规矩。

99. 系列

有个词叫"系列"。相互联系成组成套的东西叫系列。单个山楂不成系列，串成糖葫芦就成系列。巴尔扎克一生写了近百部小说，最后他把这些作品分为风俗研究，哲理研究，分析研究系列出版。现在很时兴系列，商品、电视剧等都追求系列产品。鄙人写的这些短文，放在一起叫《百词文》，也就成为一个小小的系列。

100. 坚持

有个词叫"坚持"。古人云："为山九仞，功亏一篑。"坏就坏在没有坚持到底。某个项目试验了九十九次都失败了，就差一次没坚持，永远失败，而再坚持一次就成功了。所以坚持是一个人意志力的充分表现，它几乎是成功的代名词。凡成功者都有一种锲而不舍的坚持精神。成功往往在于咬住牙坚持一下。

织83条围脖
庆祝自己
83岁生日

聊天

织 83 条围脖庆祝自己 83 岁生日

2015 年农历六月初二是我 83 岁生日。看到美国前总统老布什先生，以跳伞庆祝他九十大寿。吾儿渊洁知道我没有此特技，建议我以写 83 条微博来庆祝自己的生日。我感到这个建议有创意，以前没人做过，于是欣然接受。下面我精选了一些给大家分享。

1. 传说有位国王夜晚梦见一句至理名言，可以享用终生。但他醒来后忘了，便做了个大钻戒，召集大臣说，谁帮我想起这句话钻戒就是谁的。只见一位大臣拿过钻戒在上面刻了一句话：一切都会过去。国王高兴地说我梦见的就是这句。是呀，光荣会过去，耻辱会过去，辉煌会过去，苦难会过去，世界杯也会成为过去。

2. 有人说过一句话，"当你成功时，你说的所有的话，都是真理"。大家知道，印度人寿命短，但有位叫德赛的总理却活了 84 岁。有人问他长寿之道。他说："我每天清晨起床后，喝一泡自己的尿。"从那以后，不少人都学着喝尿。但只闻臊味，不见长寿。可见什么话都要分析。成功人士的经验之谈，也要分析。

3. 我认为谈长寿经验的人，必须首先获得资质。如果你是个二三十岁的小伙子，跟别人谈长寿之道，别人就会认为你"嘴上没毛说话不牢"。谈长寿体会，过去至少得过 70 岁，现在平均寿命上涨了，最好 80 岁以上。只要过了 80 岁，你说每天吸烟、喝酒、吃红烧肉、坚持散步或赖床，都会被人当成金玉良言。

4. 被誉为"五百年第一人"的张大千说过："画家必须有几幅伟大的画，才能在画坛立足。"以此类推，歌唱家必须有几首叫好的歌才能在歌坛立足；作家必须有几部不朽之作才能在文坛不朽；政治家必须有几招高明之处才能在历史上留下脚步；军事家必须指挥过几次大的战役才能流芳千古。自吹自擂，没真货不行。

5. 凡懂点外交常识的人，都知道有句名言："没有永恒的友谊，只有永恒的利益。"过去我们与越南是同志加兄弟，为了帮越南从法、美占领下解放出来，要钱给钱，要物给物，要人给人。现在为了领土争端闹矛盾了。美国与伊朗交恶多年，现在在对待伊拉克反政府武装方面，似乎又要联合起来。世界就是围绕着利益在转。

6. 过去有位国王命令众大臣寻找永恒的真理。众臣苦思冥想写出几万字。国王说太多，减。众臣又废寝忘食精简成几百字。国王看后说，给我减成一句话。一位大臣愁得没办法，他家的佣人说了一句"天下没有免费的午餐。"该大臣把这句话禀报国王，国王说正是此句。可见最有智慧者往往都是处于最底层的人民群众。

7. 一次我们几个80岁的老人在一起散步，我说有句话具有绝对真理的特质。众问何句。我说："家家有本难念的经。"众人均表示赞同。是呀，上至总统，下至平民百姓；有钱人，没钱人；大国与小国；富国与穷国，平心静气地想想，是否都有一本难念的经。真的都有。区别只是难念经的多寡与相对难易而已。

8. "摸着石头过河"是句民间俗语。其含义是在实践经验不足的情况下，要过河必须摸着石头过。最早引用这句话说问题的是陈云同志于1950年4月7日在政务院的一次会议上谈物价时的讲话。后来他多次引用这句话。作为改革开放总设计师的小平同志也多次用这句话。

9.《红楼梦》里有句"天下没有不散的筵席"。此话深刻表明，世界上没有一成不变的事物，一切都在发展变化。筵席好，但总不能整天泡在筵席之中，总有散了的那一刻。一代人，一个家庭，都有散的时候。所以看问题、想事情、搞工作、读书、干活，都是有聚有散。谁也逃不脱此法则。

10.《好了歌》很精辟：世人都晓神仙好，唯有功名忘不了！古今将相在何方？荒冢一堆草没了。世人都晓神仙好，只有金银忘不了！终朝只恨聚无多，及到多时眼闭了。世人都晓神仙好，只有娇妻忘不了！君生日日说恩情，君死又随人去了。世人都晓神仙好，只有儿孙忘不了！痴心父母古来多，孝敬儿孙谁见了。

11. 在孔子的《论语》中，有九个字可以概括人的本质，那就是：民以食为天，食色，性也。吃是人生当中的第一件大事，只有吃才能维持生命。但光吃不行，还要结婚生孩子，这样才能延续生命。所以食与色是人的本性。这本来是很简单的事，但我们往往处理得很不好，在这两方面出了不少不应出的大问题。

12. 我们的老祖宗，经常教导后人，特别是教导当权者，要牢记一个颠扑不破的真理：水能载舟，亦能覆舟。"水"是人民群众，他可以把舟浮起来，但是你一旦得罪了人民，惹怒了群众，水也能把舟掀个底朝天。在这里"舟"特指统治者。历朝历代的统治者之所以垮台，无一不是走到人民群众的对立面，被人民所推翻。

13. 如果你站在一条繁华大街的一座天桥上往下看，你会看到车水马龙，人来人往，熙熙攘攘。这么多人都在忙活什么？有句话回答了这个问题：天下熙熙，皆为利来；天下攘攘，皆为利往。原来都在忙一个"利"字。当然有公利，有私利。不管公利私利，统统是利。经济学讲的大概也跑不出这个"利"字。

14. 有人问我，有些上届世界杯的冠军队，到了下届世界杯连小组出线都难，踢两场即被淘汰，打道回府，这是为什么？物极必反，乐极生悲，否极泰来。事物在一定的条件下无不向反面转化。法国队曾乐极生悲，这次则否极泰来。西班牙队，你不要看他这次丢了大人，然而下届世界杯上他可能又光芒四射。

15. 在国际上说话不在言辞，而在实力。没有一定的实力，说话不会有分量。民间流传一句话叫财大气粗。是呀，你的经济实力不够，穷横，光喊吓唬人的空口号，是没人怕你的。我们中国的声音越来越被重视，这与我们经济建设取得的伟大成就是分不开的。兜里没钱，整天要饭，靠别人施舍过日子，谁会正眼瞧你？

16. 据说外国领导人很重视民意测验。他会根据民众对自己支持率的高低，对政策包括对自己的形象进行必要的调整。其实这个行为，在中国古代就有"得人心者得天下，失人心者失天下"的教导。正如《宰相刘罗锅》电视剧主题歌中唱的那句：天地之间有杆秤，那秤砣是老百姓。重视秤砣吧！民心高于一切。

17. 许多人对自己的偶像崇拜得死去活来，几乎到了痴迷的程度，像疯了一样。之所以出现这种情况，除了偶像有可崇拜之处外，还有一个重要原因，是你没有同他们一起生活过，你看不到他们身上的很多缺点。所以有句名言：没有距离就没有崇拜。当你看到他挖了鼻孔马上跟别人握手时，你的崇拜会减少一半吧？

18. 许多人特别是年轻人，容易这山看着那山高，什么都想干。不懂得在生命有限、时间有限、才能有限、兴趣有限、客观条件有限的情况下，扣住一点，集中自己的聪明才智，十年几十年如一日地突破一点，占领制高点。有所为而有所不为，只有失去一部分，才能进入宫殿。十个指头抓跳蚤不成。

19. 领导人有没有权威有一个衡量标准，就看你说的话有没有人听。是真听还是假听，如果你说的话没人听了，或者口头上表示照办，而实际上反感，根本不去认真贯彻落实，这个领导就失去了权威。权威的形成来自职务，来自水平，来自打铁先要本身硬。

20. 有句话叫：动久思静，静久思动。它很形象地阐明了动与静的辩证关系。工作、学习、劳动、运动，等等，都要像弓一样，一张一弛。不会刻苦学习与工作的人，肯定不会取得好成绩。相反，把弦绷得太紧，不善于劳逸结合，把身体这个一切聪明才智的载体搞垮了的人，也不会取得大成就。朋友，动静结合吧。

21. 为官一任，造福一方。人过留名，雁过留声。如果你在某地当了多年主管，人民生活仍然贫穷，精神毫不愉快，问题成堆，屁股上的屎总也擦不干净，你肯定也能留下名，但是是恶名，而不是美名。这里起作用的是品质。因为"当官的品质富有，老百姓的钱包才能富有。当官的品质贫穷，老百姓的钱包肯定贫穷"。

22. 人活在世上希望受到他人的尊重。一个在人们的心目中根本得不到尊重的人，活在世上就觉着很没脸面。得不到别人认可，就毫无价值。

那么怎样才能受到别人的尊重呢？我告诉大家两个办法：一是通过自己辛勤的劳动，做出受人尊重的业绩；二是学会尊重别人，因为只有尊重别人的人，才能得到别人的尊重。

23. 我记得十多年前的一天，我和渊洁在一个小花园里散步聊天，这时天上飞过一架大客机，他仰望天空，突然冒出一句："飞机是穿梭在天上的十字架。"我很兴奋，让他把这句话赶快写到童话里去。上山容易下山难，飞上去容易落下来难。有飞机以来，有多少架飞机没有着陆，而成了十字架。

24. 为人处事要多看他人的优点，切莫总盯着别人的缺点。严于律己，宽以待人。不要看自己是一朵花，看别人是豆腐渣。郑渊洁在一篇童话中说过这么一句话：说人浅薄的人，绝对不深刻。说自己深刻的人，绝对浅薄。

25. 言必行，行必果，言行一致，说到做到，不放空炮，是一个人尤其是一位当权者必备的品德。头天对群众的承诺第二天就忘得一干二净的人，如今大有人在。一个说话不算数的社会，还会把整个社会的风气染坏，因为"在说话不算数的人如鱼得水左右逢源的社会，说话算数的人四面楚歌如履薄冰"。

26. 当下反腐败的号角正在吹响，挖掘机正在深挖。刚上山的老虎，仍在山上称王的老虎，以及已经下了山的老虎，正一个个被抓了出来。公款大吃大喝之风，基本刹住。对此广大人民群众拍手称快，但也有人很不满意。有句话说得好：你不能让所有的人满意，因为不是所有的人都是人。

27. 关于反腐败党内有许多规定，领导人也有不少讲话。这些行之有效的东西一定要通过国家最高权力机关变成法律，人人必须遵守，把权力关进制度的笼子里，制度就是法律，笼子是由国家打造的。否则会"人亡政息"。因为任何人都不会永远在台上，任何人也不会永远活着。而法律永存，它是要长期起作用的。

28. 老中青三结合是干部结构的理想搭配。老干部相继退下来了。有个说法是姜还是老的辣。然而"如果全是老姜，将是一个何等辛辣的社会"。原来我认为年轻干部有朝气有知识，没料到有些年轻人太胆大，太贪心。正如老作家马烽所说："下去一批老鬼，上来一批土匪。"

29. 地球是地球上所有动植物的地球，绝不只是人类的地球。可是由于人类有智慧，把地球中的水、油、气、煤掏得不亦乐乎，把空气污染得一塌糊涂。许多先进武器、先进科技还在发明创造，用于掠夺地球。这样下去地球就是行驶在宇宙中的"泰坦尼克号"了，不知哪天会毁在人类手中。望人类高抬贵手，手下留情。

30. 人是社会的人。因此人是需要别人帮助的。所谓"一个篱笆三个桩，一个好汉三个帮"。人不仅需要别人帮，还要发扬风格，乐于帮助别人。被帮助者，应知恩图报。帮助人者，不必念念不忘。有句话说得很好：记住帮助过你的人，忘记你帮助过的人。

31. 大家都承认存在信任危机。有些人说的话没人信了。有些媒体的话，更是左耳朵进右耳朵出，甚至连看都不看了。造成这种局面，只能怪我们自己。我们一会儿说东，一会儿说西，没准儿，自己打自己嘴巴，喊狼来了喊多了，真的狼来了，没人信了。要从内因上找原因。

32. 有句话叫"记录在案"。据说过去有些皇帝都怕记录在案。人的一生，特别是官员的一生，你的言行都会记录在案。你干了对人民有益的事，会记录在案；你干了蠢事，尤其是祸国殃民的事，也会记录在案。将来档案一公开，一切都清清楚楚。因此在任上要多为老百姓办好事。贪污受贿挖出来记录在案，要遗臭万年。

33. 在人与人的交往中少自吹，多自嘲。恰如其分的自嘲，是有力量的表现。有句话说得好："越是丑陋的人，越怕别人说他丑陋；越是完美的人，越爱说自己不完美。"好话让别人说，自己少说。

34. 随着反腐的深入，揭露出来的腐败分子赃款赃物，多得令人触目惊心。一个副局长家里藏着上亿元赃款，有的家里有几十公斤的黄金。这些坏蛋是睡不着了，他们提心吊胆，只怕哪天被带走。遵纪守法，尽管过着紧巴的日子，但心里泰然。有句话是：没钱不是真穷，贪婪才是真穷。有钱不是真富，知足才是真富。

35. 据说蒋介石说过一句名言：不反腐要亡党，反腐则要亡国。是不是老蒋真说过此话，我无从考证。但我认为此话存在着很大的问题，甚至会成为腐败分子的护身符。腐败分子如蛀虫，会动摇党与国家的根基，只有清除腐败分子才能纯洁内部，取信于民。

36. 腐败，历朝历代都有，哪个国家都有。差别是多少轻重不同而已。人为什么会腐败，有几个重要原因：一是人是由动物进化而成，有人性的一面，也有兽性的一面，本性贪婪；二是教育管教不到位，是教育的失败；三是制度不完整，没有由国家最高权力机关制定出人人必须遵守的铁法；四是上梁不正下梁歪，缺乏强有力的监督。

37. 抓工作要抓重点，学习也要拣重点内容学。在一本厚书中，最重点的内容，精华的部分，可能就是几句。抓不住重点，每句每行都抓住死记硬背，一辈子也摸不到门道。我觉着有位先生有句话说得挺好："看见十只兔子，你只能抓住一只，抓多了，什么都会丢掉。"没有重点就没有政策。没有重点就找不到方法。

38. 美国获得过诺贝尔文学奖的作家海明威有句名言："人可以被消灭，但不可以被打败。"亚洲首富李嘉诚先生也说过："只要有信心，人永远不会被挫折打败。"看来对一个人来说，关键的关键是信心不灭。个人如此，对国家、市场、团体、家庭等，有信心与没有信心大大不同。失去信心等于失去一切。

39. 个人要想在学习和事业上取得成功，有个最为核心的品质就是：勤奋。成功与懒人不沾边。阎肃老师对成功人士总结出"四分"：天分、缘分、勤奋、本分。你有天分，不付出比别人多十倍、百倍、千倍的努力，这个天分，说不定还会变成坏事的源头。

40. 时间就是生命，时间就是金钱。但不少人并不会抓时间，让许多宝贵的时间从身边溜掉了。一天又一天一年又一年，都感觉时间怎么过得这么快？这一方面说明生活水平的提高，不会度日如年了；但另一方面也说明我们不会利用时间。时间对有的人是金，对有的人是铁，对有的人是垃圾。

41. 有句话说得对，机会属于有准备的人。如果你毫无准备，机会来了，要么你熟视无睹，要么与你擦肩而过。李嘉诚先生说得更形象："世界上不缺少机会，只是缺少发现机会的眼睛。"那就让我们把自己的眼睛炼成火眼金睛吧。以便寻找机会，辨别机会，抓住机会，充分利用机会向我们提供的条件，奋勇前进。

42. 由于家对每个人太重要了，所以每个人都把家看得很重。皇帝有皇宫，总统有总统府，首相有官邸，富人有别墅，陕北与山西有窑洞，天津有小洋楼，北京有四合院，江南有小桥流水人家，再穷的人还有个贫民窟，喜儿被黄世仁逼上山了，还得找个能避风寒的山洞。人最怕被抄家，家一被抄，一切脸面都没有了。

43. 家庭与国家是相辅相成的关系。家庭乃国家的细胞，国家是家庭的保护神。家好了国家自然会好，国家好了家会更好。如果国家执行错误的政策，国家工作人员贪得无厌，弄得许多家庭家破人亡，民不聊生，哭天喊地，而又不改正错误，这个国家的政权无疑就失去了存在的理由。只有小家与大家都好，才能兴邦。

44. 在处理家庭成员内部的关系上，要特别强调一个"忍"字。一忍消百灾。清朝有位宰相有个百口之家，并且相处和睦。皇帝让其介绍模范家庭经验，他在一张纸上写下一百个"忍"字，给皇帝呈上。记者采访乔羽老先生处理夫妻关系的经验，乔老爷子写了四个字"一忍再忍"，老伴儿也写了四个字"忍无可忍"。

45. 老年人晚年的处境我将其比喻为篮球、排球、足球。最好的是像篮球，子女们抢来抢去，万一有个三长两短，都往上扑；次点的像排球，互相推来推去，时不时还跳起来个猛扣；最差的是足球，被子女们踢来踢去。这次世界杯咱可看清楚了：世人欢喜一球愁，把个足球踢得面目全非，大家呐喊欢呼，有谁心疼球。

46. 作为一个八十多岁的老人，几十年来经历的风风雨雨太多太多了。

我真希望每个家庭都美满幸福，每个家庭成员都各显神通，至少不要成为麻烦的制造者。我更希望我们的政府在制定各项政策时，慎之又慎，不可心血来潮，因为某个决策的失误会使千千万万个脆弱的家庭受到伤害。家和万事兴，家好国必强。

47. 都知道中国人爱面子。面子有两种，不讲面子不好也不行。但有的所谓面子，真是祸国殃民。各地都搞了不少面子工程，甚至把别国古迹都山寨到自己的地盘，往脸上贴金。金没贴上，反弄了一脸狗屎。公款吃喝更是浪费惊人。"一个民族如果把浪费当面子，在地球上就越来越没有面子。"面子工程是短命和要命的工程。

48. 现在我们看到一些文章，洋洋千言、万言，但你读后不知所云，本来谁都知道的意思，硬是用一些让人摸不着头脑，抓不住要领的话来说。好像别人越看不懂，听不懂，越显出他的学问深。古诗词凡是流传下来的，都是明明白白的作品。所以有个很好的论点：伟人把复杂的事情弄简单，小人把简单的道理搞复杂。

49. 大家都承认我们现在的会议太多。许多干部整天泡在各种会议中。到会、听会、吃会，适时鼓掌。我们的会议多，似乎是从娘胎里带来的。通过会议的反复实践，确实造就不少写讲话稿的、组织会议的、参加会议的老油条。

50. 古语云："天地不仁，以万物为刍狗。"而现在看来，是因为人先与天地不仁，逼得天地才以万物为狗。人的贪婪和无情的掠夺，把天地糟蹋得不成样子了。天已经不是过去的那个天，地也不是过去的那个地了。要还天地原来的面貌已经不容易了。只有高抬贵手，少向天喷雾，少向地挖心，求它们少报复自己了。

51. 古人云："不虑于微，始成大患；不妨于小，终亏大德。"微，确实很小，然而有千千万万个微积到一起，就会变成大的患难。小，确实不起眼，然而小缺德行为多了，便会亏了大德。贪官不是生下来就贪，也不是刚当官就贪的。他们是由小贪变大贪的。他们是由小胆变大胆的。他们是由量变到质变的。

52. 老祖宗教导我们：与邪佞人交，如雪入墨池，虽融为水，其色愈污；与端方人处，如炭熏炉，虽化为灰，其香不灭。这和近朱者赤近墨者黑是同一道理。现在的贪案多是窝案，拔出一个带出一串。平时这些人臭味相投，混在一起，互相吹捧，相互包庇，他们能学好？能干好事吗？所以选什么人当朋友甚为重要。

53. 深入浅出、通俗易懂，是写文章与演讲的最高境界。"要以通人的情怀来做专家的学问，以专家的功力来谈通人的见识"。换句话说就是"以通情达理的情怀来做学问，又以自己的学问来谈通情达理的人生"。达到这个境界很不容易。我在读季羡林杂文和乔羽的歌词时，每每感到这两位老人家达到了这个境界。

54. 乔羽老师说："名人，就应该多点凡人心。有些名人，比普通人还普通；有些算不上名人的人，比名人还名人。"他还说："人一摆架子就完了，架来架去，最终把自己架空了。"所以官儿不大，架子很大，摆谱而不靠谱的人，你千万不要被他们唬住。把那个架子一戳穿，里边并无真才实学，而是酒囊饭袋。

55. 我认为在当下，乔羽老先生是国宝级的人物。他至少有十几首歌词站住了。他为什么能创作出这么多脍炙人口的歌词？对此他透露过秘诀："我在创作时首先把握两条。一是照顾大多数人的感情；二是要让普通人一听就明白，一听就喜欢。这两个问题不解决，我是不动笔的。"乔老爷子就是秉着这个金科玉律创作的。

56. 以《夕阳红》主题歌为例，乔羽先生写道："最美不过夕阳红，温馨又从容。夕阳是晚开的花，夕阳是陈年的酒，夕阳是迟到的爱，夕阳是未了的情。多少情爱，化作一片夕阳红。"这一连串的排比，多美，一下子就给白发人注入了青春的活力。

57. 为了轻松一下，在这条微博中，我抄录北京的一个民谣："平则门拉大弓，过去就是朝天宫。朝天宫写大字，过去就是白塔寺。白塔寺挂红袍，过去就是马市桥。马市桥跳三跳，过去就是帝王庙。"随着城市建设的突飞猛进，旧城被毁，这些地方早已旧貌换新颜，老北京人恐怕找不到这些地方了。呜呼哀哉！

58. 过去一酋长选中一年轻人接班，让他做两道菜。端上来的第一道是炒口条。酋长问为什么，年轻人说，天底下最好听的话都是用舌头说出来的，酋长很爱吃。第二道菜上来仍是炒口条。酋长问怎么还是口条，年轻人说，世界上的灾难也都是舌头造成的。老酋长感到这个年轻人洞察了世界上深刻的道理，于是将位子传给了他。

59. 嫉妒之心人皆有之。嫉妒的产生是别人超过你的表现，对此麻木的人并不好。谁也不会嫉妒傻子。英国人对比自己富和强的人是羡慕人家，自叹不如；美国人对比自己强的人是想办法超过他；而我们中国有些人对比自己强的人则是想方设法消灭他。希望每个人都将嫉妒变成前进的动力，而不要转化成犯罪的恶源。

60. 有位老酋长，组织年轻人远行闯荡世界。临行前说，我送给你们六个字，但分两次送。走前送的三个字是"不要怕"，到了他们中年送的三个字是"不后悔"。大家渐渐悟出一个道理：只要前半生不要怕，后半生不后悔，也就是无所畏惧，无怨无悔，上对得起国家，中对得起家人，下对得起自己，也就没白活一生。

61. 不知您读过季羡林先生的《牛棚杂忆》吗？这是一本以北大为背景，以亲身经历为依据，用血与泪书写成的"文革"纪实。文笔奇佳，看事物十分客观，不带个人情绪。读过后，不能不深思，不能不忏悔，不能不痛心疾首。季老对"文革"的概括就是三个字："折腾论"。

62. 要彻底改变我们的作风，附在我们身上的几个老毛病必须彻底根除：说空话说假话说大话的毛病，开会上瘾整天泡在会议里的毛病，金玉其外败絮其中讲面子爱面子的毛病，前呼后拥走马观花找不到人民群众脉搏的毛病；有错不改不善于向人民群众公开道歉的毛病。

63. 朱升给朱元璋献了九字方针：高筑墙，广积粮，缓称王。朱元璋照此办了，成了明朝开国皇帝。毛泽东借用此计，制定了九字方针：深挖洞，广积粮，不称霸。随着客观情况的变化，针对目前的形势，鄙人建议我们是否可以采取深挖腐，广积粮，不倒房。房子当然指楼市。

64. 说一千道一万，还是立足国内，把咱国内的事情理顺，办好。"祸起萧墙"的道理应时刻铭记在心。亡秦者秦也，亡苏联者苏也。美国战略不管移到哪里，靠外部入侵谁也打不败我们。能打败中国的只有中国自己。我们不求在国际上热闹，不在乎人家放了多少礼炮，但求国内踏实，人民生活美好。

65. 最近有些考上或将要考上大学的高中生把书本撕得满天飞，狂热庆祝这一伟大胜利。学习无止境，活到老学到老。自学，是人的一生必须时刻伴随的良好习惯。郑渊洁说：先闭眼，后毕业。只要活着就永远没有毕业的那一天。不自学，毋宁死。学校最误人子弟之处，就是让学生误以为拿到文凭就毕业了。

66. 根据我的切身体会，在学习中，重在培养分析问题和解决问题的方法。世界观也是方法论。通过自学，只要掌握了观察、分析、判断、归纳问题的方法，你就会一通百通，不管国内外发生了什么问题，都要善于用正确的方法，像《开门大吉》一样，八扇门全被咱打开。在学习中死记硬背，不掌握方法，说明尚未入门。

67. 学习中处理好博与精的关系十分重要。不错，提倡破万卷书，行万里路。然而这万卷书全都看，精力是达不到的。连鲁迅与胡适这些大家，也坦诚地告诉世人，有的书深钻，有的书只是一翻，翻一下目录，看几行几页而已。你要是个做某门学问的人，就要抠住与你的项目有关的书，把它翻烂吃透，别的浏览一下即可。

68. 衡量一个国家人的素质，阅读量是个极为重要的尺度。以色列人为什么那么聪明，犹太族为什么出了那么多大科学家、大政治家、大思想家、大艺术家，连他们栽种出来的西红柿都与众不同。其中一个很重要的原因就是从小孩子起就狠抓阅读。一个人从小养成了阅读的习惯，每天不用人催，他不看几页书，难受。

69. 毛主席在世时爱说：七十三、八十四，阎王爷不找，自己去。记得他对来访的英国元帅蒙哥马利就说过类似的话，当时他只有70岁左右。小生不才，一生默默无闻，毫无作为，枉活了83岁。若按"七十三、八十四"的说法，明年阎王爷就是对我网开一面，我也应该自觉地去报到了。今年我还能一下子写出83条微博，明年一口气写出84条难也！

70. 我们一些七老八十的人在一起爱说：只要还有口气每月就有人民币。还爱说：活过七十够本，活过八十就什么都不怕了。还爱吹点牛：现在四五十岁的娃娃就敢在电视上夸夸其谈养生和长寿经验，他们没有这个资格，只有我们这些八十岁以上的人才有资格谈长寿经验。吹牛不犯死罪，下面我也海吹几条。

71. 我认为健康的首要条件是吃。能吃就有健康，真的不能吃了，生命离终结就不远了。吃要讲卫生，讲营养，讲数量，但不必过多地去挑这拣那。我的原则是在自己条件允许的情况下，想吃什么就吃什么，能吃多少就吃多少。红烧肉上来了，我都流口水了，不让我下筷子，是办不到的。吃，坚决吃，毫不含糊地吃。

72. 十分能吃，还要八分能睡。我晚上九点上床，次晨四点左右准起。把卫生间的活干完，就看书写字。两年多来每天清晨发微博，带动了一大批粉丝睁开眼先刷我的微博。如果因故晚发一会，不少人还以为这老爷子不会出什么事了吧？睡觉不在长，而在质量，像我这岁数的人有五个小时，足矣。午间必睡会儿。

73. 每天散步是必修课。我们还编了个顺口溜：买书不买盗版的，吃饭不吃饭馆的，走路要走平坦的，散步要找能侃的。爱好志趣相投，知识有互补性，又不抬死杠者，每天边走边聊，简直是一种精神享受。与农民朋友在一起聊天，更能学很多东西，能了解许多基层的情况。我视他们为我最好的社会学老师。

74. 新华网曾转发过我的《健康十大绝招》，有上百万人看过。第一招：天鼓齐鸣；第二招：小便咬牙；第三招：用头写字；第四招：鼓漱咽津；第五招：喝酒三忌；第六招：闭自养神；第七招：便后净身；第八招：躺下揉腹；第九招：散步聊天；第十招：坐下梳头。（详见我的《郑老爷子大观园》一书第33页）

75.我80岁生日时，我的儿女们在北京饭店给我庆祝80大寿。我当着我的亲朋好友的面，说了在我人生道路上一直坚持的"六个不敢"：不敢忘记自己姓什么，不敢忘记孝敬父母，不敢忘记教育子女，不敢忘记读书写字，不敢忘记帮助他人，不敢忘记锻炼身体。在以后的岁月中，我仍要认真做事，踏实做人。

76. 我承诺的83条围脖织完了。其中用了渊洁的一些精彩语言，有的注明了，有的没注明。儿子是老子生的，用点理所当然吧。在我83岁生日之际，我要很郑重地感谢人民的养育，感谢战友们的帮助，感谢与我生活了整整六十年的老伴，感谢仍在家乡生活的弟弟妹妹，感谢组成我家四世同堂的所有成员们。

注：由于出版需要，83条微博有删节，现为76条。

爱情真美丽

聊天

爱情真美丽

——织 60 条围脖庆祝我们的钻石婚

1. 过去我只知道结婚二十五年叫银婚、五十年叫金婚、六十年至七十五年叫钻石婚。竟不知从结婚一周年起，每年都有说法：纸婚、布婚、稻草婚、羊皮婚、丝婚、木婚、铜婚、电器婚、陶器婚、锡婚、钢婚、麻纱婚、花边婚、象牙婚、水晶婚、搪瓷婚、珍珠婚、珊瑚婚、红宝石婚、翠玉婚。你们已是什么婚？反正我们已达到最高级别的钻石婚。一鼓作气能达到这步不容易。

2. 对我们婚姻的六十年，怎么评价与定位呢？说不知不觉六十年？不对，因为许多事情历历在目；说稀里糊涂六十年？也不对，因为许多事情至今还很清楚；说平平常常六十年？也不准，因为不少经历并不平常；说轰轰烈烈六十年？更不是，因为我俩没干过那种气壮山河的大事。最后我选择了有滋有味六十年，这个比较符合实际。

3. 1947 年石家庄市的解放，标志着晋冀鲁豫与晋察冀两个边区连成一片。我所在的晋冀鲁豫军政大学开进石家庄市与晋察冀军政干校合并，成立了以叶剑英为校长、萧克为副校长、朱良才为副政委的华北军政大学。开学典礼那天朱德司令乘一辆解放石家庄时缴获的吉普敞篷车从我们面前驶过。这是我首次见到朱总司令，心情万分激动。

4. 1949 年初北平和平解放，从北平各学校招收了近五百名女生加入人民解放军，于是在华北军大成立了一个直属女生大队。贾士珍任大队长，经历过长征的李开芬任政委。下设四个中队。大队部和两个中队住在石家庄郊区的大马村，其他两个中队住于底村。就在这时我被调到这个女生大队任书记。可不是现在的书记，那时的书记就是干点儿文秘方面的工作。

5. 我到了这个单位如同到了女儿国，更确切地说如同贾宝玉进了大观园。几百名学员清一色女性，队长指导员配备的也是女干部，只有司务长和炊事员是男性，但他们年纪都偏大。18岁的小伙子只有我一个。我的一举一动都在几百双眼睛的注视之下。我光荣地被孤立，幸福地被女性包围。我初恋的念头就在这种环境中开始了。

6. 18岁的我已到了青春冲动期。存在决定意识，处在几百个女孩子的环境中，如果我的心一点儿不动，那只能说明我是个木头人。但是当时部队是有规定的，像我这样低级别的年轻干部是不准谈恋爱的，要谈也只能转入地下，秘密地进行。贾大队长对我特严，经常敲打："小郑，不许犯错误！"而李政委则对我网开一面。

7. 李开芬是朱良才的爱人，朱良才1955年被授予上将军衔。当时我感到李开芬像位慈祥的母亲，我们住在一个四合院内，她经常对我说："小郑，这么多女孩子还不定一个？"我说："不是不允许吗？"她说："死心眼儿，你不会悄悄地别声张？"有她这句话垫底，我的贼胆儿大了一些。我寻思，我要找一个什么样的对象？在这么多女孩中我不能看花了眼。

8. 当时我正在看《红楼梦》。我想我不要林黛玉式的，多愁善感，吃的药比饭还多；也不能找王熙凤式的，太机关算尽；也不能找晴雯式的，撕起扇子来怎么过日子。当时我比较喜欢薛宝钗式的女孩子。觉着找这样的女孩子为妻，有安全感，是梦中的情人。然而，书上是理想化的东西，和现实生活毕竟有很大差距。

9. 经过一年多的军政训练，女生大队的生活结束了。一部分人分到野战军工作，一部分人编为会训队和医务队去军政大学供给部继续受专业训练，以给部队培养会计和医务人员。我也和这批人一起到了供给部。当时的部长是从井冈山下来的朱由芹。朱部长兜里经常装着他与朱总司令的合影，我对他敬佩得五体投地。

10. 供给部位于南兵营，离石家庄体育场不远。该部的食堂设在一个旧仓库内。每天吃饭大家都蹲在地上，十个人围着一盆菜吃。我吃几口就抬起头来扫一眼，这时有个叫刘效坤的也在看我。开始我还没在意，后来我发现每顿饭时都这样，重复多次引起了我的注意。长话短说，我们实属一见钟情那种，从此便建立了初恋关系。

11. 那时的初恋与时下年轻人的初恋有天壤之别，相差十万八千里。热烈程度不如现在，表露程度不如现在。内向多于外向，严肃多于浪漫，实在多于虚幻。婚前不准同床，更不会试婚、同居一段时间再自愿分开，好像什么事都没发生似的，简直不可想象。我们的初恋就是终恋。持续了六十年，还在持续。是永久牌，而不是飞鸽牌。

12. 十年前，庆祝我们金婚时，我发现郑渊洁和他妹妹郑欣掰着手指头算。我问你俩算什么？女儿说，我大哥想算算是婚前怀的他，还是婚后怀的他。我问你俩算的结果如何？郑渊洁与郑欣异口同声地说，确实是我们婚后所有。那时那种比较正统的社会风气加上部队铁的纪律，婚前怀孕，属于大逆不道。

13. 可能有些年轻朋友会问，你们的恋爱生活是怎么度过的？我俩恋爱四年，每周见一次面，去石家庄中山路电影院看电影，记得有个《半夜枪声》的电影看过七遍，去人民公园或烈士陵园散步聊天，上小饭馆吃馄饨、荷包鸡蛋，骑自行车去郊外，更多的是去新华书店看书，有时在单身宿舍里几个好朋友海聊。这种恋爱生活也有滋有味。

14. 大概是1951年，华北军政大学一分为三，一部分人去北京总参成立军训部，一部分人去南京军事学院，留下一部分人成立了石家庄高级步校，由前河北省军区司令员孙毅任校长。这时我们的爱情出现了危机：部队把我留在石家庄高级步校校部工作，而把刘效坤分到南京军事学院。在此十万火急时刻，我找朱由芹部长帮忙。

15. 朱由芹部长是个痛快人，他说："小鬼，不必发愁，拿笔来！"只见他拿起毛笔把刘效坤的名字划到石家庄高级步校，而让另一个愿去南京的同志与她调换。那时南京和石家庄相比是大城市，大多数人愿意去南京。我说这行吗？朱部长说我给校部打个电话。后来朱部长也去南京军事学院工作，临走时送给我一张他的照片。因为他是我的大恩人，至今我还珍藏着这张照片。

16. 别小看这件事，因为我俩的恋爱还处于半公开状态，如果当时把我俩分开，发生变故的可能性极大。我曾问过遗传学专家，假若我与别人结婚，生下的会是郑渊洁、郑毅洁和郑欣吗？回答是非常明确的：你家的历史肯定要重写。所以我一直怀着对朱由芹部长的感激之情。后来听说他在运动中受到冲击，我心里非常难过。

17. 经领导批准，1954年8月21日，我和刘效坤去街道办事处领结婚证，喜结良缘。婚礼在人民公园北边的原日本警备司令部，后来的石家庄高级步校校部的食堂里进行。司仪是好友孙永芳，主婚人是校务部长罗铭，有一百多人参加，分五个单元进行。当时没条件吃饭和喝喜酒，由大家凑钱买了些瓜子、花生、糖，就这么把喜事办了。

18. 结婚前两天临时找了间房子，把两个人的被子抱到一起，就算是洞房。如果要我回忆当时的情况，就是两个字：简单。我们没有介绍人，我父母没花一分钱，我岳父从北京寄来 100 元，我们还退回 50 元，更没有庄严宣誓：从今日起，无论是顺境还是逆境，富裕还是贫穷，健康或者疾病，快乐或是忧愁，我将永远爱你，直到永远永远。我们认为爱或不爱不在宣誓在行动。

19. 您千万别认为结了婚就有了家。孙胡子校长治校极严，他经常说："石家庄是好地方，练兵练官都恰当。"他身先士卒，处处严查。比如下雪后，他亲自检查扫雪情况，然后召集全校训话："雪后不扫雪，说后方扫雪；各扫门前雪，扫后仍有雪，给我重扫！"结婚夫妇一律执行礼拜六制度，如违反规定他查出来要关禁闭的。

20. 不管有没有固定的家，婚是结了。它意味着双方的爱情受到法律的承认和保护，它意味着双方要手拉手往前走，它意味着男方要把门户支撑起来捍卫自己的妻子，它意味着往后要生儿育女延续生命。结婚那年我 22 岁，老伴儿 21 岁。看了我们年轻时照片的朋友们大赞奶奶是大美女，可别太偏心，爷爷当年也算个大帅哥。

21. 没想到喜事来得如此突然。婚后第二个月，媳妇就怀孕了。那时怀孩子好像是极为平常的事，不加营养品，不搞什么胎教，照常上班，照常参加义务劳动，更没有什么 B 超，偷偷侦察怀上的是男是女。那时，我最大的幸福就是把耳朵贴到媳妇的肚子上，轻轻地听婴儿的心跳。她却吓唬我，若生下是男孩不会缺小鸡鸡吧？

22. 1955 年 6 月 15 日夜，妻子突然感到肚子疼，我骑了辆三轮平板车急送她去石家庄白求恩国际和平医院。走进住院部，护士就把她直接推进产房。我办完住院手续后，在产房门口焦急地等候。只见出来一个护士告诉我，生了个男孩。我脱口而出，有小鸡鸡吗？护士瞪了我一眼说，开什么国际玩笑，没有那玩意能跟你报男孩吗！

23. 从我有了儿子的一刻起，23 岁的我好像马上变成 33 岁了。我真想向全世界庄严宣告：我郑洪升当爸爸了。我的人生发生了质的变化。我要对这个家庭负责，对妻子负责，对儿子负责。我从医院回来后，一夜未眠，吟诗一首。并和妻子商量给儿子起名叫郑渊洁，希望他的未来，知识渊博，思想纯洁。这就是郑渊洁名字的来历。

24. 现如今生孩子都不愿选择在羊年，说羊命苦，然而郑渊洁就属羊。有人又说了郑渊洁的羊生在六月，有草吃。这么说郑渊洁还真是个有福之人，生下他的当年我们由供给制改为薪金制。我们两口由每月津贴费五六块钱上升到每月工资一百五十余元。我的数学概念从小不行，发了钱全由当会计的妻子来管。我只管挣，不管花。

25. 经我们两个研究决定：从每月薪水中拿出三十元，由渊洁的妈妈寄给我在农村生活的祖父母和父母亲，因为我有七八个弟妹还小，生活困难，需要接济；剩下的钱，我们自个儿花。这样一寄就寄了十几年，直到我的弟妹长大。也许是我们做出了榜样，所以我的三个儿女加上孙辈们，现在抢着给我们老两口做饭、买酒和洗脚……

26. 那时没有什么计划生育政策，随便生，还鼓励生。我们一不做二不休，一鼓作气，在我 28 岁前完成了两男一女的目标。三个孩子都出生于石家庄白求恩国际和平医院。生下二小子的第三天效坤自己出院了，我说孩子呢？她说还在医院妇产科，你去抱吧。我用三轮车去医院把孩子抱回来。那时生孩子很简单，没有现在这么隆重和复杂。

27. 我们大儿子叫渊洁，老二起名毅洁，主要希望他未来学习和工作有毅力。连生两个儿子后，想换换品种，结果第三胎真的来了个女儿。女儿叫郑欣，意即正合我们的心。三个孩子已经是开门大吉了，必须见好就收。从此我们家庭成员的基本骨干力量完全形成。我家五人班子建立起来了，往后的戏就靠我们自己演了。

28. 1962 年初，总政来石家庄高级步校挑选一名善写材料的干部。在这之前我养成了看书写字的习惯，后来领导发现我是块当教员的料，就调我去当哲学教员。几年下来混了个能讲会写的虚名。总政来挑人，大家就吹我一天能写一万字，号称"万字号"。于是就把我调到总政工作。我们恋恋不舍地离开生活了十五年的石家庄市，举家迁京。

29. 我 29 岁带着老婆孩子来解放军总政治部报到。孩子安置在总政西直门幼儿园。我家开始住在东四七条，后搬到北太平庄总政宿舍大院。到了该上学的年龄，郑渊洁上了马甸小学（现在的民族小学），毅洁上了北京小学，郑欣上了师大附小。但好景不长，渊洁上到四年级时，"文化大革命"席卷全国，学校统统停课闹革命了。

30. 我体会到生孩子容易了解孩子难。别看是自己的亲骨肉，天天生活在一起，但是你未必了解孩子。了解什么？主要是要弄清他是块什么料。提倡因材施教，孩子的最佳才能是什么，你不摸准，如何施教？如何为其创造条件？如何因势利导？比如他根本不是弹钢琴的料，你花上万元买架钢琴，硬让他弹，岂不是让他活受罪吗？

31. 摸清自己孩子的兴趣和特点是很难的。因为他们小，不定型，一个时期喜欢这个，过一段又喜欢那个。比如郑渊洁小时候迷上了吹口琴和吹笛子，我还误认为他在音乐方面有发展，其实根本不是。他在马甸小学二年级时的一篇作文《我长大了当淘粪工》被班主任赵俐老师看中，并被选进校刊，这使我眼睛一亮，豁然开朗。原来他的特长是写文章。

32. 因为妈妈在渊洁小时候经常给他讲干什么不要和别人一样的故事，所以当别的孩子写长大了当科学家、当解放军、当医生的时候，他写了长大了要像时传祥一样当一名淘粪工，而且文笔简洁流畅。从此我基本上断定郑渊洁是个写东西的材料，但并没想过他会成为作家。

33. 既然认定郑渊洁可能是写东西的料，我几乎每周日都带他去北京新街口的一家新华书店逛。我选我的书，他选他喜欢的儿童读物。那时书的定价很便宜，几角钱就可买本相当厚的书。他对阅读产生了兴趣。"文革"停课了，我上班前布置他从报上抄文章。他 11 岁时从《人民日报》上抄写的卡片，我还珍藏着。

34. 千万不要以为从一个妈肚子里生出的孩子性格爱好都一样。我的二小子毅洁在写东西上毫无兴趣。我给他准备了个笔记本，要他写日记，他经常写在公共汽车上遇见一个奶奶或大肚子阿姨，立刻想起雷锋叔叔，马上给他们让座。我说你怎么老碰见老太太和孕妇，就不能写点别的？然而下篇仍然是类似的内容。

35. 但是毅洁对小动物特别是鸽子出奇地偏爱。在他 8 岁时我给他买了一对白色羽毛的鸽子，他如获至宝，放在床底下养，有时还放在自己的蚊帐里。喂食，放飞，鸽子爬在他的肩上头上都不嫌脏，一吹口哨鸽子从天空飞到他的手上。一直到大，他都把鸽子当命根子。他去十几个国家引进优良品种，成为有名的"信鸽大王"。

36. 后来我真有点后怕，当年如果我硬让两个孩子换个位置，把喜欢养鸽子的，硬要他写文章；把喜欢写文章的，强迫他养鸽子，这两个亲骨肉，岂不被我"扼杀"在摇篮里。所以，我认为当父母的第一要务，是认清认准自己的孩子是块什么料，从而因势利导，为他们的发展提供最好的空间。

37. 我主张小孩子是要玩儿的，不要把孩子弄成小大人。在完成作业的同时，让他们天真烂漫地去玩儿。通过玩儿认识世界、热爱世界。这个童心最好一直保持到老年，你看乔羽、黄永玉等等大师到老还像个孩子。孩子们玩的过程中大人就需要办两件事：一是帮他们把握玩伴的品质，二是正确处理好在玩的过程中孩子之间产生的矛盾。

38. 过去有人批评我们护犊子。我对此不屑一顾。我认为生下的犊子就是让大人护的。你看小鸡在遇到危险时，老母鸡都把自己的孩子护在翅膀下，连老鹰它都不惧。但是护犊子要讲道理，人家大人找上门来告状，我们不当着对方的面不管三七二十一打自己的孩子，这样对告状的人也不好。我们应该弄清事实，恰如其分地处理。

39. 我还主张从孩子小时候就培养他们阅读的好习惯。开始大人给他念，然后看绘画书，再后看纯文字书。一两本好书往往能影响孩子一生。小孩子对什么都新鲜，记忆力和想象力都处于优势，在他们脑子里刻下的东西永生难忘。最近一个时期郑渊洁去许多国家考察，每到一处都有当年他的小读者，他种的种子开花结果了。

40. 我还发现孩子想自己拥有点零花钱，大人给他买的冰棍和自己掏钱买的滋味是不一样的。我三十多岁时腿疼，就让他哥儿俩给我捶腿，捶半个小时奖3分钱，帮我洗一次脚奖5分，洗干净后闻一闻加3分。这个差事他哥儿俩争先恐后地干，乐此不疲。有时我不想洗，还催着我洗。因为那个年月，一根冰棍只要三分钱。

41. 我还有个观念有点与众不同。一般认为孩子是我生的，我就获得拥有权，我可以随便打骂你们。我说不对。孩子是自己跑到你家来的？人家愿意来你家吗？他们是你们两口子请来的，而且由于他们的到来咱的级别一路攀升，由儿子升为爸，由爸又当了爷，由爷爷又升至太爷。是儿孙们把咱托到塔尖的，咱真应该感谢孩子们。

42. 还有个啃老族的说法，我也有自己的主见。生下孩子就是让孩子啃的，谁没啃过老？能让孩子们啃，说明咱还有被啃的资本。但是，我也不傻，你们现在啃的我是老骨头老肉，将来我变老了，反过来我要啃儿孙们的嫩骨头嫩肉。人类的生存延续发展史，就是一部辈辈人互啃的历史。当然过了30岁还是啃老族，那就说不过去了。

43. 在"文革"中各派打得一塌糊涂。根据林彪发出的一号命令，我们机关疏散到河南遂平县五七干校。1970年空军来遂平招兵，刚15岁的郑渊洁非要报名参军。审查合格后，开赴福建武夷山，接受航空知识和维修战斗机系统训练后，被分配到江西向塘机场修了五年歼-6飞机。随后他弟弟当了坦克兵。这大概就是家喻户晓的童话人物舒克和贝塔的原型。

44. 总政"阎王殿"被林彪砸烂后，以肖华为首的七个"阎王"被打倒了，我们这些"小鬼"被砸到全军各单位，我被砸到山西省军区机关工作，一干就是十八年，直到 1988 年离休回到北京。我们的孩子都相继到了结婚年龄，我们把仅有的五千元存款平均分给他们结婚用，每人一千多元，买自行车和家具。三个孩子结婚时，都没办酒席，没收一分钱的礼金。

45. 前面说了我们家和孩子的粗线条情况，现在该着重说说我们老两口长达六十年是怎么走过来的。不少朋友说奶奶是大美女，爷爷是小帅哥，家庭和睦，生活幸福。但是，我要坦诚地告诉大家，千万不可把婚姻理想化。有句话叫两口子好得"相敬如宾"。我们没有达到，而且我怀疑真的相敬如宾了，还是两口子吗？

46. 最近由蒋雯丽和张国立领衔主演了《爱情最美丽》，我认为这个最美丽的爱情是斗出来的，是打出来的，是吵出来的。其中有句歌词说得很准确："爱情有点怪，越吵吵闹闹越分不开。"我们恋爱的时候没有红过脸，我们生孩子前也没红过脸。孩子一出生，很多爱转移到孩子身上，两口子反而越来越不客气了。

47. 我总认为我是一家之长，就要把这个家支撑起来。靠什么支撑，咱官儿不大，只能靠工作能力支撑，我要让比我官儿大的人在工作中离不开我，让群众看得起我。所以我抓紧一切时间读书和写字，漂漂亮亮地完成上级交给我的任务。为此 1964 年总政机关党代表大会还通过了《关于开展向郑洪升同志学习的决定》。

48. 然而一个有三个孩子的家，我妻子又要上班，又要操劳全家的衣食住行，只要一累，她就向我诉苦："你这甩手掌柜，整天看书写材料出差，这个家你还管不管？"在这种情况下，我要一声不哼，平安无事。我只要一搭腔儿，几句话就崩。话赶话，越说越重，甚至弄得不可收拾。

49. 有次我正在赶写一个材料，在办公室没写完，带回家里熬夜赶写。妻子气不打一处来，说，你在办公室写，回到家还写，我让你写，说时迟那时快，把我的一页材料揉成团扔在地下。我在不冷静之下动了手，心想坏了。她抱着老二毅洁说，给我打你爸。她看到孩子打不疼，一气之下去住在我楼下的顶头上司家告我的状。

50. 第二天领导找我谈话说，效坤是个贤内助，她明里是告你的状，实际上是说你经常加班加点，心疼你太辛苦。我告诉她那是给聂荣臻元帅上报的一个材料，你揉了，他当然有气。最后领导对我说："老郑，少奇同志最近有指示，打老婆不做深刻检讨，要开除党籍。在党小组会上你要做个自我批评，并保证今后不再发生类似事件。"

51. 我与妻子的矛盾还发生在逛商场上，逛一次不愉快好几天。有次她去王府井百货大楼逛。我说我不进去，在外边等你。她好几个小时不出来，我尿急上公共厕所，人家向我收费，可是身上一分钱没有。我说保证给你补钱。事后我找到老伴儿要了两毛钱给人家送去。看厕所的人说，一看您就是个革命老干部，您下次来免费。

52. 老伴儿买件衣服准要小票，因为回来后她要找她的好朋友观看，只要有一位朋友说颜色或其他方面有问题，她就要去更换。这一点我最烦。有时她买回来衣服问我好不好？我先问还换不换？若不换了，我再说真好，若还要换，那我说好不是白说了吗！总而言之，经过几次不愉快，我死活不和老伴儿逛商场了，因为这是矛盾源。

53. 我们老两口子说话总是硬对硬，一点客气都没有。我说："老伴儿，你与外人说话，京腔那么动听，而跟我说话总是命令式、责备式、挖苦式、埋怨式、苦诉式、嘲笑式，我一个83岁的老人，微博粉丝几十万人了，连人民网和新华网都转发过，你老人家也不表扬咱小生几句？"她说："想让我表扬，做梦去吧。"然后我们就大笑不止。

54. 但是说归说，心里装着的还是老伴儿。她给我郑家生了三个还不错的孩子；她在20世纪50年代每月给我父母寄30元，一寄就是十几年；她操劳一辈子家务，累出了一身病；她很正直，一辈子没去过任何领导家送过一分钱的礼；她告诉渊洁不必加入任何党派，不必上什么大学，哪儿人多别到哪里去。我老伴儿是位很有个性的人，是一位伟大的母亲。

55. 我们结婚六十年了，到了最高等级的钻石婚。我们相爱了六十年，吵吵闹闹了六十年，但到如今也说不清为什么吵，为什么闹。难道这就是爱情的本质，这就是爱情的真谛？爱情到底是什么，谁能说清楚，谁能说明白？我看到的版本很多，而且都是名人之言。下面我向大家引用若干。

56. 爱情到底是什么？有人说"它对于感受到爱情的人，不需要任何一个字来说明"；有人说"世界上所有的聪明人，都无法向感受不到爱情的人说明它是什么"；有的说"爱情是伟大的，在它面前一切都显得渺小，爱情就是天堂"；有的说"爱情包括的灵与肉两个方面应该是同等重要，要不爱情就不完备"。

57. 有人说"爱情是一种双重的利己主义"；有人说"两个人的结合不应当成为相互束缚，应当成为一种双份的鲜花怒放"；有人说"两颗相爱的心灵自有一种神秘的交流，彼此都吸收了对方最优秀的部分，为的是要用自己的爱把这个部分加以培育，再把得之于对方的还给对方"；有人说"初恋是毕生难忘的"。

58. 有人说"如果你是石头，就应当做磁石，如果你是植物，就应当做含羞草，如果你是人，就应当做意中人"；有人说"爱情的聪慧在于要使双方永远保持新奇感"；有人说"如果一个姑娘想嫁富翁，那就不是爱情，财产是最无足轻重的东西，只有经得起别离的痛苦才是真正的爱情"。这最后一句是托尔斯泰说的。

59. 各位名家关于爱情是什么说了那么多，那么精辟。但是，从我走过的六十年的体会来看，爱情就是把两颗火热的心紧紧绑在一起；就是十五的月亮，团团圆圆；就是一加一等于二；就是找个冤家，吵吵闹闹过一辈子；就是从对方的一个眼神，就能知道对方想说什么干什么。爱情是永恒的主题，常解常新。

60. 为了纪念我们的钻石婚，我要写的六十条微博就要完工了。大家是否能感觉出来，我是用心写的。在这里我要特别感谢石家庄这片美丽的土地，感谢白求恩国际和平医院的朋友们，我们的初恋、结婚、生孩子都是在这块宝地上完成的。我在石家庄住了十五年，是我的第二故乡。为了庆祝我们的钻石婚，在三个孩子的陪伴下，我们特意去石家庄市寻找我们当年的爱情和幸福，有三千左右郑渊洁的读者带着笑脸和鲜花来为我们祝福。回到六十年前结婚的地方去庆祝这个有意义的钻石婚，使我们终生难忘。

聊天